O Livro do
JUÍZO FINAL

ROSELIS VON SASS

O Livro do
JUÍZO FINAL

14ª edição

ORDEM DO GRAAL NA TERRA

Editado pela:
ORDEM DO GRAAL NA TERRA
Rua Sete de Setembro, 29.200
06845-000 – Embu das Artes – São Paulo – Brasil
www.graal.org.br

1ª edição: 1969
14ª edição: 2015
(revisada)

Dados Internacionais de Catalogação na Publicação (CIP)
(Câmara Brasileira do Livro, SP, Brasil)

S264L
14ª ed.

Sass, Roselis von, 1906–1997
 O Livro do Juízo Final / Roselis von Sass. – 14ª ed., revisada –
Embu das Artes, SP : Ordem do Graal na Terra, 2011.

ISBN 978-85-7279-049-9

1. Escatologia 2. Juízo Final
I. Título

76-0259   **CDD-291.23**

Índices para catálogo sistemático:
1. Escatologia : Religião comparada 291.23
2. Juízo Final : Religião comparada 291.23

Impressão: Corprint Gráfica e Editora
Capa: Foto de Waldemar Manfred Seehagen

Copyright © ORDEM DO GRAAL NA TERRA 1969
Direitos autorais: ORDEM DO GRAAL NA TERRA
Registrados sob nº 18.387 na Biblioteca Nacional

Impresso no Brasil
Papel certificado,
produzido a partir de fontes responsáveis

Nenhuma pessoa devia esquecer que cada hora e cada minuto a aproximam mais do momento em que há de deixar a Terra, e que ela mesma cria, para si própria, o céu ou o inferno, mediante sua vontade e ações! Quem durante a vida se lembrar da morte, também viverá de tal modo, que não precisará temê-la!...

Roselis von Sass

O AMOR DIVINO SÓ PROPORCIONA O QUE É DE *PROVEITO* AO ESPÍRITO HUMANO, E NÃO O QUE LHE POSSA CAUSAR ALEGRIA NA TERRA E PARECER AGRADÁVEL. A SUA ATUAÇÃO VAI MUITO *MAIS ALÉM*, PORQUE DOMINA TODO O SER.

Abdruschin
"NA LUZ DA VERDADE"

*O que separa hoje
tantos seres humanos da Luz?*

PREFÁCIO

Os relatos deste livro, extraordinários e inéditos, trazem o esclarecimento de erros que desde milênios vêm imiscuindo-se na história da humanidade, alastrando-se e obscurecendo a Verdade, e impedindo, dessa maneira, o desenvolvimento espiritual dos seres humanos.

Hoje, na hora da grande transformação universal, na época do Juízo Final, já há muito anunciado, não mais podem persistir erros. Serão descobertos pela Luz da Verdade.

Um enviado da Luz, proveniente das alturas máximas, iniciou o gigantesco acontecimento da transformação universal.

Seguindo-o vieram também vários auxiliadores, oriundos de regiões acima da origem do espírito humano, como sempre tem acontecido por ocasião de épocas cruciais no desenvolvimento humano. Todos eles trazem em si o verdadeiro saber.

A estes pertence também a autora do presente livro. Haurindo de fontes de saber a ela inerentes, o que nada tem a ver com espiritismo, vidência, ocultismo, etc., ela escreveu os extraordinários desvendamentos que aqui seguem.

ORDEM DO GRAAL NA TERRA

INTRODUÇÃO

O presente livro tem por finalidade despertar o anseio pela Verdade e também conduzir para a Verdade!

Pois somente o reconhecimento da Verdade pode libertar o ser humano da longa noite do caos e das teias da mentira!

A Verdade transmite força, saber e a verdadeira paz de alma, e ela conduz a criatura humana de volta para a sua pátria, para o mundo luminoso do espírito, para o Paraíso há muito perdido!

São Paulo, outubro de 1969.

Roselis von Sass

CAPÍTULO I

SIM, SOOU A HORA DA HUMANIDADE!

Tudo o que acontece em toda a Criação e também em todos os pequenos e grandes corpos siderais se realiza de acordo com um horário exato. Incomparavelmente e além de qualquer pensar humano está organizado o imenso lar da Criação! Cada acontecimento no Universo está cuidadosamente predestinado e planejado, e se desencadeia quando o relógio mundial do cosmo dá para isso o sinal.

Bilhões de corpos celestes movimentam-se em marcha harmoniosa em suas órbitas demarcadas. Cada modificação que ocorre nos astros, cada nova formação e cada decomposição no superamadurecimento, começa e termina no espaço de tempo para isso previsto.

Cada modificação ou desvio no horário universal planejado acarretaria inimagináveis catástrofes no mundo dos astros. Um acontecimento predestinado não pode ser adiado nem ser detido. Ele se cumpre irrefutavelmente, quando o relógio do Universo dá para isso o sinal!

Os seres humanos podem formar um conceito, se bem que fraco, da organização do imenso lar da Criação, se observarem a sua própria existência. Também eles dependem de organização e ordem terrenas. Já tão só a diferença reinante entre o dia e a noite obriga-os a organizar sua vida. Em tempos remotos os povos se guiavam exatamente de acordo com o ritmo da natureza. Eles descansavam de noite e trabalhavam de dia.

Certamente, cada um, individualmente, pode organizar sua vida conforme desejar. Não obstante, também ficará submetido a uma ordem. Seu corpo terreno necessita de sono, alimentação e movimento... Antigamente os corpos trabalhavam como instrumentos bem afinados no ritmo do tempo. Isso, porém, já faz muito tempo... Como a existência dos seres humanos era cheia de alegria, quando se adaptavam à ordem reinante na natureza!

Agora o relógio do Universo deu também para a humanidade o sinal. E este sinal indicou que o tempo de desenvolvimento destinado à espécie humana expirou. Bastante longo foi o tempo colocado à disposição de cada um. Muitas centenas de milênios foram concedidos a cada um... Toda a humanidade devia agora ter atingido um determinado ponto de evolução espiritual. Tanto no Aquém como no Além!

Isto, porém, não aconteceu. A maioria dos seres humanos desenvolveu-se no sentido errado e adaptou-se a um falso ritmo de vida! E assim estão diante de seu Criador, medíocres, imaturos e pobres de amor. Eles são como o joio que por ser inútil é levado pelo vento.

Isto soa de modo cruel e não combina com a conformação fantasiosa que as criaturas humanas fizeram do amor de Deus...

O relógio do Universo, porém, não se importa com o valor ou o desvalor das criaturas. Quando expirou o prazo de desenvolvimento, ele deu o sinal, e com esse sinal começou ao mesmo tempo o Juízo Final.

Quando isso aconteceu, contava-se na Terra o ano de 1929. Quase quatro décadas se passaram, desde que o retininte sinal chamejante do relógio do Universo vibrou através de todas as camadas mais finas em volta da Terra, fazendo com que estremecessem todos os entes da natureza...

Quatro décadas! Guerras, revoluções e doenças atingiram a humanidade. E correram rios de sangue e lágrimas. No entanto, os acontecimentos até agora foram insignificantes prelúdios em vista do que está para vir.

Nós nos encontramos aproximadamente no meio do Juízo Final. Agora se inicia a segunda fase... Quando as tempestades do destino tiverem se acalmado, um novo sol brilhará sobre a Terra purificada.

Que longo tempo! Sim, que longo tempo para os seres humanos, que julgam ser eles próprios e o planeta terrestre o centro do Universo.

No horário do Universo, porém, um milênio terreno é apenas uma curta pulsação de tempo.

CAPÍTULO II

O JUÍZO FINAL ESTARÁ REALMENTE PRÓXIMO?

Juízo Final! Constantemente se ouvem notícias alarmantes, advertências e revelações de antigas e recentes profecias, todas elas indicando o fim do mundo, ou anunciando o início de uma nova era após a consumação de uma purificação.
Astrônomos observam já há tempo as inexplicáveis explosões solares, que em suas inimagináveis dimensões nada de bom podem significar à Terra e seus habitantes. Matemáticos de uma universidade americana, considerados sérios, calcularam que logo após o ano 2000 a Terra será destruída por uma catástrofe cósmica. Afora isso, existe ainda a bomba atômica que, qual uma cabeça de medusa moderna, pende ameaçadoramente sobre a humanidade.
Agora algumas perguntas:
"As profecias de antigos e novos profetas devem ser levadas a sério?"
"Não se tratará aí de meras configurações de fantasia, ou, se forem verídicas tais visões, não se realizarão num futuro bem remoto?"
"E o que se deve pensar acerca das observações dos diversos astrônomos e dos cálculos matemáticos? Suas indicações são dignas de crédito?"
"É de se esperar realmente um Juízo de Deus? Mas o que prova que exatamente neste século se efetive tal Juízo?"
As respostas a estas perguntas não são difíceis para as pessoas espiritualmente alertas, pois exatamente neste século tudo indica uma tragédia humana, isto é, um Juízo. Tal Juízo, porém, não está para vir... nós já estamos vivendo no meio de suas efetivações. Não é necessário ser profeta para ver que a humanidade está sendo impelida para um final pavoroso.

O Juízo – este extraordinário acontecimento – realiza-se porém de uma maneira bem diferente do que muitos imaginam. Não há destruições arbitrárias na Criação! Cada acontecimento está determinado com antecipação e cuidadosamente planejado até em seus mínimos detalhes. Assim, também o Juízo Final!

A infalível justiça divina não permite atos arbitrários. Por essa razão é impossível que em poucos dias ou num prazo de dois a três anos a humanidade pecadora possa ser ceifada por catástrofes da natureza, tal como alguns pseudoprofetas o imaginam. Se tal acontecesse, a Terra teria de explodir e tudo o que nela vive seria destruído sem distinção. Dessa maneira o ser humano não teria tempo para a reflexão, para conhecer-se a si próprio, e nem para a expiação. Uma morte terrena violenta, unicamente, não traz para ninguém a redenção e nem a ressurreição do espírito.

A expressão "fim do mundo" está, por isso, errada. Não é o mundo que sucumbirá, mas sucumbirão ou serão destruídas todas aquelas criaturas humanas que, devido à sua atuação errada, já desde muitos milênios vão ao encontro dessa destruição.

Sim! Nós nos encontramos no meio do Juízo! Cada espírito humano na Terra e no Além já foi atingido pelos despertadores e purificadores raios do Juízo. Este Juízo, porém, não se consuma conforme o pequeno e estreito sentido humano, mas conforme a vontade de Deus! E a vontade de Deus equivale à infalível justiça!

CAPÍTULO III

POR QUE A HUMANIDADE TEM DE SOFRER UM JUÍZO?

Por quê?... Porque a criatura humana, apesar de sua livre vontade, permanece ligada à lei da Criação que diz que cada um deve colher aquilo que semeou. Em outras palavras: cada um pode proceder conforme desejar; as consequências, porém, correspondentes à sua vontade original, retornam a ele. No bom ou no mau sentido! Pois tudo o que uma pessoa pensa ou faz continua a viver...

O Juízo Final! Mesmo este, o próprio ser humano criou! Ele colocou para isso o germe, quando começou a pecar contra o espírito; com isso, bloqueou para si próprio o mundo luminoso.

Muito distante está o tempo em que isso aconteceu. Aproximadamente um milhão de anos decorreram desde então... Todo o mal teve início com este pecado. Ele foi a causa de todo o sofrimento posterior da humanidade, e foi também ele que colocou o germe para o Juízo Final, que está descrito na Bíblia com todos os seus horrores.

A maior parte dos seres humanos, principalmente os cristãos, rejeitarão indignados a afirmação de que eles pecaram contra o espírito. E quem poderia provar que este suposto pecado seria o causador de todos os males da humanidade? E o que, aliás, se deve entender a respeito deste pecado?

O pecado contra o espírito!...

O ser humano compõe-se de espírito, alma e corpo terreno. O espírito, devido à sua constituição mais leve, possuía ligação com os mundos luminosos e com outros espíritos mais elevados. Ele atuava orientando na Terra, guiava os destinos de cada um, bem como os de povos inteiros. A alma é apenas um invólucro do espírito. Ela é como a polpa da fruta que envolve o caroço. O corpo terreno com o seu cérebro e raciocínio é a casca exterior ou o invólucro da alma e do espírito.

O espírito guiava e influenciava todos os atos do ser humano que vive no pesado corpo terreno. E isso sempre no sentido da vontade de Deus! O raciocínio ligado à matéria era o instrumento que executava as ordens do espírito, pondo-as em prática na Terra, no sentido correto. Enquanto assim acontecia, havia somente felicidade e alegria na Terra, paradisiacamente bela, e todos os entes da natureza eram amigos da criatura humana.

De que modo se compreende que o espírito atuava predominantemente? Como isso se manifestava? E como o ser humano podia distinguir o querer e as determinações de seu espírito das considerações do raciocínio?

O espírito manifestava-se através da assim chamada voz interior, a intuição. Ela é a expressão do espírito. E, quando a criatura humana ainda não havia caído no pecado, essa voz era eficaz e forte; portanto, não havia como ficar despercebida. E enquanto o raciocínio estava submetido ao espírito, todo o aparelho gerador dos pensamentos trabalhava de maneira muito diferente do que ocorre atualmente.

Durante longos períodos os seres humanos se deixaram guiar pela voz interior, a voz dos seus espíritos, e suas ações e obras eram benquistas por Deus!

Foi então que chegou o dia em que os seres humanos se tornaram orgulhosos, sentindo-se grandes e fortes, tão fortes que acreditaram não mais necessitar da direção do espírito. A voz interior tornou-se-lhes incômoda. Daí por diante se deixaram guiar pelo seu raciocínio.

E eles deixaram-se guiar! O raciocínio, que conforme a vontade de Deus devia ser apenas um instrumento, portanto um servo do espírito, tornou-se o dominador exclusivo!

Cortadas da influência da Luz, as criaturas humanas desenvolveram todas as propriedades negativas possíveis. Começaram a mentir, a enganar e a cobiçar os bens do seu próximo, e julgaram-se inteligentes e espertas porque abafavam a voz de seus espíritos.

A voz de seus espíritos, porém, permaneceu ainda por muito tempo tão forte, que não podia passar despercebida. Ela advertia e exortava... e fazia-se ouvir mais alto que todos os pensamentos:

"Vosso pensar está errado! Trazeis aflição e destruição ao mundo! A um mundo que não vos pertence! Violais a propriedade de Deus!"

Depois a voz interior começou a enfraquecer. Ela não mais sobrepujava os pensamentos formados pelo raciocínio preso à Terra. Ela enfraquecia mais e mais, pois, devido ao contínuo repelir dessa voz, formou-se uma espécie de parede que, qual um cárcere, cercou o espírito.

A criatura humana agora estava livre para de maneira suicida entregar-se a todas as baixas cobiças. Logo reinaram a desconfiança, a inveja, o ódio e a hostilidade sobre a Terra. E os germes dos maus atos que começaram a brotar foram regados com sangue.

A separação da direção da Luz desejada por Deus não se realizou de um dia para o outro. Longas épocas se passaram, até que toda a humanidade tivesse sido abrangida pelo mal fundamental, que, como uma doença contagiosa, foi transmitido de um para outro.

Os seres humanos faleciam depois de uma determinada idade e encarnavam-se, após uma permanência no Além, novamente na Terra. O seu mau pensar e o atuar afastado da Luz, porém, não morriam. Acompanhavam-nos no Além, pois estavam aderidos às suas almas, formando o carma que, por sua vez, se manifestava de alguma maneira em cada nova encarnação terrena.

A voz do espírito fora silenciada. O que restou foi um desagradável e persistente sentimento de culpa. Deste sentimento de culpa nasceu o medo. E deste medo surgiram após algum tempo toda a sorte de superstições, as falsas doutrinas religiosas com suas maléficas, e até mesmo cruéis, práticas religiosas e cultos idólatras.

Alguns pensarão que se trata de povos que viveram na Terra durante a época babilônica, quando se fala de falsos ou cruéis cultos.

Não, os falsos e cruéis cultos religiosos começaram muito tempo antes de a Babilônia ter sido construída pela primeira vez.

A primeira e mais importante fase prevista para o desenvolvimento dos seres humanos passou. Belas e sadias criaturas humanas deveriam agora povoar a Terra. Criaturas cujos rostos refletissem beleza e maturidade espiritual, e cujas obras e ações dessem testemunho da eterna onipotência e amor de Deus. Assim teria sido, se a ligação com a Luz e a direção da Luz não tivessem sido interrompidas.

Devido a essa separação, nada se realizou da maneira prevista pela vontade de Deus. Ignorante, bronca e convencida, precipita-se a criatura humana através de sua existência. Cheia de pecados, atormentada pelo medo e estreitada por dogmas e mesquinhas doutrinas religiosas, assim está ela, agora, diante de seu Criador.

O raciocínio, que já há muito é influenciado pelos reinos das trevas, desenvolveu-se como um tirano. Ele tornou-se uma máquina de pensar, que trabalha e forma ininterruptamente. De bom grado as criaturas humanas libertar-se-iam das inúmeras configurações de pensamentos que elas próprias criaram, e que agora sobrecarregam excessivamente seu cérebro.

E a voz interior! A voz do espírito encarcerado! Existem, hoje, somente poucas pessoas que sabem da voz interior e que por ela se deixam guiar. E essas poucas, que podem ser denominadas de abençoadas, não perguntarão por que a humanidade tem de sofrer um pavoroso Juízo.

Talvez elas se perguntem se a culpa que a humanidade com sua criminosa presunção atraiu para si ainda poderá ser expiada.

CAPÍTULO IV

A HUMANIDADE NÃO DEVERIA, POR INTERMÉDIO DE ADVERTÊNCIAS E AVISOS, SER PREPARADA PARA UM JUÍZO?

Ser advertida? A humanidade ainda precisa mesmo ser especialmente advertida? Toda a atual vida terrena com todas as calamidades, guerras, revoluções e demais tragédias humanas não serão advertências suficientes? Todo aquele que queira ver e ouvir, deve apenas observar o ambiente em que vive e em seguida tirar daí as suas conclusões!

Advertências e avisos deseja o ser humano! Para qualquer lugar que ele se volte, verá os sinais da época. Mesmo aqueles que rejeitam categoricamente quaisquer reflexões sobre um Juízo, afastando cada indicação referente a isso com as palavras de que tudo o que acontece hoje também já ocorreu antes, não podem se fechar diante do fato de que os povos, com precisão científica, estão se preparando para exterminarem-se mutuamente. Ou existirá ainda alguém que suponha que as terríveis armas atômicas não entrarão em ação?

Também as muitas doenças, perturbações nervosas e depressões, sob as quais a humanidade sofre, são advertências. Advertências e sérios avisos, já que estes múltiplos sofrimentos, em parte inexplicáveis apesar de todas as modernas conquistas da medicina, não podem ser eliminados. Os calmantes, os soporíferos e os demais medicamentos, que são consumidos atualmente às toneladas, não dão saúde a ninguém, nem devolvem a perdida paz de alma.

Cada um será advertido de acordo com a sua espécie e seu carma! Quer seja por meio de dores físicas ou psíquicas, por preocupação, necessidade ou desespero. A mão do destino imprime em cada um o seu cunho. Para cada um chegará o momento em que se tornará cônscio de seu próprio desamparo e de sua inferioridade humana. Estes são os momentos de graça, que podem conduzir ao autorreconhecimento e à procura da Verdade.

A criatura humana deseja advertências e avisos especiais, e ainda espera que estes não só a preparem, mas sobretudo a façam acreditar num Juízo Final.

Existe um sinal infalível de advertência, ou melhor dito, de alarme, que cada um deve mais cedo ou mais tarde sentir, queira ou não queira. E este é o medo. Esse medo não pode ser afastado com um sorriso, nem ser desmentido, pois ele é um sinal da época, um sinal do Juízo!

A psicose do medo pesa hoje, com raras exceções, sobre toda a humanidade. Ela apodera-se de crentes e descrentes, de pobres e ricos, de materialistas e idealistas, de céticos e sacerdotes. Ela é também o motivo de os seres humanos estarem sempre como que em fuga de si mesmos, em fuga de seus próprios pensamentos e das deprimentes formas do medo.

De onde vem agora esse medo que deixa estremecer os corações humanos, e que, como um fantasma de mil cabeças, gira em volta do globo terrestre?

O medo provém dos próprios espíritos humanos. Ele é a voz acusadora da consciência, na qual se expressa a grande culpa contra Deus. E ele é também um som das trombetas do Juízo, que procura acordar os seres humanos, anunciando-lhes a sentença de Deus!

CAPÍTULO V

POR QUE EXISTE TANTO SOFRIMENTO NA TERRA?

É justamente o sofrimento que obriga a humanidade de hoje a se ocupar mais com a sua existência na Criação. A mais ninguém é possível viver surda e cegamente, colocando-se de lado, pois o sofrimento chega para cada um de alguma forma. Quer rico, quer pobre... ninguém fica preservado!

Por que tanto sofrimento terreno? Por que, aliás, o ser humano vem ao mundo? Somente para sofrer e após um maior ou menor número de anos morrer novamente? Onde está nisso o sentido da vida? E por que um Juízo Final e um ajuste? E onde fica o livre-arbítrio que, conforme consta, o ser humano possui, se ele está exposto a todos os golpes do destino?

Por que Deus permite que aconteçam tantas injustiças na Terra? Os seres humanos foram criados apenas para sofrer? E não consta que todos são filhos de Deus? Se é assim, por que existe então tanta desigualdade entre as criaturas humanas?

Por que de um lado a pobreza e de outro lado a riqueza e abundância? Por que existem pessoas bonitas e feias? E por que crianças inocentes nascem aleijadas? Estas crassas diferenças não deixarão surgir dúvidas quanto à justiça de Deus?

Perguntas sobre perguntas!... E todas são justificadas. Cada pessoa que deseja encontrar a redenção deve ocupar-se com o "porquê" das coisas. Erguer as mãos em resignação, em revolta ou em desespero, não adianta a ninguém. Ela deve pesquisar pelo "porquê". Ela própria deve procurar! Pois as comunidades religiosas terrenas pouco poderão ajudar-lhe no esclarecimento das muitas perguntas.

Sim, essas comunidades possuem explicações para muitas questões, contudo são explicações que exigem crença cega. Crença cega ou... dúvidas quanto à justiça e amor divinos. Suas interpretações das perguntas básicas da vida são tão cheias de contradições, que seus membros são literalmente obrigados a uma crença cega.

Algumas doutrinas, por exemplo, responderão a todas as perguntas no sentido de sua concepção fatalista da vida. Isto quer dizer que todos os destinos humanos foram predestinados por Deus e que a isso ninguém pode opor-se; que, portanto, também todos os sofrimentos devem ser aceitos com resignação.

Que com isso elas responsabilizam Deus, o Senhor, por todas as situações precárias, não se lhes torna consciente. Tampouco percebem que suas interpretações negam a Deus toda e qualquer justiça.

As explicações que as comunidades religiosas cristãs dão para as muitas perguntas de seus fiéis são também cômodas, mentirosas, e por isso nocivas.

Se em uma família cristã acontece uma infelicidade, comentam logo que Deus enviou esta prova... pois quem Ele ama, este Ele castiga! Ou um outro exemplo: se uma criança nasce com um defeito corporal, diz-se que esta criança deve sofrer por causa dos pecados dos pais. Ou também que os pais, pela desgraça de seu filho, devem ser punidos por alguma coisa...

Igualmente em voga é a concepção de que para Deus tudo é possível, pois Suas deliberações são imperscrutáveis! Todas essas interpretações em nada modificam o fato de que também o Deus dos cristãos é um Deus arbitrário e injusto. Os seres humanos, mesmo os de boa vontade, tacham-no assim!

Também a suposição errônea de que quem sofre na Terra será recompensado no céu ou num nirvana, e que aquele que pratica o mal deverá esperar seu castigo no inferno ou no purgatório, é simplesmente ridícula. Ridícula e triste ao mesmo tempo, pois mostra nitidamente como os espíritos humanos são hoje restritos e estreitos!

Não, a crença cega apenas torna ainda mais pesado o fardo que cada um tem de carregar. Unicamente o saber liberta! O saber das leis infalíveis da Criação, que excluem qualquer injustiça por menor que seja.

Nenhuma pessoa está exposta a golpes arbitrários do destino! Tudo o que a atinge, seja bom, seja ruim, ela tem de atribuir a si própria! Ela própria colocou alguma vez a semente para isso!

A fim de compreender isto, cada um deve saber que já esteve encarnado várias vezes nesta Terra! Uma única vida terrena nunca bastaria para desenvolver plenamente todas as capacidades que residem no espírito humano.

Cada nova vida terrena deveria ter trazido ao ser humano novos reconhecimentos, aproximando-o mais um passo do mundo luminoso. Isto, porém, não aconteceu. Cada encarnação aumentava a distância entre ele e as vibrações harmoniosas das leis da Criação, de modo que no decorrer dos milênios se tornou um pária, isto é, um expulso.

O próprio ser humano se expulsou. Ele sozinho! Seus erros, pecados, pendores e vícios separaram-no dos mundos luminosos. Há milênios vive ele em dissonância com todas as leis da Criação!

Os muitos sofrimentos humanos tiveram início no passado! Hoje cada um colhe apenas aquilo que no decorrer de suas muitas peregrinações terrenas semeou. "O que o ser humano semeia terá de colher!" Quantas vezes Jesus Cristo proferiu estas palavras, exortando e advertindo! O Salvador indicava com isso uma lei da Criação que se efetiva ininterruptamente. Na natureza o efeito desta lei é compreensível a qualquer um. Ninguém esperará trigo se semeou milho. Na vida humana também não é diferente. Quem semeou desconfiança colherá por sua vez desconfiança. Apenas leva mais tempo até que o fruto se tenha desenvolvido da semente.

Somente o saber da existência de repetidas vidas terrenas dá esclarecimentos e explicações sobre o "porquê" dos muitos sofrimentos e das aparentes injustiças sob as quais geme a atual humanidade. Crença cega e dúvida quanto à infalível justiça de Deus aumentam apenas o fardo de culpa que cada um carrega consigo. Quem quer encontrar libertação espiritual deve reconhecer a Verdade. Não existe um outro caminho.

CAPÍTULO VI

PROFECIAS

No decorrer dos milênios muitas indicações ou profecias referentes ao Juízo Final foram transmitidas por espíritos da Luz à Terra, onde foram recebidas por videntes para isso destinados. E todas essas anunciações do Juízo continham na maior parte sérias advertências e exortações, nas quais os seres humanos eram intimados a retroceder dos funestos caminhos que estavam seguindo, uma vez que todos eles findavam nas trevas... Livros inteiros poderiam ser escritos sobre essas profecias, as quais tiveram seu início na Antiguidade. Neste breve ensaio, porém, serão elucidadas mais de perto apenas algumas profecias, aliás, historicamente conhecidas.

Sibila de Cumas

Cento e cinquenta anos antes do nascimento de Cristo, na Baixa Itália, em uma pequena cidade chamada Cumas, vivia uma vidente que passou para a História sob o nome de "Sibila de Cumas". Todos os seus escritos eram referentes ao vindouro Juízo Final. Ela descrevia com exatidão apavorante as terríveis catástrofes que cairiam sobre a humanidade terrena durante o tempo do Juízo, visto que a maior parte dos espíritos humanos, tanto os da vida terrena como os do Além, estaria então em poder do senhor das trevas.

Digno de atenção é o fato de Sibila de Cumas ter visto várias vezes em imagem um esplêndido vulto feminino, de cintilação azul, conduzindo sempre pela mão um menino, sobre o qual sete estrelas formavam uma espécie de elmo. Sempre a esplêndida mulher apontava para o menino, denominando-o "futuro Senhor do Juízo" que, ao mesmo tempo, seria também o Salvador para os poucos que não se haviam deixado dominar pelo anjo destronado.

As profecias de Sibila de Cumas, em contraste com muitas outras profecias, foram absolutamente claras e distintas. Nunca surgiram mal-entendidos, e o povo a contemplava com plena confiança.

Infelizmente, a maior parte desses valiosos escritos foram queimados aproximadamente oitenta anos antes do nascimento de Cristo, na já corrupta Roma daquele tempo, sob a alegação de que eles inquietavam o povo, revoltando-o. A parte que restou foi apreendida e guardada pelos sacerdotes do templo capitolino. Centenas de anos mais tarde, as profecias restantes de Sibila de Cumas, juntamente com outros documentos e sentenças oraculares judaicas, gregas e romanas, caíram nas mãos do clero católico.

Somente por volta do ano 1300 após o nascimento de Cristo muito se falou acerca das profecias sibilinas, porque naquela época foi composto um livro pela Igreja, no qual surgiu parte dessas profecias. Esse livro, que esteve em circulação até o século XVII, foi na verdade destituído de valor, porque nele as velhas profecias sobre o Juízo Final foram misturadas com tradições, como por exemplo a morte de Jesus na cruz, os provérbios salomônicos, oráculos gregos e muita coisa mais.

As Revelações de João

A mais conhecida profecia sobre o Juízo Final é certamente a revelação de João. Também nessa profecia, algumas das verdades originais foram erradamente transmitidas, em virtude da incompreensão causada pelas muitas traduções e revisões.

Já as palavras iniciais estão erradas:

"Revelação de Jesus Cristo, que Deus lhe deu"... consta no primeiro trecho. Naquela época Jesus, havia muito, já se unira para sempre a Deus-Pai. Jesus também nunca mencionou, durante sua vida terrena, que ele mesmo traria o Juízo Final à humanidade. Pelo contrário. O Filho de Deus fala do "Filho do Homem" que virá... No Evangelho de João (14:26), num dos seus sermões de despedida, Jesus diz:

"Mas o Consolador, que é o Espírito Santo, a quem o Pai enviará em meu nome, ele vos ensinará todas as coisas, e vos fará lembrar de tudo o que vos tenho dito..."

Jesus não poderia expressar-se de maneira mais clara, para dar a entender que não seria ele que retornaria. Originalmente a revelação de João tinha início com as seguintes palavras:

"Estas são as revelações do Espírito Santo de Deus, que se denomina também o Filho do Homem, e que Ele mandou transmitir por intermédio de seus anjos ao seu servo João, em Patmos..."

João, o servo de Deus, não se encontrava num Patmos terrestre, quando recebeu a incumbência do Filho do Homem, Imanuel. Ele encontrava-se em Patmos, uma magnífica região luminosa semelhante a uma ilha, que se encontra bem acima do Paraíso. Foi João Batista que de lá transmitiu as revelações à Terra.

Foi também João Batista que transmitiu as revelações às sete partes do Universo: Filadélfia, Tiátira, Sardes, Smirna, Laodicéa, Éfeso e Pérgamo. Cada uma dessas partes do Universo se movimenta com seus bilhões de corpos celestes exatamente no ritmo universal prescrito, porém muito abaixo do Paraíso.

Se na Bíblia se escreve sobre as sete comunidades, é porque os tradutores relacionaram isso à Terra, com sua própria pequena capacidade de compreensão.

O planeta Terra pertence à parte do Universo Éfeso. As revelações referentes ao Juízo Final foram transmitidas por João Batista diretamente à Terra. Até os dias atuais, ninguém pode dizer com exatidão quem foi o receptor, isto é, o vidente que captou na Terra as revelações de João.

Supõe-se que João Evangelista, pouco antes de seu falecimento, tenha escrito as revelações. Variam, porém, as opiniões sobre isso. O fato é que as revelações chegaram à Terra aproximadamente duzentos anos após o nascimento de Cristo, onde foram recebidas por uma vidente. Em virtude de essa vidente não ter conhecimento da escrita, um adepto dos ensinamentos de Jesus anotou-as e passou-as adiante. O nome da vidente, por seu próprio desejo, nunca foi mencionado, porque ela, conforme se expressava, era apenas um instrumento na mão de João Batista.

As revelações sobre o Juízo Final e seus efeitos foram dadas quando os superiores da Igreja e dirigentes das comunidades cristãs daquele tempo torciam e falsificavam os ensinamentos de Jesus, os quais poderiam ter modificado e melhorado os seres humanos. Tanto torceram e falsificaram, que nada mais restava da pura

Verdade original, embora em seus discursos eles aludissem sempre às palavras de Jesus e à necessidade de orientarem-se por elas. Ao mesmo tempo, porém, explicavam-nas de tal maneira, que lhes tiravam toda a severidade e clareza do amor divino. Assim, no decorrer do tempo, os ensinamentos de Cristo, provenientes da Verdade, transformaram-se em produto de Lúcifer, que levava a falsos caminhos, e que os dirigentes e servos das igrejas acolhiam de bom grado, tornando a Verdade cada vez mais incompreensível.

Agora, qualquer um que deseje ver e ouvir pode reconhecer que a própria Igreja e seus adeptos são, sob o ponto de vista da Luz, os coveiros dos ensinamentos de Jesus. Se consciente ou inconscientemente, não faz diferença.

Nostradamus

Após a morte de Cristo, desceram para os seres humanos ainda outras advertências provenientes da Luz. Todas elas profetizavam às criaturas humanas terrenas um terrível fim no Juízo, se elas antes não se modificassem.

Também o médico e astrólogo Michel de Notredame, Nostradamus, fez profecias referentes à atualidade, nas quais aludia ao Juízo Final. Suas profecias, e principalmente as interpretações delas, são porém tão confusas, que não possuem o valor que talvez pudessem ter...

La Salette

Os últimos avisos sobre o Juízo Final, no qual nos encontramos, vieram através de uma "emissária da misericórdia" que apareceu em três regiões diferentes da Terra.

Na primeira vez apareceu a duas crianças em La Salette, perto de Grenoble. Na segunda vez, a crianças em Lourdes, e na terceira, a crianças em Fátima...

A mensagem que a luminosa mensageira trouxe foi sempre a mesma em seu sentido e sempre dirigida aos superiores da Igreja e ao povo da Igreja.

Iniciaremos com La Salette. O fato ocorreu no dia 19 de setembro de 1846.

A luminosa emissária da misericórdia apareceu nesse dia a duas crianças que cuidavam de seus rebanhos, os quais pastavam no declive de uma montanha. Tinham mais ou menos doze anos e chamavam-se Melanie Calvat e Maximin Giraud.

La Salette está situada nos Alpes franceses, cuja distância da cidade de Grenoble é de aproximadamente sessenta quilômetros.

Surpresos, porém sem medo, Melanie e Maximin viram, de repente, num rochedo à frente deles, uma bela senhora que lhes sorria amavelmente. As crianças descreveram a visão da seguinte maneira:

"A senhora tinha nos braços muitas rosas; um longo manto azul a envolvia; ela brilhava como uma luz, e uma grinalda de rosas ornamentava sua cabeça."

Mais tarde as duas crianças contaram que não puderam desviar os olhos da aparição; sentiram necessidade de fixá-los na formosa senhora, a fim de ouvi-la atentamente.

Transcreveremos, agora, o sentido da mensagem que elas receberam e que transmitiram com exatidão:

"O tempo se aproxima cada vez mais, e o abismo se abre. O povo da Igreja será punido. Ai dos habitantes da Terra, quando a época do castigo chegar. Satanás obscureceu a intuição dos superiores da Igreja e, como senhor das trevas, ficou dominando entre eles! Assim que chegar a hora da punição, a paz fictícia será destruída, o culto falso exterminado, e os poucos que se libertarem servirão unicamente a Deus Todo-Poderoso. Guerras sangrentas, fome e grandes tragédias virão. Cidades inteiras desaparecerão, montanhas ruirão, e o fogo e a água serão os elementos purificadores da Terra. Os superiores da Igreja e seu povo terão de modificar-se e tudo fazer a fim de extirpar o falso culto a Deus. Todos sofrerão muito e verão à sua frente o abismo no qual se precipitarão, se não se modificarem..."

Quando a luminosa senhora finalizou, incumbiu as crianças de contarem exatamente o que ouviram, sem medo.

"Pois eu ainda hei de continuar perto de vocês. Lembrem-se disso, muito embora não me vejam!"

Depois dessas palavras ela desapareceu da vista das crianças.

Melanie e Maximin revelaram exatamente tudo o que haviam ouvido. Tinham a impressão de que a mensagem da luminosa senhora havia sido gravada dentro deles. Os pais das crianças também sentiram o mesmo. Não duvidaram sequer um momento das palavras dos filhos; parecia-lhes que a mensagem havia sido recebida por eles pessoalmente. Sem demora, informaram o pároco e os vizinhos. Assim, divulgou-se rapidamente a mensagem da luminosa senhora. Também o Vaticano foi informado imediatamente do extraordinário acontecimento de La Salette.

Depois de muitas considerações, o Vaticano decidiu não reconhecer oficialmente a aparição. Não que duvidasse que as crianças tivessem visto realmente a "Virgem Maria", pois já havia aparecido muitas vezes aos seres humanos, embora até esse momento só houvesse sido vista por freiras de diversos conventos... "Também a mensagem que as crianças ouviram tinha, certamente, muito de verdade em si..."

Contudo, mais tarde, os respectivos superiores da Igreja divulgaram que a "Virgem Maria" que foi vista em La Salette "chorara lágrimas amargas pelos pecados da humanidade" e ainda mais: propalaram que a aparição portava no peito o crucifixo...

Embora La Salette, região em que as crianças viram a mensageira da Luz, não tivesse sido reconhecida oficialmente pela Igreja, tornou-se um venerado lugar de peregrinação.

Em setembro de 1946, no seu primeiro centenário, os peregrinos afluíram em enorme quantidade. Entre eles encontrava-se o falecido papa João XXIII, que na época peregrinou como núncio papal durante o congresso mariano...

O cardeal Saliège de Toulouse, que também havia peregrinado pelo local agraciado de La Salette, falara:

"Os seres humanos deveriam, no silêncio das montanhas, reconhecer a mensagem da 'Virgem Maria', para que o poderio pudesse ficar nas mãos de Deus e não nas mãos de Satanás."

Lourdes

Segue-se agora o milagre de Lourdes.

Maria Bernarda Soubirous, denominada Bernadette, tinha quatorze anos de idade quando viu, numa das grutas que se encontravam numa encosta rochosa à margem esquerda do rio Gave, um magnífico vulto feminino vestido de branco, envolto numa capa prateada e tendo à cintura uma fita azul-brilhante, cujas pontas iam até a barra do vestido. Nos delicados pés usava sandálias douradas enfeitadas com rosas. De seu rosto branco brilhavam dois magníficos olhos.

Apesar da pobreza na qual Bernadette vivia com seus pais e irmãos, ela era uma criança alegre e risonha. Na escola, entretanto, era constantemente repreendida e punida pelas irmãs religiosas, porque não queria aprender o catecismo. Mostrava-se também desatenciosa e mesmo desinteressada durante a aula de religião.

Somente quando a jovem podia estar livre no meio da natureza é que se sentia verdadeiramente feliz. As rochas, a água, as árvores e os animais pareciam participar dessa felicidade. Às vezes, ela também via enteais que, para os outros, permaneciam ocultos; isso, porém, era um segredo seu que não revelava a ninguém.

Bernadette viu a aparição pela primeira vez quando estava juntando galhos secos em companhia de seus irmãos. Ao ficar cansada, sentou-se numa pedra defronte à gruta maior, a gruta Massabielle. De repente, a região toda pareceu como que mergulhada numa luz rósea. Bernadette olhou para cima e viu uma resplandecente figura feminina pairando pouco acima da entrada da gruta, entre os cascalhos e as samambaias. Foi no dia 11 de fevereiro de 1858 que isto ocorreu. Naquele dia, ninguém em Lourdes, velha cidade dos Pireneus, imaginava a revolução que aquela aparição traria.

Após a primeira visão, Bernadette, a pedido da maravilhosa senhora, voltou durante quinze dias seguidos à gruta. Ela ajoelhava-se diante da gruta e quase ao mesmo tempo sentia uma desconhecida leveza e liberdade que a tornava infinitamente feliz, pois a aproximavam da luminosa aparição. Sua alma desprendia-se do corpo terreno de modo semelhante ao que ocorre durante o sono, enquanto ela registrava espiritualmente tudo o que lhe era comunicado. Tal estado durava geralmente de vinte a trinta minutos.

Enquanto isso, o corpo terreno de Bernadette encontrava-se rígido, ajoelhado e imobilizado diante da gruta. Seus olhos, não obstante abertos, estavam vazios, como que apagados. A multidão que diariamente acompanhava a jovem à gruta crescia dia a dia. Cada um esperava, pelo menos aqueles que acreditavam no milagre, também poder ver algo da "Virgem Maria", ou logo poder ouvir, no próprio local, o que a "mãe de Deus" desejava da pobre filha do moleiro.

Cada vez que Bernadette voltava a si e via a multidão que a cercava, olhava com expressão de asco e também às vezes com tristeza. Ninguém acreditava nela, quando dizia indignada que a "luminosa senhora", vista por ela, não era a "Virgem Maria".

Ainda durante o período em que Bernadette ia diariamente à gruta, uma verdadeira tempestade desabou sobre ela. Formaram-se partidos a favor e contra; injuriaram-na como farsante, doente mental e muito mais ainda, da maneira mais horrível; ou então se ajoelhavam como que diante de uma santa, quando ela surgia. Comissões médicas falavam de um estado "cataléptico"... Citaram-na também em juízo, diante do prefeito e até mesmo um promotor viera de Paris, a fim de examinar o caso no próprio local. Somente o clero se mantinha em expectativa.

Bernadette, durante o alvoroço semelhante a uma revolução, andava acabrunhada e com sentimento de culpa. Para sua mãe ela dizia que a "luminosa senhora" estava descontente com o "povo da Igreja" e que se os seres humanos não se penitenciassem, pereceriam todos. Todos! Também os bispos, papas e o clero todo, pois não estavam servindo ao céu, e sim ao inferno.

A mãe Soubirous olhava apavorada para a filha. Bernadette começou a tremer e sentiu falta de ar. O medo apertava-lhe a garganta. O que deveria fazer? A luminosa senhora tinha-lhe dado a incumbência de transmitir tudo e até mesmo de escrever.

Por intermédio da mãe da jovem, o deão de Lourdes tomou conhecimento da sombria profecia da suposta Virgem Maria. Depois disso, o clero da diocese deixou espalhar secretamente que a aparição de Bernadette Soubirous, com toda a certeza, não era da Virgem Maria, mas sim, de uma amotinadora comum e que o povo devia permanecer em expectativa.

Após essa advertência, o povo ficou na dúvida. Tanto mais que a própria Bernadette negava que a aparição vista por ela tivesse algo a ver com a Virgem Maria. A multidão deixou de ir, e a jovem ia à gruta acompanhada apenas por poucas pessoas. Faziam troça, evitavam-na e escarneciam dela. De repente, surgiu uma transformação.

A mensageira luminosa mostrou a Bernadette, em um canto da gruta, uma mancha úmida coberta com um pouco de relva e mandou a jovem liberar a fonte. A nascente que logo brotou da rocha foi encontrada. Foi como se a branca senhora luminosa tivesse vindo em auxílio da oprimida Bernadette por intermédio do veio de água, a fim de fortalecer sua segurança e confiança.

Quando se tornou conhecida a notícia da descoberta da fonte, o povo todo de Lourdes e das redondezas caiu numa espécie de êxtase. Procissões inteiras dirigiam-se com velas acesas até a gruta. O clero de Lourdes recebeu das autoridades eclesiásticas a incumbência de ficar com o povo e juntar-se às fileiras dos peregrinos, acrescentando que parecia tratar-se de uma autêntica vidente.

A água da nova fonte foi examinada por uma comissão, e a análise revelou que se tratava da saudável e boa água das montanhas, semelhante à existente em toda a região. O povo recusou o resultado. A fonte era uma fonte milagrosa, e Bernadette, que a encontrou, era uma milagreira...

De todos os lados Bernadette foi assediada com rogos, a fim de narrar o que a aparição lhe havia comunicado. Devia tratar-se de algo muito importante... Bernadette, porém, calava. Sem temor poderia ter falado, pois para o povo a descoberta da fonte fora prova suficiente de que ela era uma eleita especial, e em consequência disso suas palavras teriam sido aceitas como revelações. Bernadette não somente calava, como também permitia que coisas erradas se espalhassem e fossem postas em prática. Em vista disso ela se sobrecarregou com uma pesada culpa.

Foi assim que Lourdes não se tornou um ponto de partida de conhecimentos espirituais, e sim, apenas um local no qual se reuniam aleijados e doentes incuráveis de todo o mundo. Nenhum dos muitos que procuravam auxílio refletia no "porquê" de seus aleijões.

Os Milagres de Lourdes

E os milagres? Sim, ocorreram milagres em Lourdes. Muito poucos, e somente em casos excepcionais. As pessoas que obtiveram curas parecidas com milagres ajudaram-se na realidade a si próprias.

É sabido que a fé remove montanhas... Esta expressão bíblica contém muito de verdadeiro, pois uma fé firme e pura se torna convicção... convicção de que existe uma luminosa força auxiliadora que pode ajudar os seres humanos. Em virtude de tal disposição, que também contém em si confiança e humildade, o atingido entra em contato com ondas de forças superiores que retroativamente atingem o corpo terreno e obrigam-no a uma atividade maior. Por exemplo, glândulas que funcionam mal ou não funcionam são de tal modo reativadas, que são obrigadas a retomar sua atividade normal um pouco mais rapidamente, e assim por diante...

As curas acima mencionadas são em geral também duradouras, porque puderam ser ocasionadas devido a uma verdadeira convicção na força da Luz.

Existiam naquela época, em Lourdes, muitos doentes que devido ao seu êxtase religioso e ao otimismo ligado a isso encontraram melhoria em seus sofrimentos. Tais melhorias foram em geral de curta duração, já que ninguém consegue viver em constante êxtase.

Aqui deve ser apontado também o fato de que as assim chamadas curas milagrosas somente são possíveis, enquanto uma certa ligação existente entre o corpo terreno, a alma e o espírito não estiver danificada. Os assim chamados "idiotas" nunca podem ser curados, porque essa ligação está, em geral, totalmente interrompida.

Hoje existem em Lourdes e adjacências bons hospitais e bons médicos. Esses hospitais estão sempre superlotados, porque os aleijados e os doentes, que continuamente lá se encontram, esperam que um reflexo da "aparição de Maria" daquele tempo os ajude a conseguir uma melhora.

Milagres hoje não existem mais. Pois uma cura milagrosa, no mais verdadeiro sentido da palavra, só pode ocorrer quando existem as necessárias condições espirituais para isso.

Também para a suposta "milagreira" Bernadette Soubirous não houve milagres...

Bernadette passou a sofrer tormentos horríveis; físicos e espirituais. A sua leve falta de ar inicial transformou-se em fortes crises de asma. O sentimento de culpa a oprimia como uma pesada carga espiritual, tornando-se tão grave, que teve de ser levada durante algum tempo para o Hospital das Irmãs de Nevers.

Durante esse tempo, a jovem recebia continuamente a visita do clero. Inquiriam-na sempre de novo; ela, porém, permanecia apática. Após algum tempo ela obteve alta, sendo declarada sã.

Nesse meio tempo foram realizadas conferências no Vaticano, nas quais ficou resolvido que não se podia deixar andar livremente a celestialmente privilegiada Bernadette Soubirous. Ainda mais que a Virgem Maria lhe havia comunicado segredos sobre os quais ainda não se havia formado uma ideia concreta. Num convento é que a jovem estaria melhor guardada.

Assim que o sacerdote de Lourdes comunicou à família Soubirous a resolução das autoridades eclesiásticas, Bernadette foi tomada por um violento acesso de choro, pedindo desesperadamente que a deixassem viver assim como as outras jovens de sua idade. O sacerdote compreendia esse pedido. A pequena Bernadette transformara-se numa bela jovem... naturalmente ela preferia ficar livre.

Somente após várias e longas reuniões com o sacerdote e também com alguns bispos, Bernadette conformou-se com o inevitável. Logo depois, foi comunicado às dioceses, por meio de uma carta pastoral, que conforme as declarações de Bernadette, a senhora luminosa desejava um templo no local onde aparecera, e que os fiéis deveriam apoiar esse desejo com dinheiro, senão a construção não poderia ser efetuada. Após essa proclamação afluíram em poucas semanas vários milhões de francos de todos os países da Terra, tal qual uma torrente de ouro, em direção a Lourdes. A construção da grande basílica poderia ser iniciada.

Antes disso, a gruta foi inaugurada como santuário sob grande pompa eclesiástica. Centenas de milhares de pessoas estavam presentes a essa cerimônia. Também para Bernadette, como personagem principal, esse dia deveria ter sido de glória. Porém, justamente nesse dia, ela foi acometida de uma febre tão alta, que teve de passar o seu "dia de glória" na cama.

Alguns dias antes fora mostrada a Bernadette a estátua de Maria, destinada à gruta, a fim de saber sua opinião sobre a obra de arte. Bernadette olhou indiferentemente para a estátua, dizendo com lágrimas nos olhos que não havia semelhança entre a figura de Maria e a aparição luminosa na gruta...

Chegou então o tempo em que Bernadette ingressou como noviça na Casa Central das Irmãs de Saint Gildarde. Nesse convento teve início também o seu tempo de sofrimento. Ela ficou doente, gravemente doente. Fortes vômitos, hemoptises e falta de ar transformaram sua vida num tormento. Após algum tempo o médico constatou que Bernadette estava sofrendo de tuberculose óssea e de polineurite. Além disso, formou-se num dos joelhos uma tumoração muito dolorosa do tamanho de uma cabeça de criança... Enquanto a jovem Bernadette era venerada em todo o mundo como uma milagreira, ela lutava no convento contra as horríveis dores. A suposta fonte milagrosa e curativa não trazia, àquela que a encontrou, nem cura nem alívio...

Às doenças físicas juntaram-se ainda tormentos psíquicos. Várias vezes ela gritava desesperada, dizendo que atraiçoara a senhora luminosa e que o diabo já se achava atrás dela... Muitas vezes, quando as dores físicas chegavam a tornar-se quase insuportáveis, ela via, em espírito, a gruta; porém nenhuma senhora luminosa fazia estremecer seu coração de felicidade. O que ela via na gruta era um negro abismo que ia dar em pavorosas profundezas, e em volta do qual se acotovelavam todos os aleijados da Terra. Ou então ela via outras imagens que paralisavam seu espírito de horror e que lhe sufocavam a respiração. O dom inato de vidência transformara-se agora em maldição para ela...

Finalmente findaram os sete anos de sofrimento. Após uma agonia que durara alguns dias, a "milagreira de Lourdes" foi libertada de suas dores.

É de acrescentar-se ainda que Bernadette, meses antes de sua morte, se acusava cada vez mais frequentemente, proferindo palavras confusas acerca do diabo. Por isso, as irmãs que rodeavam o leito da criatura martirizada foram tomadas de dúvidas... A única pessoa no convento que compreendia o que estava ocorrendo era o deão Peyramale, de Lourdes. Ele presenciara tudo desde o começo e também ajudara no sentido de que a mensagem da aparição luminosa permanecesse em segredo... A menina Bernadette, que ele conhecera outrora, causava-lhe dó. Certamente... Mas a única coisa que ele podia fazer era cuidar para que nada passasse além dos muros do convento. Por que haveria de inquietar a humanidade crente, com as autoacusações e as confusas palavras da "milagreira"?

Esta foi, em largos traços, a história de Bernadette Soubirous. No dia 8 de dezembro de 1933 ela foi canonizada pelo papa Pio XI. Essa canonização foi efetuada com grande pompa. Todas as janelas da Igreja de São Pedro, em Roma, foram cerradas com cortinas vermelhas, pois em tais cerimônias a luz do dia não deve penetrar no interior da igreja. Rodeado de cardeais e de outras autoridades eclesiásticas, o papa declarou que a bem-aventurada Maria Bernarda Soubirous era uma santa... As trombetas de prata da Igreja de São Pedro ecoaram, e os sinos de todas as igrejas de Roma tocaram, enquanto que para a pobre martirizada Bernadette foi imposto o peso da santidade...

Qual é, pois, o teor da mensagem que Bernadette recebera?

O sentido da mensagem foi o mesmo que no ano de 1846 a jovem Melanie Calvat e seu companheiro Maximin Giraud haviam recebido, nas solitárias encostas de La Salette.

A Terceira Mensagem de Fátima

E pela terceira vez a emissária da misericórdia aproximou-se dos seres humanos...

Surgiu em Fátima, Portugal. Pela última vez, antes do Juízo Final, para advertir a cristandade... Foi no dia 13 de maio de 1917 na província de Estremadura, em Portugal.

Ela apareceu a três crianças pastoras: Francisco Marto, de nove anos, sua irmã Jacinta, de sete anos, e Lúcia, de dez anos. Lúcia era prima das outras duas crianças.

Brincavam numa gruta situada fora de sua aldeia, a "Cova Iria", quando viram a aparição. Todas as três contaram que uma bela e luminosa senhora, trazendo flores nas mãos, se havia aproximado delas na gruta. Essa senhora as saudara tão amavelmente, que elas logo perderam o medo...

Lúcia imediatamente se sentiu atraída por aquela luminosa senhora. Apesar de sua pouca idade, logo compreendeu que aquela senhora trazia uma mensagem que ela, Lúcia, devia transmitir aos seres humanos.

Lúcia estava sob uma forte direção da Luz, pois tinha sido especialmente preparada para tal incumbência. Também não era a primeira vez que recebia e transmitia mensagens da Luz.

A senhora desejava que as crianças viessem cada mês à gruta, até outubro. Isso sempre no dia treze.

Seis vezes apareceu a emissária da misericórdia na gruta. Durante esse tempo Lúcia recebia a mensagem que deveria retransmitir aos seres humanos. No dia treze de outubro a senhora* apareceu pela última vez. Nesse dia se despediu sorridente das crianças. Quando mais uma vez se dirigiu a Lúcia, disse:

"Nunca tenhas medo dos seres humanos. Transmite exatamente a mensagem que ouviste."

Lúcia, apesar de sua pouca idade, estava compenetrada da importância de sua missão. Relatou com impressionante exatidão tudo o que a senhora lhe comunicara. Entre os muitos curiosos que vieram para a sua aldeia, encontravam-se naturalmente muitos sacerdotes. Vieram para "ouvir" e "examinar"...

Todas as pessoas, mesmo aquelas que diziam não crer nas terríveis profecias, durante longo tempo não puderam afastar de si um sentimento opressivo, até atemorizador... Apesar de duvidarem da mensagem, esperavam intimamente que o anunciado castigo de Deus passasse por elas...

O clero não duvidava que as crianças tivessem visto uma aparição, pois uma mensagem tão trágica, contada com fisionomia séria pela menina Lúcia, seria impossível ter sido inventada. Entretanto, os dirigentes da Igreja eram unânimes em afirmar que alguma medida deveria ser tomada. Uma criança que tinha visto a "Virgem Maria" não poderia permanecer sem fiscalização. Além disso, as pessoas poderiam entender "erradamente" aquelas profecias... Em consequência dessas ponderações, Lúcia foi entregue às freiras de um mosteiro de carmelitas. Essa medida, pretensamente, aconteceu para o bem da criança. Na realidade, entretanto, Lúcia devia ser afastada das outras pessoas!

Quando Lúcia entrou no mosteiro das carmelitas de Pontevedra, tinha onze anos de idade... Logo que lhe foi possível, escreveu minuciosamente a mensagem que recebera em intervalos mensais da senhora luminosa. Nada se perdeu. Ela cumpriu fielmente a sua missão.

O caderno com seus apontamentos foi entregue pelas freiras ao bispo de Coimbra e de lá chegou às mãos do primaz de Portugal, e através dele até o Vaticano. No Vaticano, já estavam informados, bem antes e de maneira bastante detalhada, sobre tudo o que se referia a Lúcia, a criança vidente. Uma parte das profecias foi publicada

---

* Usamos a expressão "senhora" porque as crianças chamavam-na sempre assim.

naquele tempo em jornais religiosos da Igreja. Mas a última parte, que mais tarde foi denominada "A terceira mensagem de Fátima", nunca foi revelada ao público, permanecendo, até hoje, segredo do Vaticano.

As outras duas crianças, Francisco e Jacinta, que igualmente haviam visto aquela aparição, faleceram, em curtos intervalos, dois anos após aquele acontecimento.

No dia 13 de outubro de 1917, dia em que a senhora apareceu pela última vez às crianças, ocorreu no céu um fenômeno nunca visto: o Sol começou a rodar. Milhares de pessoas em Portugal observaram esse inexplicável acontecimento que mais tarde foi chamado o "milagre do Sol"...

Nas mensagens de Fátima, a luminosa senhora também falou de um fenômeno celeste. E aí se diz:

> "Quando, numa noite, uma grande e desconhecida luz aparecer no céu, então isso será um sinal de Deus, chamando a atenção dos seres humanos que com o início da Segunda Guerra Mundial o Juízo Final já estará em curso"...

A luz da qual a senhora havia falado foi visível realmente em toda a Europa. Tratava-se de uma espécie de "aurora boreal" que se tornou visível na noite de 25 para 26 de janeiro de 1938, nos céus de toda a Europa. Até hoje os cientistas não encontraram uma explicação para esse surpreendente e excepcional fenômeno, que naquele tempo deixou muitas pessoas em pânico...

A guerra veio. Também muitas outras catástrofes se cumpriram com "precisão sinistra". Quando, depois da guerra, se verificou que Lúcia havia falado a verdade, vieram de muitos lados solicitações para que o Vaticano publicasse também a terceira mensagem de Fátima.

Até agora todas as solicitações a tal respeito foram recusadas. A terceira mensagem por enquanto ainda teria de permanecer segredo do Vaticano.

No ano de 1967 a imprensa europeia publicava a notícia surpreendente de que o papa havia desmaiado ao ler a terceira mensagem de Fátima... Também o jornal "A Gazeta", de São Paulo, publicou em 17 de abril de 1967 a mesma notícia, dizendo o seguinte:

"Cidade do Vaticano (AFP). O terceiro segredo de Fátima não será revelado. Isto foi o que disse ontem o cardeal Fernando Couto, que acaba de renunciar a seu cargo de grande penitenciário por motivo de idade.

Como se sabe, dada a espantosa precisão com que as duas predições anteriores se concretizaram, o papa Paulo VI ao tomar conhecimento da terceira mensagem sentiu-se mal, chegando mesmo a desmaiar."

O que contém pois a terceira mensagem de Fátima, temerosamente guardada pelo Vaticano? Por que deve permanecer em segredo?

Vamos, agora, conforme o sentido, retransmitir as duas mais importantes predições dessa última parte das profecias, que se cumprirão igualmente com "precisão sinistra".

"Uma terceira guerra irromperá; tão horrível será, que apenas poucos sobreviventes haverá na Terra... Tremendas catástrofes virão sobre a humanidade...

As organizações eclesiásticas terão de se transformar radicalmente e tomar a Verdade como base. Se tal não acontecer, então a morte reinará no meio da Igreja, e os cristãos amaldiçoarão o clero. Terá chegado o fim dos papas, e os últimos deles gemerão sob dores corpóreas, enquanto suas almas, como que açuladas, vagarão a esmo. Mas não encontrarão uma saída. Seu trono cairá!"

Estas são, segundo o sentido, as duas mais importantes profecias da terceira mensagem de Fátima... Que também se cumprirão, sem dúvida nenhuma...

Durante uma audiência com a irmã carmelita das "Sete Dores"*, o núncio Lombardi perguntou se ela acreditava que viriam tempos melhores para os seres humanos. Respondendo, a "Irmã das Sete Dores" disse que antes devia acontecer uma grande transformação, uma conversão. Se tal não acontecesse, então apenas uma pequena parte dos seres humanos poderia salvar-se. Muitos seriam julgados e condenados...

---

* Assim Lúcia era chamada naquele tempo.

O que, pois, fez a Igreja da mensagem de Fátima? Uma mensagem que teria sido capaz de salvar milhões de seres humanos! Como de outro modo não era de se esperar, os dirigentes responsáveis pela organização eclesiástica fizeram tudo para desviar os seres humanos do verdadeiro sentido da trágica mensagem da Luz. A mentira, a arma de todos os espíritos infiéis, entrou novamente em ação com absoluto sucesso.

Em primeiro lugar, a Igreja reconheceu a aparição às três crianças videntes. Posteriormente, comunicara que a "Virgem Maria" em pessoa teria aparecido às crianças para, através delas, conclamar os seres humanos à penitência.

Em consequência, foi dado a conhecer que a "Virgem Maria" desejava que fosse construída uma basílica no lugar onde ela aparecera, para que os seres humanos pudessem implorar remição de seus pecados, naquele local agraciado.

No ano de 1950, igualmente por "desejo expresso da Virgem de Fátima", o papa Pio XII proclamou o dogma da ressurreição da Virgem Maria! Anualmente, no dia quinze de agosto, essa "ressurreição inventada" por Pio XII é celebrada festivamente pela Igreja.

Segundo se diz, o papa viu por três vezes a aparição da Virgem Maria de Fátima.

Assim, juntou-se mais um dogma aos que já existiam. Cada dogma é como um cárcere sem luz, onde o espírito dormita indolente e imóvel. E ali, onde não há luz nem movimento, a morte espreita!

Alguns teólogos espertíssimos introduziram até a Rússia nas profecias de Fátima. Por exemplo, na primeira parte agora já conhecida da mensagem é dito que: "Uma grande transformação e conversão seriam necessárias, para não se perder a maior parte da humanidade!" Os teólogos espertalhões interpretaram, pois, estas palavras no sentido de que a Igreja deve empenhar-se em prol da paz mundial, e que essa paz seria garantida se a "Rússia se convertesse"!

Tal interpretação naturalmente é errada! Pois nas profecias não foram mencionados nenhum país e nenhum povo. A mensagem de Fátima foi dirigida à humanidade em geral, e em especial à cristandade.

É compreensível que os teólogos procurem toda a sorte de interpretações para iludirem-se a si próprios e aos outros. Pois quem ainda poderia ter esperança de salvação, se as profecias de Fátima fossem interpretadas assim como foram dadas? Além disso, a verdade abalaria toda a estrutura da Igreja!...

Não obstante, os alicerces da Igreja, da mais poderosa e mais rica organização da Terra, estão hoje oscilando. As profecias de Fátima fazem tremer atualmente poderosos príncipes da Igreja! Mesmo sem as profecias, cada um que queira pode ver hoje que o desmoronamento da Igreja não pode mais ser impedido. Também para a terceira guerra está tudo preparado. Enquanto os poderosos da Terra falam de paz, fabricam-se as mais terríveis armas, com as quais pretendem destruir-se mutuamente...

A pomposa basílica foi construída conforme o "desejo expresso da Virgem Maria". Assim, fundou-se mais um lugar de romaria em honra da Igreja. Milhões de pessoas visitam anualmente o "santuário de Fátima" para, de lá, implorar de maneira egoística o perdão de seus pecados. Foi divulgado por toda a parte que a Basílica de Fátima é uma impressionante expressão de fé cristã!

Na realidade, a Basílica de Fátima é um impressionante monumento de uma fé morta, da qual os peregrinos indolentes de espírito esperam toda a sorte de vantagens...

O culto praticado com a estátua de Fátima não difere em nada dos cultos de idolatria de milênios passados! Aliás, os potentados cristãos superaram amplamente seus precursores (quantos sacerdotes idólatras de outrora não haverá entre o clero?). Superaram seus precursores, uma vez que a Igreja pretende reivindicar para si até um Filho de Deus, que desceu exclusivamente para se deixar crucificar, a fim de que pudessem ser perdoados aos seres humanos os seus pecados!...

Lúcia, a criança vidente daquele tempo, que desapareceu com onze anos de idade atrás dos muros de um mosteiro, tem hoje pouco mais de sessenta anos. Ela vive no Mosteiro de Santa Tereza das Carmelitas, usando o nome de "Madre Maria do Coração Imaculado". Desespero e tristeza sombreiam sua existência terrena. Já desde muito reconheceu que a "mensagem da luminosa senhora" fora interpretada pelo clero de tal modo, que a verdade nela contida desapareceu sob uma teia de mentiras.

Muitas vezes ela, lá do mosteiro, implorara para que a mensagem inteira da senhora luminosa fosse divulgada. Seus pedidos não encontraram eco. Ela também esteve em Fátima, quando o papa Paulo VI para lá peregrinou no ano de 1967 para rogar pela paz mundial.

Ali, o vazio dos atos de culto feriram sua alma. Ainda esperava que o papa, por ocasião de sua romaria, anunciasse toda a mensagem... Nada disso, porém, aconteceu... A bênção papal encheu-a de asco e sofrimento, pois ela percebeu que também este papa, igual a seus predecessores, noite e dia era atormentado por fúrias de medo.

Mesmo atrás dos muros do mosteiro, Lúcia permaneceu fiel à Luz! Ela faz parte das "servas da misericórdia", que em épocas de perigo se aproximam dos seres humanos, para auxiliá-los espiritualmente e adverti-los sobre perigos vindouros... Que Lúcia deixe em paz a Terra e volte, através de caminhos de rosas, para a sua pátria luminosa!

A Vidência das Crianças

Finalmente, os leitores ainda perguntarão por que foram utilizadas crianças para retransmitir tão significativas anunciações!

Crianças? Certo. No entanto, não se tratava de crianças comuns. Seus espíritos já em vidas terrenas anteriores tinham cumprido importantes missões!

Na raça branca o raciocínio domina de tal modo, que é quase impossível encontrar pessoas adultas capazes de receber comunicações vindas de fato da Luz e da Verdade, de modo puro e nítido. Toda a sorte de ponderações intelectivas, tais como: dúvidas, desconfiança, medo, etc., turvariam imediatamente a recepção.

E em círculos espíritas? Mensageiros da Luz não podem aproximar-se da humanidade através deles! Os inúmeros presos à Terra, que se agarram aos médiuns, excluem de antemão qualquer possibilidade de recepção daquilo que provém das alturas luminosas.

Embora tratando-se de espíritos preparados que naquelas crianças videntes se haviam encarnado, ainda assim havia também o perigo de essas crianças, após a idade da maturidade, poderem ser influenciadas pelo raciocínio que então entraria em pleno vigor. Talvez tivessem receio de retransmitir as mensagens, pelo medo de virem a ser escarnecidas e zombadas.

Uma criança, porém, nunca chega a tanto em suas ponderações, pois a capacidade de pensar logicamente só começa na idade da maturidade, portanto entre os quatorze e quinze anos aproximadamente.

Quando a senhora luminosa apareceu a Bernadette Soubirous, a menina estava prestes a entrar na fase da maturidade. Já tinha abandonado a infância. Com isso cessou a especial muralha protetora que envolve todas as crianças até essa época, como também a ingenuidade e a despreocupação infantis.

Com a entrada da idade adulta, fica estabelecida uma ligação espiritual, deixando assim a juventude adolescente se tornar plenamente responsável por tudo o que intui, pensa e faz. Outras correntezas exercem seus efeitos sobre as criaturas jovens, e novas impressões começam a moldar suas vidas.

Quando Bernadette alcançou essa idade, tornou-se plenamente consciente do alcance e da gravidade das mensagens recebidas através da senhora luminosa. A consequência disso foi que ficou com medo de transmitir o que ouvira. Medo das pessoas e suas reações, medo da poderosíssima Igreja... O que não fariam com ela, se anunciasse que o "povo da Igreja" não serve a Jesus?

Quanto mais cismava, tanto mais Bernadette se abria às influências opressoras de uma humanidade que pensava e agia erradamente. Ela não precisava preocupar-se, pois se achava sob especial proteção da mensageira da Luz.

Para evitar qualquer erro, deve ser mencionado ainda o seguinte: o desaparecimento da muralha protetora da infância, na época da maturidade, não significa que um jovem ser humano, daí por diante, esteja desprotegido e abandonado! Pelo contrário. A partir desse momento ele é acompanhado por um guia espiritual que cuida fielmente dele. O fato de a humanidade terrena de hoje não mais ouvir as vozes dos seus auxiliares espirituais é culpa exclusivamente dela... Em momento algum de sua vida a criatura humana fica sem os cuidados fiéis de uma proteção espiritual!

Quem era, pois, a emissária que aparecia às crianças videntes, e que por todas foi descrita de modo idêntico?

A emissária luminosa pertence ao grupo dos muitos mensageiros e mensageiras que atuam nas irradiações do amor divino desde a eternidade. Existem mensageiros masculinos e femininos, e são denominados "mensageiros da misericórdia". São espíritos puros, sem carma, que em épocas de grandes necessidades se aproximam da humanidade. Exortam e advertem, indicando perigos iminentes. Nos últimos cem anos, esses auxiliadores misericordiosos têm anunciado, por toda a parte na Terra, o início do Juízo Final e as transformações a isso ligadas. Em cada povo, seres humanos terrenos especialmente preparados, ou também crianças, receberam mensagens que anunciavam as desgraças, tendo também a possibilidade de as retransmitir.

Infelizmente, as anunciações dos mensageiros da misericórdia, na maioria dos casos, foram parcial ou totalmente omitidas, ou de tal modo desfiguradas e abrandadas, que as palavras e o seu sentido desapareceram, sem força alguma, no mar das crenças erradas e das dúvidas humanas.

Maria de Nazaré, a mãe terrena de Jesus, nunca fez parte do grupo de mensageiros e mensageiras da misericórdia. Na realidade, também nunca apareceu a ninguém; não podia e nem poderá aparecer a ninguém. Quem afirma o contrário, ou está mentindo ou fantasiando.

Quando as mensageiras da misericórdia se aproximam dos seres humanos terrenos, vestem geralmente mantos azul-claros, brilhantes como seda, e vestidos brancos cingidos na cintura por uma faixa larga de cor azul-claro. Sempre aparecem enfeitadas com rosas cor-de-rosa. O fato de relacionarem a mãe terrena de Jesus com aquelas aparições, apenas mostra o quanto a humanidade se afastou da Verdade.

Toda a glorificação de Maria de Nazaré, pelos seres humanos, está errada. Levou aos fundamentais erros de hoje, sobrecarregando-a ainda mais. Maria de Nazaré era, sim, altamente agraciada por ter-lhe sido concedido ser mãe terrena do Filho de Deus. Contudo, enquanto Jesus viveu na Terra ela não reconheceu nem ele nem a missão de que era portador. Somente aos pés da cruz, no Gólgota, começou a pressentir a Verdade. Mas esse reconhecimento não podia libertá-la da culpa com que se sobrecarregara pelo seu falhar. Desde então, esteve repetidas vezes encarnada na Terra. Os caminhos que teve de seguir na matéria foram penosos e pedregosos, pois devido à sua incompreensão e recusa temporária da missão de Jesus, ela dificultou em muito a missão terrena dele... Tinha de remir sua culpa do mesmo modo que qualquer outro espírito humano, e esta lhe pesava muito mais por ter sido especialmente agraciada.

Os Locais de Aparições

Resta ainda responder à seguinte pergunta:
"Por que as mensageiras da misericórdia apareceram às crianças videntes em grutas e em regiões ermas, montanhosas?"

Esta pergunta é igualmente fácil de ser respondida. Bem antes de serem construídos templos sólidos, muitos povos tinham seus lugares de culto ao ar livre, na natureza. Na Europa de hoje se pode encontrar por toda a parte tais lugares de culto. Localizavam-se em bosques de carvalhos, ao lado de nascentes, riachos ou lagos, bem como em colinas, montes e grutas. No centro de cada um desses locais havia a pedra de culto, ou pedra de oferendas como também era chamada. Em regiões onde havia muitas pedras, elas eram colocadas num amplo círculo, em volta da pedra de culto.

Mocinhas que possuíam o dom de vidência depositavam presentes na pedra de culto durante as reuniões solenes. Esses presentes eram constituídos, na maior parte, de cereais, frutas e água, dispostos em jarros de bonitas formas. Tais presentes constituíam a expressão de agradecimento a Deus, o Senhor, que ricamente lhes dava tudo o que necessitavam. Ao lado dessas jovens videntes, oficiavam, naturalmente, também sacerdotes. Em regiões onde havia grutas, os atos de culto realizavam-se tanto na entrada como também dentro delas. De qualquer forma, todos os povos ou tribos, nos tempos remotos, possuíam praças de culto em locais belos e especialmente protegidos.

As crianças videntes de La Salette, Lourdes e Fátima receberam mensagens das mensageiras da misericórdia em lugares que milhares de anos antes foram locais de culto. E estas crianças videntes, naquelas épocas há muito esquecidas, tinham servido como videntes e retransmitido também mensagens aos seus respectivos povos. Os meninos tinham sido sacerdotes, e possuíam também o dom da vidência. Todos cumpriram sempre fielmente suas missões na Terra.

As Interpretações Errôneas

Finalizando, ainda a explicação do porquê de as mensagens da emissária da Luz terem sido dirigidas essencialmente à Igreja e seus servos.

As interpretações errôneas e as explicações falsas e torcidas dadas aos ensinamentos do Filho de Deus, Jesus, acarretaram maior dano do que todas as guerras.

A raça branca, em sua totalidade, está emaranhada nas teias do falso cristianismo. Devido à influência que esta raça exerce, essa doutrina torcida chegou também a outros povos, gerando confusão e fomentando a hipocrisia.

A maior culpa cabe naturalmente às organizações eclesiásticas, já que por seu intermédio foram divulgados os falsos ensinamentos cristãos; além disso, os vários dogmas da Igreja escravizaram irremediavelmente os seres humanos.

Esta foi a razão por que as três mensagens foram dirigidas, na maior parte, aos superiores da Igreja e ao clero em geral!

CAPÍTULO VII

A IGREJA RESISTIRÁ AO JUÍZO?

Não, tampouco a Igreja resistirá ao Juízo, assim como tudo o que não vibrar harmoniosamente com a vontade de Deus. Embora atualmente a organização eclesiástica seja poderosa e rica, seu poder e riqueza são apenas terrenos, sem o verdadeiro núcleo espiritual e, por isso, ela não estará apta a enfrentar as tempestades vindouras!

Não, nada restará do sistema eclesiástico, pois o dogma da Igreja é tão diferente do ensinamento original de Jesus, que não há esperança de uma sobrevivência. Iluminado pela Luz da Verdade, qualquer um que deseje ver e ouvir, reconhecerá que os ensinamentos dogmáticos da Igreja são teias de mentira finamente tecidas. O fundamento espiritual sobre o qual deveria ter sido construída a igreja cristã não existe mais, e provavelmente nunca existiu no sentido certo. Embora sejam os atos eclesiásticos executados em nome de Cristo, pelo Espírito de Cristo procura-se em vão. Que uma organização tão poderosa como a Igreja Católica tenha sido construída e apoiada em mentiras, mostra nitidamente como a humanidade se afastou da Luz e da Verdade.

O dogma da Igreja é um aglomerado de ensinamentos falsos, e foi mantido até agora por uma rigorosa crença cega, que embala milhões de adeptos num seguro sono de morte espiritual. O ensinamento de Jesus veio da Verdade e poderia impedir a decadência da humanidade. Porém, os detentores do poder eclesiástico transformaram o puro, severo e justo ensinamento em uma religião de falso amor, hipocrisia e mentiras.

Assim, as palavras de Cristo vêm sendo deformadas e abusivamente aplicadas já há quase dois milênios. E o cruel e horrível assassínio do Filho de Deus na cruz é apresentado como um intencionado ato de amor... Apenas abjetos seguidores de Lúcifer poderiam pôr no mundo uma tal mentira. Não obstante, seria fácil distinguir a verdade da mentira. E por que Jesus pronunciaria as palavras: "Pai, perdoai-lhes, pois não sabem o que fazem!"... Por que estas palavras, se o assassinato era desejado?...

Sim, o dogma da Igreja foi edificado sobre mentiras. Isso é um fato que ninguém pode negar. Tomemos por exemplo a confissão e o perdão do pecado:

A confissão eclesiástica é um estímulo direto ao pecado; contradiz as palavras de Jesus que dizem: "O que a criatura humana semear, terá de colher múltiplas vezes!" Nesta sentença, o Filho de Deus expressa a ação de uma das mais importantes leis da Criação, isto é, a lei da reciprocidade, à qual todo o ser humano está submetido.

Como pode alguém que talvez esteja carregado de pecados perdoar os pecados de outrem? O que pensam os sacerdotes, quando cumprem ações que estão em franco contraste com as palavras de Cristo?

E depois, a canonização de seres humanos comuns através dos papas! Quando foi que Jesus mencionou tal absurdo? Quanta presunção, estupidez e hipocrisia estão contidas em tal ação arbitrária! Canonizações são profanações ilimitadas do conceito de santidade. Somente a Trindade de Deus é santa! Quantos dos assim denominados "santos" vivem hoje novamente na Terra, carregados de culpas. Também a eles nada é perdoado. Os raios do Juízo atingem e julgam os espíritos humanos, tanto na Terra como no Além, e ninguém pode se ocultar.

E o jejuar e a abstinência dos servos da Igreja ou sacerdotes! Como são mesquinhas e ao mesmo tempo ridículas tais prescrições! O que importa a Deus Todo-Poderoso, ao Criador de milhões de mundos, se a minúscula criatura terrena jejua, faz penitência ou se vive em abstinência! Com tais práticas os seres humanos somente transgridem as leis da natureza, que vibram exatamente na vontade de Deus...

E os papas! Na maior parte das vezes morrem atormentados por dores físicas e mil tormentos psíquicos, sem terem feito algo de verdadeiramente útil na Terra. Os papas, em sua maioria, que no decorrer dos muitos séculos ocuparam a assim chamada "cadeira de Pedro", foram, sob todos os pontos de vista, indignos.

Somente o papa que tivesse a coragem e a grandeza de espírito de demolir o dogma eclesiástico e indicar abertamente à cristandade os ensinamentos errados do dogma, somente este poderia denominar-se papa. Um ser humano, porém, tão elevado espiritualmente, recusaria desde logo o pontificado.

Atualmente, a maior parte do clero, desde o papa até o mais simples sacerdote, é constituída de traidores dos ensinamentos de Cristo, traidores no verdadeiro sentido da palavra. Devido a essa traição, estão agora incapazes e de mãos vazias diante da sempre crescente aflição espiritual dos seres humanos.

A estrutura da Igreja, porém, já oscila. O próprio dogma provocará a derrota definitiva. É de dentro para fora que o edifício ruirá. Certamente, isto soa cruel e não combina com a configuração de fantasia que a Igreja formou do amor divino.

Tudo o que o ser humano pensa e faz entra em contato com a lei da reciprocidade. É a lei que o Filho de Deus, Jesus, revelou à humanidade com as simples palavras:

> "O que a criatura humana semear,
> terá de colher múltiplas vezes!"

CAPÍTULO VIII

A BÍBLIA*

Os textos da Bíblia existentes antes de Cristo foram colecionados por pesquisadores religiosos judaicos, e posteriormente classificados, revisados e parcialmente traduzidos para o grego. Assim, chegaram mais tarde às mãos dos adeptos da fé cristã, os quais, por sua vez, novamente os revisaram e arquivaram em parte.

Por "textos da Bíblia" devem-se entender os escritos daquilo que fora transmitido pelos antigos profetas, sacerdotes, reis, patriarcas, etc. Entre o material assim reunido não se encontraram originais... Nos textos, contidos em muitos rolos, constava que os acontecimentos ali narrados não foram escritos na época de sua realização, e sim muito mais tarde. Os velhos profetas, com exceção de Moisés, não sabiam escrever. Retransmitiam, pois, por via oral, do modo mais nítido, visões recebidas espiritualmente; contudo, até que os textos retransmitidos pudessem finalmente ser escritos, decorreu um longo tempo.

Os posteriores historiadores judaicos, ao escreverem as tradições orais, introduziram, como sempre acontece, suas próprias interpretações e opiniões, de modo que, por fim, o texto se apresentava em completa contradição às originais retransmissões orais.

No decorrer dos séculos depois da morte de Cristo, muitos dos velhos manuscritos do volumoso material foram colocados de lado por "não favorecerem a fé".

Os manuscritos apartados foram divididos em dois grupos: os "apócrifos" e os "pseudepígrafes", do Novo e do Velho Testamento. Ambas as expressões provêm do grego. Os apócrifos são escritos que, segundo a opinião dos dirigentes das igrejas, continham um sentido

---

* As citações foram extraídas da tradução portuguesa da "Bíblia Sagrada", edição Barsa, RJ, 1965.

secreto compreensível apenas a "iniciados". Os pseudepígrafes compunham-se de velhos textos designados pelos entendidos como falsificações, visto terem sido divulgados frequentemente sob nome falso.

Além dos mencionados, muitos outros manuscritos foram apartados devido à possibilidade de despertarem "dúvidas na fé" entre os cristãos.

A Bíblia em sua forma atual foi composta no século XIII. Havia, até então, três versões diferentes dela, escritas à mão, naturalmente. A composição de uma dessas Bíblias foi feita num mosteiro beneditino na Baviera e outra em Estrasburgo. A Bíblia de Estrasburgo era denominada "Speculum Humanae Salvationes". Em alemão era chamada "Menschlicher Heil-Spiegel", isto é, "Espelho da Salvação Humana"... Depois surgiu ainda a Bíblia francesa, adornada com cinco mil quadrinhos, a "Bible Moralisée"...

Apenas poucos, entre o clero, estavam em condições de obter as dispendiosas Bíblias escritas à mão. Sua divulgação começou somente quando se inventou a arte de impressão de livros...

Nas enciclopédias consta que a Bíblia é objetiva, simbólica, alegórica, de valor moral, mas muitas vezes "difícil de determinar o sentido"...

"Difícil de determinar o sentido" quer dizer que os textos da Bíblia são de tal espécie, que geralmente não se pode compreendê-los. Isto se refere principalmente ao Velho Testamento.

Não foi à toa que os espíritos das trevas triunfaram quando a Bíblia finalmente saiu. Pois este livro, com seus textos confusos, carecendo de clareza e muitas vezes totalmente incompreensíveis, não traria o reconhecimento a pessoa alguma...

No que tange à falta de clareza, a Bíblia não representa nenhuma exceção. Todas as tradições, de qualquer espécie, trazem em si o mesmo mal. Esse mal é a mentira! Com relação à Bíblia isto é especialmente lamentável, visto constituir esse livro a base da fé de toda a cristandade...

O Velho Testamento

Tomemos inicialmente o Velho Testamento:

As visões e profecias dos antigos profetas referiam-se, todas elas, a fenômenos espirituais acontecidos longe da Terra. A maioria entre eles reconheceu isso e interpretou as imagens vistas, correspondentemente aos fenômenos anunciados. A falta de clareza adveio somente mais tarde, quando pessoas de raciocínio restrito, recompondo os textos antigos, lhes deram outra interpretação. Mas não apenas isso! Os acontecimentos realmente valiosos, vistos espiritualmente, foram misturados com os relatos de acontecimentos cotidianos terrenos, o que ocasionou de imediato a perda do seu sentido puro original.

Os manuscritos do Velho Testamento, de um modo geral, foram escritos pelos descendentes das tribos israelitas que deixaram o Egito conduzidas por Moisés. Os componentes dessas tribos e todos os seus profetas acreditavam, com exceção de Moisés, que eles próprios e os povos adjacentes deles conhecidos fossem os únicos seres humanos na Terra. Não tinham ideia alguma que existiam povos em outras regiões do planeta, povos que, com seus conhecimentos e cultura, estavam muito mais adiantados do que eles próprios... O restrito saber dessas pessoas se evidencia em muitos textos da Bíblia...

A Arca de Noé

Tomemos primeiramente a história de "Noé". Toda a sua história é na realidade tão desfigurada, que só se pode denominá-la de mentira...

Num trecho em Gênesis,* por exemplo, diz:

"(Deus) disse: Eu destruirei de cima da face da Terra o homem, que criei. Estenderei a minha vingança desde o homem até aos animais, desde os répteis até às aves do céu: porque me pesa de os ter criado. Porém Noé achou graça diante do Senhor."

Num trecho** seguinte diz mais:

"Sabe que tenho determinado mandar sobre a Terra um dilúvio de águas e fazer perecer nele todos os animais viventes, que houver debaixo do céu (...)"

Quem escreveu tais textos bíblicos foi fanático religioso, desconhecedor da Verdade e da justiça de Deus...

---

*   Gn 6:7-8.
** Gn 6:17.

Como poderia ter pensado, e até escrito, que Deus, o Senhor, exterminaria também os animais por causa da pecaminosa humanidade? Os animais, que nada tinham a ver com os pecados humanos! Que, pelo contrário, sofriam sob os seres humanos!...

E mais adiante:

"E tudo o que houver sobre a Terra será consumido."

Que o dilúvio inundou vários países daquela região é hoje uma realidade histórica. Pois quando o arqueólogo inglês Leonard Wooley escavou túmulos de reis em Ur, na Caldeia, descobriu por baixo deles, numa profundidade de doze metros, uma camada limpa, de argila, de dois metros e meio de espessura. Essa camada aluvial só podia ter uma explicação: a catástrofe diluvial, mencionada primeiramente no "Epos Gilgamesch" e depois na Bíblia, tinha inundado de fato toda a região que hoje é conhecida como "região dos dois rios" (Eufrates e Tigre), situados na Mesopotâmia. Contudo, nunca toda a Terra. Tal nem teria sido possível segundo as vigentes leis da natureza...

Deus, o Justo, também não exterminou o gênero humano inteiro, preservando disso apenas a família do "Utnapistin (Noé)"...

Fez-se referência aqui a dois trechos da Bíblia sobre a história de Noé. Apenas dois trechos. Deles já se depreende claramente que as pessoas que receberam e escreveram a história do dilúvio não possuíam uma mínima ideia sequer do amor universal e da justiça de Deus. Eram fanáticos religiosos, confundindo seu "próprio" querer com a vontade de Deus...

O que ocorreu de fato?

Aquela grande inundação é provada historicamente. O dilúvio foi, apesar de sua extensão, catastrófico apenas para um número relativamente pequeno de seres humanos... Pois, quando os deslocamentos da crosta terrestre se faziam necessários, no decorrer dos fenômenos naturais, os habitantes das regiões ameaçadas eram avisados.

O primeiro aviso sobre o dilúvio foi dado quarenta anos antes daquela ocorrência. Dez anos depois vieram, mais uma vez, mensageiros lembrando os seres humanos que suas casas e campos de cultura ficariam completamente submersos. As últimas advertências vieram sete anos antes da irrupção das águas.

Os seres humanos não foram apenas advertidos, mas também lhes foram indicadas regiões onde as águas não chegariam. Sete anos antes desse fenômeno da natureza, a maioria das pessoas mudou-se para os locais indicados, com seus animais... Todos eles voltaram incólumes aos seus antigos lares, depois de as águas terem baixado a seus antigos níveis... Os salvos eram na maior parte membros de povos ligados à Luz: os sumerianos e os acadianos.

Havia ainda outros povos constituídos de seres humanos que não possuíam mais ligação com a Luz, ou apenas uma ligação muito fraca. Esses acreditavam nos ídolos e em sua própria grandeza. Não levaram a sério a notícia do fenômeno da natureza que se aproximava... Escarneceram dos videntes com todas as suas advertências, e permaneceram onde se encontravam. Foi por própria culpa que pereceram nas águas.

Agora, com relação ao construtor de barcos, Noé...

Noé pertencia a uma tribo de construtores de barcos, pescadores, tecelões de redes de pesca e de cestas, que habitava as margens dos extensos lagos de junco, existentes naqueles tempos na região de Ur. Essa tribo vivia isoladamente. Em comparação com os sumerianos, que dominavam o país, era muito atrasada em todos os sentidos.

Aqui pode ser intercalado que o povo ao qual os arqueólogos deram o nome de "sumerianos" era na realidade o povo dos "peregrinos do Sol"... Contudo, continuaremos a chamá-los de sumerianos...

Noé, o melhor construtor de barcos, e ao mesmo tempo sacerdote de sua tribo, não gostava dos sumerianos. Quando, então, os videntes e sacerdotes sumerianos mandaram divulgar a notícia da aproximação de uma catástrofe da natureza, recusou-se inicialmente a aceitar tal possibilidade. E continuou com seu ponto de vista, mesmo quando os videntes sumerianos procuraram as tribos afastadas para pessoalmente lhes transmitir aquela mensagem.

Não foram apenas os videntes que receberam notícias sobre o fenômeno natural que viria. Também outros mensageiros enteais se aproximaram dos seres humanos, naquela época ainda bem ligados à natureza, mostrando-lhes até onde as águas inundariam tudo. Esses mensageiros, chamados "lurens", também conduziam pouco a pouco as criaturas humanas dispostas a emigrar para regiões seguras.

Os lurens são enteais masculinos de um metro e meio de estatura, com rostos alegres de cor bronzeada e olhos redondos com um brilho vermelho. Usam roupa justa, de veludo verde-claro. Do mesmo tecido é também o capacete que cobre suas cabeças. De seu cinto pende um pequeno corne metálico. Quando os lurens queriam manifestar-se aos seres humanos, tocavam o corne. E era impossível deixar de ouvir o chamado de seus cornes...

Voltemos outra vez a Noé.

Noé era famoso por toda a parte devido à sua avançada idade. Segundo nossos cálculos de tempo de hoje, ele teria oitocentos anos. No fundo, porém, era obstinado e até certo ponto vaidoso. Não aceitava conselhos de nenhuma pessoa...

Quando faltavam apenas vinte anos para o anunciado dilúvio, e como muitas pessoas já houvessem mudado com seus animais e pertences caseiros para as seguras regiões montanhosas, Noé ficou preocupado. Não porque seus filhos fizessem pressão para a saída, mas em razão de sentir que a terra tremia frequentemente. Sendo ele algo clariaudiente, escutava, às vezes, o murmúrio das águas borbulhantes dentro da terra.

Noé tinha uma ideia fixa: da terra de seus pais nunca se separaria voluntariamente. Contudo, ele e os seus poderiam construir um barco, no qual deveriam aguardar o baixar das águas, de cuja vinda já não duvidava...

E a construção do barco começou; foi feita uma jangada de grossas toras, que às vezes tinham de trazer de longe, e, em cima dela, colocada uma construção de redes de junco e esteiras do mesmo material, coladas com piche da terra de tal forma, que realmente não penetrava água.

Quando o barco ficou pronto, parecia uma gigantesca cesta fechada, com uma abertura de entrada e várias aberturas servindo de janelas... Por fim, dividiu-se o grande espaço interno em duas partes, por meio de grossos feixes de capim...

Agora, diz a Bíblia em Gênesis*:

"Entra na arca tu, e toda a tua família: porque Eu conheci que eras justo diante de mim, entre todos os que hoje vivem sobre a Terra. Toma de todos os animais limpos sete machos e sete fêmeas; e dos animais imundos dois machos e duas fêmeas. Toma também das aves do céu sete machos e sete fêmeas, para se conservar a casta

---

* Gn 7:1-4.

sobre a Terra. Porque daqui a sete dias hei de chover sobre a Terra quarenta dias e quarenta noites; e hei de destruir da superfície da Terra todas as criaturas que fiz."

Quando o dia chegou, escurecendo o céu e tremendo a terra, Noé entrou em sua embarcação. Acompanhavam-no duas de suas mulheres, dois filhos com as respectivas mulheres e algumas crianças. Seus outros filhos, filhas e seus maridos, já havia tempo tinham emigrado. Não confiavam no barco de Noé.

De animais levava porcos, cabras, ovelhas, marrecos e pequenos falcões. Outros pássaros que também poderiam ter sido levados não mais se achavam ali, pois já muito antes do irromper das águas tinham emigrado, junto com todos os outros animais, para regiões seguras...

Numa das divisões da arca ficaram os seres humanos, e na outra, encurralados, os animais. Devido aos muitos montes de capim e de cereais espalhados por toda a parte e às exalações dos animais, o interior do barco dava a impressão de um estábulo...

Contudo, o barco suportou. A chuva caiu do céu como uma torrente, e imensas quantidades de águas eram expelidas do interior da Terra...

Quando a inundação baixou, o barco de Noé encontrava-se numa região chamada Ararat. Não longe dali, erguiam-se muitos morros cobertos de mato, onde seres humanos aguardavam o baixar das águas.

Seria interessante descrever tudo o que ali se desenrolou naquela época, mas infelizmente não é possível entrar em pormenores.

De qualquer maneira, o estranho barco despertou a máxima curiosidade. Enquanto estava intacto, e isto durou quase vinte anos, pessoas vinham de longe para vê-lo e, principalmente, para conhecer o homem que tinha sido tão elucidado por "seu Deus"!... Durante milênios a história de Noé passou de boca em boca, até que, finalmente, alguém se prontificou a compor aquele texto cômico e mentiroso que hoje se pode ler na Bíblia...

A Noé mesmo, a prolongada estada no barco não fez bem. Do vinho que levara, bebia mais do que lhe era conveniente. Sempre que estava embriagado, seus filhos tinham de amarrá-lo, pois molestava as mulheres deles de maneira pouco decente. Os próprios filhos de Noé estavam amargamente arrependidos de não terem seguido junto com os outros para as montanhas, pois suas mulheres adoeceram e dois de seus filhos faleceram no longo período de espera.

No que se refere ao barco, esse era naquela época uma espécie de maravilha do mundo, não havendo igual em parte alguma. Noé ainda viveu nele muitos anos, com suas mulheres jovens e velhas, ao passo que seus filhos voltaram à sua velha pátria, iniciando ali uma nova vida...

Verdadeiros navios, construídos para poder ligar países e povos estranhos, somente apareceram três mil anos antes de Cristo. Antes, apenas existiam barcos aptos a navegar em rios, lagos e beirando as costas.

Adão e Eva

Tomemos mais alguns textos da Bíblia, em Gênesis.[*]

Começa da seguinte maneira:

"Eis aqui a descendência de Adão. Deus o fez à Sua semelhança no dia que o criou. Ele os criou macho e fêmea, e os abençoou, e os chamou pelo nome de Adão no dia de sua criação. Viveu porém Adão cento e trinta anos, gerou à sua imagem e semelhança um filho, a quem por nome chamou Set. (...) Set gerou Enos. (...) Enos gerou Cainan, etc."

Quem ler todos os registros de nomes, que ainda seguem, terá a impressão de que os primeiros seres humanos tenham sido criados pouco antes do dilúvio, tendo aumentado apenas a partir desse tempo.

Pelas interpretações terrenas errôneas das imagens vistas espiritualmente pelos profetas, originou-se uma doutrina de desenvolvimento totalmente errada, e aceita sem oposição pelos restritos seres humanos de raciocínio.

Acrescenta-se ainda que os perscrutadores da religião cristã, ao comporem os textos da Bíblia, excluíram todas as indicações referentes aos conscientes entes da natureza... "pois somente os pagãos acreditariam nessas coisas..."

Tomemos um exemplo: naqueles tempos existiam ainda, por toda a parte, algumas pessoas que podiam ver os entes da natureza, assim como anões, elfos, ondinas, e também Apolo em seu carro

---

[*] Gn 5:1-3.

solar. Quando o profeta Elias morreu, seus adeptos propagaram a notícia de que ele teria seguido diretamente para o céu, num "carro de fogo"... Isso, naturalmente, era uma mentira divulgada conscientemente. Desejava-se conceder, ao já muito decadente Elias, algo de brilho, abalando ao mesmo tempo a fé em Apolo. Pois era sabido que somente Apolo viajava pelos ares, num carro de fogo puxado por leões... E assim, utilizaram-se de Elias, muito venerado especialmente pelos posteriores judeus, para mostrar, a todos que ainda acreditavam nos deuses pagãos, que na realidade apenas seres humanos piedosos e crentes viajavam em carros de fogo, para o céu...

Dessa forma, surgiu uma mentira após outra. A história do dilúvio era, inicialmente, retransmitida de modo correto. Na primeira tradição, retransmitida pelos sumerianos, destacava-se especialmente o amor de Deus! O amor de Deus que enviara, tão a tempo, servos para que todos os seres humanos, calmamente, pudessem deixar as regiões ameaçadas... Noé e seu barco foram incluídos somente muito mais tarde.

Os servos de Lúcifer, em conjunto com os seres humanos que viviam na Terra, abafaram, a todo custo, a verdade dos acontecimentos ocorridos ao longo dos tempos...

Adão e Eva, citados na Bíblia, são os "pais primevos" da humanidade, no reino espiritual! Pois foram criados ali, primeiramente. Nunca estiveram na Terra, nem em nenhuma outra parte da matéria!...

Faz tanto tempo que ambos os "pontos de partida de irradiação", Adão e Eva, foram criados, que uma indicação de tempo no sentido humano não é possível... Fenômenos espirituais não podem ser contados com medidas humanas...

"Crescei e Multiplicai-vos"

Temos de voltar agora mais uma vez para Noé. Em Gênesis (9:1) está escrito o seguinte:

"E Deus abençoou Noé e seus filhos, e disse-lhes: Crescei e multiplicai-vos e enchei a Terra."

Antes de tudo uma retificação: Deus, o Onipotente, não apareceu a nenhum profeta e nem a nenhuma pessoa. De acordo com as leis da Criação, isso seria de todo impossível... As vozes e imagens, ouvidas e vistas pelos velhos profetas e outros videntes, vieram de guias espirituais mais elevados, que se aproximavam dos seres humanos para transmitir-lhes mensagens... É uma arrogância incompreensível pensar que o onipotente Deus pudesse se aproximar de uma insignificante criatura humana...

A posição preferencial de Noé e seus filhos perante Deus é pura fantasia! Além disso, ninguém precisaria dar conselho a Noé e seus filhos para se multiplicarem, pois isso tinham feito em excesso antes e depois do dilúvio... As palavras "crescei e multiplicai-vos e enchei a Terra" foram pronunciadas, todavia, na época em que as encarnações dos espíritos na Terra começaram... E isto foi há milhões de anos...

Na época do dilúvio, a humanidade já se aproximava de seu ponto final. O Juízo! Naquele tempo a maioria dos seres humanos, no Aquém e no Além, já se achava sob a influência de Lúcifer! Nesse tempo, tão perto do Juízo, na Criação inteira, nenhum espírito ligado à Luz teria dito a um ser humano: "multiplicai-vos"... Nenhum espírito ligado à Luz teria dado tal conselho. Conselhos dessa espécie vieram dos servos de Lúcifer, querendo levar para o seu lado também aquela parte dos seres humanos que ainda se mantinham afastados da influência deles... Por isso, diziam: "Crescei e multiplicai-vos", "a maternidade é sagrada"... Os servos de Lúcifer, no Aquém e no Além, conseguiram seus propósitos com isso.

Com referência à "maternidade sagrada", o instinto sexual foi aumentado doentiamente... Os seres humanos tornaram-se escravos de seu instinto, atando-se assim indissoluvelmente à matéria.

Tudo indica que, compondo os fragmentos dos velhos manuscritos, as pessoas não se preocuparam se estes seriam compreensíveis ou não. Ou, o que é mais provável, eles mesmos nada compreenderam... uma vez que entenderam tudo com seu raciocínio estreitamente limitado...

Sodoma e Gomorra

Também os textos da Bíblia referentes a Sodoma e Gomorra não são retransmitidos como foram vivenciados outrora pelo profeta...

Na Bíblia, em Gênesis*, entre outros, encontra-se:

"Apressa-te por te salvares ali: Porque eu não posso fazer nada, enquanto tu não tiveres lá entrado. Por isso, a esta cidade puseram o nome de Segor.

Aparecia o sol sobre a terra, quando Ló entrou em Segor. Fez o Senhor, pois, cair sobre Sodoma e Gomorra uma chuva de enxofre e de fogo, que o Senhor fez descer do céu. (...)

A mulher de Ló olhou para trás, e ficou convertida em estátua de sal."

O que aconteceu realmente?

Três cidades – Sodoma, Gomorra e Laomor – desapareceram da face da Terra com todos os seus habitantes. Tempestades elétricas e temporais violentos bramiram e rugiram nos ares. A terra tremia, e das crateras que se formavam eram lançadas enormes quantidades de óleo para o alto, como se fossem gêiseres.

Os seres humanos asfixiavam-se nos vapores de enxofre que saíam da terra...

Aproximadamente um ano antes dessa catástrofe, um mensageiro seguiu para aquelas três cidades condenadas, exortando as pessoas a se mudarem para outras regiões, visto que forças da natureza destruiriam o seu país.

Esse mensageiro era Ló.

Ló era um vidente. Naquela época o dom da vidência era a melhor recomendação que alguém podia ter. Contudo, muito breve, Ló teve de reconhecer que os seres humanos estavam maduros para o descalabro. Não deram ouvidos às suas advertências nem aos presságios funestos da natureza.

Sodoma, Gomorra e Laomor! Os habitantes dessas três cidades pecaram contra a natureza e as leis naturais. Seus instintos eram anômalos, e os ídolos que adoravam, com honrarias divinas, eram o "bode" e uma "mulher nua"...

O guia espiritual de Ló insistiu para que ele saísse. Não havia uma única pessoa sequer, nessas três cidades, que pudesse ser salva.

Mas Ló hesitava. Parecia-lhe que algumas mulheres mereciam que ele ainda ficasse. As mulheres, por ele julgadas dignas, simulavam, na sua presença, virtudes que não possuíam. Ló era ainda

---

* Gn 19:22, 24, 26.

jovem, segundo os conceitos daquela época, e elas o tratavam como "querido hóspede", dando-lhe sempre vinhos, que eram preparados com entorpecentes, a fim de o deixar contente e eufórico...

Ló fechou-se à voz exortante de seu guia. As "bondosas mulheres" haviam mostrado como se alegravam com a sua presença.

Certo dia Ló teve uma visão. Isto se deu enquanto as três mulheres, em cuja residência estava hospedado, encontravam-se num dos templos onde se faziam sacrifícios de animais e pessoas, a fim de conjurar os maléficos poderes da natureza que faziam a terra tremer.

Viu um quadro com três figuras que se achavam numa estrada saindo de Sodoma. Assim que tocou com a mão em uma delas, todas as três se viraram para ele. Apavorado, ele recuou diante do que via. Sem poder falar fitou as três figuras nas quais reconheceu suas hospedeiras. O que via não eram mais seres humanos. Eram três figuras de uma massa cinzenta, petrificada. Somente nos olhos abertos, amedrontados, se mostrava ainda algo de vida.

Depois disso a visão desapareceu. Desesperado, Ló olhou em redor de si. "Por que não havia escutado as admoestações de seu guia espiritual?"

Ló queria fugir, mas quando se ergueu foi acometido de uma tontura que o levou ao desmaio, caindo ao chão. O vinho preparado, que pouco antes havia tomado, certamente fora forte demais...

Não tardou muito e chegaram as três anfitriãs, gritando como alucinadas. Estavam sujas de sangue, porque, conforme as indicações dos seus sacerdotes, tinham esfregado as mãos e também o rosto com o sangue dos animais e dos seres humanos sacrificados...

Os abomináveis sacrifícios, especialmente dos inocentes animais, revoltavam ainda mais os entes da natureza. Asfixiantes gases sulfúricos saíam de muitos lugares da terra, tornando-se quase impossível respirar.

As três mulheres haviam corrido como se tivessem sido perseguidas nas ruas. Queriam chegar quanto antes em casa, pois lá se encontrava Ló. Somente ele ainda poderia salvá-las.

Finalmente, quando chegaram à sua morada, encontraram aquele que era toda a sua esperança, como morto no chão. Enraivecidas por isso, foram tomadas de uma fúria cega. Pisaram-no e deram-lhe pontapés. Arrancavam seus próprios cabelos e comportavam-se como fúrias em forma humana. Ao perceberem que Ló não dava mais sinal de vida, fugiram da casa com um medo desvairado, correndo ao encontro dos malcheirosos vapores sulfurosos, nos quais logo se asfixiaram.

Contudo, Ló não havia morrido. Os maus-tratos fizeram-no voltar lentamente a si. Quando se refez um pouco, levantou-se para fugir o mais rapidamente possível da cidade que estava prestes a morrer. A sua salvação foi devida ao seu guia espiritual, que o conduziu rapidamente através dos elementos em fúria...

Esta é a verdadeira história de Ló... As vivências que ele teve por ocasião da destruição daquelas três cidades deviam servir de advertência para todas as pessoas que naquela época se entregavam ao culto da idolatria... Pois na época em que o vidente vivenciara tudo aquilo, era cada vez maior o número de seres humanos que começava a simpatizar com o horrível culto de Baal. Mesmo pessoas valiosas, de fé verdadeira, se encontravam nesse meio. O culto de Baal tinha-se alastrado com incrível rapidez por apresentar o amor carnal como "de especial agrado a Deus"...

Quando Ló narrou de que horrível maneira os habitantes de Sodoma, Gomorra e Laomor haviam sucumbido, muitos ficaram pensativos... principalmente alguns sacerdotes de verdadeira fé. A advertência os abalara, pois agiam como Ló... Também eles tentavam tudo para preservar mulheres e moças, no fundo sem valor, do culto da idolatria...

Em tempos passados, antes de Cristo, todas as mensagens espirituais e fino-materiais foram transmitidas em imagens, através de videntes. As antigas mensagens por imagens, parábolas e advertências perderam seu sentido somente quando chegaram às mãos de notórios seres humanos de cérebro...

A região onde se situavam outrora as três cidades, Sodoma, Gomorra e Laomor, ainda hoje dá a impressão de deserta e até ameaçadora... Paredões nus de rochas, intenso calor e a água amarga do Mar Morto ali se encontram. E toda essa região se situa a quatrocentos metros abaixo do nível do Mediterrâneo...

Abraão

O Velho Testamento da Bíblia também poderia ser ainda de grande valor hoje, se os textos das imagens mostradas espiritualmente e em matéria fina tivessem permanecido genuínos... Se não tivessem sido misturados com tantos relatos triviais, de interesse apenas para aquelas épocas e para os próprios implicados.

Tomemos mais um exemplo: a história de Isaac.

Em Gênesis (22:1-2), podemos ler:

"Passado isto, tentou Deus a Abraão, e lhe disse: Abraão, Abraão. Ele lhe respondeu: Aqui estou. Continuou Deus: Toma a Isaac teu filho único, a quem tu tanto amas, e vai à terra da visão, e oferecer-mo-ás em holocausto sobre um dos montes, que Eu te mostrarei."

Será que Deus tinha realmente tentado Abraão desse modo? Teria de fato Abraão recebido a incumbência de matar o próprio filho?

Abraão era um homem rico e bem conceituado da tribo "manasse". Quando se tornou mais velho, pediu a Deus para poder servi-lo e fortalecer a verdadeira fé por toda a parte onde ela estava prestes a desaparecer...

Abraão, no entanto, era muito apegado a seus numerosos filhos e mulheres. Uma vez, porém, que seu rogo para poder servir a Deus era sincero, o seu guia espiritual informou-o a respeito das condições exigidas de uma pessoa para realizar uma missão superior, da Luz.

Uma das condições, aliás a mais difícil para Abraão, dizia: "... que aquele que quiser servir ao Deus onipotente, não deve deixar que nada o impeça; nem filhos, filhas, mulheres, pais, ou nenhum outro..."

Pois bem, Abraão sentiu-se suficientemente forte para cumprir essa condição também. Foi-lhe, sim, difícil separar-se de seus filhos, pois muitas vezes saía com um ou outro; contudo, sua vontade de servir a Deus era sempre mais forte.

Era de se esperar que a resolução do rico Abraão causasse grande sensação. Mesmo naquela época, não era algo comum um homem rico e honrado sair para pregar... A história de Abraão foi escrita mais tarde; contudo, como sempre, foi habilmente entrelaçada, nessa tradição, uma mentira: Deus foi apresentado como um Senhor cruel, impondo a Abraão a dura prova de matar seu filho predileto...

Muitos, ao tomarem conhecimento disso, ficaram com medo de Deus. Se o servir a Deus era um encargo tão pesado, preferiam nada ter com isso. A consequência foi que muitas pessoas deixaram de fazer muito de bom, que a si próprios e a outrem teria ajudado muito.

O Novo Testamento

Mencionar ainda mais exemplos referentes ao Velho Testamento não é possível aqui. Além disso, todas as histórias da Bíblia deveriam ser escritas de novo para libertar o original e verdadeiro sentido. Contudo, a Bíblia hoje está ultrapassada, e pessoa alguma tem tirado dela aquele proveito que deveria tirar...

A pura doutrina de Cristo, do "Novo Testamento", está igualmente soterrada em um entulho de palavras, enfeites fantásticos e mentiras. Quando os pesquisadores do Novo Testamento colheram material sobre a vida de Cristo, verificaram que muito pouco existia a respeito. Em parte alguma acharam indicação de que Jesus tivesse fundado uma Igreja ou qualquer outra organização. E, nas poucas anotações por eles encontradas, as contradições não podiam passar despercebidas.

Quando, cento e cinquenta anos depois da morte de Cristo, um grupo de perscrutadores de religião começou a "pesquisar" a vida de Jesus, não tiveram possibilidade nem de constatar a data do nascimento de Cristo. Simplesmente, não havia uma data incontestável e histórica para este importante acontecimento. Também sobre a aparição do cometa existiam apenas indicações inexatas e variadas para a data... Pois, ao contrário de outros grandes povos, como os chineses, incas, sumerianos, egípcios, etc., os judeus recusaram a astronomia, como sendo algo "pagão".

A data estabelecida, então, para o nascimento de Cristo tem sido um quebra-cabeça para os astrônomos da época atual. Pois na referida data não se comprova a aparição de um cometa. A órbita de grandes cometas, bem como a data de seu aparecimento podem ser calculadas exatamente pela astronomia, também retroativamente. Hoje está comprovado que doze anos antes da data do nascimento de Cristo, data estabelecida pelos pesquisadores de religião, um grande cometa se encontrava no céu.

Deduz-se que a falta de dados exatos sobre os fatos foi causada pela turbulenta época mantida até a queda de Jerusalém, na qual as carnificinas dos judeus em nada ficaram atrás daquelas dos romanos...

Até o quarto século depois de Cristo muita coisa ainda foi alterada, acrescentada ou excluída, nos escritos do Novo Testamento.

Sobre a vida e atuação dos apóstolos não havia, igualmente, nenhuma indicação. Apenas Paulo de Tarso é uma exceção. Paulo nunca havia visto Jesus na Terra, contudo, muito melhor do que todos, tinha compreendido e divulgado a sua doutrina.

Os relatos sobre os apóstolos também não são verídicos. O Evangelho de Pedro, por exemplo, considerado um escrito apócrifo, foi escrito somente cento e cinquenta anos depois da morte de Cristo. Também os outros evangelhos estavam tão cheios de contradições, que em parte tiveram de ser apartados. Não se deve esquecer que nenhum dos discípulos de Jesus sabia escrever...

É até admirável que os patriarcas da Igreja tenham conseguido "construir" o Novo Testamento da Bíblia com tão poucas e inexatas fontes à sua disposição. Naturalmente a obra, na qual trabalharam várias gerações de pesquisadores de religião, não resistiria a uma revisão crítica. Porque nela falta a Verdade!... Contudo, pela Verdade não mais se pergunta já há mais de sete mil anos...

Canonizações

Mais tarde, então, tornou-se fácil solidificar as "doutrinas eclesiásticas" para o geral contentamento! Principalmente a introdução da confissão conduziu muitos adeptos para a Igreja! Pois quem não quer libertar-se de seus pecados de um modo tão fácil? Advieram ainda as "canonizações"! Em sua maioria, as pessoas "santificadas" pela Igreja são criaturas humanas pesadamente carregadas de carma, e já há muito tempo sob a influência luciferiana. Somente a tais pessoas podia ser imposto um fardo como é a canonização... Mas também essas canonizações cumpriram sua finalidade... Conseguiram fazer com que os cristãos esquecessem completamente que a santidade só pode existir junto de Deus, o Onipotente...

E por fim, veio ainda o dogma. Pode-se comparar o dogma da Igreja com uma casa sem janelas e portas, não iluminada por nenhum raio de luz... A verdadeira e pura adoração a Deus, vinda de coração agradecido, quase não se encontra mais entre os cristãos... A verdadeira adoração a Deus devia ser um hino de gratidão, sentido profunda e intuitivamente, ao Criador que nos deu a vida... nada mais...

Mas Jesus, já naquela época, falou:
"Este povo me honra com a boca, mas o seu coração está longe de mim..."

São Jorge

Agora, algo ainda sobre os "santos". Em especial sobre "São Jorge" com o dragão... Ninguém sabe de onde esse Jorge veio. Mesmo a Igreja não possui indicações mais concretas sobre ele. De início se presumiu que São Jorge tivesse sido martirizado por volta do ano de 303, quando legionário romano... Na igreja ortodoxa é festejado como um santo todo especial... Na igreja romana, no século XII, o mártir romano Jorge foi transformado em nobre matador de dragão. Desde o ano de 1285 há um alto relevo na Porta S. Giorgio, em Florença, representando o lutador contra o dragão...

O legionário romano e suposto mártir não existiu na realidade. O que houve foi a figura de um homem pondo fora de combate um dragão, com uma comprida lança... Os pesquisadores cristãos de religião não sabiam o que fazer com essa "figura de culto pagão". Consequentemente, mais tarde, a transformaram em mártir. Essa figura de mártir, porém, não podia manter-se, visto a apresentação de um homem lutando com um dragão ter um elevado significado espiritual.

Com razão dizia-se que tal culto era antiquíssimo. Pois faz agora sete mil anos que um dos reis-sacerdotes e vidente em Ur, na Caldeia, viu uma imagem em espírito, que o abalou profundamente... e ao mesmo tempo o encheu de esperanças...

Ele viu uma maravilhosa e magnificente figura, com uma couraça, irradiando luz, descendo das alturas celestes e mergulhando nas profundezas situadas fora do círculo da Criação que circunda inteiramente as matérias grossa e fina. Depois de algum tempo, que pareceu uma eternidade ao vidente, apesar de terem passado apenas alguns minutos no máximo, viu como a figura, irradiando luz, atravessava com sua lança comprida e reluzente, um monstro parecido com um dragão, pregando-o no chão...

Quando viu esse quadro a ele mostrado espiritualmente, compreendeu que o próprio Senhor da justiça, que rege todos os céus e terras, desceria para aniquilar o monstro... Intuitivamente sentiu logo que o monstro representava Lúcifer, o inimigo da Luz... Pois um espírito humano não poderia ver o próprio Lúcifer, nem em imagem, devido à sua espécie divina.

A promessa contida na imagem fez com que o vidente se prostrasse de joelhos, em gratidão. Pois, sem poder fazer nada, ele tinha de presenciar como, mesmo entre o seu círculo de sacerdotes, se alastravam doutrinas falsas de fé, mortificando o espírito... exatamente entre os sacerdotes, cuja influência era quase ilimitada sobre o povo... De início havia lutado contra as influências negativas, contudo sua força não bastava para afastar o falso e a mentira... Somente aquele Poderoso, a quem lhe era permitido ver em espírito, poderia banir o perigoso mal...

O Poderoso, a quem o rei-sacerdote e vidente de Ur teve permissão de ver, era "Parsival, o rei do Graal"! Parsival, o rei do Graal, o Espírito Santo, desceu das alturas mais excelsas para neutralizar Lúcifer, o antagonista da Luz. E isso no próprio reino dele...

O rei-sacerdote, assim agraciado, chamava-se "Mes-Ki-Ag-Ir", que significa "filho do deus Sol"... Não apenas os incas se denominavam "filhos do Sol"; havia também outros povos que faziam o mesmo...

No quadro, Lúcifer foi apresentado como um animal, parecendo um dragão sempre de atalaia, pois Lúcifer mesmo não pode ser reproduzido em imagens... Parsival veio envolto pela força da Luz de Deus-Pai para o mundo de Lúcifer, e, na luta que se seguiu, a lança sagrada de Parsival atingiu seu adversário de tal forma, que a sua capacidade de ação ficou paralisada... Com essa luta, Lúcifer foi neutralizado... contudo, não aniquilado.

Há muito que a luta já ocorreu... Lúcifer não mais pode e nem precisa mais engodar os seres humanos, pois estes já trazem todo o mal dentro de si, em forma concentrada, há longo tempo!...

A veneração do cavaleiro combatendo o dragão foi muito destacada também em Bizâncio. De lá as apresentações em imagens chegaram ao ocidente germano-romano. Os bizantinos denominaram esse quadro de "Salvador na aflição"... Deve-se agradecer também aos bizantinos o fato de os nomes da "mitologia grega", todos corretos, não se terem perdido para a posteridade...

Como é, porém, que o Salvador na aflição se tornou um santo católico? Os pesquisadores de religião não sabiam o que fazer com o "pagão Salvador na aflição". No concílio de Niceia, no ano 325, por resolução da maioria, tinham declarado Cristo como o Salvador do mundo e, assim, já tinham um Salvador. No entanto, o povo continuava, obstinadamente, a venerar o *Salvador matando o dragão*. Esse culto não-cristão desagradava aos superiores da Igreja. Procuraram uma saída e também a encontraram. Deram ao vencedor do dragão vários nomes. Jorge foi o último de toda uma série, o qual então ficou. E assim São Jorge entrou na cristandade, sendo venerado até hoje por diversos povos, embora os motivos da veneração não sejam por toda a parte os mesmos.

O Filho do Homem

Temos de voltar, agora, mais uma vez, para a Bíblia, isto é, para as palavras de Cristo que dizem respeito ao Filho do Homem.

Por diversas vezes, perante seus discípulos, Jesus mencionou a vinda do Filho do Homem. Não obstante os textos da Bíblia que tratam disso serem torcidos, deduz-se daí nitidamente que as palavras de Jesus se referiam a uma outra pessoa, e não a ele próprio!

Contudo, também no caso da anunciação do Filho do Homem por Jesus, interpretações teológicas foram antepostas à Verdade! No Evangelho de Marcos[*] podemos ler:

"Por que, se nesta geração adúltera e pecadora, se envergonhar alguém de mim e das minhas palavras, também o Filho do Homem se envergonhará dele, quando vier na glória de seu Pai, acompanhado dos santos anjos."

E mais adiante Marcos[**] diz em outro capítulo:

"E se então vos disser alguém: Reparai, aqui está o Cristo, ou, ei-lo, acolá está, não lhe deis crédito. Porque se levantarão falsos Cristos, e falsos profetas, que farão prodígios e portentos para enganarem, se possível fora, até os mesmos escolhidos. Estai vós pois de sobreaviso; olhai que eu vos preveni de tudo. (…)

Mas naqueles dias, depois daquela tribulação, o Sol se escurecerá, e a Lua não dará o seu resplendor: e cairão as estrelas do céu. (…) E então verão o Filho do Homem que virá sobre as nuvens, com grande poder e majestade."

---

[*]   Mc 8:38.
[**]   Mc 13:21-26.

Também o texto do Evangelho de João* contém indicações referentes ao Filho do Homem:

"Em verdade, em verdade vos digo, que vem a hora e agora é, em que os mortos ouvirão a voz do Filho de Deus: e os que a ouvirem, viverão. (...) E lhe deu o poder de exercitar o Juízo, porque é Filho do Homem. Não vos maravilheis disso, porque vem a hora em que todos os que se acham nos sepulcros ouvirão a voz do Filho de Deus."

No texto de João consta nitidamente que aqueles que interpretavam os manuscritos, aliás o que disso existia, não haviam compreendido as palavras de Jesus. Num único e pequeno trecho mencionaram uma vez o "Filho de Deus" e logo adiante o "Filho do Homem"! Percebe-se que os interpretadores eram inseguros, pois do contrário não teriam acrescentado as palavras "e agora é", com referência ao Juízo. Com tal adjunção fica a impressão de que Jesus, já naquele tempo, teria realizado o Juízo...

Mesmo aquele que fez a tradução para o português alterou algo no mesmo trecho do Evangelho de João. Pois no texto original diz: "Pois virá a hora, na qual ouvirão sua voz, todos os que estão nos túmulos (...)".

Na tradução portuguesa da "Barsa" de 1965 está escrito: "(...) em que todos os que se acham nos sepulcros ouvirão a voz do Filho de Deus (...)".

Quem traduziu supôs que o próprio Cristo manteria o Juízo, acrescentando, por conseguinte: "(...) ouvirão a voz do Filho de Deus (...)".

No texto original se deduz, pois, que os mortos nos sepulcros ouvirão a voz do Filho do Homem, ao passo que na tradução portuguesa consta que ouvirão a voz do Filho de Deus.

O Culto de Maria

Quanta coisa não terá sido acrescida, omitida ou alterada, no decorrer do tempo, à doutrina de Jesus, outrora perfeita? Muito foi já acrescido. Por exemplo, a veneração de Maria, mãe terrena de Jesus. Essa é uma mera invenção da Igreja! Os primeiros cristãos

---
* Jo 5:25, 26, 28.

ficariam perplexos se fossem obrigados a presenciar tal veneração. Pois Maria reconheceu Jesus e sua missão somente depois que ele já tinha sido pregado na cruz. Antes permanecia afastada, recusando a doutrina dele...

Outra invenção da Igreja é a da "concepção antinatural" de Jesus. Jesus foi gerado do mesmo modo que qualquer outra criança na Terra. Seu pai era um romano nobre, "Kreolus"... Naquela época todos os conhecidos de Maria sabiam que o pai de seu filho – Jesus – era um romano... Somente muitos séculos mais tarde, um dos conselheiros da Igreja inventou a lenda de que Jesus não fora gerado por um pai terreno. Pensou introduzir, com isso, algo de místico na doutrina de fé... Ninguém, contudo, pode alterar as imutáveis leis da natureza, cuja perfeição está acima da compreensão humana... Devido a essas leis, um nascimento somente pode ocorrer quando precedido de uma geração terrena! Tudo o mais é fantasia de um raciocínio estreitamente limitado!

A Bíblia toda necessitaria de uma revisão profunda. Contudo, para isto, há muito já é tarde demais.

Estamos no meio do Juízo! A grande organização eclesiástica católica já começa a se desintegrar de dentro para fora, e, com isso, também a fé cristã baseada em argumentos teológicos. Conservar-se-á apenas aquilo que traz a Verdade em si!

Também o papado se aproxima de seu fim! A história dos papas é uma história de permanentes lutas pelo poder e de intrigas internas.

O catálogo papal ou os catálogos, pois existiam vários, feitos para provar ligação ininterrupta entre a Igreja Católica Romana e o apóstolo Pedro, são falsificações. Pois tal ligação nunca existiu!...

Mas não apenas a Igreja Católica Romana, com o seu papado e seus santos, se aproxima de sua desintegração. Todas as religiões baseadas na Bíblia terão a mesma sorte.

CAPÍTULO IX

O SER HUMANO E O PECADO ORIGINAL

Como aconteceu que o ser humano se entregasse ao "pecado"? De que maneira começou o mal? E o que o ser humano fez para fechar para si o Paraíso?

Muitas pessoas se têm ocupado com essas perguntas no decorrer do tempo, porém ninguém achou a resposta certa. O pecado original descrito na Bíblia, que teve por consequência o pecado hereditário e a expulsão do Paraíso, não fornece nenhuma explicação sobre o mistério que o envolve. Existem muitas interpretações, aliás, até fantásticas, e opiniões as mais diversas sobre esse acontecimento, mas todas até agora têm sido ilógicas e erradas, visto que todas as pessoas que trataram desse problema consideraram demasiadamente terrena aquela ocorrência espiritual descrita na Bíblia. Muitas pessoas, até hoje, supõem que o Paraíso deve ser procurado na Terra...

No livro "Na Luz da Verdade", Mensagem do Graal, de Abdruschin, encontramos o esclarecimento certo também sobre o pecado original. Aliás, uma explicação através da qual desaparece tudo o que é enigmático e misterioso acerca do pecado original. Resta apenas o grande falhar humano, a culpa irreparável contra o amor do Criador!

O pecado original e o pecado hereditário, que dele se originou, foram provocados pelo cultivo unilateral da parte anterior do cérebro[*], a que está sujeito o trabalho do raciocínio! O resultado disso foi que a parte posterior do cérebro estacionou em seu desenvolvimento, atrofiando-se no decorrer do tempo. Essa parte posterior do cérebro, atrofiada por culpa da humanidade, é hoje denominada "cerebelo".

---

[*] Nota da Editora: como cérebro anterior devemos entender o cérebro propriamente dito, e como cérebro posterior devemos entender o cerebelo.

No entanto, a atividade do cerebelo é de extraordinária importância, já que essa parte do cérebro constitui o instrumento do espírito, mediante a qual é transmitida a intuição. Em lugar de intuição poderíamos dizer consciência, voz interior ou também voz do espírito.

A intuição é uma onda de força que se origina no espírito. Tal onda de força é percebida pelo ser humano onde o espírito, na alma, está em conexão com o corpo terreno, isto é, no centro do assim chamado "plexo solar".

Devido ao excessivo trabalho do raciocínio, a cooperação harmoniosa entre a intuição, proveniente do espírito, e o raciocínio, preso ao espaço e ao tempo, ficou de tal forma perturbada, que já desde muitos milênios a capacidade da intuição, isto é, a conexão com o espírito se acha completamente interrompida. Essa desconexão da ligação espiritual equivale à "expulsão" do Paraíso...*

A finalidade da presente dissertação é demonstrar, mediante a apresentação de algumas imagens, de "que maneira" o ser humano começou a pecar...

O mal infiltrou-se quase que simultaneamente entre todos os povos da Terra. Desde então, os seres humanos deixaram-se guiar pelo raciocínio preso ao espaço e ao tempo, afastando cada vez mais a intuição, a voz do seu espírito... De início a perturbação pouco se fazia notar. A desarmonia penetrou no harmonioso vibrar. Era como se houvesse entrado areia no jogo de engrenagens...

A Grinalda de Penas

Comecemos, pois, com o primeiro quadro. As ocorrências aqui descritas aconteceram realmente, só que sua época remonta a longos, longos tempos. Muito antes da hoje conhecida era glacial, os seres humanos começaram a ligar-se ao espaço e ao tempo em diversos lugares da Terra...

Começou com algumas poucas penas... algumas pequenas e raras penas de um vermelho fulgurante. Certo dia Toli trouxe um punhado de penas de exuberante beleza para casa. Sua jovem mulher,

---

* Vide "Na Luz da Verdade", Mensagem do Graal, de Abdruschin, as seguintes dissertações: do vol. 2, *Pecado hereditário, Intuição* e *O ser humano na Criação;* do vol. 3, *A ferramenta torcida.*

Jura, contemplava com calada alegria o precioso presente. Pequenas penas vermelhas que brilhavam também na escuridão!... No dia seguinte fez com suas hábeis mãos um adorno para a cabeça. Tão logo ficou pronto, ela tirou o colorido colar de sementes que até aí seguravam os compridos cabelos pretos e, afastando-os de sua face, colocou na cabeça a grinalda de penas.

O novo adorno em sua cabeça despertou nas outras mulheres uma admiração geral; quanto aos homens, queriam saber como Toli conseguira tais penas. Como todos sabiam, esses pássaros viviam em regiões pantanosas e inacessíveis, saindo somente à noite em busca de alimentos; além disso, o local era povoado por grandes crocodilos.

As mulheres admiraram ainda durante alguns dias o maravilhoso adorno; comentavam como Jura havia sido ricamente presenteada, porém logo depois ele foi perdendo a atração e quase não era mais mencionado.

Apenas Iwi, a mulher de Vau, era uma exceção, pois queria ter um adorno idêntico ou então as mesmas penas para poder fazê-lo. Quanto mais nele pensava, tanto maior era sua ânsia em possuí-lo; queria enfeitar-se com ele e à noite sua cabeça deveria fulgurar como a de Jura...

Cada dia que passava Iwi exigia de seu marido as mesmas penas. Vau hesitava demoradamente em ir até os pântanos longínquos; não que fosse problema para ele, porém não podia imaginar encontrar um pássaro morto, como Toli. Encontraria sim, mas um pássaro vivo, e como poderia matar um animal tão maravilhoso, unicamente por causa de um adorno de cabeça? A grande e maravilhosamente bela protetora dos animais ficaria zangada com ele! E com razão!

Entretanto, certo dia, Vau caminhou até os pântanos, principalmente para escapar de Iwi. Sua teimosia em possuir algo de outrem assustava-o. Ela tornara-se estranha para ele.

Começou a caminhar, embora sentisse intuitivamente e de modo nítido que não deveria ir. Sua voz interior dizia-lhe não. Um gnomo e mais tarde um fauno queriam que ele voltasse... Não obstante, ele não quis voltar, não ouviu as advertências de seu espírito, nem de seus amigos enteais. Pensava exclusivamente em sua mulher e na sua incompreensível cobiça pelos bens alheios...

Aproximadamente dois dias após a partida de Vau, Iwi começou a sentir horríveis dores de estômago; também começou a lhe doer a cabeça e sentia um zunir quase que insuportável em seus ouvidos. Dores? Nunca lhe havia doído o corpo. Amedrontada, correu para um bosque próximo, caindo ao lado de um tronco de árvore. Enquanto se contorcia em dores, ela tomou consciência do seu erro. Nenhuma das outras mulheres cobiçara o adorno da cabeça de Jura. Somente ela! Tinha perturbado a paz e afugentado Vau de casa. Sua culpa pesava qual enorme carga sobre seu estômago. E o pior ainda é que nenhum dos enteais chamados "larens", protetores das moradas e do fogo caseiro, surgiam junto a ela...

Iwi levantou-se. Nunca mais queria cobiçar o adorno de outrem. Lentamente voltou. Seu estômago ainda doía, mas como um presente sentia a paz que nela regressava...

Impaciente, esperava a volta de seu marido. Os dias passavam sem que retornasse. Será que tinha ido deveras até os pântanos para lhe trazer tais penas? Assustou-se. Era permitido matar apenas o que necessitavam para a alimentação... e esses pássaros não serviam de alimento para ninguém...

Dias depois Iwi viu Jura vindo do banho, com os cabelos molhados. Carregava cuidadosamente nas mãos a grinalda de penas para que não molhasse nem se estragasse. De repente Iwi notou que estava cobiçando outra vez aquelas penas. Era errado e ela o sabia. Seu estômago começou a doer de novo e de toda a parte pareciam chegar vozes exortando...

Iwi refletiu: as penas deveriam desaparecer, pois assim a paz permaneceria sempre nela. Por que uma devia ostentar algo que as demais não possuíam? Tiraria o adorno de penas e o enterraria... Fazer tal coisa seria outro mal... Ninguém fazia isso... Ela sabia...

Iwi afastou sua voz interior e poucos dias mais tarde roubou o adorno de cabeça que Jura havia deixado preventivamente em sua cabana, para que não molhasse enquanto ela se banhava. Tão logo segurou nas mãos aquele objeto calorosamente cobiçado, enterrou-o na floresta e marcou o lugar com uma pedra...

Jura ficou inconsolável quando voltou e não encontrou mais o adorno de penas! Todas as mulheres a rodearam e começaram a procurar. A grinalda continuava desaparecida. No dia seguinte Jura não procurava mais. Seu guia protetor havia-lhe mostrado, enquanto seu corpo terreno repousava dormindo, qual a mulher que roubara o adorno e onde ela o enterrara.

Então, Jura acercou-se de Iwi pedindo-lhe a grinalda, porque algo tão bonito não podia ficar debaixo da terra. Iwi poderia ficar com ele e enfeitar sua cabeça. Jura se alegraria do mesmo modo, como se ela própria o usasse. Ninguém sabia ainda quem roubara a grinalda.

Tudo o que existia de bom em Iwi impulsionava-a a devolver o objeto furtado. A falta cometida pesava-lhe como um fardo. Não obstante, continuava negando. O que Jura pensaria dela se confirmasse o fato? Nunca acontecera de alguém tirar às escondidas algo de outrem! Para tal falta nem existia uma expressão! Quanto mais negava, tanto mais furiosa Iwi se tornava. Com raiva de Jura que a acusava de cometer tal ato, com raiva de Vau que poderia tê-la impedido de fazer coisa tão feia. Começou a gritar tanto que todas as mulheres vieram correndo. Os homens não estavam presentes; achavam-se acampados à beira de um lago a um dia de distância, construindo jangadas.

Pareceu a Iwi como se estivesse subitamente abandonada de todos os bons espíritos. Conclamava todas as mulheres da povoação contra Jura, contava-lhes chorando que ela a acusara. Apavoradas e sem compreender, todas olharam para Jura. Como ela podia afirmar tal coisa? Além disso, existia alguém que furtava aos outros às escondidas?

Logo as mulheres dividiram-se em dois partidos. Porém, no fundo, nenhuma delas sabia o que pensar. Nem a Iwi nem a Jura, podiam admitir algo de errado.

Perturbada, Jura retirou-se. Tanto ela como as outras não compreendiam o que havia acontecido...

Iwi sentia-se arrastada de um lado para o outro. Sua intuição, a voz do seu espírito, exortava-a a confessar sua falta. Seu guia espiritual também a advertia... Custava-lhe muitíssimo não obedecer a essas vozes... O medo do que praticara atormentava-a dia e noite... Mas logo lhe veio toda a sorte de considerações. E em meio disso lhe parecia até ouvir uma voz ordenando que calasse... "As mulheres irão desprezá-la se falar", murmurava a voz desconhecida. "Por que se atormentar tanto por causa de algumas penas?"...

Nesse ínterim Vau tinha chegado aos pântanos e um dia, ao anoitecer, viu um pássaro vermelho fulgurante sentado no tronco de uma árvore tombada. Pensava em sua mulher, e um amargor brotou-lhe.

Como poderia continuar a viver com ela se não levasse aquelas penas? Preferia ainda contrair para si a ira da grande protetora dos animais...

Como se estivesse cego, arremessou o dardo e ainda viu o pássaro cair no pântano com a asa fraturada, entre os enormes galhos secos. Nada mais viu; sua lança apenas feriu o pássaro e foi fincar-se mais adiante num galho grosso e tortuoso. O galho tortuoso era um ninho de vespas que Vau não enxergara. Seu aborrecimento, aqueles receios indefiníveis relacionados com sua mulher, tinham-lhe turvado a vigilância. Nunca lhe ocorrera antes não acertar mortalmente uma ave que estivesse tão perto, pousada silenciosamente.

Vau corria para salvar sua vida. As vespas envolviam-no qual uma nuvem; ele jogou-se no rio revolto onde acampara e deixou-se levar pelas águas; o corpo ardia-lhe como fogo. Salvou sua vida, porém teve de permanecer durante dias e noites dentro da água para poder suportar as dores ardentes.

Vau reconheceu como justas aquelas dores. Vira o pássaro cair e sabia que o ferira gravemente. E deixar um animal ferido viver sem amparo durante horas ou dias era um grave delito contra todas as criaturas da natureza...

Duas semanas mais tarde, quando Iwi viu seu marido, recuou apavorada. Seu rosto estava disforme, inchado e com um olho totalmente fechado...

Gravemente lhe pesava a culpa. Por sua causa algo horrível acontecera a Vau... Ininterruptamente sua intuição a impelia a confessar. Porém, quando estava prestes a fazê-lo, ela recuava. Por que falar de algo que todos há muito tinham esquecido? Além de Jura e Toli, ninguém mais se lembrava, e um dia também esses dois esqueceriam...

O raciocínio de Iwi manteve a supremacia. Apesar de sua intuição exortá-la, ela não confessou sua culpa. Quando morreu, levou-a consigo para o Além. Uma camada fina, mal perceptível, qual mofo, cobria parcialmente seu corpo e seu rosto de matéria fina, turvando-lhe o brilho puro. Inicialmente ainda seria fácil libertar-se disso. Mas tal não aconteceu.

Em novas encarnações terrenas que se seguiram, o raciocínio dominou quase sempre, e pouco a pouco o espírito se atrofiou. Tornou-se indolente, adormeceu. Quanto mais o espírito era excluído, tanto mais ativa se tornava a alma, pois os espíritos dos servidores de Lúcifer se utilizavam, por sua vez, desses instrumentos fino-materiais... Nutriam e fomentavam as tendências erradas que já se faziam notar fortemente em Iwi... Suas intuições estavam novamente fortes e expressivas. Porém, não eram mais de um espírito ligado à Luz, e sim, ao contrário, correspondiam às influências de servidores luciferianos... Desconfiança, inveja, ciúmes, vaidade e todos os outros males dominavam... Já o primeiro delito, não confessado, teve efeito determinante sobre toda a existência posterior de Iwi. Deixou-se guiar sempre por seu raciocínio... Assim prosseguiu sempre, até que finalmente a parte posterior do cérebro, o instrumento do espírito, também se atrofiou...

Hoje, Iwi vive novamente na Terra. Todavia, em nada lembra a moça bonita que outrora, antes de ter cometido a falta, vivia uma vida alegre ao lado de Vau, que tinha um bom coração. Hoje, ela é uma mulher doente, feia e sempre descontente, tendo tido vários partos de natimortos. Seu marido, quando não está bêbado, trabalha como estivador. Com inveja no coração, ela persegue todas as pessoas que têm uma vida melhor do que a dela. Apesar de ser uma assídua frequentadora de igrejas, reclama contra Deus, que distribuiu as dádivas entre os seres humanos "de modo tão injusto"... Para ela não há retorno à pátria espiritual, o Paraíso. Todas as possibilidades de ascensão dadas a ela, no decorrer de milênios, asfixiaram-se desde o início com as manifestações de dúvidas do seu raciocínio. Diante das leis da Luz ela não existe mais.

A sorte de Vau é melhor, tanto terrenal como espiritualmente. Não se subjugou totalmente ao raciocínio. Por conseguinte, não perdeu de todo a ligação com a Luz. Ele é hoje um famoso ornitólogo; seu amor para com todas as criaturas da natureza lhe proporciona, sempre de novo, alegrias em sua vida.

A filha de quem muito gosta é a Jura de outrora. Jura, desde aquele tempo, durante o restante de sua vida, sofreu com as mentirosas acusações de Iwi, pois mesmo seu marido, Toli, começara a duvidar dela.

A Dança de Mandra

Agora o próximo quadro:
Começou com uma dança...

Mandra, a filha de Tabor, experimentava vivencialmente muitas coisas esquisitas quando seu corpo astral, à noite, se desligava do corpo terreno entregue ao sono, indo passear. Era naquela época uma moça bonita; seus cabelos eram de cor vermelho-cobre e os olhos verde-claros. Era famosa por toda a parte por contar tudo o que vivenciava para os seus conhecidos e também para os forasteiros. E todos se alegravam muito com as suas narrativas. O povoado de Mandra era, por causa dos seus coloridos e bonitos vasos de barro, tão famoso como a moça e as suas narrativas. Todas as caravanas, que por ali passavam, paravam para descansar e fazer negócios de troca.

Certo dia, a moça não tinha mais nada a contar. Noite após noite era atraída para um lugar onde, em um gramado, uma outra moça dançava. Quando Mandra viu a dançarina pela primeira vez, ficou chocada. Pois ela se virava e se contorcia desenfreadamente, de um lado para o outro, vestida apenas com uma saiazinha vermelha curta, de franjas, e uma estreita faixa sobre o peito. Uma dançarina nua? Mandra conhecia somente as dançarinas dos templos e essas usavam roupas compridas... Também as pequenas fadinhas das flores usavam vestidos...

Durante semanas a alma de Mandra sentia-se atraída para aquele local de danças, e quanto mais contemplava a dançarina, tanto mais se entusiasmava. As apresentações da dançarina davam a impressão de que seu corpo não tinha ossos...

Durante o dia Mandra experimentava os movimentos daquela dança. Ficava surpresa a respeito da própria leveza e agilidade com que dançava... Uma vez que o vestido comprido lhe estorvava, confeccionou uma saiazinha curta, de fios de junco, e sobre o peito colocou uma faixa amarrada de qualquer jeito... Em casa ela não podia dançar, pois apesar de seu pai e de sua mãe de criação terem ido em uma caravana para o sul, ficaram em casa ainda duas servas... Contudo, ela conhecia uma clareira um pouco mais afastada na floresta... Ali ela poderia exercitar...

Sempre que podia, caminhava até a clareira da floresta e dançava cada vez mais desenfreadamente, vestida com a saiazinha curta de fios de junco. Porém, não estava contente. Faltava algo às suas danças... faltavam as flautas que acompanhavam os movimentos daquela estranha dançarina. Além disso, faltavam também os braços dos homens. Eram sempre muitos braços de homens, que se estendiam ao encontro daquela moça, quando ela, cansada, se deixava cair no solo...

Mandra queria dançar perante muitos. Também para ela os braços dos homens deviam estender-se... Dançar nua?... Dançar?... Sentia vergonha e medo ao pensar em tal possibilidade... Não obstante, queria dançar perante muitos e ser admirada do mesmo modo como seu modelo, a estranha dançarina.

Subitamente, seu sentimento de pudor foi superado por pensamentos que mostravam tudo sob nova luz. Por que deveria envergonhar-se do seu corpo nu? Não havia este corpo sido criado pelo supremo Deus? E os seres humanos não chegavam nus à Terra?

Uma alteração imperceptível ocorreu em Mandra. Passava os seus dias irrequieta e irritada. Este estado somente melhorou quando certa manhã lhe fora apontado Adonai! Encontrava-se ainda semiadormecida quando nitidamente ouviu aquele nome: Adonai! O vidente! Com ele queria abrir-se. Por que ela própria não pensara nele?

No mesmo dia ainda procurou o vidente. Quando terminou sua narrativa, Adonai olhou-a por um longo tempo. O que ela pretendia era contra a lei da Luz do supremo Deus. Ela acenou afirmativamente com a cabeça quando ele a fez refletir sobre isso... Por outro lado, dizia o vidente para si próprio: a moça vira a dança no ambiente mais fino da Terra... E se ali um corpo nu não pecava contra as leis da Luz, por que então pecaria na Terra? A curiosidade de Adonai despertou. Antes, porém, de tomar uma decisão devia ver aquela dança...

Ele viu a dança, e não precisou mais perguntar por que o corpo nu de uma moça dançando pecava contra as leis da Luz...

Adonai refletiu durante dias... A região tornar-se-ia rica e famosa. Uma dançarina quase nua executando uma dança que havia visto no ambiente mais fino das almas... Com os forasteiros não haveria dificuldades; os habitantes da região é que deveriam ser preparados para tal espetáculo.

Nesse ínterim, os conhecidos de Mandra perguntavam por que ela nada mais contava. Não compreendiam por que a moça ficara tão calada...

Adonai esclarecia, a todos que queriam ouvir, que Mandra por enquanto nada tinha a contar. Entretanto, em seus passeios noturnos através dos mundos mais finos, ela vira uma dança e também a aprendera; porém, ela ainda não a apresentara por não saber se encontraria o consentimento geral, uma vez que deveria dançar quase totalmente despida...

Mandra era de uma alegria desenfreada... Queria dançar. Energicamente afastava todas as vozes exortantes, que sentia tão fortemente como se elas lhe falassem... "O senso do pudor protege a mulher", clamavam-lhe as vozes. "Atrairás o sofrimento se lançares fora essa proteção." Mandra opunha-se, tapando os ouvidos para não ouvir mais a voz da sua consciência...

Adonai achara o modo certo de agir. Baseados nas alusões dele, todos do povoado ficaram curiosos, de modo que imploravam que lhes apresentasse a dança... Pois ela não lhes contara tudo o que vivenciara nos demais passeios? Em lugar de palavras, dançaria.

Mandra exultava. Haviam pedido... Adonai preparou um lugar fora do povoado. Também alguns flautistas acompanhariam a dança da melhor forma. Ele achou melhor que Mandra dançasse após o anoitecer. Tratou para que houvesse bastante lenha, a fim de que a jovem fosse iluminada unicamente pelas chamas das fogueiras... Os únicos angustiosos escrúpulos que Mandra sentia eram por causa de seu pai e sua mãe de criação, que haviam cuidado dela desde a morte de sua mãe. Porém, ambos estavam longe...

Chegou a noite e Mandra dançou. O silêncio era mortal. Parecia que os muitos espectadores que rodeavam o local de dança haviam ficado subitamente mudos. Muito se havia falado na dança, mas na realidade ninguém formara uma ideia do que lhes seria apresentado...

Quando Mandra, cansada, deixou-se cair no solo, todos continuaram sentados como se estivessem atordoados. Então, os senhores das caravanas e os negociantes se levantaram de um salto e com gritos selvagens corriam de braços abertos em direção à jovem. Adonai, porém, tinha tomado suas precauções. Enquanto os homens tropeçavam no local de dança para ganhar a dianteira, alguns amigos de Adonai levantaram Mandra e levaram-na para sua casa, protegidos pela escuridão da noite.

O que essa primeira dança da seminua Mandra desencadeou, é difícil de descrever. Paixões e cobiças até aí desconhecidas irromperam, chegando a inimizades e brigas. Mocinhas queriam aprender a dançar, contra a vontade de suas mães... Com a interpretação de Adonai, que o corpo humano criado por Deus jamais poderia pecar contra a lei da Luz, floresceu um culto glorificando o corpo da mulher. Colocaram toda a sorte de estátuas... e imperceptivelmente surgiu um culto de ídolos e de idolatrias, afastando cada vez mais a originalmente pura adoração a Deus.

Com a despudorada dança infiltrou-se um elemento destruidor, desencadeando forças poderosas, que por fim impeliam lentamente, porém de maneira segura, seus participantes para um destino trágico: a ruína... O espetáculo apresentado por Mandra abriu largos círculos. Pois todos os mercadores estrangeiros presentes levaram a notícia para longe. Além disso, a interpretação de Adonai divulgada sobre o corpo humano encontrou adeptos por toda a parte. A consequência foi que mesmo povos longínquos criaram cultos, turvando lentamente a crença pura.

E Mandra? Ela ainda dançou quatro noites, mas a maioria dos espectadores era constituída por homens que lhe estendiam os braços cobiçosos. Quando voltou para sua casa no quarto dia, após a dança, o pai veio-lhe ao encontro.

Apreensão e receio impulsionaram sua volta o mais depressa possível. Deixou a caravana que vagarosamente seguia seu caminho e rapidamente cavalgou com alguns companheiros, adiantando-se. Pois em imagem havia visto sua filha Mandra, nua, girando em círculos... Algo pavoroso devia ter acontecido na sua ausência. Não compreendia o inexplicável que acabara de ver... todavia, a realidade superava tudo...

— Vi tua dança, disse Tabor com voz quase irreconhecível.

Mandra tremendo deixou-se cair diante do pai. Pela primeira vez na vida sentia medo. E pela primeira vez sentiu a carga opressora do sentimento de culpa... Por que, por que não obedecera sua voz interior? E por que, por que não ouvira as vozes de advertência dos seus amigos celestes? Contudo, o que teria feito, aliás, de mal? Certo, Adonai dissera de início que tal dança era pecado perante a lei da Luz... porém, mais tarde, depois de refletir sobre tudo, ele achou...

— Vi tua dança, Mandra. Para ti não há mais lugar na Terra. Prepara-te.

Tabor, em vestimenta branca de sacerdote, estava diante dela, olhando-a com fisionomia estarrecida de dor. Mandra levantou-se e vestiu o vestido comprido que ele lhe jogou...

Ouviram vozes. Tabor reconheceu a voz de Adonai chamando por Mandra. A jovem olhou assustada para o pai. O que ele faria? Adonai por certo soubera da volta de seu pai e pressentira algum infortúnio.

Mandra baixou a cabeça e seguiu o pai. Todavia, ao notar que Tabor tomava o caminho que levava à sepultura de sua mãe, sentiu um medo pavoroso... Para lá não... Precisava fugir e esconder-se... No campo das pedras, à beira norte das culturas, estaria segura... O caminho era longo... Finalmente chegou lá, deixando-se então cair entre os fragmentos de rocha ainda quentes devido ao calor do sol...

Tabor notou sua fuga poucos segundos depois. Quando se virou, viu como ela corria pelos campos. A noite era clara, poderia tê-la seguido. Porém, uma invisível mão o deteve. "Tarde demais"... Durante longo tempo Tabor ficou parado, olhando na direção onde a moça desaparecera. Depois, como que pedindo desculpas, levantou as mãos para o céu, e lentamente se pôs a caminho de volta.

— Onde a deixaste? perguntou Adonai quase gritando, ao vê-lo voltar sozinho.

— Onde?

Entristecido, Tabor olhou o rosto do vidente contraído de medo e culpa.

— Pega teus amigos e traze-a de volta. Ela está no campo das pedras. Fugiu para lá.

— No campo das pedras?

Adonai assustou-se. As pequenas víboras voadoras viviam ali...

O sol já ia alto no céu, quando Adonai e dois pastores trouxeram a moça de volta. Estava morta, o corpo inchado e azul. Em sua perna viam-se duas pequenas feridas provenientes da mortífera picada da víbora...

Lentamente voltou a paz para a povoação. Nenhuma moça quis mais aprender a dança de Mandra. Externamente tudo era como antes. Contudo, a sementeira sinistra não poderia mais ser extinta. O raciocínio tinha principiado seu domínio.

Mandra e Adonai tinham intuído de modo exato que fizeram algo de errado. Pois era impossível não terem ouvido a voz de seus espíritos. Mas eles acharam tantos motivos intelectivos para suas intenções, que conseguiram afastar a voz interior, a voz de seus espíritos. A astúcia do raciocínio tornou-se uma luz mortuária também para essas duas criaturas humanas. Apesar de inúmeras e subsequentes encarnações terrenas, ambos não acharam o caminho de volta. Seguiram caminhos errados, indicados pelo raciocínio, e assim se separaram cada vez mais da pátria luminosa, o Paraíso.

Ambos, Adonai e Mandra viveram novamente na Terra no século do Juízo. Essa última encarnação terrena terminou sinistramente. Encontravam-se em um país asiático, onde há anos a guerra espalha medo e horror... Mandra era dançarina em um lugar de péssima reputação. Num bombardeio aéreo ela perdeu uma perna e recebeu ferimentos nos braços. Curou-se, mas a perna ninguém lhe pôde restituir. Não quis continuar vivendo como aleijada e deu fim à sua existência terrena com uma superdose de ópio.

O mesmo bombardeio aéreo acabou com a vida terrena de Adonai. Ele trabalhava como sacerdote em uma seita, desejoso de aumentar o número de adeptos. A bomba caiu na casa de madeira onde ele se encontrava; não o feriu, porém com o incêndio provocado sofreu horríveis queimaduras que o fizeram gritar de dor durante horas. A ele também o ópio, dado por um enfermeiro misericordioso, libertou da existência terrena.

Caim e Abel

Tomemos, como último exemplo, um acontecimento descrito no Velho Testamento da Bíblia. Trata-se de "Caim e Abel"!

Sabemos através da Mensagem do Graal, de Abdruschin, "Na Luz da Verdade", que a Bíblia era em primeira linha um livro espiritual, dando-nos esclarecimentos sobre fatos espirituais. Muito antes do tempo de Cristo, um vidente recebeu e retransmitiu, corretamente, a história de Caim e Abel. O quadro espiritual foi-lhe mostrado de tal maneira, que não poderia haver dúvidas... Só muito, muito mais tarde, quando os velhos textos dos videntes e profetas foram revisados novamente, para que se tornassem mais "compreensíveis" aos seres humanos, é que a Verdade original foi tão turvada e até falsificada, que a maior parte dos seres humanos interpretavam as descrições da Bíblia como acontecimentos ocorridos na Terra.

A história de Caim e Abel não deveria ser apenas um ensinamento para o ser humano não cobiçar os bens de seu irmão, tampouco apenas ter o sentido de que não deveria matar para se apropriar dos bens alheios... Tais delitos poderiam ser redimidos, se o arrependimento fosse sentido de modo intuitivo e profundo, sendo reparados também os danos. Naturalmente, a extinção de tal culpa não é fácil, contudo existe a possibilidade de uma reparação.

Mas Caim foi amaldiçoado, e o Senhor, devido aos seus pecados, gravou um estigma em sua testa... Esse "estigma de Caim" é o sinal de Lúcifer, mencionado na Bíblia. É a cruz torta, o "X". Quem a tiver na testa não tem possibilidade de remição nem de libertação de seus pecados... tal pessoa perdeu a sua condição humana... A maioria dos seres humanos, hoje na Terra, tem o estigma em suas testas. Isto quer dizer que estão espiritualmente mortos. Vivem ainda na Terra e na matéria fina, contudo, agora no Juízo desaparecerão para sempre também das regiões das matérias...

O quadro original recebido pelo vidente sobre Caim e Abel era o seguinte:

Caim e Abel! O vidente viu espiritualmente duas figuras humanas, que apesar da diferença exterior estavam ligadas entre si de alguma forma. Caim era um tipo rústico, feio, sua cabeça desproporcionalmente grande em comparação ao corpo. Tinha também algo de brutal e ardiloso. Seus interesses eram dirigidos exclusivamente para as coisas terrenas. Tudo quanto estivesse fora disso, ele combatia implacavelmente. Corporificava o ser humano preso à matéria, brutal, não obstante covarde, que adorava seus ídolos terrenos...

Abel era exatamente o contrário. Belo e bem-proporcionado. Também sua vestimenta era mais leve e clara. Em seus olhos brilhava o amor e a alegria de viver; seu olhar muitas vezes se elevava em silencioso agradecimento à Luz. Apesar da diversidade, Caim e Abel pertenciam-se um ao outro. Mesmo não querendo saber nada sobre Abel, Caim tinha de aturar sua presença, pois este não o abandonava. Embora ele o tratasse com todo o desprezo, Abel procurava incansavelmente despertar nele um anseio espiritual...

Todos os esforços de Abel foram em vão; seu amor e paciência aborreciam Caim. E ao mesmo tempo ele também os temia. Certo dia a voz de Abel começou a ficar mais fraca. Somente muito baixinho suas palavras exortantes chegavam ao ouvido de Caim... Apesar disso... Abel ainda se encontrava próximo. Ele movimentava-se apenas lentamente e parecia estar doente e fraco, até transparente, e mesmo nesse estado Caim não podia suportar sua presença.

"Então Caim matou Abel e a voz do seu sangue absorvido pela terra, clamou para o céu...

E o Senhor amaldiçoou Caim... Nesse momento se tornou visível o sinal dos condenados em sua testa. A partir desse instante Caim foi banido do reino de Éden, o reino da Luz. Desde então, passou a viver bem longe, no reino hostil de 'Nod', que é o reino lúgubre dos renegados..."

O quadro espiritual mostrado ao vidente, sobre Caim e Abel, impressionou-o profundamente. Sim, era para ele uma revelação. Pois naquela época dominava desavergonhada idolatria por toda a parte na Terra, e por toda a parte os seres humanos se combatiam e se tornavam inimigos... Os bem-intencionados sofriam e procuravam os motivos da situação calamitosa.

O motivo foi o Caim dominador, o cérebro, o raciocínio. O raciocínio queria ser o senhor e não o servo. Não queria mais ouvir a voz do seu espírito. Essa voz exortante interior tornou-se-lhe incômoda...

Caim, o raciocínio preso à Terra, e Abel, o espírito ligado à Luz... Caim, o raciocínio, opôs-se tanto tempo à voz de Abel, a voz do espírito, que finalmente o matou...

O que é o ser humano sem espírito? Matéria perecível, nada mais. Certa vez um escritor, cujo nome não lembro mais, emitiu em poucas palavras uma correta definição. Ele escreveu:

"Quem separa a carne do espírito, obtém um resultado esquisito. O ser humano transforma-se numa estátua, para a qual, na realidade, não há mais utilidade!"

Caim e Abel! Os filhos de Adão e Eva!...

Adão e Eva são dois seres nos reinos da Luz que nunca estiveram encarnados na Terra; corporificam o supremo espiritual humano... O masculino positivo e o feminino negativo. O fato de Caim e Abel terem sido designados como filhos de Adão e Eva devia indicar que o quadro espiritual visto pelo vidente se refere aos seres humanos. Abel, o espírito humano, mais fino, almejando pela Luz, que no entanto se tornou indolente, e Caim, o raciocínio grosseiro, preso à Terra. Apesar de diferentes, um necessita do outro. Sem a cooperação harmoniosa entre ambos não há desenvolvimento no sentido da Luz. Consequentemente não há libertação nem ressurreição...

"Caim matou Abel, e a voz do seu sangue absorvido pela terra, clamou para o céu..."

Com a expressão sangue deve-se entender o espírito. O espírito sacrificado à Terra, à matéria, ao raciocínio. O espírito que sem oposição se deixou sacrificar.

Sempre que for mencionado o sangue em um escrito espiritual deve-se entender aquilo que se acha estreitamente ligado ao espírito. Pois é o espírito que forma o sangue.

No meio da gestação, quando o corpo da criança está em formação, é que o espírito encarna. Daí, então, é que o próprio sangue do corpo da criança começa a circular. Quando o espírito, por ocasião da morte terrena, abandona o corpo é que o sangue deixa de existir... O leitor encontrará esclarecimentos mais detalhados no livro "Na Luz da Verdade", Mensagem do Graal, de Abdruschin, vol. 3, dissertação *O mistério do sangue*.

O Espírito e seus Corpos Auxiliares

Agora alguns esclarecimentos ainda referentes ao próprio espírito. Frequentemente são usadas frases como: "espírito morto, espírito das trevas, o ser humano que vendeu sua alma, etc." São expressões muitas vezes usadas, sem que as pessoas que as empregam saibam o que devam entender com isso. Entretanto, o ser humano deve conhecer a verdade, senão suas palavras permanecem vazias e sem sentido.

O espírito é a forma humana que pôde desenvolver-se através da irradiação da minúscula centelha azul da Luz, o germe espiritual, durante o processo evolutivo de milhões de anos. A minúscula e viva centelha azul é o "coração" do corpo humano espiritual, originalmente de maravilhosa beleza. É igual ao coração de um corpo humano de matéria grosseira. Ela é o centro de todas as funções da vida.

O maravilhosamente belo espírito humano tem, porém, de percorrer diversas matérias. Pois somente nas matérias podem desenvolver-se todas as faculdades latentes da centelha de Luz, viva e azul, o germe espiritual.

O espírito humano imaculado é de espécie totalmente diversa dos mundos materiais. Por conseguinte, necessita de meios auxiliares para poder atuar nos mundos mais densos e de outra espécie. Esses meios auxiliares – poderíamos dizer também "corpos auxiliares" – são as almas, cujos corpos de matéria fina correspondem exatamente à densidade dos mundos de matéria fina, e os corpos terrenos adaptados à pesada matéria.

O corpo terreno foi equipado com o raciocínio, e a alma de matéria fina com a intuição. A intuição é desencadeada por uma onda de força do espírito que atua progressivamente sobre o raciocínio e o incita a agir.

Ambos os corpos auxiliares, isto é, a alma e o corpo terreno, nada representam sem as ondas de forças provenientes do espírito. São invólucros sem vida, como por exemplo: os vestidos e as capas que vestem um corpo terreno. Somente o espírito transmite vida à alma e ao corpo terreno, obrigando-os a se movimentarem.

O espírito dominava, e o raciocínio servia-o, preparando, conforme a sua espécie, as impressões que recebia do espírito. Enquanto isto ocorria, o espírito vibrava em harmonia com ambos os invólucros, e a paz, a alegria e a felicidade reinavam na Terra!...

Espírito, alma e corpo terreno! Três corpos firmemente ligados entre si, por meio de "pontes". Tais pontes, por sua vez, constituem uma espécie de corpo auxiliar, tendo como única finalidade ligar entre si o espírito, a alma e o corpo terreno de tal forma, que uma perfeita cooperação seja possível.

Enquanto o ser humano terreno não havia pecado contra o espírito através do raciocínio, o espírito ligado à Luz traspassava com a sua irradiação a alma e o corpo terreno, de modo que também em ambos se encontrava o reflexo da beleza espiritual...

Mas então chegou o tempo em que a tragédia humana começou.

O ser humano terreno, de súbito, sentiu-se forte e seguro de si com seu instrumento, o raciocínio, e começou a fazer coisas que não vibravam em harmonia com a sua intuição. De modo consciente iniciou a sua atuação errada. Pois a intuição lhe dizia acertadamente quando algo estava errado... Entretanto, preferiu assim... perguntando a si próprio por que haveria de agir sempre corretamente...

É lógico que pensamentos desta natureza tiveram em toda a linha seus efeitos negativos. A cooperação harmoniosa entre o espírito e o corpo ficou perturbada quando os seres humanos deixaram o domínio ao raciocínio preso ao espaço e ao tempo. O ser humano até aí sem culpas, isto é, livre de carma, começou a pecar contra o Espírito do amor, fechando-se contra qualquer influência da Luz.

Com esse pecado irreparável contra o Espírito do amor, os caídos espíritos do séquito de Lúcifer conseguiram aproximar-se das almas humanas e ganhar influência sobre elas.

O raciocínio começou a dominar! Com isto o espírito se tornou indolente, sonolento e fraco. Quanto mais fraco se tornava o espírito, tanto mais fácil era para os servidores de Lúcifer subjugar as almas humanas. Dessa forma, as intuições anímicas imperceptivelmente se transformaram. Enquanto o espírito ligado à Luz dominava na Terra, as criaturas humanas sentiam intuitivamente o amor à Verdade, a fidelidade à Luz e misericórdia; elas possuíam um pronunciado senso de justiça, amavam todas as criaturas e respeitavam-nas...

Mais tarde, quando as almas se submeteram às influências dos espíritos renegados, foram desaparecendo pouco a pouco todos os sentimentos intuitivos puros e luminosos, e outros sentimentos intuitivos, não menos fortes, influenciavam então as almas humanas: a mentira, a desconfiança, a crença errada, a inveja, o ciúme, o ódio, a falta de pudor e muito mais ainda...

As formas dos sentimentos intuitivos atuam de modo muito mais forte e duradouro do que as formas de pensamentos; também não podem ser eliminadas tão facilmente. As formas dos sentimentos intuitivos negativos jazem hoje como sombras impenetráveis sobre as almas humanas. São impregnadas de toda a sorte de germes de doenças, que envenenam as almas e os corpos terrenos. Toda a vontade má do sentimento intuitivo se impregna nos corpos de matéria fina, isto é, nas almas...

Hoje, a maioria dos seres humanos porta o estigma de Caim em suas testas. Isto quer dizer que os espíritos estão mortos. Nenhum poder da Terra pode despertar um espírito morto para a vida. O que os espera é apenas a terrível desintegração, a desintegração da forma humana...

Mas o ser humano terreno não deve comparar "o espírito morto" com o corpo terreno morto. Isto o levaria a cometer erros. No espírito morto, posto fora de ação, fulgura ainda, mesmo assim, a centelha viva do espírito, o coração espiritual!

Enquanto o espírito possuir a forma humana, ele ainda irradia tanto, que a alma e o corpo terreno são mantidos juntos em movimento. Contudo, trata-se apenas de um calor magnético próprio de cada espírito humano. Esse calor produz a junção.

Mesmo em sua forma mais fraca, basta o calor magnético de um espírito humano para que ele possa se encarnar na Terra. Ele próprio, porém, é morto de acordo com a lei da Luz. Cada espírito humano que permanece certo tempo fora de atividade alcança automaticamente um estado que o faz perder a ligação com a Luz. Daí então não existe mais nenhuma ligação superior. Quando isto acontece, segundo a lei da Luz, o espírito está morto. Seu nome, anotado no reino espiritual, se apaga.

O espírito está morto, não obstante seu calor magnético possuir algo de certa espécie enteal, que ainda continua a atuar. Dessa forma podem encarnar espíritos que na realidade há muito já estavam mortos.

Somente quando tal calor se apaga, o que ocorre exatamente dentro de um prazo determinado, é que não existe mais possibilidades de encarnação. Aí vem a queda para as profundezas, de onde não existe mais nenhuma salvação...

Talvez agora os leitores perguntem: por que não é tirado imediatamente de um espírito morto o calor, para que não se encarne mais?

Na maravilhosa Criação não existem atos arbitrários. A composição e a decomposição se realizam de acordo com leis que atuam com a máxima exatidão. O espírito humano morto fica primeiramente desligado do reino da Luz, isto é, de sua onda de força espiritual. Todavia, tal não ocorre de um minuto para o outro; segundo o cálculo humano, passam-se milênios até que todos os fios – poderíamos dizer também raízes – mesmo os mais delicados que ligam o espírito à sua pátria luminosa, se desfaçam. Somente depois disso é que podem, pouco a pouco, ir secando também todos os fios que o ligam com uma bem determinada esfera de força enteal, situada abaixo de sua pátria, o Paraíso. Também nisto se passam milhares de anos. De acordo com os conceitos humanos estritamente ligados ao espaço e ao tempo, isto é um longo período...

Enquanto o espírito humano não alcançar o estado em que perde a ligação com a Luz, existe sempre ainda uma fraca possibilidade de salvação. Ele ainda faz parte dos "espíritos adormecidos" que poderão ser despertados. Entretanto, dispõem de pouco tempo apenas. No decorrer de milênios, muitos foram os chamados da Luz que chegaram a eles para despertá-los e sacudi-los. Mas foi tudo em vão. Com as trombetas do Juízo chega agora o último chamado, que, despertando, atinge seus espíritos. Se também a este chamado não quiserem ouvir, não haverá mais nenhuma ressurreição para os "espíritos adormecidos"...

No momento em que o ser humano deixou de seguir a sua intuição, a voz do seu espírito, agindo apenas segundo as ponderações do seu raciocínio preso ao espaço e ao tempo, ele começou a pecar, seja intencionalmente ou não; cometeu o primeiro pecado e os outros seguiram-se...

A voz interior, a voz do espírito, foi sobrepujada pelo raciocínio. Não encontrou nenhum eco nos cérebros dos seres humanos terrenos. Ninguém mais ouviu o espírito. Ele se tornou indolente, adormeceu; o sono transformou-se em sono da morte...

Sendo assim o espírito seria inocente! Pois foi o raciocínio que o colocou fora de ação! Naturalmente tal suposição está errada. O espírito não precisava tornar-se indolente por causa disso! Tão indolente que alcançou um estado semelhante ao estado do sono terreno. Pelo contrário! Apesar da forçada inatividade teria de ter permanecido alerta! A ligação com a fonte espiritual da Luz ter-lhe--ia transmitido força suficiente!...

Em vez de permanecer alerta, o espírito afastou-se tanto do seu lugar, que não foi mais capaz de cumprir sua missão. Tornou-se indolente. Só assim foi possível ao raciocínio vencê-lo. O espírito, então, ficou cada vez mais fraco. Desvaneceu-se o seu corpo belo e robusto. Foi como se um germe estranho lhe tivesse sugado todas as forças. E assim foi. O raciocínio tornou-se cada vez mais forte devido à força espiritual que fluía para ele, ao passo que o espírito, devido à sua indolência, deixou dissipar inutilmente as suas forças...

Para melhor compreensão um exemplo:

Quando pessoas moram muito juntas numa casa na Terra e se deixam tiranizar caladas por um dos habitantes, tolerando a sua impertinência e mania de dominar, e portanto temerosas se rebaixam em vez de enfrentá-lo, elas perdem energias. Tornam-se mais fracas, ao passo que o tirano fica cada vez mais poderoso e mais impertinente.

Exatamente assim aconteceu com os espíritos humanos. Deixaram o tirano raciocínio dominar. Retrocederam em vez de aceitar a luta... ou pelo menos permanecer alertas.

Os muitos temores que atormentam hoje os seres humanos terrenos, e para os quais não existem calmantes, constituem um fraco reflexo do inimaginável medo de seus espíritos, que cheios de horror enxergam o perigo que os envolve por toda a parte...

Vós que estais lendo esta narração, não vos deixeis guiar por vosso raciocínio! Ouvi a fraca voz proveniente do vosso íntimo, ela é a expressão do vosso espírito, é a vossa consciência...

CAPÍTULO X

POR QUE LÚCIFER DESCEU PARA A CRIAÇÃO?

Por quê?... Por que veio? Lúcifer, o tentador, o inimigo de Deus, o renegado, o anjo caído! Por que não permaneceu onde estava? A humanidade não se encontraria hoje em melhores condições, se esse inimigo de Deus não houvesse vindo?...

Sim, por que afinal veio Lúcifer ao mundo?

É certo que Lúcifer não deixou o reino divino arbitrariamente. Veio por ordem expressa da vontade de Deus, para cumprir uma missão. A escolha recaiu sobre ele, por ser entre os arcanjos aquele que corporificava o amor.

Isso ocorreu numa época em que o desenvolvimento da humanidade nem sequer havia começado. O seu futuro falhar não poderia ser então previsto, como não o foi também o catastrófico falhar da humanidade...

Os seres humanos não precisavam ter falhado. Tinham a liberdade de opção!... Puderam escolher, e escolher conscientemente. E, conscientemente também, optaram pelo errado. Conscientemente sim, pois de início cada um sabia o que era o bem e o que era o mal... Além disso os seres humanos de todos os povos foram advertidos, no devido tempo, da atuação errada de Lúcifer!

No mesmo momento em que se tornou evidente que Lúcifer não cumpria a sua missão no sentido do amor divino, todos os videntes da Terra receberam a incumbência de alertar os seres humanos. Adverti-los do arcanjo Lúcifer que, em sua atividade arbitrária e contrária à Luz, precipitara-se nas profundezas que ele mesmo abrira para si. Renegado e hostil ao amor divino, ele influenciava as criaturas humanas.

Os videntes daqueles tempos remotos recebiam e retransmitiam as mensagens sempre fielmente. Durante diversas gerações seguidas, foram os seres humanos alertados do inimigo. Estes, porém, falharam, tornando-se hostis à Luz, porque assim o quiseram... Sempre tiveram a livre escolha...

Qual foi então a missão do arcanjo Lúcifer, que outrora corporificou o amor divino?

O desenvolvimento da humanidade nos mundos materiais processou-se em duas etapas. Na primeira etapa, abrangendo milhões de anos, os seres humanos viviam exclusivamente conforme os seus sentimentos intuitivos! Viviam intensamente, como as crianças, e agiam também do mesmo modo impulsivo como elas. Eram ávidos de saber e aprendiam com facilidade tudo o que seus preceptores enteais lhes ensinavam.

Depois veio a época em que a primeira etapa do desenvolvimento chegou a seu final. O tempo de infância, o despreocupado tempo sem pecados dos seres humanos havia passado.

Na segunda etapa, o raciocínio até então inativo, tinha de ser "ligado". Isto somente poderia ocorrer num bem determinado grau de maturação. Alcançou-se, no longo tempo do desenvolvimento humano, aquele estado em que o espírito humano necessitava da cooperação do raciocínio, cooperação consciente, porém, para o atuar na matéria grosseira.

A humanidade tinha alcançado então um ponto fundamental de amadurecimento, e o espírito necessitava do trabalho sem restrições do raciocínio de matéria grosseira. Foi nesse ponto também que a plena responsabilidade de cada um se iniciou. Nessa segunda fase do desenvolvimento, a continuação do atuar infantil, impulsivo e irrefletido de até então, nos seres humanos teria ocasionado estagnação e retrocesso...

Quando uma criança alcança determinada idade na Terra, devido ao seu amadurecimento, ela é ligada firmemente ao espírito, iniciando-se assim a responsabilidade para tudo quanto pensa e faz. A infância despreocupada termina aí.

Assim também, com o início da segunda etapa do desenvolvimento da humanidade, foi o espírito ligado plenamente com o seu instrumento grosso-material, o raciocínio. Aparentemente ambos os fenômenos são idênticos. Parecem ser idênticos. Na realidade, contudo, o processo que ocasiona o início da maturidade de uma criança, isto é, a ligação do seu espírito, é apenas uma consequência ou efeito daquele fenômeno que se realizou no princípio da segunda fase do desenvolvimento da humanidade.

Sempre é necessário um determinado grau de amadurecimento para que o espírito possa ser ligado estreitamente com a matéria grosseira.

Qualquer acontecimento na Criação é minuciosa e antecipadamente planejado desde o início até o seu fim, e entrelaçado com leis automáticas... Também todos os pontos decisivos resultantes daqueles acontecimentos são exatamente determinados e tomados em consideração, da mesma forma que as medidas necessárias às respectivas conjunturas.

Quando Lúcifer, o arcanjo no reino divino, recebeu a sua missão, o desenvolvimento da humanidade ainda não se havia iniciado nas materialidades. No entanto, todo o acontecer a isso ligado já estava planejado minuciosamente, e as leis para tanto necessárias já começavam a vigorar...

E Lúcifer achava-se incluído nesse plano.

Era indispensável uma força divina preponderante para ligar de modo integral os espíritos humanos com a matéria grosseira. A atividade cerebral tinha de ser estimulada para que o raciocínio, como instrumento de matéria grosseira do espírito, viesse a se movimentar e entrar em atividade. Os espíritos humanos precisavam ser apoiados e auxiliados em seu desenvolvimento. Auxiliados... pela irradiação divina do arcanjo Lúcifer, que corporificava o amor auxiliador...

Lúcifer, porém, começou a desenvolver uma vontade própria, desviando-se cada vez mais dos princípios da Luz. Como arcanjo divino ele não tinha um livre-arbítrio e vibrava então, assim como todos os anjos, incondicionalmente na vontade e no amor de Deus!

A capacidade de livre decisão somente lhe foi outorgada quando estava descendo a caminho de sua missão nos mundos espirituais do Paraíso... Ele, porém, abusou dessa capacidade, como também abusou da força do Criador ao seguir falsos caminhos... Atuou em oposição aos princípios do amor auxiliador... Consequentemente, tornou-se mais denso, mais pesado e caiu...

Seu reino sombrio encontra-se fora dos mundos humanos. Nunca entrou em contato direto com um espírito humano, pois de acordo com sua espécie isso nem teria sido possível... Somente sua vontade, na qual vibrava também força divina, era suficiente para fazer atuar um grupo de espíritos de acordo com o seu querer... Ele servia-se deles, tinha de utilizar-se deles, se quisesse levar seus princípios sem amor ao encontro dos seres humanos.

Para evitar possíveis erros, considere-se que também esses espíritos, seus primeiros servos ativos, jamais viram Lúcifer. Não, nunca o tinham visto, e conforme sua espécie espiritual jamais poderiam aproximar-se dele. Mas a onda hostil ao amor que emanava dele encontrou ressonância em seus corações, à medida que Lúcifer descia de degrau em degrau dos mundos do Paraíso. Tornaram-se seus instrumentos obedientes e nutriam-se da força emanada dele, o seu amo Lúcifer... Eles alimentavam-se e praticavam o mal com essa força, que era a própria força de Deus...

Lúcifer tinha de se servir de espíritos caídos para se aproximar dos seres humanos!... As criaturas humanas, contudo, teriam sido sempre muito mais fortes que esses espíritos, em qualquer tempo, se não se tivessem deixado atrair conscientemente para atividades más e afastadas da Luz. Deixar-se atrair conscientemente!

A humanidade poderia possuir hoje conhecimentos sobre muitos acontecimentos espirituais que ocorreram na trajetória de seu longo, longo período de desenvolvimento. No entanto, não possuem nenhum saber. São tolos, vaidosos e irreparavelmente atados à matéria. Nem podem mesmo ter nenhum conhecimento, pois o ser humano terreno se considera o centro do Universo e considera a pequenina Terra, onde atualmente vive, como se fosse o centro de todo o existir!

Nunca poderá conceber como é gigantesca e maravilhosa, acima de toda a compreensão humana, a colossal construção da Criação. O ser humano é, pois, apenas uma pequena parte das múltiplas espécies da Criação, vivendo e atuando na irradiação do amor divino.

Somente um ser humano preso ao espaço, ao tempo e à matéria pode supor que a Terra e as criaturas humanas que nela vivem constituam o centro do Universo! Existem bilhões de sistemas solares somente no nosso Universo material visível, e dentro destes sistemas solares existem milhões de planetas habitados por seres humanos!

Nunca Lúcifer teria alcançado poder sobre as criaturas humanas, se elas próprias não quisessem subjugar-se a esse poder. Nunca elas teriam sido dominadas por espíritos caídos, se elas mesmas voluntariamente não quisessem submeter-se a esse domínio.

Lúcifer! O mistério Lúcifer! Leitores que se interessam por esse assunto deveriam, sem falta, ler a dissertação *O mistério Lúcifer*, em "Na Luz da Verdade", Mensagem do Graal, de Abdruschin, vol. 2. Que assim lhes chegue o reconhecimento e disso a libertação!...

CAPÍTULO XI

O QUE É A VERDADE?

A Verdade está junto de Deus e provém de Deus! Ela é uma Luz proveniente das esferas luminosas, da vontade de Deus!

A Luz da Verdade constitui a base de todas as leis da Criação, determinando o ritmo de vida de tudo o que existe. Verdade é a Luz mais pura! Nessa pura Luz se refletem a justiça e o amor que se manifestam nas infalíveis leis do destino e do Universo.

A Verdade é a Luz viva proveniente da vontade de Deus! Ela brilha para os espíritos humanos que se esforçam por reconhecimentos superiores, procurando saber a finalidade de suas vidas. É a Luz que impulsiona, incentivando os espíritos humanos, ainda vivos, a procurar... a procurar pelas conexões ocultas de todos os acontecimentos...

O legítimo perscrutador da Verdade procura por reconhecimento! Pelo reconhecimento das maravilhosas leis do Universo, construtoras e conservadoras, com as quais o seu destino está também estreitamente ligado.

Iluminação pela Luz da Verdade! Reconhecimento e saber! Paz e harmonia! Forças positivas fluem sobre o espírito humano...

A Luz, que deixa visível a Verdade de tudo quanto é criado, é um fluxo básico que outrora também iluminou brilhantemente o mundo grosso-material dos seres humanos, em tempos há muito esquecidos...

Não havia um entre eles que não tivesse reconhecido a lei da Criação:

"O que o ser humano semeia, colherá."

Estavam tão ligados à natureza, que relacionavam os efeitos de um fenômeno natural a suas próprias vidas. Inconsciente e intuitivamente reconheciam muitos acontecimentos que estavam ligados às suas vidas terrenas.

Também o nascimento e a morte, outrora, não eram ainda fenômenos enigmáticos. Cada um sabia, individualmente, que apenas o seu corpo carnal morria, e que o corpo mais fino, que habitara o corpo carnal, continuaria a viver num mundo menos denso. Até que retornasse à Terra...

A Luz da Verdade brilhava nas esferas supremas e na densa matéria grosseira. Não havia um procurar pela Verdade. A própria palavra "verdade" era desconhecida. De tempos em tempos os seres humanos recebiam, exatamente de acordo com o grau de seu desenvolvimento, reconhecimentos superiores, os quais aceitavam confiantemente. A Luz da Verdade nunca lhes ficou escondida. Ela iluminou o caminho de suas vidas durante longos tempos.

Essa Luz traspassava também as palavras humanas, como um fluido mágico. As palavras humanas, ainda naqueles tempos, eram "mensageiras", retransmitindo pureza e força. E de modo correspondente eram as mensagens que retransmitiam.

A Luz da Verdade é o fluxo básico de todas as leis da Criação! Lei da Criação ou lei da natureza é a mesma coisa.

O reconhecimento da Verdade equivale ao reconhecimento das conexões dos fenômenos da Criação, é o único milagre que ainda poderá salvar muitas criaturas humanas... poderá salvar... Saber a verdade de todas as coisas é hoje decisivo para o destino.

A Verdade é uma Luz na Criação! Essa Luz nunca poderia ser turvada! Quando a mentira veio ao mundo, essa Luz foi "velada, encoberta", e isto pelo "falso brilho" da mentira, que se alastrou no mundo humano... Um "mundo fictício" é o que o ser humano criou para si. Ofuscado pela sua própria grandeza. Esse mundo se tornou denso, quase que impenetravelmente denso.

A mentira é hostil a tudo quanto é luminoso! Desgraças, sofrimentos e pavores fluem sobre os seres humanos... Demônios e fúrias oprimem as criaturas que vivem no brilho falso da mentira...

As palavras humanas tornaram-se mensageiras da mentira! Difundem a decadência humana e o caos... Atuam de modo hostil e destruidor sobre a existência humana... A cada promessa traída e a cada palavra não cumprida seguem os demônios da desintegração...

A mentira é uma correnteza de veneno, que hoje tudo inunda. Todas as concentrações de pensamentos estão impregnadas de germes desse veneno... Nada ficou livre disso.

A mentira, a grande mentira da humanidade é a arma dos renegados espíritos luciferianos... As consequências da mentira são: crença falsa, idolatria, desgraça e morte espiritual...

A pura Luz da Verdade leva ao reconhecimento da atuação da vontade de Deus na Criação, ao verdadeiro saber e poder espiritual!... Dessa Luz fluem força, fidelidade, felicidade e paz para os seres humanos, tanto na Terra como no céu...

Ver e reconhecer a Luz da Verdade é hoje difícil para os seres humanos presos a seus erros. A mentira domina na Terra há um tempo demasiadamente longo. O pavor da Verdade das criaturas humanas atadas à matéria é compreensível. Pois a Verdade é considerada como nebulosa, misteriosa... algo sem definição certa, mortífera até. Apenas poucas entre elas poderão ainda intuir que a Verdade é a única Luz que poderá reconduzi-las para fora da escuridão...

Existem hoje muitos que buscam a Verdade. Pois não é mais possível esconder que os alicerces da existência humana começam a oscilar, e que uma saída tem de ser encontrada... Ao mesmo tempo surgem falsos profetas, como cogumelos do solo, atraindo muitos pesquisadores da Verdade e segurando-os nos seus labirintos de erros...

O legítimo pesquisador da Verdade encontrará também a "Cruz da Verdade"! Essa Cruz se compõe de duas barras iguais, que simbolizam duas correntes básicas, circundadas por um anel. A barra vertical representa o princípio positivo, masculino, e a barra horizontal o princípio negativo, feminino. Ambas constituem um todo em sua atuação dentro do círculo da Criação... Em ambas correntes básicas pulsam o princípio masculino e o feminino, despertando para a vida no eterno circular da Criação, desenvolvendo-se e amadurecendo até a perfeição...

A Cruz da Verdade! A Cruz isósceles também pode ser denominada a "Cruz da vida", pois simboliza a atuação da força viva na Criação, pela qual têm surgido todas as formas de vida. Quer se trate de seres humanos, de enteais, animais ou plantas. Todas as manifestações da vida promanam da Cruz, das correntes básicas positivas e negativas.

Nas preleções deste livro aparecem frequentemente as palavras: Criação ou construção da Criação e fenômenos da Criação... Com estas expressões nunca se subentenda a pequena Terra ou os sistemas solares da matéria grosseira... Trata-se aqui sempre do "desenvolvimento da Criação" como um todo, que se iniciou em tempos e alturas inimagináveis. A Terra e toda a matéria grosseira, com seus bilhões de sistemas solares, são as últimas derivações disso...

Para finalizar:

Procurai a "Luz da Verdade". Procurai a "Cruz da Verdade"!... Com a Verdade no coração cada um poderá dirigir o seu destino e não precisará temer os obstáculos.

CAPÍTULO XII

A CONQUISTA DA LUA*

Viagens à Lua estão se tornando questão de prestígio. Qual das grandes potências a conquistará primeiro, e quem pisará primeiro no satélite da Terra? Parece que muitas pessoas estão se tornando "lunáticas" no mais verdadeiro sentido da palavra!

A indústria espacial na América do Norte alcançou proporções gigantescas. Dia a dia sobem as ações dessa indústria. Todos os planos estão prontos para a "colonização" da Lua. Modelos lunares de usinas de energia, habitações lunares, veículos apropriados para a Lua, voadores e saltantes, podem ser vistos e admirados já hoje. Roupas e equipamentos lunares são fabricados por diversas firmas a título de experiência. Também a astrobotânica já se acha em intensa atividade! Em grandes instalações, num solo próprio e sob um sistema especial de irradiações, são cultivadas e testadas algas, cogumelos, verduras, etc. Parece que a alimentação "lunar" dá ainda aos astrobotânicos muita dor de cabeça...

Simultaneamente se têm constituído sociedades para a "exploração das riquezas lunares". Esperam encontrar, além de diamantes e urânio, riquezas ainda desconhecidas, extraí-las e mandá-las para a Terra pelo "Correio Lunar". Agentes imobiliários venderam até agora, somente nos Estados Unidos da América, mais de dez mil terrenos na Lua. O número de pretendentes "lunáticos" aumenta diariamente.

A Fundação Rockefeller colocou dinheiro à disposição para que os jurisconsultos pudessem estudar os problemas jurídicos que

---

* Este capítulo foi escrito alguns anos antes da conquista da Lua. A autora já afirmava naquela época que uma permanência prolongada do ser humano sobre a Lua seria impossível.

surgirão com a ocupação da Lua. Ao mesmo tempo os jurisconsultos devem verificar a partir de que altitude pode ser dividido o espaço celeste.

Aí surgem os problemas políticos, pois alguns generais são de opinião que aquele que dominar a Lua dominará também a Terra. Já estão cogitando uma base lunar. "Foguetes com ogivas nucleares seria o 'certo', pois poderiam manter sob controle, se não todo o universo, pelo menos as potências inimigas da Terra! Ainda outra vantagem deve proporcionar o incauto satélite terrestre. Com uma base na Lua poder-se-ia conquistar, naturalmente sem foguetes portadores de ogivas nucleares, outros planetas e eventualmente 'presentear' os seus habitantes com armas e outras aquisições humanas."

A corrida pela conquista da Lua é tanto mais estranha, uma vez que se tem obtido através dos grandes telescópios e inúmeras fotografias uma imagem mais ou menos nítida da superfície de lá. Os astrônomos constataram que não há ar nem água. Calcularam também, corretamente, que existem enormes diferenças de temperaturas na superfície lunar.

Os melhores entre os astrônomos advertiram e advertem sobre as descidas na Lua e coisas similares. Consideram loucura quererem construir ali bases para foguetes... Contudo, existem muitos outros astrônomos e "entendidos espaciais" esperando milagres da Lua. Sim, em suas imaginações utópicas chegam a ponto de pensar que no caso de uma guerra atômica na Terra, uma parte dos seres humanos poderá refugiar-se na Lua, preservando-se assim o gênero humano de um extermínio.

Agora a pergunta: será possível, aliás, que uma nave espacial possa lá descer? Uma alunissagem é possível, visto que a Lua está prestes a desintegrar-se, isto é, a dissolver-se, não sendo por isso mais envolvida pela camada protetora de ar ou da atmosfera. A Lua já é um astro morto.

É diferente nos planetas ainda "vivos". A densa camada de ar que os envolve torna, de início, quase impossível qualquer aproximação à superfície. Já na camada mais exterior do cinto magnético da atmosfera, iniciar-se-iam fenômenos de desintegração dos materiais empregados em cada corpo voador, devido à diferença entre a densidade molecular dos elementos e as demais condições de existência, o que levará o corpo voador respectivamente à deformação ou à total desintegração e destruição.

Isto se refere apenas ao equipamento e à aparelhagem puramente técnico-material, pois o próprio corpo humano proveniente da Terra nunca poderia sobreviver a uma descida em outro corpo sideral; advém ainda que as condições de vida reinantes em outros planetas são demasiadamente diversas. Já a viagem de muitos meses numa nave espacial nenhum ser humano suportaria, visto que o corpo material, principalmente sua estrutura óssea, não pode sobreviver à ausência da gravidade durante um tempo tão prolongado e às demais influências nocivas de uma tão longa viagem espacial. Certamente haverá entendidos espaciais pressentindo ou até sabendo de tal fato, contudo não querem admiti-lo, na esperança de ainda poderem iludir ou subjugar de algum modo as leis da natureza.

Sim, a Lua se encontra na última fase de desintegração. Tudo na matéria tem a sua predeterminada duração de vida. Cada pedra, cada árvore e igualmente cada corpo celeste. Cada um desses corpos celestes, no momento em que estiver aproximando-se a hora de sua desintegração, dissolve-se lentamente em seus próprios componentes originais. Entretanto, nada se perde. A fina poeira cósmica que resta, invisível ao olho humano, é absorvida pelo circuito da natureza, eternamente em movimento, e utilizada para a formação de novos astros. As leis de Deus na Criação atuam de modo infalível, anunciando ininterruptamente Sua onipotência e grandeza!

Noite de luar! A Lua com sua mágica luz! Luz da Lua! Luar!... Envolto em lendas, venerado por todos os povos foi até agora esse tão misterioso luar. E com razão! Pois também esse planeta morto era outrora de uma admirável beleza. Havia ali inúmeras espécies de palmeiras, florestas de samambaias, campinas cobertas de flores, arbustos e muitas e muitas fontes naturais, que a tudo levavam sua umidade vivificadora.

Contudo, na Lua nunca viveram espíritos humanos! Apenas criaturas enteais viviam e atuavam naquele mundo maravilhoso.

E hoje? Há muitos e muitos milênios soou a hora anunciando o fim do que hoje conhecemos por Lua. Um longo tempo na conceituação humana.

A desintegração começou primeiramente no núcleo incandescente e líquido. Enormes movimentos sísmicos fizeram estremecer todo o planeta lunar; abriram-se crateras, fendas e abismos, e toda a superfície foi coberta de lavas e cinzas. Com a desintegração do núcleo líquido, os campos magnéticos deixaram de existir e, pouco a pouco, foi desaparecendo a protetora camada de ar; foi-se tornando cada vez mais tênue, até que por fim deixou de existir.

Desde então, a irradiação solar carregada de prótons e núcleos atômicos atinge a superfície lunar sem nenhum impedimento. A mesma irradiação solar atinge também a Terra penetrando profundamente no núcleo terrestre. A protetora atmosfera terrestre, contudo, difunde e distribui as radiações que de outro modo atuariam mortiferamente, transformando-as de modo a se tornarem fontes de energia.

No prosseguimento da desintegração formaram-se no interior da Lua enormes espaços vazios que, pouco a pouco, se encheram de gases incandescentes, desenvolvendo tal pressão, que levantavam massas rochosas, formando montanhas gigantescas ou empurrando aglomerações de entulho e pedra a quilômetros de distância.

E assim, lentamente, a superfície se modificou. Constituíram-se longas muralhas de pedra que se lascaram formando sulcos profundos, e aglomerou-se uma massa seca de cor pardo-acinzentado com cheiro penetrante... Contudo, um longo, longo tempo se passou até chegar a esse estado. Poeiras, cinzas e pedras porosas rolam ininterruptamente das montanhas: toda a matéria se acha em constante movimento desmoronador.

Também o ritmo do tempo na Lua é diferente do da Terra. Acertadamente os astrônomos já constataram que um dia na Lua são como quatorze dias terrestres. Da mesma forma acontece com as noites; elas são tão longas quanto quatorze noites na Terra. Podemos intercalar aqui também que, outrora, os dias e as noites da Terra eram muito mais longos do que hoje. Isso foi antes da, ainda hoje misteriosa, era glacial...

A temperatura diurna da Lua sobe para +200°C e mais ainda, ao passo que à noite ela desce para -100°C. Calor causticante e frio enrijecedor alternam-se constantemente.

Advém ainda que extensas regiões lunares são traspassadas por radioatividade. E, constantemente, caem também na superfície meteoritos, formando crateras gigantescas. Além disso, a Lua está exposta a muitas outras irradiações, que vêm de outras regiões cósmicas e que contribuem e aceleram a desintegração da matéria.

Não, na Lua não existe mais condição de vida. Os cientistas e entendidos espaciais, que se ocupam com o aproveitamento da Lua, sabem que o ser humano terreno não pode viver ali um único segundo sequer sem um equipamento especial de proteção. Por esse motivo são construídas as mais complicadas instalações lunares para suprir os eventuais habitantes de ar, de água, etc. Por que todo esse aparato? Para procurar tesouros?

As criaturas humanas apenas malbaratam, com tais projetos, o seu precioso tempo na Terra e a força que lhes é outorgada pelo Criador; esbanjam somas enormes de dinheiro, que poderiam ser aplicadas na Terra de modo útil e benfazejo.

Não, nada mais vive na Lua. Um astrônomo russo do observatório da Crimeia, em 1958, fazendo observações da superfície lunar com um telescópio de espelho e um espectrógrafo, viu numa das crateras do mapa lunar, na cratera "Alphonse", acender-se um vislumbre vermelho e considerou como uma erupção vulcânica. A suposição dele não era correta e foi também posta em dúvida por outros astrônomos. Na Lua não existem mais vulcões em atividade. O que o astrônomo viu foi o breve flamejar de concentrações de gases, que antigamente era provocado constantemente pelo impacto de certas radiações cósmicas e que hoje acontece bem raras vezes.

O que impulsiona, pois, os seres humanos a malbaratar sua vida com tais projetos utópicos? O que esperam dessa conquista da Lua? Será que querem fugir do seu destino? Toda essa "mania lunar" parece na realidade uma fuga!

Parcialmente, a vontade de explorar outros planetas esconde o anseio de espíritos humanos enclausurados, que ressoa apenas como um fraco eco no raciocínio, encontrando sua manifestação na técnica presa à matéria.

Muitas pessoas que se ocupam hoje com a astronomia poderiam ter entrado facilmente em contato com os habitantes de outros planetas. Com planetas vivos. Poderiam ser hoje tão avançados como os seus antepassados de tempos idos. Os cientistas de hoje seriam tão evoluídos como os sábios de povos antigos: egípcios, assírios, incas, caldeus, sumerianos, chineses e outros ainda hoje desconhecidos; povos que adquiriram conhecimentos astronômicos sem os instrumentos técnicos atualmente disponíveis, formando a base dessa ciência até os dias de hoje.

Sem meios técnicos! Continua o enigma para os perscrutadores dos astros; como chegaram esses povos a tal exato saber matemático sobre os fenômenos no cosmo?

O enigma é fácil de resolver. Esses antigos "sábios" de outrora ainda tinham os espíritos livres e aptos a receber! O conhecimento intelectual ainda não formava uma barreira tão densa como é hoje o caso. Muitas vezes esses cientistas de outrora se desprendiam conscientemente de seus corpos terrenos, a fim de que, fora da matéria mais pesada, pudessem adquirir conhecimentos sobre o Universo, guiados e ensinados por grandes entes da natureza. Esses sábios exerceram sempre grande influência e poder sobre os reis e os povos de outrora. Pois mediante a ligação com os entes da natureza podiam sempre predizer qualquer acontecimento maior da natureza com absoluta exatidão, de modo que ninguém que ouvisse a profecia precisasse sofrer danos. Também seus conhecimentos de botânica superavam amplamente todo o saber dos botânicos modernos.

O ser humano vive agora a época em que todo o seu pensar e todos os seus esforços deveriam ser empenhados em prol de algo mais elevado. É a época das últimas e grandes revelações espirituais na Terra.

O almejar inconsciente dos homens de raciocínio de hoje vai apenas até os astros grosso-materiais. Não passa além da matéria. Todos os astros que podem ser vistos através de telescópios ou demais meios técnicos pertencem à matéria pesada.

Ao ser humano de carne e osso nunca será possível chegar a outros astros que ainda não estejam em processo de desintegração. Somente em voo espiritual poderia uma pessoa que se ocupa com a astronomia, falando simbolicamente, alcançar as estrelas. Mesmo a camada mais densa da atmosfera não constituiria impedimento nenhum. Poderia então, conscientemente, entrar em contato com os habitantes de outros corpos siderais e simultaneamente conseguir conhecimentos sem lacunas sobre os fenômenos do cosmo.

Milhões de planetas são habitados. Mas, por seres humanos como nós. A raça humana modelada segundo a imagem de Deus apresenta-se de modo idêntico por toda a parte. As figuras que algumas pessoas dizem ter visto descer de discos voadores são apenas formas oriundas de uma fantasia mórbida ou mentiras, para se colocarem em evidência.

Todas as obras técnicas, por maiores que sejam, permanecem sempre atadas à matéria, pois são obras da atividade do raciocínio. Os meios auxiliares, tanto espirituais como anímicos, que estiveram à disposição dos seres humanos terrenos estão hoje atrofiados, porque não foram utilizados. Com a força auxiliar fluindo de cima, a criatura humana de hoje poderia ter feito obras que superariam toda a capacidade técnica.

Espiritualmente ignorante e vazio, no meio de suas conquistas técnicas, se encontra hoje o ser humano diante de seu Criador.

Nenhum avião a jato poderá levar as criaturas humanas, atormentadas pela aflição, insegurança e medo, para aquela altura onde não mais poderiam ser alcançadas pelas irradiações do Juízo.

CAPÍTULO XIII

ÁTOMOS

Átomos são as minúsculas partículas de construção do grande Universo! Cada átomo é, por sua vez, um minúsculo cosmo em si, que em sua perfeição reflete toda a magnífica estrutura da Criação material, e que por toda a eternidade proclama a magnificência e o poder de Deus! Os átomos encerram o segredo, tão ansiosamente procurado, da formação da matéria.

A chave para o descobrimento dos átomos, alguns seres humanos para isso preparados obtiveram em mãos, quando o relógio do Universo deu para isso o sinal. Isso ocorreu no momento em que a humanidade devia ter alcançado o grau de madureza espiritual.

Com o descobrimento da energia atômica foi alcançado um ponto máximo de saber humano na matéria, que não mais pode ser superado. O acesso às colossais e inesgotáveis fontes de energia atômica teria sido, no verdadeiro sentido da palavra, um presente régio, que após o término do longo tempo de desenvolvimento estaria à disposição da humanidade! Sim, um presente régio! Pois a energia atômica, aplicada no sentido desejado por Deus, tornaria em certo sentido a humanidade, já hoje, senhora da matéria! A colossal energia em mãos de seres humanos espiritualmente elevados seria um fator de poderio com alcance nunca imaginado. Pois as obras surgidas disso seriam também um humilde louvor ao onipotente Criador!

Nas mãos de criaturas humanas espiritualmente elevadas, as múltiplas possibilidades de aplicação da energia atômica permitiriam realizar obras quase milagrosas para o bem-estar e alegria de todos...

A energia atômica, a poderosa dádiva do céu, fora descoberta. Descoberta por uma humanidade espiritualmente restrita ou retrógrada! Por esse motivo, não era de se admirar que a extraordinária fonte de energia fosse aplicada para a fabricação de armas destruidoras. A bomba atômica é a concretização de todas as propriedades humanas negativas, tais como desconfiança, inveja, sede de poder, medo, inimizade e assim por diante. Ela é, portanto, o produto de uma humanidade excluída de todos os bons espíritos luminosos!

O cogumelo atômico que se formou após o primeiro lançamento da bomba sobre o Japão destacou-se do céu como uma cabeça de medusa da atualidade. Um ameaçador e assustador espectro do horror, e o símbolo de uma humanidade que cambaleia já há muitos e muitos milênios à beira de um abismo insondável.

A horrenda e ameaçadora cabeça de medusa continua a viver! Sim, ela se condensa dia a dia cada vez mais! Também as configurações de medo que oprimem os seres humanos aumentam em substância e açulam as atormentadas almas humanas através de seus dias e de suas noites. O medo é justificado, pois mais de cinquenta mil bombas atômicas estão preparadas na Terra.

Quem ler estas linhas ficará indignado e pensará que a humanidade, como tal, nada tem a ver com a fabricação da arma mortífera. No máximo, os cientistas que participam da fabricação das armas atômicas poderiam ser responsabilizados e, naturalmente, também todos os integrantes dos governos bem como os militares que já as utilizaram e continuarão a fazê-lo.

Os que assim pensam, estão enganados. Pois todos são culpados! Nunca um tal instrumento homicida teria sido construído, se toda a humanidade não tivesse contribuído para isso devido ao seu afastamento da Luz e da Verdade.

Aos cientistas nucleares toca a menor ou nenhuma parte da culpa, pois eles são apenas os instrumentos intermediários que colocaram a serviço dos seres humanos essa poderosa força da natureza.

Tudo foi dado à humanidade. Assim também a chave para essa inesgotável fonte de energia. Riquíssimas bênçãos poderia ela ter colhido, se não se tivesse colocado sempre e sempre de novo contra a vontade de Deus. Assim, também a energia atômica contribuirá para a purificação no Juízo.

CAPÍTULO XIV

O SOL MORRE

A estrutura física do nosso Sol chegou ao seu ponto crítico!...
Os astrônomos e astrofísicos chegaram há muito ao reconhecimento de que no Universo, apesar das inimagináveis dimensões, nada é infinito e nada é ilimitado. O espaço do Universo se expande, sim, visto que continuamente nova matéria, isto é, novos corpos celestes se formam, não obstante sempre persistir um limite.

Também a duração de vida de cada estrela é limitada. Onde houve um início também terá de haver um fim, de acordo com a lei. Dentro da matéria nada é eterno!

Cada um dos bilhões de sóis e cada um dos planetas chega a um ponto, para ele previsto, onde se inicia seu estado final. Nosso Sol, pois, chegou a esse ponto final!

Os astrofísicos calculam que o Sol tenha quatro bilhões de anos; um longo período no conceito humano...

É chegado, portanto, agora, o ponto de transição, não somente para os seres humanos, mas também para o Sol e a Terra...

O fato de a humanidade achar-se em um ponto de transição, não mais pode ser ocultado. Em um ponto de transição com consequências catastróficas... Não obstante todo o progresso técnico, o ser humano vagueia num mar de horrores, envolto por formas de medo...

E o Sol? Nosso maravilhoso e tão querido Sol morre! As manchas solares, desde anos, sinalizam a notícia para o cosmo de que as condições na gigantesca estrela solar se alteram.

O Sol é uma "estrela fixa", constituída de gases incandescentes, de tamanho inimaginável. Milhares e milhares de planetas como a Terra seriam necessários para preencher seu volume.

As manchas escuras que aparecem no Sol são designadas pelos perscrutadores dos astros de "fenômenos misteriosos".

Poderiam observar desde já que as manchas solares constituem funis gigantescos no meio dos campos de energia magnética. Esses funis são preenchidos por elementos agitados e em turbilhão, lançados depois para cima como gases incandescentes a uma altura de muitos milhares de quilômetros. Foram observadas erupções solares que possuem o poder de "um bilhão de bombas de hidrogênio". O físico e detentor do prêmio Nobel, H. A. Bethe, diz com razão que o Sol é na realidade uma gigantesca bomba de hidrogênio... sendo esta, aliás, muito bem regulada...

No que se refere à assustadora e imensa perda de energia, os astrofísicos creem ter achado a solução do enigma. Existem cálculos de que no interior do corpo solar e das estrelas fixas em geral transforma-se continuamente hidrogênio em hélio, dispondo o Sol, por conseguinte, de fantásticas reservas de energia.

Com isso, no entanto, ainda está longe o esclarecimento "do fenômeno misterioso" das erupções solares... A expressão "fenômeno misterioso" ainda hoje é usada nos círculos científicos...

Os astrônomos poderiam aprender muito por meio dos novos e grandes telescópios. Já se "supõe" que deva haver, em alguma parte do Universo, "uma direção central do movimento orbital de todos os corpos siderais"... Com tal "suposição ou conjectura" se aproximam deveras da verdade. Poderiam hoje saber muito e muito mais, se não rejeitassem sempre sua intuição, por não poderem analisá-la cientificamente... O conhecimento do raciocínio, sozinho, sempre permanecerá estreitamente delimitado...

Entre os astrofísicos e outros perscrutadores de astros, há também alguns poucos nos quais o raciocínio não atua de modo estorvante... São esses que, com temor no coração, observam as gigantescas erupções no Sol, pois sabem que este já é muito velho e que há muito já ultrapassou seu ponto máximo...

Estrela Fixa

Um esclarecimento ainda sobre a denominação "estrela fixa". Os sóis são chamados estrelas fixas visto que seus próprios movimentos, muitas vezes extensos, são difíceis de se observar... Fixo, portanto sem movimento, nada existe na Criação...

Os efeitos das erupções solares alcançam longe, pois as correntes carregadas de eletricidade e de elevada atividade, liberadas nas erupções, irradiam para o espaço sideral, tocando aí também os campos magnéticos da Terra. Com isso causam tufões, tornados, chuvas excessivas ou grande estiagem... Além disso, observou-se que por ocasião de erupções solares intensas os assassínios e suicídios aumentam consideravelmente.

Em muitos casos os seres humanos tornam-se mais nervosos, mais irritadiços e mais adversos ao trabalho. Onde já existir alguma fraqueza com referência aos brônquios e à garganta também poderão eles ser atacados... Essas são naturalmente algumas indicações, pois as explosões solares têm ainda muitos outros efeitos que não são perceptíveis facilmente...

As erupções solares anunciam que nosso maravilhoso corpo celeste diurno atingiu seu estado final! As alterações físicas em seu interior indicam uma transformação radical... Aliás, uma transformação durante a qual finalmente o gigantesco Sol será tão comprimido, que apenas restará dele uma estrela não maior do que a nossa Terra... Uma estrela densamente concentrada, possuindo apenas pouca força de luminosidade...

Na astronomia os sóis quando apagados são denominados "anãs brancas"!...

O Novo Sol

Um sol que fornece luz e calor para toda uma família de planetas não pode assim sem mais nem menos explodir, sem que um outro sol mais forte já esteja nas proximidades! Atos arbitrários não existem na Criação! Também o apagar ou o desintegrar de um corpo sideral pode somente se realizar de acordo com um plano de tempo predeterminado na lei da natureza.

Com a expressão "proximidade", usada aqui em relação aos astros, entende-se sempre uma "proximidade astronômica"... Nenhuma estrela está próxima da outra. Com seus gigantescos telescópios, os astrônomos denominam o espaço sideral de "deserto vazio", visto as distâncias entre os astros serem enormes. Observado da Terra tudo parece completamente diferente. A "Via-Láctea" parece uma aglomeração de estrelas situadas todas "próximas" umas das outras. Contudo, tal aparência ilude. As distâncias entre elas contam-se em anos-luz.

Na bem organizada "direção central dos movimentos orbitais dos corpos celestes" ocorrem "raros fenômenos naturais", em intervalos de milhões de anos!... Um tal fenômeno da natureza ocorrerá agora no século do Juízo! Dois sóis encontrar-se-ão. Melhor dito, já se encontraram!

Enquanto a esfera de gás incandescente do nosso velho Sol se apaga sob indescritíveis erupções, o novo e maior sol já se movimenta para sua nova localização, para então, quando chegar o momento, manter toda a família de planetas conforme a lei de gravitação...

O processo acima descrito não pôde ainda ser observado por meio de telescópios, consequentemente os astrônomos nem cogitam tal possibilidade... Cogitam, sim, de uma catástrofe solar e da Terra, mas não na atualidade. Dizem que um sol com a idade de quatro bilhões de anos e possuidor de tantas "reservas fantásticas de energia" ainda continuará vivo...

Por outro lado existem alguns astrônomos que, baseando-se em métodos especiais de pesquisas e cálculos, falam há anos de uma intensa fonte de luz, cujas irradiações atuam sobre o nosso Sol, provocando nele as explosões. Inicialmente pensavam eles em um cometa. Tal suposição, porém, não pôde ser mantida, em vista do tamanho do nosso Sol... O diâmetro do Sol supera o da Terra por cento e nove vezes... Mesmo o maior cometa não poderia exercer influência sobre as massas gasosas incandescentes de um colossal astro solar...

Igualmente, um poderoso cometa já se acha nas "proximidades", não sendo ainda reconhecível. Sob suas irradiações e influência, a Terra inteira estremecerá e seu aspecto modificar-se-á pela última vez.

As Consequências Sobre a Terra

Os inúmeros movimentos tectônicos da crosta terrestre e os muitos outros abalos sísmicos constituem "sinais" de que também no interior do planeta Terra se processa algo fora do comum! Durante os últimos tempos foram registrados oitenta mil abalos sísmicos anualmente! A maioria não causou muitos danos, mas o fato em si, de a Terra estar tremendo praticamente sem parar, não indica nada de bom... De qualquer forma, não indica nada de bom para os seres humanos...

Há poucos dias (estamos agora em abril de 1969), os entendidos das Nações Unidas mandaram publicar pela imprensa a notícia alarmante que de agora em diante, a qualquer momento, poderá ocorrer um fenômeno sísmico no qual poderão perecer até um milhão de pessoas...

Apesar de todos os abalos e transformações, o fim da Terra ainda não chegou. Contudo, ela será lançada para fora de sua órbita no momento em que as alterações físicas processadas no interior do Sol se efetivarem e a força de atração diminuir...

Tão logo a atração do Sol diminua, a Terra automaticamente será afastada de sua "delimitação distancial crítica". Em outras palavras, será lançada para fora de sua órbita atual... Os limites de distância entre os astros estão ancorados nas leis da natureza. Qualquer desvio destes põe em perigo a estabilidade dos respectivos astros, visto seu ritmo sair do equilíbrio.

Essas "delimitações distanciais críticas" necessárias foram descobertas e calculadas primeiramente pelo matemático Roche. São denominadas por isso de "limitações de Roche"!...

Um corpo sideral que deixa os limites críticos corre o perigo de ser dilacerado!

A Terra não será dilacerada. Será atraída pelo novo sol, como que por um ímã, e conduzida para sua nova órbita... Será um raríssimo acontecimento natural, que se tornará possível no Juízo pelos efeitos conjuntos de muitos fatores. Quando se realizar tal ocorrência, a Terra estará liberta do fardo de um bilhão ou mais de seres humanos... Um bilhão de pessoas a menos... só isto bastaria para lançar nosso planeta para fora de sua órbita!...

Quando a Terra deixar sua órbita antiga, reinará escuridão aqui durante vários dias... Será noite no planeta maculado pelos seres humanos... Uma longa noite cósmica!...

Indico aqui um tópico de "Na Luz da Verdade", Mensagem do Graal, de Abdruschin, vol. 1, dissertação *O mundo*. Ali está escrito textualmente:

"A Terra está chegando agora ao ponto em que se afastará da órbita seguida até então, fenômeno este que

se fará sentir fortemente também na matéria grosseira. Então se estabelecerá cada vez mais intensamente a separação entre todos os seres humanos, separação esta que já foi preparada nos últimos tempos, pronunciando-se por enquanto apenas em 'opiniões e convicções'.

Por esta razão cada hora da existência terrena se torna mais preciosa do que nunca."

Estas palavras da Mensagem do Graal contêm uma advertência, uma exortação, mas também... uma promessa... Ditoso aquele que for digno da graça de Deus!

No tempo vindouro, o ser humano ficará à mercê das forças da natureza, às quais não estará apto a enfrentar e das quais também não poderá fugir... Somente aquelas pessoas que tenham mudado espiritualmente para melhor poderão ser protegidas dessas forças... Para tais pessoas, a graça de Deus será certa!

Existe Vida em Outros Planetas?

Certamente vivem também em outros planetas, dos bilhões de sistemas solares, criaturas humanas. Existem inúmeros planetas com as mesmas condições favoráveis em sua superfície como aqui em nossa Terra. Portanto, os que possuem condições semelhantes à nossa, são habitados!... Aliás, por seres humanos como nós. A forma humana é a mesma na Criação inteira...

As figuras fantásticas, segundo se diz, descendo de discos voadores e assustando pessoas, ou são fantasias ou mentiras... Provavelmente são pura invenção, pois tais criaturas não existem... Nem enteais desse tipo existem... Além disso, estes, de acordo com sua espécie mais fina, não poderiam ser percebidos pelos olhos humanos grosso-materiais...

Todo o Universo é habitado! Habitado por enteais de todas as espécies. Mesmo no chamado "vazio e deserto espaço do Universo" reina a maior atividade! A "misteriosa irradiação" denominada energia, que contém o material de construção de todos os corpos do Universo, traspassa, invisível ao olho humano, todo o cosmo. Onde há energia, também há vida e movimento!

As opiniões dos astrônomos sobre a existência de seres humanos em outros planetas são divididas. Aqueles cuja intuição não está bloqueada pelo raciocínio estão convictos de que existem criaturas humanas também em outros planetas. Pois seria improvável que apenas um único corpo celeste fosse habitado, entre os bilhões de sistemas solares...

Um biólogo russo e um astrônomo americano chegaram em suas pesquisas, referentes ao cosmo, ao resultado de que, entre os cento e cinquenta bilhões de astros da nossa galáxia, existem pelo menos cento e cinquenta mil planetas habitados por seres humanos, como na Terra. Há, naturalmente, também outros pesquisadores de idêntica opinião, como a dos dois aqui citados...

Nosso planeta terrestre é hoje um dos muitos habitados por criaturas humanas. Apenas há três milhões de anos isto era diferente, pois naquela época chegaram a este planeta em que vivemos os primeiros seres humanos para a encarnação.

Somente muito, muito mais tarde e sempre em intervalos exatamente predeterminados, foi que se iniciaram as encarnações de espíritos humanos também em outros planetas...

Nunca um ser humano terreno chegará a outro planeta habitado numa astronave. A distância que nos separa da Lua não é tão grande em comparação com a dos outros planetas. A conquista dos astros é uma ilusão! Mesmo a "conquista" da Lua não tem valor prático...

Os verdadeiros segredos da natureza há muito já se acham fechados para as criaturas humanas. As mais espetaculares conquistas técnicas nada poderão alterar nisso...

CAPÍTULO XV

O ENIGMA DAS DOENÇAS
E DOS SOFRIMENTOS!

O capítulo das doenças e dos sofrimentos anímicos e corpóreos é tão confuso e complexo como tudo o mais que está ligado à existência humana.

Enquanto o espírito, a alma e o corpo cooperavam harmoniosamente, as doenças eram desconhecidas. Os corpos terrenos eram obras miraculosas que funcionavam perfeitamente, refletindo a perfeição do onipotente Criador.

Isto somente se modificou quando, através do falhar espiritual da humanidade, todo o ritmo da vida foi perturbado, saindo assim tudo do equilíbrio. Com esse falhar iniciou-se a desgraça… Os seres humanos abriram-se às influências de espíritos luciferianos que, igual a correntezas turvas, arrastavam tudo consigo, impregnando com os germes da mentira… e com a mentira vieram todos os outros males para o mundo!… As criaturas humanas tornaram-se culpadas por serem contra Deus, o Senhor… De início teria sido fácil para elas reconhecer e remir sua culpa… se a vaidade e a mania de grandeza não as tivessem impedido nisso…

Com o decorrer dos muitos milênios a carga de culpas – pode-se também dizer "carma" – cresceu tanto, que hoje causa aos seres humanos medo e pavor, como um pesadelo opressor! A carga de culpas compõe-se de germes hostis à Luz, que já desde tempos há muito esquecidos oprimem as almas, provocando doenças nos corpos terrenos…

Como "germes hostis à Luz", deve-se entender todos os produtos negativos da criatura humana. Seguem-se aqui alguns: "mentira, vaidade, desconfiança, inveja, ciúme, ódio, infidelidade, crueldade, vingança, calúnia, avareza, falsidade, covardia, vício, impudicícia, perversidade"... O rosário ainda não terminou com essas citações. Mas certamente bastará para tornar compreensível aos leitores que todas essas influências não embelezarão os seres humanos, nem serão favoráveis à sua saúde!...

Todos os produtos humanos negativos, aos quais também hoje pertencem as muitas "palavras" ditas e escritas para a propagação de todos os males, contêm substâncias hostis à vida e ao amor, as quais agora, no Juízo, destruirão inevitavelmente os seus autores.

Os sintomas dessas substâncias venenosas manifestam-se cada vez mais nitidamente nas almas e nos corpos. Ninguém faria uma conexão entre as criaturas feias, doentes, cegas, surdas e aleijadas que povoam hoje a Terra e, em parte ainda, o Além, e os belos e sadios seres humanos que, irradiando alegria, povoavam outrora a Terra e os mundos de matéria fina... Deu-se uma total transformação.

Em breve a Terra abrigará apenas seres humanos doentes. Principalmente os tormentosos estados de medo da alma e as depressões, com todas as suas manifestações colaterais, tornaram-se um açoite terrível para a humanidade. Com razão, a angústia está sendo denominada a doença do século. Mesmo pessoas com fé e de boa índole não ficarão livres de ideias de pavor, quando verificarem que tudo em que até então tinham acreditado está oscilando.

O triste nesses tormentosos estados anímicos de medo e nessas depressões é que não existem medicamentos que possam curar tais espécies de sofrimentos. Sofrimentos anímicos apenas podem ser curados "de dentro para fora". E isto apenas pelo próprio atingido!

Os medicamentos hoje aplicados pelos neurologistas e psiquiatras são os diversos "psicotrópicos". Podem conseguir com isso uma melhora transitória. Nada mais. O mal básico causador dos estados de medo e das depressões não poderá ser curado exclusivamente com medicamentos!

Os psicotrópicos atuam sobre o sistema nervoso central, proporcionando aos sofredores diminuição de tensões e tranquilidade...

Os estados anímicos de medo e as depressões serão apenas reprimidos pela ação desses medicamentos. Reprimidos temporariamente! Tão logo o efeito de um tratamento diminui, todos os conflitos e medos reprimidos voltam novamente à tona.

Psiquiatria

Agora algo ainda sobre "psiquiatras". Psiquiatra significa "médico da alma". Quer dizer que se trata de um médico que cura os sofrimentos anímicos...

Existem hoje legiões de tais especialistas! Contudo, exceto pouquíssimos que se esforçam sinceramente em perscrutar a verdade sobre a "psique" humana, todos usam injustamente a denominação de "médico da alma"... Injustamente, pois nada sabem da alma humana e nem de suas ligações com o espírito e o corpo terreno. Em muitos casos os "médicos da alma" duvidam até da existência da alma!

Toda a ciência que se ocupa com "a psicanálise", isto é, o conhecimento da alma, não possui uma única base sólida. Compõe-se apenas de suposições, teorias abstratas e fantasia. Na volumosa literatura existente a esse respeito manifesta-se nitidamente a ignorância nesse campo. São citados, sim, muitas vezes "Freud" e "Jung"; podem ser lidos também os mais esquisitos esclarecimentos sobre "divisões de personalidade, complexos de culpa, sexualidade e reações do subconsciente", mas em nenhuma parte se encontram indicações a respeito da alma e do espírito humano... Com o saber que os psiquiatras possuem hoje, não poderão libertar uma única pessoa sequer de seus sofrimentos anímicos!

Exatamente hoje, no Juízo, quando o falhar espiritual da humanidade se manifesta cada vez mais, causando medo e pavor aos seres humanos, um psiquiatra muito poderia ajudar. Mas, para tanto, ele teria de dispor de um conhecimento sem lacunas sobre todos os fenômenos que se relacionam com a existência humana...

Estados de medo, depressões, isto é, todos os males cuja origem é denominada de nervosa, são efeitos retroativos de existências terrenas vividas erradamente e cujas consequências se manifestam agora, no Juízo, de modo atormentador... O mesmo diz respeito às graves doenças corpóreas e a outros sofrimentos físicos...

Pois tudo hoje é efeito retroativo! Guerras, fome, miséria, extermínio em massa por catástrofes naturais e assim por diante... Por toda a parte e a cada hora o ser humano está sujeito à lei da reciprocidade! – O que semeias terás de colher!...

O Plexo Solar

Os sofrimentos anímicos aos quais pertencem os vários estados de medo, depressões, neuroses graves ou leves, de efeito tão opressor, são transmitidos para o corpo terreno grosso-material através do plexo solar. O plexo solar atua como "receptor", assimilando os reflexos do plano astral e retransmitindo-os para o cérebro.

O plexo solar é o centro nervoso mais importante do sistema nervoso "vegetativo", sendo denominado, com razão, o elo de ligação entre a alma e o corpo!

O sistema nervoso vegetativo, ao qual também pertence o nervo vago, não atua apenas como "estação receptora" assimilando impressões da matéria grosseira mediana, o mundo astral, mas também regula todos os processos vitais inconscientes do corpo terreno, os quais não podem ser influenciados pelo raciocínio terreno. Fazem parte dos denominados "processos vitais inconscientes", entre outras, as funções da atividade respiratória e digestiva, da atividade do cérebro, das glândulas e muito mais ainda...

Visto que os processos químicos e elétricos do centro nervoso vegetativo são independentes da vontade humana, supõe-se que ele trabalhe automaticamente. Isto é um erro. Sem impulso nada funciona! A força e o impulso provêm igualmente da matéria grosseira mediana, a qual está mais próxima da matéria grosseira terrena, abrangendo-a totalmente. É a força da alma que mantém a autônoma tecedura de nervos em vibração e atividade.

O plexo solar se localiza à frente da aorta e logo abaixo do diafragma. É esse também o motivo de o ser humano sentir todas as reações anímicas, sejam de que espécie forem, primeiramente na região gástrica...

Plexo solar! Os povos antigos conheciam a importante função desse grande centro da rede nervosa. E todos eles sabiam que as energias solares também eram recebidas através desse centro nervoso...

Plano Astral

Agora alguns esclarecimentos ainda sobre o plano astral ou matéria grosseira mediana. A alma de matéria fina não pode atuar diretamente sobre o corpo terreno grosso-material. O abismo seria grande demais. Ela necessita de uma ponte que constitua a ligação com o plexo solar. Essa ponte é formada pelo corpo astral, cuja constituição corresponde exatamente à matéria grosseira mediana, e com isso se acha mais próxima da Terra de matéria grosseira.

O corpo astral é traspassado pelas irradiações da alma em qualquer de suas manifestações. Sendo as manifestações de espécie escura, as impressões retransmitidas ao plexo solar, através do corpo astral, também serão de modo correspondente, e o ser humano será atormentado por toda a sorte de medos, depressões, etc.

É algo diferente quando se trata de manifestações boas e benéficas. Não se apresentarão neuroses em caso de manifestações de uma alma que não carrega consigo um carma negativo já desde milênios. Tal pessoa sempre será otimista, serena e equilibrada.

Qualidades boas, como verdadeiro amor pelo próximo, confiança, justiça, alegria, gratidão, consideração, amor pela Verdade, produzem uma vibração harmoniosa no plexo solar, atuando beneficamente sobre todo o sistema nervoso e sobre o estado geral do corpo.

Na Mensagem do Graal, "Na Luz da Verdade", de Abdruschin, vol. 3, dissertação *Fios de Luz sobre vós!*, está textualmente:

> *"Assim, pois, esse corpo astral de matéria grosseira mediana é a verdadeira porta de ingresso e saída da alma."*

O corpo astral, que atua como um invólucro mais fino do corpo terreno, se desfaz quando este morre. A alma, contudo, continua a viver. Somente através da alma, que é adaptada à matéria fina, poderá o espírito atuar nesses mundos. A alma morre e se desintegra somente quando é definitivamente abandonada pelo espírito...

Enquanto os corpos astral e terreno têm de ser formados novamente em cada encarnação, a alma continua sempre a mesma. É a mesma, contudo se apresenta de modo diferente de como era originalmente. Pois ela porta os sinais de encarnações terrenas passadas. Tanto no bom como no mau sentido!

As qualidades negativas hostis à vida, como a mentira, a desconfiança, a inveja, etc., modificam a alma de modo terrível no decorrer do tempo... Elas se transformam em bacilos venenosos – pode-se dizer também germes patogênicos – causando tumores, feridas, lesões, deformações... e assim por diante... A alma reflete dessa maneira o fardo de culpas ou carma...

No bom sentido, a alma torna-se bela, pura e sem sintomas de doenças...

Em cada nova encarnação terrena os corpos astral e terreno portarão em si exatamente os sinais cármicos da respectiva alma. Nesse fato reside a solução do enigma de uma criança nascer doente, deformada ou débil mental, ao passo que outras crianças chegam ao mundo fortes e sadias... Cada recém-nascido traz consigo o seu carma... Isto não quer dizer que crianças aparentemente fortes não tenham trazido cargas cármicas. Este fato, hoje em dia, é tão raro, que uma tal pressuposição não pode ser tomada em consideração absolutamente... Também essas crianças trazem os germes latentes em si. Pode-se também dizer "predisposição" para uma doença, condicionada carmicamente... A época, porém, em que tal doença chega a eclodir depende de muitos fatores...

A maioria dos fenômenos doentios de decadência, que estão "aderidos" à alma e ao corpo astral, manifesta-se seguramente na idade de amadurecimento. Essa é a época em que a criança adquire ligação com o mundo do espírito. Daí por diante as jovens e os jovens são inteiramente responsáveis por seus atos. É também a época em que os fardos cármicos se manifestarão. Tanto no bom como no mau sentido...

Em uma grande parte da juventude de hoje, pode-se constatar exatamente a espécie de seu estado anímico. O descontentamento, a ingratidão, a falta de alegria, a revolta contra qualquer ordem e o pendor para tudo quanto é baixo e ruim, são efeitos de almas atormentadas... Mais tarde, a essas manifestações negativas, juntar-se--ão os complexos de culpa, medos, depressões e, naturalmente, não faltarão também as complicações físicas...

O Câncer

Tudo o que o ser humano tiver trazido consigo ao nascer manifestar-se-á algum dia. Muitas vezes uma doença cármica somente se manifestará agudamente numa idade mais avançada, embora a predisposição já existisse na época do nascimento.

Tomemos como exemplo o câncer. O câncer é uma doença condicionada pelo carma, pois sua origem deve ser atribuída à atuação conjunta de substâncias contrárias à vida, que perturbaram o equilíbrio da alma. Às substâncias contrárias à vida, já mencionadas no início desta dissertação, pertencem também a crença falsa, o abuso da força sexual e a blasfêmia...

Uma pessoa que se torna cancerosa tem de trazer em si a predisposição para isso. Trazê-la dentro de sua alma. Influências somente externas não são suficientes para provocar uma tal doença. Se uma criança pequena for acometida por esse mal, então isto prova a cumplicidade dos pais. Talvez esses pais tivessem educado seus filhos, em várias vidas terrenas anteriores, tão erradamente, que eles se tornaram muito nocivos, tanto a si próprios como a outrem, causando sempre apenas sofrimentos... Mas isto é somente um exemplo para que o leitor possa fazer uma imagem. Existem, hoje, na vida humana inúmeras espécies de fios de culpa que se concretizam e formam germes de doenças...

Uma doença cármica nunca precisa efetivar-se em toda a sua tenebrosidade! A pessoa em questão apenas tem de "transformar-se interiormente" e esforçar-se para a Verdade e o reconhecimento. Tão logo reapareça nela o que tiver de bom, todos os "sintomas de um câncer em formação junto à sua alma e seu corpo astral" desaparecerão! Assim, a enfermidade física não mais recebe alimentação!... E desse modo poderá advir auxílio ao enfermo!

Numa transformação radical, muitas vezes a doença nem chega a manifestar-se, apesar de existir a predisposição para isso. Se ela já tiver irrompido, o crescimento das células cancerosas poderá ser detido mediante uma intervenção cirúrgica... Também através de medicamentos, modificação da alimentação e tratamento com água, conseguir-se-á melhoria e cura em tais casos!...

A transformação interior e "a tempo" de uma pessoa sempre será determinante de como as doenças cármicas se manifestem. Isto, aliás, diz respeito, na realidade, a todas as enfermidades! Doenças podem ser abençoadas, conduzindo ao verdadeiro reconhecimento de Deus... Quantas vezes sucede que uma pessoa somente através de um sofrimento chega a pensar sobre a vida e a morte, reconhecendo assim sua própria insignificância! Através de cada enfermidade e de cada sofrimento vibram uma exortação e uma chamada! São mensageiros do amor querendo salvar e curar!...

Existem, hoje, tantas causas anímicas originando doenças e sintomas de doenças, que é difícil estabelecer um diagnóstico correto. Por exemplo: graves preocupações, tristeza, fortes comoções, difíceis condições profissionais, desagradáveis situações em família, pessimismo, esperanças frustradas, decepções amorosas, medo, ciúmes persistentes, culpas secretas... e assim por diante. Essas causas provocam sintomas de doenças no organismo, que raramente poderão ser curadas por completo com medicamentos...

A essa espécie de doenças pertencem as úlceras de estômago, doenças da vesícula, perturbações digestivas, alguns tipos de asma, crises de bronquite, enxaqueca, também dores de cabeça que se irradiam da parte posterior da cabeça até a nuca, diversas nevralgias, perturbações cardíacas, acessos de tosse, choros histéricos convulsivos, bem como certos eczemas e pruridos cutâneos, cólicas de estômago e vômitos... e muito mais ainda...

As Fugas

Atualmente existem também muitas pessoas que se "refugiam" em uma doença. Sentem-se doentes e apresentam sintomas de enfermidades difíceis de serem diagnosticadas. Os motivos da fuga na doença são encontrados geralmente nas condições difíceis da vida cotidiana, que o ser humano não consegue superar... Foge portanto de "algo", ao invés de enfrentar esse "algo" corajosamente.

Outro motivo para tal "fuga" é encontrado numa espécie de complexo de inferioridade. A referida pessoa sente-se constantemente postergada e preterida, e somente consegue atrair para si a atenção de seu ambiente mediante uma enfermidade... Mesmo que apenas por um curto tempo!...

Muitos desses conflitos e perturbações anímicas permanecem ocultos dos seus semelhantes e até dos mais íntimos membros da família. Geralmente são consultados vários médicos e ingeridos medicamentos... "que não ajudam"...

Operações Espíritas

O próximo passo será sobre o espiritismo e os curandeiros. Muito se fala de "operações espíritas do corpo astral", nas quais não há sangramento, e que mesmo assim ajudam.

Esse tipo de operações não passa de uma ilusão! A pessoa que tenha de ser operada, não se fie nisso de modo algum, pois do contrário poderia ser tarde demais para ela!

O médico espírita, suponhamos que se trate de um homem sincero, possuindo realmente o dom de perceber os corpos astrais, verá naturalmente os muitos sintomas de doenças apresentadas pelo corpo em questão. Ele supõe que uma enfermidade física terá de desaparecer, quando se conseguir eliminá-la do corpo astral.

Essa suposição errônea deve-se deduzir somente da ignorância sobre a constituição humana.

Suponhamos que um médico espírita pudesse realmente libertar um corpo astral dos sintomas de doença. O que isso adiantaria? Nada! Pois as verdadeiras causas de enfermidades pendem, sim, na alma humana! O corpo astral, como mediador entre a alma e o corpo terreno refletirá sempre apenas a constituição anímica...

A própria alma, em sua espécie fino-material, não poderá ser percebida nem por um médico espírita nem por um médium. Igualmente não é possível atuar sobre ela...

O fator mais importante, o qual exclui de antemão a cura de uma grave enfermidade, é a justiça inabalável atuando através da lei da reciprocidade na Criação. Essa lei, atuando de modo infalível e automático, nunca permitiria que uma pessoa libertasse uma outra dos efeitos retroativos de seu carma. O mesmo diz respeito à "remição dos pecados" pela confissão.

Um médico espírita não pode, nem com a melhor boa vontade, tirar, "como que por encanto", uma doença carmicamente condicionada. Uma cura real poderá vir somente do próprio enfermo... Ele terá de dar o primeiro passo! Tão somente ele pode modificar o seu destino... mediante a transformação interior para o bem... mediante o reconhecimento de que ele próprio é culpado de tudo o que o atinge... Não deve, porém, esperar milagres; nunca será libertado de seus sofrimentos sem que faça algo em prol disso...

Tendo chegado ao autoconhecimento e reconhecido a justiça de Deus em seus sofrimentos, um ser humano encontrará a cura de qualquer forma... pois despertou espiritualmente! De agora em diante dispõe de energias e auxílios que purificam e curam a alma.

A Busca de Cura Extraterrenal

Por que tantas e tantas pessoas buscam cura junto ao espiritismo e aos curandeiros? E como acontece que depois se sentem melhor, surgindo-lhes novo ânimo de vida?

A explicação para isso é muito simples. Todos os seres humanos que buscam auxílio nos círculos espíritas e junto aos curandeiros sentem intuitivamente que a maioria de seus males tem uma causa "extraterrenal"... Dirigem-se, portanto, a pessoas que acreditam em "influências extraterrenais"!... Nas quais possam, por conseguinte, confiar...

Para onde então deveriam dirigir-se? Para os médicos? Sabem e sentem inconsciente e intuitivamente que os médicos apenas acreditam naquilo que veem! Consequentemente, não se poderia esperar nenhum auxílio deste lado. Do lado dos psiquiatras igualmente nada há para se esperar. Além disso, exclusivamente pessoas ricas podem dirigir-se a tais "especialistas"...

A melhora dos sofrimentos físicos e o novo ânimo de vida que muitas pessoas experimentam depois de frequentar círculos espíritas e curandeiros deve-se deduzir, na realidade, de sua própria disposição positiva. Essas pessoas acreditam e estão também convencidas de que serão auxiliadas... "e a fé pode, como se sabe, remover montanhas"!... Além disso, a compreensão demonstrada por elas e por suas múltiplas doenças, desperta-lhes um vislumbre de esperança, trazendo algo de Luz à sua existência...

A melhora, infelizmente, será apenas passageira. Particularmente se tratando de doenças cujas causas são de espécie anímica... Milagres não existem mais! Principalmente no século apocalíptico em que vivemos!

Nesta dissertação se fez referência até agora às causas anímicas das enfermidades humanas. E isto em razão de existirem, na realidade, apenas pouquíssimas doenças que não são oriundas da desarmoniosa constituição da alma.

Milagres

Antes de prosseguirmos devemos mencionar ainda os "milagres" que se realizam em certos lugares de peregrinação.

Caso se investigasse deveras os "milagres", depois de passado certo tempo, cada um poderia constatar que também nesses "milagres" havia-se tratado apenas de uma melhora passageira... Uma melhora provocada pela fé da pessoa em questão... A lei da reciprocidade nunca poderá ser afastada... Um aleijado jamais poderá ser libertado de sua deformidade por um "milagre"... pois a grave culpa, que acarretou uma deformidade física, terá de ser remida pela própria pessoa em questão... se ainda puder...

Muitas doenças, que o ser humano terreno atualmente sofre, são consequências do modo de viver nocivo à saúde... Uma alimentação errada, o fumo, beber, sono insuficiente, a vida sexual doentiamente aumentada e a televisão como um novo foco formador de doenças... e muito mais ainda. Todos esses maus costumes perturbam o trabalho rítmico do organismo, conduzindo, além disso, materiais venenosos ao corpo. Antes de tudo, impressionam o sistema nervoso de modo tão desagradável, que surgem efeitos de choque, colocando os seres humanos em constante inquietação nervosa e desassossego... As pessoas queixam-se então dos seus "nervos atacados", sem contudo pressentir que elas próprias influenciam o sistema nervoso de modo desfavorável...

Todo o mal, o próprio ser humano acarretou a si mesmo. Este fato nem pode ser repetido suficientemente! Devido à sua decadência espiritual, indefiníveis correntezas caóticas investiram contra o ser humano, as quais hoje o impulsionam para a autodestruição com sinistra precisão, já o tendo impulsionado muitas vezes. Quanto mais indolente se tornou o espírito humano no decorrer dos muitos milênios, tanto mais se alterou a composição sanguínea original. Matérias venenosas entraram na circulação sanguínea, minando vagarosa, porém seguramente, a saúde, e provocando de tempos em tempos horríveis doenças.

O Culto de Baal

A decadência espiritual efetivava-se no campo religioso de um modo francamente devastador. "Magia, misticismo, ilusão, corrupção imoral, excessos sexuais e doenças..." Eram esses os males rastejantes de toda uma série de "religiões", cujas sombras até hoje dificultam sobremaneira qualquer reconhecimento claro, quando não o tornam até impossível...

Quantas influências nocivas todas essas crenças enganadoras, com seus cultos de idolatria e vícios, tinham somente sobre os corpos terrenos, pode ser verificado pelos seguintes exemplos:

Quando há sete mil anos no país conhecido como "Babilônia", o luciferiano "culto de Baal" alastrava-se como uma epidemia, surgiram após curto tempo doenças, doenças até então desconhecidas, alarmando os sacerdotes e respectivos adeptos, deixando-os amedrontados e apavorados.

O culto de Baal era um culto que proclamava o amor terreno como o supremo e único amor de "agrado" a Deus. Os sacerdotes e as sacerdotisas desse culto verdadeiramente demoníaco impulsionavam os adeptos a todos os excessos imagináveis, e isto em honra à deusa do amor... Cada cerimônia de Baal nos templos terminava com indescritíveis orgias depravadas...

Os constantes excessos sexuais tornaram os seres humanos "predispostos" para a doença que então irrompeu de maneira tão assustadora. Essa doença era a tuberculose, que naquela época era sempre fatal. Durante algum tempo fora chamada de "morte branca" ou de "doença branca"... Pois um dos sacerdotes curadores, ainda ligado à Luz, observara que a aura, isto é, a coroa multicolor de irradiações que circunda cada pessoa, apresentava manchas de um branco sujo em todas as pessoas atacadas por esse mal. Tais manchas se encontravam principalmente nas tonalidades azuis da aura.

Outro sacerdote curador descobriu que essa doença desconhecida se "introduziu" nos organismos através do leite... e isto pelo leite oferecido como "elixir do amor" durante as cerimônias de Baal. Esse leite, do qual cada um recebia um pequeno cálice, era misturado com sangue humano ou animal e um tipo especial de "mel de vespas"... Tal "bebida sagrada" causava alucinações e estados de embriaguez erótica...

Quando os sacerdotes de Baal queriam vingar-se de alguém, utilizavam determinado mel de abelhas que provocava uma grave doença da pele.

Contudo, não demorou muito e ambos os curadores constataram que apenas adoeciam aquelas pessoas – e eram muitas – cuja aura apresentava aquelas manchas de um branco sujo... Os germes que provocaram aquela doença originaram-se dos impuros e eróticos pensamentos, desejos e atos nutridos durante anos, e que por fim tinham de fazer eclodir também doenças orgânicas.

A tuberculose que naquele tempo grassava entre os adeptos de Baal não se concentrava somente nos pulmões. Ela se disseminava por via sanguínea, contaminando também outros órgãos...

A "Doença Sagrada"

Entre os sacerdotes e sacerdotisas de Baal a tuberculose não se manifestava tanto. Em vez disso "introduziu-se" nos templos uma doença que causava muita dor e que estava ligada a acentuadas manifestações de medo. Os sintomas dessa enfermidade tinham certa semelhança com a epilepsia... uma vez que igualmente provocava ataques.

Os sintomas eram sempre os mesmos. Os acessos do mal começavam com a perda do tato, terríveis dores de cabeça, perturbações do equilíbrio e da visão, e dolorosos zumbidos nos ouvidos, junto com horríveis manifestações de medo. Após mais ou menos sete horas, chegava ao auge, com os doentes desmaiando, sacudidos por convulsões espasmódicas.

Terminado o desmaio, cuja duração era variada, os atingidos podiam levantar-se. As dores tinham passado. Permaneciam apenas uma grande fraqueza, o zumbido nos ouvidos e... um medo inexplicável... Quando viria o próximo ataque?...

Tendo em vista que quase exclusivamente os sacerdotes é que sofriam dessa enfermidade, os quais estavam diretamente relacionados com o referido culto e em parte também foram seus autores, deveria ser encontrada uma explicação que não somente justificasse tal sinistra e desconhecida doença, mas até lhe concedesse uma certa projeção.

As explicações não se deixaram esperar muito. Durante as cerimônias templárias, os respectivos sumo-sacerdotes informaram ao povo que se tratava de uma "doença sagrada". Por esse motivo ela surgia principalmente nos templos. E mais ainda: deram a conhecer que essa enfermidade colocaria as sacerdotisas e os sacerdotes num estado que lhes possibilitaria entrar em contato mais íntimo com o "deus Baal"...

Tais esclarecimentos bastaram plenamente para tranquilizar o povo indolente espiritualmente...

Um pouco mais tarde também os sacerdotes do Egito foram atingidos pela mesma doença. E esses sacerdotes, igualmente, difundiram a mentira de que essa doença era "sagrada". Nas tradições, mais tarde, mencionava-se um "mal sagrado", que constituíra uma prerrogativa dos sacerdotes...

Todavia, não se deve supor que todos os cultos de idolatria, bem como as falsas doutrinas religiosas, tenham provocado os mesmos sintomas de enfermidade. Isto seria errado. Os males decorrentes desses cultos hostis a Deus eram completamente diferentes...

Permaneçamos contudo com o culto dos babilônios... O que foi que provocara tal doença funesta? E de onde vieram os estados de medo que colocavam os atingidos por essa doença num francamente indigno pavor da morte?...

O "X" na Testa

Os sintomas da enfermidade, que deixavam os sacerdotes e sacerdotisas idólatras amedrontados e apavorados, eram os efeitos de uma "marca de fogo" que fora ferrada em suas testas. Tratava-se aí do signo em forma de "X" de Lúcifer!

Os sacerdotes babilônicos haviam alcançado, naquela época, depois de uma série de vidas terrenas igualmente hostis a Deus, o estado que os "marcara a fogo", irrevogavelmente, como servos de Lúcifer... Sempre ajudaram com afinco, quando se tratava da ancoragem e divulgação de doutrinas falsas, idolatrias, seitas, etc., na Terra...

O estigma se apresenta na testa das almas humanas como uma ferida que nunca se fecha. Uma ferida que é ferrada ponto por ponto com um estilete em brasa. Muitas vezes passam-se dezenas de anos nesse processo. Se os dois traços do estigma fossem marcados a fogo de uma só vez, isto é, sem interrupção, então o choque anímico oriundo desse fato provocaria imediatamente a morte terrena.

Também sem tal choque o processo causa dores e medo, pois tudo o que atinge a alma se transfere para o corpo terreno de uma ou de outra maneira.

Logo que o estilete em brasa toca a testa de uma alma humana, transmitem-se reflexos e impulsos para o plexo solar do corpo terreno, perturbando sensivelmente a ordem e o funcionamento do sistema nervoso central. Mas não só isso! Ocorre uma interrupção momentânea da oxigenação e circulação sanguínea das células cerebrais, de modo que sempre existe o perigo de uma morte terrena... Poder-se-ia também dizer que os sintomas da doença dos sacerdotes babilônicos e egípcios eram provocados por uma "hipertensão" sobre o plexo solar, através da qual surgia uma espécie de curto-circuito no cérebro...

No que se refere aos sintomas de medo, que acompanhavam sempre a enfermidade, tratava-se realmente de um "medo da morte"! Não do medo da morte terrena, mas de um medo inconsciente da morte espiritual... pois o estigma de Lúcifer é a marca da morte espiritual!

Atualmente a maioria das almas humanas porta a marca de fogo de Lúcifer em suas testas. Foram os próprios seres humanos que de modo realmente suicida trabalharam para tanto.

Outras Doenças

Outras doenças surgidas na era babilônica foram a lepra, tumores cerebrais, cegueira e uma espécie de doença óssea na qual os ossos se tornavam tão frágeis, que se quebravam como gravetos. As causas de tais doenças, naquele tempo, ainda poderiam ser encontradas facilmente. Sempre se tratava de pessoas difundindo "mentiras religiosas"... pessoas que pecavam, portanto, contra o amor de Deus e contra a natureza...

Hoje seria de todo impossível constatar os delitos iniciais que formaram os germes dos quais mais tarde então se desenvolveram as doenças e deformações... Como uma densa rede se cruzam os fios de culpa que se estendem de uma pessoa para outra e desencadeiam os efeitos retroativos, que atingem assim geralmente várias pessoas, como cúmplices, de uma só vez.

Nunca, porém, houve tantas doenças como hoje, oriundas da superficialidade, da não-observância do corpo terreno, e do modo nocivo à vida em geral... A isso pertence a alimentação errada, o fumar, o beber desmedido, o desperdício criminoso da força sexual, sono insuficiente ou sono em horas impróprias. Durante o sono noturno a alma assimila força espiritual, que durante o dia vem a favorecer o corpo terreno... Esses são apenas poucos exemplos. Todo o modo de viver é hoje tão errado, que continuamente são causadas perturbações no organismo.

O corpo terreno é um bem precioso! Negligenciá-lo ou não observá-lo são sinais infalíveis de que a pessoa que peca dessa maneira, também espiritualmente não se encontra na altura certa! Um ser humano espiritualmente elevado conservará seu corpo terreno sadio mediante um modo de viver saudável... Os melhores medicamentos nada adiantam, se o ser humano não abandonar seus costumes e pendores perniciosos...

Retardados Mentais

Agora ainda a resposta às perguntas referentes aos retardados e doentes mentais.

Os espíritos de retardados e doentes mentais incuráveis já se encontram afundados no sono letal. As almas, isto é, os invólucros dos espíritos que se encontram no sono da morte apresentam-se como que corroídos por uma terrível lepra. As cabeças são, em comparação com o restante do corpo, pequenas e ressecadas. Apenas almas retardadas e irresponsáveis apresentam tais cabeças.

O corpo astral, refletindo exatamente o estado da alma, recebe dessa mesma alma impressões tão desarmoniosas, que atuam sobre o plexo solar e o restante do sistema nervoso como choques elétricos irregulares. Em tais casos o plexo solar, de qualquer forma, funciona apenas parcialmente e de modo irregular. Da mesma espécie são também as vibrações por ele retransmitidas.

A criança em formação no corpo da mãe, que está ligada com o espírito em sono letal e sua alma destruída, através do igualmente destruído corpo astral, apresentará todos os sinais de um retardado mental...

A constituição espiritual e anímica de retardados e doentes mentais é a mesma, embora os aspectos da doença se mostrem diferentes na Terra. Doentes mentais não devem ser confundidos com possessos. Possessos podem ser curados...*

As criaturas retardadas e mentalmente doentes se encontram pela última vez na Terra. O estado de seus espíritos e almas não permite mais uma encarnação. Que ainda pudessem encarnar nesse estado deve-se a especiais ligações cármicas com pessoas que vivem na Terra, isto é, com os pais... Os pais de retardados devem estar ligados com tais criaturas por muitos fios de culpa, pois do contrário uma encarnação seria impossível.

Os retardados e doentes mentais nada sentem intuitivamente em seu estado... Mas até se chegar a tal estado houve várias vidas terrenas anteriores, nas quais tiveram de vivenciar os efeitos de suas culpas com todas as variações... Contudo, o sofrimento não os modificou. Pelo contrário! Tornaram-se ainda mais hostis a Deus, desligando-se, por fim, completamente da força vital do espírito...

E o carma de tais criaturas? Que espécie de culpa modificou os seres humanos de tal forma?

A culpa é fundamentalmente sempre a mesma. Trata-se sempre de graves delitos contra o amor de Deus e contra o Espírito Santo de Deus na Criação! Pessoas que terminam em doença mental ou retardadas foram "negadoras de Deus" em várias vidas terrenas anteriores!... Negadores de Deus conhecem apenas seu raciocínio e a matéria... e consciente ou inconscientemente são "adoradores do diabo"... Negadores de Deus desligam-se, antecipadamente, de qualquer suprimento de força espiritual... Suas almas vegetam até que seus espíritos fiquem submersos sob milhares de dores, só então se desfazendo em pó... Se, no entanto, ainda chegarem a uma encarnação terrena, elas continuarão a vegetar na Terra. A força que as mantém em movimento é apenas de uma espécie enteal, a qual, porém, não basta para uma existência humana consciente, mesmo carregada de culpas.

Os modernos negadores de Deus, hoje em dia, não pressentem de que maneira horrenda suas almas se alteram... e de que maneira o mal, qual veneno rastejante, se infiltra em seus corpos!...

---

* Indicamos aqui "Na Luz da Verdade", Mensagem do Graal, de Abdruschin, vol. 3, as dissertações: *Possesso*, e *O mistério do sangue;* onde o leitor poderá encontrar todos os esclarecimentos a esse respeito.

Não há palavras suficientes, com as quais se pudesse, ao menos aproximadamente, descrever a tragédia humana. Imagine-se apenas que cada mau pensamento e cada má vontade formam focos de doenças na alma, os quais mais cedo ou mais tarde têm de se manifestar no corpo terreno. E quantos de tais germes envenenam hoje a humanidade!...

Sacerdotes Curadores

Finalizando estas explanações, que comparadas aos fios de culpa produtores de doenças aos milhões são apenas incompletíssimas, vamos lançar um olhar no passado.

Muito antes da Era Cristã e ainda antes dos diversos cultos de idolatria se terem alastrado na Terra, havia em cada povo curadores que superavam amplamente, com seus conhecimentos, os médicos de hoje. Esses curadores, também chamados sacerdotes curadores, possuíam amplos conhecimentos de física, biologia e, na maioria dos casos, também de astronomia, bem como um conhecimento extraordinário das leis que lhes possibilitavam observar os fenômenos materiais e extramateriais, e aprender com isso.

Os sacerdotes curadores dos tempos remotos sabiam que o espírito humano possuía vários invólucros: a alma, o corpo astral e o corpo terreno, e que graças a esses invólucros o espírito podia atuar de maneira tripla... Todos os sacerdotes curadores daqueles tempos possuíam tal saber. Os gregos, ou melhor dito, o povo anterior ao grego chamava o corpo astral de "thymós" (timo) e a alma de "psyché" (psique). Somente muito mais tarde, quando a mentira se introduziu em todo o saber puro, o timo foi designado como uma "força de vida", que se dissolvia juntamente com a morte do corpo terreno... Isso estava errado, porque o timo – corpo astral – não podia ser designado como "força de vida". Todos sabiam que a psique – alma – continuava a viver após a morte do corpo terreno e do timo. Mesmo os sacerdotes idólatras não negavam tal fato...

Os sacerdotes curadores, dos quais aqui se fala, conheciam perfeitamente as conexões da existência humana. Não precisavam dos complicados aparelhos utilizados pelos atuais "pesquisadores do sono" para conseguir esclarecimentos sobre os "segredos do sono e dos sonhos". Sabiam que a vida prosseguia também durante o sono! Para esses curadores os sonhos não apresentavam segredos. Eles constituíam recordações, embora muito falhas, da vida e das intensivas experiências vivenciais no mundo astral...

Asclépio

Originalmente todos os curadores da Terra estavam sob a influência de um grande guia e mestre enteal. Seu nome é "Asclépio". Asclépio é, como todos os guias enteais, de tamanho sobre-humano e extraordinariamente belo. Em seus olhos muito claros brilha seguidamente um vislumbre de luz vermelha. Quando dava suas aulas, usava uma vestimenta branca entretecida com fios de ouro, sem mangas, fixada à cintura por um cinto de ouro. Dois largos braceletes de um metal azul, nos quais estavam gravados os signos da arte de curar, ornavam seus braços. Com um delgado e curto bastão, que carregava sempre consigo nas aulas, ele desenhava em grandes quadros brancos os contornos coloridos do anel de irradiação humana, a aura humana. Mediante diversas cores, as quais se movimentavam e alteravam sob os efeitos da força e da vontade de Asclépio, os alunos recebiam uma noção de como o puro querer, pensar e agir era importante para o bem-estar do corpo... Todo o ensino se baseava nas cores e nos diversos reflexos coloridos do anel de irradiação, pois refletiam da maneira mais exata o estado espiritual, anímico e corpóreo.

Contudo, não apenas as cores da aura humana eram tomadas em consideração. Também a aura colorida de ervas, frutas, etc., era analisada do modo mais minucioso, para que os alunos aprendessem a diferenciar as venenosas das não venenosas e então as utilizar corretamente... Os alunos de Asclépio adquiriram um amplo saber sob sua direção. Tornaram-se "sacerdotes curadores" no mais verdadeiro sentido! Naquela época a medicina era um ofício sacerdotal. Sua condição primordial era o mais puro amor ao próximo...

Asclépio era querido e venerado por todos os alunos. Cada noite, quando dormiam e se libertavam de seus corpos terrenos, corriam para os grandes jardins-escola de medicina, que se encontravam no plano astral, isto é, no ambiente mais fino imediato à Terra... Durante o dia, inconscientemente, utilizavam o aprendido para bênção de seus contemporâneos. Em parte recordavam-se também conscientemente de muito, pois seus "sonhos" ainda eram claros e nítidos...

O signo da medicina de Asclépio, gravado em seus braceletes, é um rubi em forma de cálice no meio de uma placa quadrada de ouro... O quadrado é o signo dos enteais. O rubi em forma de cálice, vermelho e fulgurante, simboliza o elixir de vida da matéria: o sangue!

Asclépio não é apenas sábio em medicina. Sua irradiação especial atuando sobre os corpos terrenos possibilita a formação do sangue, através do espírito, no corpo que está sendo gerado. Em todos os mundos materiais, os enteais estabelecem as ligações básicas para o atuar dos espíritos...

No que se refere ao famoso "bastão de Asclépio", a serpente "acrescentada" por renegados sacerdotes de ídolos constitui verdadeiro escárnio aos enteais ligados à Luz... É muito significativo que os médicos usem nos seus anéis o símbolo de Lúcifer, o inimigo do amor de Deus!

Com o início da idolatria hostil à Luz foram apresentadas por toda a parte na Terra honrarias divinas à serpente, como símbolo do grande e poderoso "deus" (Lúcifer). Nada era mais significativo para a queda da humanidade do que as muitas serpentes, em todos os tamanhos e apresentações, "ornando" os templos da Terra...

Os sacerdotes curadores foram os que se mantiveram por mais tempo livres de todas as doutrinas falsas. Com indignação recusavam o bastão com a serpente. Eles serviam com a sua medicina ao amor divino... e a serpente era um símbolo hostil ao amor!...

Os médicos, como tais, já há muito não têm mais ligação alguma com Asclépio. Havia e há na época atual pesquisadores, sim, que, sob sua influência benéfica, encontraram métodos de cura e medicamentos, constituindo verdadeira bênção para a humanidade. Entre essas pessoas, que podem ser denominadas de agraciadas, encontram-se, por exemplo, Pasteur, Robert Koch, Fleming... bem como uma série de bacteriologistas... Todos eles eram outrora alunos de Asclépio e, na realidade, nunca perderam a ligação com ele...

O último grande médico, ainda parcialmente influenciado por Asclépio, foi "Hipócrates", que viveu na Grécia há mais de 400 anos antes de Cristo. Muito se perdeu de seus ensinamentos, e muito foi falsificado mais tarde por seus alunos "em boa fé", de modo que agora são confusos e mal compreendidos como todas as tradições. Na época de Hipócrates nada mais se percebia do povo dos heróis helênicos. As doutrinas religiosas mentirosas de fé e os imorais cultos de ídolos calcaram também esse povo eternamente para baixo...

A Aura

Agora temos de voltar ainda uma vez para a "aura" humana. Seja logo aqui indicada a Mensagem do Graal, "Na Luz da Verdade", de Abdruschin, vol. 2, dissertação *Matéria grosseira, matéria fina, irradiações, espaço e tempo*. Nessa dissertação, cada um que se interessar pelo assunto poderá adquirir conhecimentos no mais amplo sentido sobre a importância da aura, os quais não encontrará em nenhuma outra parte...

A aura que circunda não somente os seres humanos, mas também os animais, plantas, pedras, etc., foi "redescoberta" pelo Barão de Reichenbach, nascido na Alemanha em 1788... Ele denominou essa "redescoberta" aura de "Od"... Usamos a palavra "redescoberta", porque Reichenbach fazia parte outrora dos alunos de Asclépio, já trazendo, consequentemente, dentro de si, tal saber.

Reichenbach, na sua época, era um químico famoso, visto ter feito algumas descobertas nesse sentido. Além disso era filósofo... Durante muito tempo os cientistas combateram com a máxima energia a existência da aura. Hoje, já que é possível fixar fotograficamente certas cores de irradiação como o infravermelho e o ultravioleta, ninguém mais duvida disso. Contudo, sobre o seu significado nada sabem. São restritos demais espiritualmente para poderem assimilar um saber superior.

A aura que circunda o ser humano como um anel de irradiações consiste em uma espécie de "cores espectrais", possuindo também, em contraste com estas, um vermelho puro.

Talvez surjam mais tarde, novamente, alguns médicos agraciados que possam reconhecer o verdadeiro estado de uma pessoa pelas cores de sua aura.

Seguem agora alguns exemplos para que os leitores possam formar uma ideia:

Tratando-se de uma pessoa ligada à Luz e livre de carma, as cores do anel de irradiação que a envolve são de uma beleza pura e transparente. As pontas do anel multicolor de irradiação brilham em tons de cor violácea, circundando-a como um halo...

Quando tal pessoa se aproxima de sua morte terrena, aproximadamente dois anos antes, os tons de cor violácea tornam-se mais luminosos e mais intensos, ao passo que todas as outras cores do anel de irradiação, vagarosa e uniformemente, se tornam mais pálidas. As cores empalidecem porque as forças físicas diminuem cada vez mais. Apresentam-se fenômenos de desgaste e vagarosamente, de maneira quase imperceptível, o corpo terreno é preparado para a morte...

Na ocorrência da morte percebe-se ainda apenas o vislumbre de luz violácea do espírito puro, que desaparece quando a alma abandona definitivamente os corpos terreno e astral. Isto acontece depois de doze até vinte horas em se tratando de um ser humano livre de carma e ligado à Luz...

Aqui logo pode ser mencionado que "normalmente" a força vital se eleva até o quinquagésimo ano, atingindo o auge terrenal nessa idade. Daí por diante diminui. A força vital diminui imperceptivelmente até se acabar totalmente com a morte terrena...

Assim era o processo quando o ser humano ainda vibrava nas leis da natureza, não vivendo assim antinaturalmente como hoje... Agora tudo é diferente! As manifestações de velhice apresentam-se já muito mais cedo, e quase ninguém está sem uma doença séria...

Voltemos novamente para as cores da aura... As cores de uma pessoa carregada de culpas e afastada da Luz são de um amarelo sujo e de um bege sujo. Nada mais se percebe de um anel de irradiação. A tonalidade de cor suja e indefinível ainda será visível depois da morte terrena de tais pessoas. Em todo o caso, até que a alma possa separar-se. A separação, nessas pressuposições, poderá durar semanas, meses ou mais ainda.

Os Transplantes

Podemos descrever aqui logo a constituição do anel de irradiação de pessoas que se deixaram transplantar um novo coração, para dessa maneira adiar um pouco a tão temida morte terrena.

Todas essas pessoas, mesmo que continuem a viver, pouca alegria terão em sua vida prolongada. As cores e o movimento de seu anel de irradiação revelam-se em seu estado real. Apresentam-se como se uma mão tivesse passado por cima, borrando-as. Além disso, nas tonalidades de cor vermelho-borrado surgem pequenos bastões escuros, movimentando-se constantemente... Os pequenos bastões nas tonalidades de cor vermelha indicam que a pessoa em questão está tomada de medo. De um medo insuperável da vida... e da morte...

Cores borradas denotam sempre um corpo terreno muito enfraquecido, no qual nada mais funciona direito; além disso, são a melhor prova de que más influências anímicas oprimem o plexo solar e com isso todo o sistema nervoso...

As más influências anímicas são fáceis de se explicar. São formas de medo. Formações de medo como fúrias, vindas de uma alma humana com o tórax aberto e vazio, perseguindo aquele que lhe "roubara" seu coração... e ai de quem porta no peito um coração "roubado", quando morrer. A vingança do "roubado" será horrível...

Como é o caso, quando uma pessoa doa voluntariamente, antes de sua morte, seu coração ou outros órgãos para ulterior utilização?

Uma pessoa que coloca voluntariamente à disposição órgãos de seu corpo, não mais pode trazer muito de bom dentro de si. Se fosse, porém, um ser humano ligado à Luz, opor-se-ia do modo mais enérgico que seu corpo fosse despedaçado após a morte...

Cada doador voluntário se carrega de dupla culpa, pois... ninguém pode dar algo que não lhe pertence! O corpo terreno é um bem confiado por Deus, que mesmo depois da morte não pode ser violado... Além disso, cada "doador voluntário" nutre a esperança, não pronunciada, de que seu "feito de amor ao próximo" lhe seja creditado no Além! Essa esperança prova que o "doador" está medindo a justiça de Deus segundo o seu restrito e pequeno raciocínio... esperando poder negociar com isso...

Os órgãos humanos não são "peças de reposição" que possam ser utilizadas à vontade! Perante a lei da Criação todos os que apoiam os transplantes se sobrecarregam com uma grave culpa! À frente de todos, naturalmente, os médicos... Médicos que utilizam corações ainda quentes, vindos de um corpo terreno morto, têm muito em comum com os sacerdotes de ídolos dos astecas e maias de outrora. Provavelmente vários desses "fanáticos em transplante de coração" fazem parte mesmo daquele sacerdócio de outrora! Os sacerdotes de ídolos desses povos arrancavam o coração do corpo ainda vivo de suas vítimas, por ocasião de certas cerimônias de culto...

A diferença entre outrora e hoje não é tão grande como pode parecer a alguns. O cordão de ligação que une a alma com o corpo terreno não se desfaz imediatamente com a ocorrência da morte terrena. Consequentemente, tudo o que se passa com o corpo terreno, a alma sente do modo mais doloroso... Muitas vezes uma alma permanece ligada, durante semanas e meses até, com o corpo já em processo de decomposição, sentindo dores horríveis nesse tempo...

Ações de auxílio dirigidas contra as leis da natureza jamais poderão trazer bênçãos. São crimes, e como tais têm em si o germe da morte...

Alterações da Aura

Agora mais alguns exemplos ainda referentes ao anel de irradiação.

As cores da aura de um ser humano entregue ao vício do álcool são sem brilho, turvas e sujas! Cores de aura que se apresentam turvas e sujas são indícios de pessoas que se acham presas ao vício da bebida. Ao mesmo tempo, são também indícios de uma perda geral de forças, bem como de infecção no fígado e de melancolia...

Nos fumantes alteram-se primeiramente as delicadas tonalidades de cor rósea do anel de irradiação. Pontos cinzentos semelhantes à varíola, possuindo muitas vezes o feitio de besouros, lagartos e caranguejos, destroem completamente o vislumbre róseo. Se uma pessoa fuma "inócuos" cigarros, maconha ou coisa semelhante, a situação é a mesma, pois os sintomas destruidores são os mesmos em todos os tipos de fumar...

Com a fumaça penetram veneno e partículas de sujeira no organismo, depositando-se nos pulmões, nos brônquios, bem como no estômago e no fígado, de modo que com o tempo formam uma camada na qual toda a sorte de focos de doenças se desenvolvem...

No que diz respeito às tonalidades de cor rósea, nas quais o cunho do fumante atua tão destruidoramente, essa destruição e conspurcação equivalem a um ato hostil ao amor de Deus... pois todas as cores róseas, na Criação, trazem em si um vislumbre do amor de Deus!...

Amor é vida! O amor é o "hálito" de Deus no Universo! Quem inala voluntariamente fumaça e sujeira, peca contra o amor de Deus que lhe concedeu a vida e a respiração. Cada fumante conspurca o ar e atua de modo perturbador sobre a sua composição... É inimigo de si mesmo e de seu próximo! Configurações cinzentas semelhantes à varíola, em lugar das tonalidades de cor rósea... Manchas cinzentas, em lugar do vislumbre róseo do amor...

As mesmas manchas cinzentas, do formato de animais, podem ser observadas também no anel de irradiação de pessoas que sofrem gravemente do fígado ou também em pessoas que estão com câncer ainda não manifestado. Nesses casos acontece que as manchas cinzentas não destroem primeiramente as tonalidades róseas, mas todas as tonalidades verdes... No anel de irradiação humana as tonalidades verdes significam equilíbrio e harmonia. Com o progredir dessas enfermidades, os pontos de cor cinzenta rapidamente se alastram, até que por fim o anel de irradiação se apresenta como que marcado por varíola...

As alterações das tonalidades verdes do anel de irradiação constituem uma indicação de que graves perturbações têm desequilibrado todo o organismo... Por exemplo: o fígado não mais filtra as substâncias tóxicas dos alimentos; a reação de defesa do sistema linfático falha, o baço aumenta de volume e as cápsulas suprarrenais não mais produzem, como deviam, hormônios vitais... Todos esses sintomas de doenças orgânicas são obscurecidos ainda por sinistros estados anímicos de medo! Sensações de medo que são assimiladas pelo plexo solar e por ele retransmitidas ao cérebro através do "telégrafo de nervos"...

Enquanto as manchas cinzentas tiverem atacado apenas as tonalidades verdes da aura, ainda é possível uma cura. Uma cura proveniente do espírito! Isto é, de dentro para fora... Se as manchas, porém, continuarem a vicejar, então qualquer tentativa de salvação será inútil...

As cores da aura de materialistas, pessoas que se prendem indissoluvelmente a bens terrenos, acreditando somente naquilo que podem ver e palpar, são como que compactas e sem brilho. Falta-lhes qualquer transparência e qualquer luminosidade. O anel de irradiação dá a impressão de uma massa enrijecida...

Os sentimentos de amor, sendo puros e desinteressados, fazem todas as cores azuis do anel de irradiação brilharem claras e especialmente belas... Em contraste ao amor puro, as baixas cobiças, instintos e vícios transformam as cores azuis em formas feias, parecendo como se um pintor tivesse borrado sobre elas uma porção de cores sujas e barrentas. Não apenas isso. Nos limites do anel de irradiação palpitam desarmoniosos efeitos de cor que se encontram em constante movimento trêmulo...

As cores amarelas são especialmente puras, belas e brilhantes, quando se trata de pessoas que encontraram a Verdade e com isso o sentido da vida...

Por outro lado, as cores amarelas originalmente puras apresentam-se como que rasgadas e furadas quando se trata de pessoas "invejosas". Os germes da inveja não destroem apenas as cores amarelas. Atingem também as verdes, continuando ali sua obra sinistra...

Nas gestantes, todas as cores vermelhas brilham de modo tão intenso, que deixam, até certo ponto, todas as demais na sombra. Quando a criança encarna, surge um segundo anel de irradiação emoldurando de certo modo o primeiro. Esse segundo anel se apresenta, aliás, apenas como um vapor colorido que desaparece quando a criança nasce...

Os exemplos citados bastarão para que o leitor possa formar uma imagem sobre a aura humana.

O Efeito Protetor da Aura

A pureza do anel de irradiação é muito importante, porque suas cores possuem efeitos magnéticos.

Por exemplo: um anel de irradiação puro e brilhante atrairá forças análogas de irradiação do cosmo. O afluxo dessas forças de irradiação, em parte de espécie enteal, atua beneficamente sobre a saúde em todos os sentidos. A pessoa sentir-se-á mais produtiva e mais alegre... Além disso, as cores da aura possuem também um efeito de defesa. Existem radiações de efeito prejudicial à saúde, como, por exemplo, algumas radiações liberadas pela atividade aumentada do Sol, isto é, pelas gigantescas explosões, que influenciam os campos magnéticos da Terra.

Quando um anel de irradiação se apresenta rasgado, apagado, ou apenas muito desbotado, como acontece frequentemente em doenças crônicas, então as forças de defesa estão total ou parcialmente destruídas, não podendo opor nada àquelas radiações nocivas.

Vivemos em meio do campo de energia cósmica da Terra, recebendo suas irradiações e as radiações do Sol e de outros astros, proporcionando-nos tudo de que o organismo grosso-material necessita. As radiações somente são nocivas para o ser humano quando o "filtro" não funciona ou o faz apenas parcialmente.

Esse filtro é o anel de irradiação que circunda o ser humano como uma "auréola", protegendo-o ao mesmo tempo.

O anel de irradiação de pessoas com saúde debilitada sempre se acha algo desbotado. Por essa razão estão mais propensas a doenças do que outras... Diversas enfermidades ou sintomas, denominados de "gripe", devem ser deduzidos de influências de radiações nocivas. Essas radiações trazem substâncias que são retransmitidas pelo ar, chegando ao organismo humano... Essas substâncias – o ser humano as chama de elementos causadores de doença – não penetrariam nos corpos, se o anel de irradiação fosse assim como deveria ser!

O anel de irradiação, constituído de matéria grosseira algo mais fina, atuava originalmente como um sólido anel de proteção, apesar de sua delicada transparência! Cada radiação nociva era por ele repelida...

Falamos de radiações nocivas. Na realidade não há radiações nocivas nem bactérias nocivas ou nenhuma outra coisa de nocivo na natureza... Tudo o que as forças da natureza produzem tem seu sentido e sua finalidade! E tudo é necessário para a conservação do equilíbrio no mundo material.

As forças da natureza somente começaram a se mostrar hostis quando o ser humano falhou espiritualmente, destruindo os naturais "anéis de proteção"...

O ser humano estava constituído de tal forma, que apenas assimilava o que era benéfico à sua saúde! Elementos causadores de doenças não podiam entrar no seu organismo!...

Então, muitas pessoas perguntariam: como é o caso das epidemias? A peste! Milhões de seres humanos ela ceifou no decorrer dos anos!

A peste era antigamente uma enfermidade que atacava somente certas espécies de animais. Por exemplo: pulgas portadoras de bactérias transmitiam a peste a diversas espécies de ratos, morcegos, etc. Entre os animais a peste era uma "doença dirigida"! Surgia apenas quando uma dessas espécies de animais se multiplicava de tal maneira, que uma séria perturbação se apresentava na natureza... E o equilíbrio tem de ser mantido incondicionalmente segundo a lei da natureza...

As bactérias causadoras da peste entre os animais vieram por emanações da terra à sua superfície, alojando-se em águas fermentadas e paludosas. Muitas vezes eram levadas pelo ar até os locais de seu destino, onde podiam proliferar livremente... As bactérias também podem multiplicar-se apenas até certo grau. Pois também elas têm inimigos que se lhes opõem. Esses inimigos são seres ultramicroscópicos que as atacam e destroem...

A peste atacou as criaturas humanas. Foi transmitida aos seres humanos principalmente por pulgas... Onde ela surgia, as cidades e vilas ficavam vazias... Uma enfermidade como a peste somente pode ser transmitida a seres humanos carregados de um pesado carma, e nos quais também o anel protetor material, a aura, não mais possua forças de defesa...

Tomemos como exemplo as fagulhas. Fagulhas podem saltar, mas somente podem acender um fogo onde encontram o correspondente material de combustão...

Deus, o Senhor, é a justiça e o amor! Uma criatura humana apenas pode ser atingida por algo que "através da justiça" tem de atingi-la.

Finalizando, afirmamos mais uma vez que enfermidades podem ser benéficas! Podem sacudir uma pessoa e fazer com que ela comece a se mover espiritualmente...

As epidemias mortais somente são possíveis porque o ser humano como tal se tornou sem valor na Criação... tendo ele mesmo se despojado de qualquer valor!

Inquietação, pressa, a ânsia por divertimentos e um medo indefinível impelem a maioria... Não resta mais tempo para perscrutar o sentido da vida e o enigma do sofrimento humano...

E, contudo... a vida é cheia de milagres! Mesmo para aquele que é doente e julga encontrar-se no lado das sombras... ele recebeu do Criador a maior dádiva... a vida... O ser humano tem de agradecer, apenas agradecer! E tem de se lembrar que é apenas um viajante em trânsito na Terra, e que tudo tem de empenhar, se quiser voltar para a sua verdadeira pátria, a pátria espiritual da Luz!

CAPÍTULO XVI

UNIÕES MATRIMONIAIS

Muitas pessoas se perguntam por que os matrimônios tantas vezes acabam de modo infeliz. Mesmo casamentos contraídos por amor e com bons propósitos alcançam, mais cedo ou mais tarde, um ponto morto. Nada mais se percebe do amor original que unia os cônjuges. O "enlace por amor" tornou-se uma união terrena vazia, conservada geralmente por causa dos filhos ou por motivos de outras ponderações. Manter tais matrimônios fictícios exige naturalmente um grande dispêndio de energias de ambos os lados, pois cada estado errado acarreta uma série de aborrecimentos e decepções.

Existem hoje notáveis cientistas – dentre eles professores de medicina e de sociologia – exigindo radicalmente a abolição dos casamentos. Um professor americano, por exemplo, exige que os matrimônios sejam substituídos por algo que se adapte mais às "fraquezas humanas", algo, portanto, que considere tais fraquezas. Uma célebre socióloga americana é de opinião que o casamento não mais se enquadra nas condições de vida de hoje. Jornalistas europeus consideram os matrimônios a "maior fonte de infelicidade da humanidade". Também a expressão "o matrimônio é a pedra sepulcral de cada amor", é apoiada por muitos...

Tais ditames em parte arrasadores sobre o casamento e o amor têm em si, vistos superficialmente, muito de verdade. A realidade, contudo, apresenta-se de modo diferente. Os seres humanos consideram erroneamente seus "sentimentos de amor" como o verdadeiro amor! Sentimentos de amor dessa espécie, por mais intensos que sejam, não ultrapassam a matéria grosseira e a fina. São ligados às matérias e, por conseguinte, sujeitos a mutações e ao fenecimento. Sentimentos de amor nunca poderão por si sós ter durabilidade.

Tratando-se de amor verdadeiro é diferente! O amor verdadeiro é uma ligação espiritual de irradiações que não estão presas à matéria. Não está sujeito a quaisquer mutações, e nem pode "morrer"! Pelo contrário! O verdadeiro amor une os casais mutuamente cada vez mais no decorrer do tempo! A idade terrena aí não representa nenhum papel.

Um "grande amor", que desaparece depois de poucos anos terrenos, foi na realidade apenas "uma grande ilusão"...

A respeito da humanidade de hoje, a palavra amor não mais deveria de modo algum ser aplicada, visto que a maior parte não mais possui um espírito. O que resta dos belos e vigorosos espíritos de outrora, apenas se pode designar de "fantasmas"! Fantasmas nutridos exclusivamente pela força das minúsculas centelhas espirituais que neles vivem. Pelo menos até chegar ao ponto onde terão de desaparecer definitivamente. A indolência espiritual, desde milênios, causou tal modificação mortal.

Os "espíritos-fantasmas" foram excluídos. Não são mais capazes de assimilar irradiações mais elevadas. Por conseguinte, não mais se pode falar de amor e de fidelidade...

Os "sentimentos de amor", considerados erradamente amor pela maioria das criaturas humanas, estão arraigados apenas na matéria. Falta-lhes a base de qualquer verdadeiro amor. Essa base é a fidelidade. A fidelidade pode ser equiparada na Terra à pureza. Com a pureza dos sentimentos intuitivos e dos pensamentos!

A fidelidade é uma parte de cada amor verdadeiro! Ambos são irradiações de mundos superiores. Com a perda do verdadeiro amor, desapareceu também a fidelidade. Aos sentimentos que as criaturas humanas chamam de amor, falta a base da fidelidade. Muitos matrimônios falham devido a esse fato.

Pensamentos infiéis, desejos e cobiças são como um veneno rastejante, destruidor, que atua mortalmente em todo o lugar onde encontra uma entrada! Nem precisam ser postos em prática. As formas de pensamento, tão só, têm em si o suficiente de elementos destruidores...

Certamente muitas pessoas objetarão que ainda existem muitos seres humanos com seus espíritos ainda um tanto ativos, a ponto de não se acharem desligados de irradiações superiores... Não obstante, os casamentos de tais pessoas também não são muito melhores... Exemplos para isso existem muitos...

Está certo. Também esses matrimônios estão em constante perigo. Não são o que poderiam ser! A causa reside na diversidade do desenvolvimento espiritual. Pelo menos na maior parte! Se a distância entre os graus de madureza do desenvolvimento não for demasiadamente grande, então ela poderá ser superada.

Tais matrimônios podem transcorrer de maneira mais ou menos feliz, tratando-se de duas pessoas que almejam reconhecimentos superiores. Portanto, quando se trata de criaturas humanas unidas mutuamente por um alvo espiritual comum. Mesmo sob tais pressuposições favoráveis, os casamentos estão sujeitos a oscilações, visto a distância ter sido apenas transposta e não eliminada! Fluxos desarmoniosos são inevitáveis por esse motivo. Contudo, boa vontade, paciência e compreensão de ambos os lados, sempre atuarão de modo equilibrador.

Outras causas de casamentos malogrados devem muitas vezes ser procuradas no passado. Na herança que cada um traz consigo de vidas passadas. Muitas vezes, duas pessoas estão entrelaçadas com fios do destino e disso resultam casamentos... E o modo como tais casamentos transcorrem depende sempre da espécie dos fios cármicos...

Duas pessoas que desejam unir-se matrimonialmente devem ser congêneres em seus respectivos tipos. Também no que se refere às raças não deve existir grande diferença entre ambas. Estas são regras básicas! Quem não as observar, não deverá admirar-se quando as uniões matrimoniais se dissolverem, acabando em inimizade e muitas vezes em ódio.

Encontramo-nos no meio do Juízo! Hoje vale "ser ou não ser". O ser humano tem de aspirar à Verdade e aos reconhecimentos espirituais! Hoje, amor e felicidade são, no fundo, de pouca importância! De pouca importância, por se tratar hoje de vida ou morte!

Os seres humanos estacionaram em seu desenvolvimento espiritual, e por esse motivo são embaraçados em muitos casos carmicamente. Hoje todos já deveriam estar livres espiritualmente! Conquistar essa liberdade espiritual deveria ser o supremo alvo de cada um que procura a Verdade! Não deveriam temer nenhum esforço para alcançar esse apogeu na Terra!

Cada ser humano espiritualmente liberto não estará mais oprimido por carma. Estará livre também dos muitos sentimentos negativos de pensamentos, pendores, desejos e cobiças que têm efeitos atormentadores e perturbadores! E estará circundado por uma muralha de proteção, que não mais poderá ser rompida por nenhuma fraqueza humana. É livre... e salvo!...

A liberdade espiritual, naturalmente, apenas poderão alcançar aquelas pessoas que ainda estão mais ou menos alertas espiritualmente. Custa esforços. Mas os esforços valem a pena!...

Agora devemos nos voltar mais uma vez ainda para a mulher terrena.

A mulher humana, que com sua infidelidade e vaidade, traiu o amor... A mulher humana, que com sua infidelidade contra a Luz, foi ao encontro dos espíritos luciferianos, e a estes se uniu... Muitos e muitos milênios se passaram desde então...

Antes de prosseguir, vamos citar uma sentença da Mensagem do Graal, "Na Luz da Verdade", de Abdruschin, vol. 3, dissertação *A guardiã da chama*:

> "*Nunca uma criatura da Criação caiu tão profundamente como a mulher da Terra!*"

A tragédia e o sofrimento que essas poucas palavras encerram, um ser humano mal poderá compreender...

A mulher traiu o amor! E ela arrastou consigo para o abismo o homem. Espiritualmente ela já está julgada e morta. O que ainda vive é o corpo terreno. E esse corpo, o corpo feminino, tem de servir agora como "substituto do amor"! Amor através dos sentidos é o chamariz da mulher, desde que não mais possui uma força espiritual de atração!

De todas as maneiras a atenção é dirigida para o corpo feminino. Os sentidos têm de ser estimulados a qualquer preço! Estimulados ininterruptamente, para preencher o vazio que circunda hoje as criaturas humanas.

Filmes, revistas e montes de literatura erótica, contudo, não bastam para proclamar a "alegria do amor através dos sentidos". Tinha de ser feito algo para interessar o homem mais ainda, na "substituição do amor". Por toda a parte tinham de ser visíveis os atrativos corpóreos femininos. Na vida cotidiana, nas ruas, nas escolas... As roupas tinham de pôr à mostra seu corpo, e não o cobrir. Quase que a feminilidade inteira da raça branca coopera com isto. Vestem-se de modo que seus corpos mal cobertos não fiquem despercebidos... Oferecem embriaguez de sentidos em lugar do bem-aventurado amor verdadeiro...

O "substituto do amor", por fim, ainda está arrastando muitas pessoas incorruptas, pois, por toda a parte para onde quer que olhem, enxergam carne nua. Estão sendo literalmente sufocadas nisso... E que tais estados não tenham bons efeitos sobre os matrimônios, é facilmente compreensível a qualquer um...

A decaída humanidade chama de amor o abuso e o desperdício da maravilhosa força sexual. O amor da humanidade e a violação do corpo são estímulos para toda a sorte de perversidades... sem falar dos males que tal degeneração do amor, além disso, acarreta.

"Vestimo-nos de acordo com a moda. Portanto, quando a moda for diferente, nós nos vestiremos de modo diferente", afirmam muitas mulheres. "A moda é inventada por criadores de moda. Nós nos orientamos segundo ela, pois não queremos parecer fora da moda..."

A situação, no entanto, é exatamente o inverso. Os poucos criadores de moda, sozinhos, nem seriam capazes de influenciar tantos milhões de mulheres com suas invenções concernentes à moda.

Os criadores de moda nada mais fazem do que realizar os desejos escondidos de milhões de mulheres decadentes. Todos os desejos de tais mulheres, encontrados em todas as camadas da sociedade, visam o mesmo alvo: atrair os olhares e a admiração dos homens para si, isto é, para seus corpos...

Os criadores de moda sabem muito bem o que as mulheres esperam deles. Eles são envoltos, pois, pelos pensamentos e desejos de milhões de mulheres espiritualmente decadentes. São, na realidade, apenas instrumentos dirigidos...

A geral decadência moral é o melhor sinal de que tudo está indo para o fim. Materialismo, guerras, medo, perversidades, doenças, embriaguez sensorial, técnica, bombas atômicas e entorpecentes indicam o ponto final, que não está muito distante...

De modo solitário e despido de amor, o ser humano segue o seu último caminho...

CAPÍTULO XVII

AMOR – FELICIDADE

Amor, felicidade! Duas palavras e dois sons de tempos muito, muito remotos. São apenas ecos de um passado, onde pecado e culpa eram dois conceitos desconhecidos...
Amor! O que é amor? Nunca se ouviu falar tanto de amor como hoje. E nunca se cometeram tantos pecados em nome do amor! Mau uso se fez do conceito e da palavra amor. Mau uso da mais ignominiosa maneira...
Amor é um fenômeno de irradiações do espírito. Do espírito puro ligado à Luz e livre de carma! Amor é o fogo místico mencionado nos escritos de antigos sábios. A origem do amor, do fogo místico, encontra-se no coração da Criação, no sagrado e vivo fogo do amor divino, no Santo Graal.

O espírito humano livre e ligado à Luz possui uma força magnética de atração. Essa força de atração inerente ao espírito lhe possibilita a ligação ou conexão com as longínquas esferas do reino da Luz, onde o coração do amor divino em atuação, o Santo Graal, pulsa no ritmo do eterno fluxo da vida...

Quando um espírito humano envereda por caminhos errados, agindo, por conseguinte, de modo errado em relação às leis da Criação, a força magnética de atração torna-se mais fraca, até perder-se por completo. Ele mesmo tornou-se culpado, se as ligações com as esferas luminosas do amor divino se romperam. Somente a força magnética de atração de um espírito ligado à Luz encontra sua conexão na força viva do amor. Outra possibilidade não há.

O amor proporciona brilho ao espírito, deixando-o intuir a mais elevada bem-aventurança espiritual.

No amor reside também a felicidade. Pois a felicidade é igualmente uma vibração espiritual! Uma vibração do amor puro!

Quando o ser humano terreno de hoje fala de felicidade, entende ele com isso o ganho de valores terrenos materialmente palpáveis e visíveis. Sua felicidade é uma felicidade aparente, amarrada ao espaço e ao tempo, não tendo nenhuma semelhança com a bem-aventurada felicidade espiritual. Amor, felicidade! Ambas as palavras são apenas um eco vazio, pois o que exprimem não existe mais...

O amor e a felicidade já há muito não mais existem na Terra. O ser humano perdeu a ligação com o amor, com a vida. Os que ainda não perderam totalmente essa ligação são tão poucos, que quase nem vale a pena mencionar...

Os espíritos separados da Luz e do amor sentem apenas medo e desespero! Esse medo e desespero são transmitidos para as almas, influenciando os cérebros e o raciocínio dos seres humanos terrenos. Os inúmeros e variados tipos de medo sentidos pelo ser humano são efeitos daquele único e indescritível medo de seus espíritos perdidos...

Amor e felicidade são fenômenos de irradiação espiritual. Esses fenômenos de irradiação produzem o milagre do amor, a bem-aventurada felicidade que leva os espíritos para mais perto das regiões celestes. O amor puro liga espírito, alma e corpo terreno. Tem seus efeitos de maneira tríplice. Forma o trítono na existência humana, deixando incandescer os espíritos humanos. Ele é o reflexo do celestial amor de Deus no Santo Graal...

O ser humano de hoje, o marcado ser humano terreno, procura um sucedâneo para o amor perdido, para a felicidade perdida. Procura e encontra o substituto. Este substituto é a mulher, o corpo terreno feminino! A despudorada mulher humana terrena, que traiu a Luz e o amor.

Seu corpo terreno é apenas ainda um engodo. Um engodo para despertar cobiças, vícios e paixões. O erotismo deve substituir o amor e simular uma felicidade fictícia, não existente. Atrás do amor fictício e da felicidade fictícia, atrás das cobiças e vícios, espreita o pavor! Espreitam o asco, a apatia, a decepção, a doença e o desespero.

A mulher humana! A traidora da Luz e do amor! Os engodos visuais de seu corpo terreno, exposto à vista de toda a maneira imaginável, arrastam por fim ainda muitos jovens para o descalabro. Jovens que de outro modo ainda poderiam ser salvos.

Apesar de tudo, o máximo da decadência feminina ainda não foi alcançado. O trevoso mundo de instintos, da embriaguez sensual e dos vícios continua a fazer vítimas. Continua indo tudo para baixo, cada vez mais fundo!... E foi a mulher humana que outrora abriu esses portais mortíferos.

A Mensagem do Graal, "Na Luz da Verdade", de Abdruschin, vol. 3, contém uma dissertação que se intitula *A guardiã da chama*. Num trecho diz:

> *"A guardiã da chama da sagrada saudade da Luz, porém, falhou, como até agora jamais falhou uma criatura, porque ela foi provida de dons cuja posse nunca deveria ter permitido cair! E ela arrastou consigo uma parte inteira do Universo para o charco das trevas!"*

Amor, felicidade! O amor une os espíritos puros, e a felicidade sentida por eles proporciona-lhes um impulso em seus esforços para o aperfeiçoamento espiritual.

Entre os seres humanos, portanto nas "bonecas sem coração", não há mais nenhum intercâmbio entre espírito, alma e corpo. O trítono silenciou. Seus espíritos estão vagando num caos sem fim, e suas almas e corpos terrenos, que ainda com eles estão ligados, refletem esse estado.

Uma substituição para o amor perdido não existe! Os esforços doentios para despertar e incentivar o instinto sexual, por toda a sorte de meios desavergonhados, e o abuso que se faz com os corpos terrenos nesse sentido não podem enganar ninguém de que existe uma separação do amor e da Luz.

Tais esforços são na realidade os mensageiros da morte, precedendo sempre a definitiva decomposição.

CAPÍTULO XVIII

SONO – SONHO!

Aos seus, o Senhor doa durante o sono!...
Este dito é deveras verídico. Pois durante o sono terreno, forças espirituais fluem para o ser humano, que necessita delas para sua vida na matéria grosseira. Essas forças proporcionam às criaturas humanas saúde, equilíbrio e... saber...

Gerações de filósofos, místicos, psicólogos e médicos ocuparam-se com o mistério que envolve o sono e o sonho.

Já há anos, pesquisadores de sonhos fazem experiências com os mais modernos aparelhos registradores e outros complicados meios técnicos, para penetrarem na essência dos sonhos. Centenas de voluntários foram empregados em testes, a fim de, com seu auxílio, desvendarem o mundo dos sonhos. Delgados fios foram colocados sobre suas pálpebras e ligados a um aparelho registrador, chamado eletro-oculógrafo, que registrava exatamente cada pestanejar.

Em outras experiências, feitas para descobrir a essência dos sonhos, foram utilizados telefones que, em contato com aparelhos registradores, tocavam no momento em que as pessoas submetidas aos testes caíam em sono, começando a sonhar.

Por que a criatura sonha? E que significa o fato de o espírito sonhar vivamente, enquanto o corpo dorme? Estas são as perguntas que preocupam tão intensamente os pesquisadores de sonhos e que, apesar das muitas experiências complicadas, ainda não puderam ser respondidas.

Num simpósio da "Psychiatric Association", em Nova Iorque, os peritos de sonho informaram, há pouco tempo, os resultados de suas experiências. Através de seus trabalhos, a maior parte chegou à conclusão de que o sono cheio de sonhos, que eles chamam de "sono REM", representa um estado todo especial; um estado que, ao lado do sono e do estado acordado, é uma terceira forma de existência do corpo humano e que se distingue fundamentalmente dos dois outros estados.

Em outros centros médicos de Nova Iorque foram feitos testes com psicopatas e alcoólatras, tendo sido constatado que beber em excesso impede o sono com sonhos, produzindo alucinações e outros estados doentios. Também esses pesquisadores chegaram ao reconhecimento de que o sonho ocupa um papel muito importante na vida humana.

Tal reconhecimento por parte dos pesquisadores, sem dúvida, merece consideração, apesar de não fornecer explicações sobre as verdadeiras conexões. Acontecimentos espirituais e da alma não se deixam pesquisar com meios técnicos. Mesmo para os aparelhos mais modernos, aí existe um limite.

Como então surgem os sonhos? Será que o sono com sonhos é realmente uma terceira forma vivencial ainda desconhecida pela humanidade?

Terceira forma vivencial não é a expressão correta. Trata-se, na realidade, de uma segunda vida (vida dupla) que cada criatura humana vive inconscientemente!

Sono! Sonho! A criatura humana dorme. O corpo terreno de matéria grosseira e o cérebro sobrecarregado descansam. Toda a atividade cerebral está desligada. A alma, porém, não necessita desse descanso. Ela segue seus próprios caminhos e executa atos dos quais muitas vezes chegam fragmentos até a consciência diurna.

A criatura humana é constituída de espírito, alma e corpo material. São três corpos de densidade e substâncias diferentes que se encontram intimamente encaixados, ligados entre si através de uma delicada fita magnética, brilhante como prata.

Quando o corpo terreno cai no sono, a força magnética de atração que o liga com a alma fica parcialmente anulada. A fita afrouxa-se, e a alma que envolve o corpo espiritual, ainda mais fino, encontra-se relativamente livre. Ela pode afastar-se do corpo terreno até certo limite fixado pela lei da Criação. Um afastamento além desse limite acarretaria a morte terrena, pois a força magnética de atração que liga a alma ao corpo terreno seria então completamente anulada.

Num acordar normal, a alma ou corpo astral liga-se firmemente e sem dor ao corpo terreno, parecendo assim nunca ter havido separação alguma.

O processo é diferente quando uma pessoa profundamente adormecida é despertada de súbito por um ruído anormal. Em tal caso, o despertar sempre será acompanhado por fortes palpitações do coração, pois a ligação com a alma ou corpo astral é restabelecida de maneira tão violenta, que ocasiona um choque doloroso.

Pode acontecer também que uma pessoa, apesar de já meio acordada, não consiga movimentar-se, falar ou chamar. Esta pessoa fará esforços desesperados para recuperar a liberdade de ação de seu corpo terreno. Esse estado não deve causar receio a ninguém, pois dura apenas poucos segundos. Isso ocorre quando, ao acordar, o corpo astral ainda não se acha firmemente ligado ao corpo terreno. Sem essa ligação, não há uma capacidade consciente de ação ou movimentação do corpo de matéria grosseira.

Os sonhos, pois, são recordações daquilo que o corpo astral vivencia fora da matéria grosseira, enquanto o corpo terreno dorme. Essas recordações são apenas fragmentos insignificantes do realmente vivenciado. Contudo, também estes fragmentos já chegam ao cérebro de maneira turvada, visto que ao despertar, as formas de pensamentos logo se intrometem, dominando. Dessa maneira surgem os sonhos confusos de hoje.

Naturalmente, ainda hoje existem pessoas que têm "sonhos" chamados "proféticos", transmitindo-lhes advertências ou auxílios de qualquer espécie. Constituem, porém, raras exceções.

Antes de entrarmos em pormenores sobre a vida da alma ou sobre o sonho, devemos ocupar-nos mais apuradamente com o espírito e seus corpos auxiliares.

Espírito – Alma – Corpo Terreno

Como já foi anteriormente mencionado, a criatura humana é constituída de espírito, alma (muitas vezes para a alma é usada a designação de "corpo astral") e o corpo terreno.

O corpo terreno grosseiro e o corpo astral mais fino são necessários ao espírito para que este possa atuar nas matérias grosseira e fina. Sem estes dois corpos auxiliares, o espírito humano, como tal, seria incapaz nas matérias.

Um sábio egípcio da Antiguidade esclareceu a seus alunos, com toda a razão, que o espírito humano possui duas casas nas quais ele é dono absoluto... Os alunos não ficaram satisfeitos com a explicação e perguntaram o porquê disso. O sábio respondeu-lhes com outra pergunta. Indagou se um dos alunos poderia explicar-lhe por que as frutas tinham casca.

Os dois corpos auxiliares são, na realidade, apenas dois invólucros, sob cuja proteção e auxílio o espírito pode amadurecer, desenvolver-se e atuar na matéria.

Ao corpo terreno foi dado o raciocínio, e à alma a intuição. A alma com sua capacidade intuitiva encontra-se mais próxima do espírito; ela assimila de maneira concentrada a força e o querer dele, conduzindo-os para o raciocínio do corpo terreno de matéria grosseira.

O raciocínio tem a incumbência de executar na matéria o querer do espírito, a ela adaptado e transmitido pela intuição. Ele, o raciocínio, possui o dom de poder refletir e ponderar exatamente sobre tudo.

A intuição da alma não possui este dom. Tudo o que aflui para ela é logo intuído, profundamente vivenciado e parcialmente retransmitido para o raciocínio. Por esta razão, as impressões deixadas pelas formas da intuição são muito mais eficazes e de alcance mais amplo.

A capacidade intuitiva da alma fora, pois, determinada para retransmitir o querer do espírito para o raciocínio, sem nenhuma turvação. E o raciocínio preso à matéria deveria ter formado uma espécie de estação transformadora para tornar o querer do espírito, recebido pela intuição, aproveitável na Terra.

Estava na vontade de Deus que assim tudo acontecesse! Originalmente, no princípio dos tempos, e ainda muito tempo depois, tudo o que era espiritual humano se orientava segundo as leis da Criação, nas quais está ancorada a vontade de Deus.

Depois, no entanto, veio a época na qual o ser humano não mais deu ouvidos aos sentimentos intuitivos influenciados pelo espírito. Eram-lhe incômodos. Não mais necessitava deles. Seu raciocínio, tão só, era suficientemente sagaz para vencer na vida terrena!

Dessa maneira, iniciou-se o pecado contra o espírito!

O espírito, ligado à Luz, apesar de tudo, continuava a atuar. A alma recebia, mediante a sua capacidade intuitiva, o querer espiritual para retransmiti-lo. A humanidade terrena, porém, fechou-se à voz transmitida pela intuição.

Durante longo tempo, isto é, durante centenas de milênios conforme a cronologia terrena, os espíritos empenharam-se sempre de novo em penetrar nos invólucros que se tornavam cada vez mais espessos, procurando exortar e advertir a humanidade. Todos os esforços, porém, foram inúteis.

A humanidade terrena deixou-se guiar somente por ponderações do raciocínio. A alma condenada à inatividade tornou-se mais densa e mais pesada, e os espíritos humanos, outrora ligados à Luz, cansaram-se, perderam as forças e tornaram-se sonolentos e indolentes.

O raciocínio reina sobre a Terra. As almas ou corpos astrais, que nada mais recebiam para retransmitir dos espíritos indolentes e cansados, ficaram sob a influência das trevas.

Enquanto as almas se encontravam sob a influência dos próprios espíritos alertas, reinavam na Terra a felicidade, o amor, a alegria, a harmonia e a paz.

Mais tarde, porém, quando os espíritos provenientes das profundezas trevosas se apossaram das almas humanas, utilizando-as para suas finalidades, as criaturas humanas começaram a conhecer a desconfiança, a inveja, o ódio, os ciúmes e toda a sorte de paixões e vícios. Dessa maneira, as trevas dominaram quase todo o gênero humano.

E a minoria? Seus espíritos ainda vibram na vontade de Deus. São ativos e influenciam as almas no sentido certo. Contudo, mesmo essa minoria também corre perigo! A imoralidade, que hoje impera na Terra, alastra-se mais rapidamente do que uma epidemia, envenenando e arrastando também as criaturas humanas de boa vontade para o abismo.

O leitor poderia perguntar então de onde os corpos terrenos e anímicos conseguem as suas forças, quando os espíritos, aos quais pertencem, são inativos, indolentes ou até adormecidos.

Existe somente uma única força! Essa força viva penetra em tudo o que foi criado. Traspassa também os espíritos indolentes, as almas e os corpos, isto é, até que estes sejam riscados para sempre do Livro da Vida. Essa mesma força de vida, que tudo alimenta e sustenta, pode ser utilizada tanto para o bem como para o mal. O ser humano pode escolher, porém ficará sujeito às consequências de sua escolha, infalivelmente.

Os Sonhos

É do conhecimento de poucas pessoas apenas, que durante o sono a alma ou corpo astral se separa do corpo terreno. Sabe-se, entretanto, que monges tibetanos podem separar conscientemente as suas almas de seus corpos terrenos. Esse poder é alvo de admiração e assombro... sem que se imagine que o fenômeno é idêntico em toda a humanidade. A única diferença consiste no fato de que os lamas tibetanos conseguem provocar conscientemente esta separação da alma, do corpo terreno, mediante toda a sorte de exercícios, entre os quais se encontra também o jejum. Uma separação consciente, assim provocada, não traz o mínimo proveito a ninguém. Em menor escala ainda para a respectiva pessoa. Os exercícios forçados e desnaturais enfraquecem de maneira irresponsável os corpos, e assim se formam novos fios cármicos. Unicamente aptidões naturais não perturbam a harmonia e podem ser aproveitadas sem prejudicar a si próprios ou a outrem.

Quando uma criatura humana começa a dormir, o corpo astral separa-se do corpo terreno. Então este "ser astral ou anímico" despertará no mesmo lugar e na casa análoga àquela onde descansa seu corpo físico. Também sua aparência e suas vestimentas em tudo são semelhantes àquelas que tem na Terra. Ainda está ligado por um forte laço com a matéria grosseira, não podendo por isso haver grandes diferenças.

Assim, desligado do corpo terreno, fica, pois, afastado o raciocínio. Cada um vive e atua exclusivamente conforme seus sentimentos intuitivos, e qualquer inibição desaparece. Qualquer vontade reprimida pode, agora, satisfazer-se desimpedidamente. Tanto no bom como no mau sentido!

O leitor poderá formar uma imagem aproximada dos fenômenos do mundo astral, quando pensar nas inúmeras cobiças, pendores, vícios, inimizades, etc., das quais padece a maior parte da humanidade.

Nesse mundo astral se encontram também almas já falecidas na Terra, mas que ainda estão ligadas por muitos fios cármicos com os seres humanos terrenos. Os seres humanos vivos na Terra, durante o sono, encontram-se também com aquelas almas no astral e, não raro, nesses encontros, ocorrem resgates de fios cármicos que, há muito tempo talvez, já existiam entre as partes. Naturalmente, aí sempre depende do estado íntimo de cada um individualmente.

Os encontros que almas de seres humanos terrenos têm no mundo astral, durante o sono, com almas que já deixaram a Terra, esclarecem também os sonhos vivenciados por muitos com pessoas aparentemente desconhecidas.

Os sonhos são vivências da alma que as criaturas humanas terrenas experimentam no mundo astral, durante o sono. Dessas experiências vivenciais, quer boas e instrutivas quer más e negativas, nada ou muito pouco penetra até a consciência diurna. Disso, não existem recordações conscientes ou sonhos. Não obstante, esses acontecimentos ocorridos no mundo astral projetam suas sombras lúgubres ou irradiações luminosas e alegres sobre a vida de cada um.

Tratando-se de ocorrências boas, as respectivas pessoas acordarão com o coração alegre e grato, iniciando seu dia cheias de disposição para o trabalho. Hoje em dia, geralmente, acontece o contrário. Os acontecimentos vividos durante o sono da maioria dos seres humanos são deprimentes em todos os sentidos. Correspondentemente é também o despertar diário. Muitas perturbações nervosas, como as depressões e angústias, sofrimentos físicos e indefiníveis sintomas de doenças, devem ser deduzidas das vivências desagradáveis e sem esperança, no mundo astral.

Não, nada ou apenas fragmentos das experiências vivenciais reais durante as horas de sono chegam até o cérebro de matéria grosseira. Se alguém afirma ter sonhado horas seguidas está enganado.

Somente é possível lembrar-se das vivências anímicas, isto é, dos sonhos que se deram pouco antes do despertar. Expressando corretamente, trata-se apenas de poucos segundos, durante os quais é restabelecida a ligação entre o corpo astral e o corpo grosso--material. Durante esses breves segundos se originam também os sonhos incoerentes e confusos, uma vez que imediatamente toda a sorte de formas de pensamentos se intrometem, formas que são ligadas, portanto, exclusivamente às vivências diurnas.

Somente quando ambos os corpos, o de matéria fina e o de matéria grosseira, são interligados recomeça a função cerebral, e acontecimentos pouco antes vivenciados, isto é, os sonhos, chegam então até o cérebro.

Trata-se somente de poucos segundos! Contudo, quanto se pode vivenciar nesse breve lapso de tempo, ainda meio desligado do corpo terreno! Também "sonhos de advertência" são vivenciados apenas pouco antes do despertar. Esta espécie de sonhos na realidade são imagens formadas por espíritos auxiliadores, para mostrar perigos às respectivas pessoas, os quais podem ser muito abrandados, ou mesmo eliminados completamente por uma vigilância terrena maior. Infelizmente, também nesses sonhos tantas formas de pensamentos se intrometem, que às vezes se torna muito difícil ou de todo impossível interpretá-los corretamente.

Acontecimentos instrutivos e alegres no mundo astral, somente podem ser proporcionados àquelas pessoas que se orientam pelo ritmo do tempo, ao qual a humanidade está ligada de acordo com a lei da Criação. Os cientistas que se ocupam desde anos com o "mistério do sono e do sonho" falam de um medidor misterioso de tempo que rege a vida humana, deixando pulsar o coração no ritmo prescrito, mantendo assim uniforme a temperatura do corpo, e que também efetiva o ciclo diurno e noturno de vinte e quatro horas...

O misterioso medidor de tempo é o efeito de uma das leis da Criação pela qual se orienta – tem de se orientar – tudo o que foi criado, se desejar subsistir. Trata-se da inabalável ordem que reina em toda a maravilhosa Criação, e na qual se expressa a inamovível vontade de Deus!

As Regiões da Paz

Dia e noite! Durante o dia o ser humano terreno deve movimentar-se e trabalhar, absorvendo as energias solares que atravessam a atmosfera, indispensáveis para a sua saúde. Durante a noite os corpos terrenos devem descansar, para que os corpos das almas, por sua vez, possam receber energias correspondentes à sua espécie mais fina, que os mantêm sadios e receptivos, a fim de que os seus espíritos possam atuar de maneira correta através deles.

A cooperação harmoniosa entre espírito, alma e corpo, depende da observância exata do ritmo do tempo reinante desde os primórdios para a humanidade.

Somente aquele que dorme antes das vinte e três horas pode esperar por horas belas e instrutivas no mundo astral. Até esta hora estão abertos os portais que dão ingresso às regiões onde se encontram os múltiplos centros de ensinamentos, no meio de paisagens maravilhosas, onde reina real alegria de vida e genuína paz de alma. Depois das vinte e três horas ninguém mais pode encontrar o caminho para essas regiões, tampouco pode ser conduzido para lá. Na Terra também só se pode viajar obedecendo aos horários estabelecidos. As universidades e escolas também são abertas apenas em determinadas horas. Não é diferente no mundo astral.

Os portais para as regiões da paz, como são denominadas, abrem-se às vinte horas, e aproximadamente às quatro da manhã, as almas dos seres humanos que vivem na Terra devem retirar-se delas. Os portais então serão fechados. É de se mencionar ainda que unicamente espíritos humanos ligados à Luz podem entrar nessas maravilhosas regiões.

O ser humano moderno desperdiça hoje as preciosas horas da noite procurando toda a sorte de divertimentos para se recuperar do trabalho diurno. Quando finalmente se deita, cansado e com o sistema nervoso sobrecarregado, os portais que dão ingresso às regiões da paz se encontram fechados para as almas. E não existem exceções. Mesmo tratando-se de espíritos ligados à Luz, não existe mais ligação para lá. A consequência disso é que todas as almas, mesmo aquelas que abrigam espíritos ainda acordados, são arrastadas para as situações caóticas dominantes no mundo astral, de maneira que, pouco a pouco, passam a ficar sob o domínio de poderes das trevas, sem disso ficarem conscientes.

Geralmente os seres humanos que desperdiçam a metade da noite, dormem até tarde durante o dia. Porém, o sono das horas da manhã é nocivo à saúde, visto que os corpos terrenos somente podem absorver as indispensáveis energias solares quando acordados. Cada hora de sono depois das sete horas da manhã rouba do corpo algo de sua energia vital e provoca desequilíbrio na cooperação entre a alma e o corpo. As crianças que dormem durante as horas da manhã, tão benéficas à saúde, sempre apresentam um aspecto doentio e estão também muito mais predispostas às doenças do que aquelas que se movimentam desde as primeiras horas, no ar livre e refrescante.

Os corpos terrenos, conforme a lei da natureza, são normalmente preparados para o sono, isto é, naturalmente, sem meios artificiais. Qualquer uso excessivo de soporíferos é prejudicial. Estes não somente interferem, perturbando as funções corpóreas, como também paralisam as almas e, com isto, os espíritos que necessitam dos corpos das almas para a sua atuação.

No adormecer normal o ritmo do coração torna-se mais lento, a temperatura desce, a atividade glandular modifica-se e o cérebro fica desligado. Quando, porém, o sono é provocado mediante soporífero, de modo artificial, então os preparativos que antecedem o sono não podem ser efetuados como a lei da natureza o exige. O organismo fica perturbado, sem que ninguém tenha o mínimo proveito disso.

A alma ou corpo astral também se desliga mediante um sono artificialmente provocado, contudo, não passa de um afrouxamento forçado, ao qual falta aquele elemento que possibilita aos corpos astrais e seus espíritos a completa liberdade de ação. Ficam retidos como que por algemas invisíveis, nas proximidades de seus corpos terrenos adormecidos. Forçadas à inatividade e circundadas por visões de angústia, assim se passam as horas para essas almas, perdendo-se inutilmente no ritmo do tempo.

Tudo aquilo que é antinatural ocasiona impedimento, perturbações e paralisação na existência humana. A criatura humana deve novamente aprender a viver sua vida de acordo com o ritmo da Criação, na qual a vontade de Deus se manifesta.

O Mundo Astral

Agora serão respondidas algumas perguntas. Onde se encontra o mundo astral, como se apresenta e quais as condições ali reinantes?

Todas as descrições concernentes a esse mundo mais fino somente serão fracas reproduções, em confronto com as condições ali existentes. Não obstante, transmitem uma noção de como se tornaram complicados e confusos os destinos dos seres humanos entre si.

Primeiramente chamaremos mais uma vez a atenção para a disposição do tempo, já mencionada nesta dissertação e segundo a qual tudo o que foi criado tem de se orientar.

Nunca devemos esquecer que a criatura humana, como produto da Criação, está e sempre estará ligada às leis que regem essa Criação, mesmo quando age contra essas mesmas leis! É de se presumir que o ser humano de hoje não possa familiarizar-se com o pensamento de acatar as horas de sono mencionadas nesta dissertação. Isso não é de se estranhar, porque o homem moderno nada mais sabe a respeito das leis da Criação ou da natureza, e também porque ainda se tornou, em sua grande maioria, incapaz de compreendê-las. As linhas mestras desta e das demais dissertações se destinam exclusivamente àquelas pessoas que ainda trazem em si o anseio de adaptar novamente suas vidas às leis da Criação, para assim poderem cumprir as suas missões, como criatura de Deus, em Seu mundo maravilhoso!

Comecemos agora com as explicações sobre o mundo astral, onde deve ser procurado e como se apresenta.

Visto de cima, o mundo astral de matéria mais fina parece um gigantesco planeta envolvendo estreitamente a Terra. Tão estreitamente, que o globo terrestre, em relação ao tamanho do mundo astral, se assemelha a um pequeno caroço envolvido por enorme fruta.

Pode ainda ser expresso de outra maneira. A Terra encontra-se tão estreitamente cingida pelo mundo astral de matéria mais fina, que não se percebe onde um termina e o outro começa. Todo aquele que deixa a Terra ou aquele que para ela se dirige, a fim de se encarnar, tem de atravessar esse mundo astral que envolve a Terra como um segundo planeta. Representa uma espécie de estação de passagem, e simultaneamente um lugar de estada para todas as almas humanas encarnadas na Terra, que durante o sono se desligam de seus corpos terrenos.

Do ponto de vista paisagístico o mundo astral é semelhante à Terra. Existem montanhas, mares, rios, lagos, e também cidades e aldeias, bem como navios, automóveis, aviões, etc. Nem podia ser de outra maneira, pois a Terra de matéria grosseira é apenas uma cópia dos mundos de matéria mais fina já existentes anteriormente.

As delimitações entre a Terra e esse mundo de matéria mais fina, que a envolve, não podem ser estabelecidas, uma vez que na realidade não há limites. Para melhor compreensão, citemos um exemplo: uma senhora já meio adormecida, ouve vozes. Ao mesmo tempo, percebe que no mesmo quarto, perto de si, se encontram ainda outras pessoas.

Aquela senhora não sabe que verá essas pessoas tão logo estiver completamente adormecida e sua alma puder se desprender. Tampouco pressente que está ligada a essas pessoas por fios do destino.

Portanto, essa senhora ouviu vozes no mesmo quarto onde adormeceu. Isso é perfeitamente natural, pois no mesmo local onde se encontra a sua morada terrena, acha-se também uma outra casa de espécie fino-material pertencente ao mundo de matéria mais fina que envolve a Terra. Como sabemos pela Mensagem do Graal, não há uma separação entre o Aquém e o Além. O ser humano chama Além tudo aquilo que não pode ver e que se encontra fora de sua capacidade visual.

Outrora, quando as almas humanas ainda eram mediadoras entre o seu espírito ligado à Luz e o seu corpo terreno, isto é, quando a humanidade ainda não era dominada pelo raciocínio, a esfera fino-material em volta da Terra era chamada "o mundo das almas de cristal", pois todas as almas que deviam traspassá-la, e que portanto deixavam a Terra ou para ela se dirigiam, refletiam, de modo puro e límpido, como cristais luminosos, a luz de seus espíritos. Isso, porém, era uma vez... Desde então, longas épocas se passaram. Hoje, o mundo de matéria fina que circunda a Terra é chamado "o mundo dos cristais trincados".

Não obstante, o mundo de matéria mais fina que envolve a Terra, superficialmente falando, parece igual a ela, existindo ali, contudo, grandes diferenças. Somente o fato de cada vontade do sentimento intuitivo da alma ser vivenciada desenfreadamente, quer no bom quer no mau sentido, provoca situações que seriam impossíveis na Terra. Também a dissonância hoje reinante entre o querer do sentimento intuitivo e o querer do raciocínio, mostra-se em forma acentuadíssima.

Não deixa de ser extraordinariamente difícil descrever, mesmo de maneira aproximada, para que os leitores possam ter uma impressão correta, as condições desse ambiente mais fino da Terra e que está tão estreitamente ligado à humanidade.

Preliminarmente vamos observar a vida de um médico que escolheu esta profissão se baseando exclusivamente em motivos intelectuais, não obstante, segundo o querer intuitivo de sua alma, desejasse ser fazendeiro, comerciante, ator, aviador, artesão ou ter qualquer outra profissão. Durante a noite, sua alma, ao desligar-se do corpo terreno, procurará no mundo de matéria fina atividades que com toda a certeza estarão em absoluto contraste com a profissão de médico.

Já outras pessoas, por exemplo, que teriam preferido estudar medicina, mas que não tiveram condições materiais de o fazer, tratando-se de criaturas humanas boas, o seu querer, influenciado pelo espírito, encontrará realização no fino mundo astral. Terão a oportunidade de aprender a arte de curar e simultaneamente auxiliar outras almas humanas.

Não obstante tratar-se, no segundo exemplo, de pessoas relativamente boas, evidencia-se, por outro lado, que faltou a essas criaturas a indispensável energia para criar para si as possibilidades de estudo. Portanto, também aqui se demonstra a discrepância existente entre a vontade intuitiva do espírito e da alma, com a vontade do raciocínio que se encontra preso à Terra. É uma discordância que acarreta insegurança e descontentamento!

Especialmente trágicas se manifestam as condições desarmoniosas na vida conjugal, pois os casamentos, em sua maioria, são uniões concluídas por considerações do raciocínio. A essas considerações do raciocínio pertencem também a embriaguez dos sentidos, chamada "amor", na qual a atração física mútua representa um grande papel. Tais uniões matrimoniais são trágicas por não terem sido contraídas por amor puro, faltando-lhes consequentemente a ligação espiritual que une ambos os contraentes de um matrimônio. Suas almas são estranhas uma à outra. Não se conhecem, quando à noite, durante o sono de seus corpos físicos, se encontram no mundo astral.

Cada qual trilha seus próprios caminhos. Sentem-se atraídos para as almas humanas que correspondem mais à sua essência íntima do que àquela do seu cônjuge terreno. Procurarão e encontrarão outros companheiros. Cada um pode facilmente imaginar que tal "vida dupla" não contribui para a harmonia e o fortalecimento do casamento contraído na Terra. Pelo contrário! Disso resultam conflitos imprevisíveis que são devidos, essencialmente, ao fato de os casamentos terem sido contraídos sobre bases falsas. Decepções, infidelidades e indiferenças constituirão o séquito invisível de cada união errada.

Sexualidade

Mencionaremos ainda aqui que nos mundos de matéria fina não existe a sexualidade. Esta pertence à matéria grosseira. É ligada somente aos corpos físicos. Nos mundos de consistência mais fina, portanto também no mundo astral que circunda a Terra, os espíritos e consequentemente também as almas podem sentir intuitivamente apenas o puro e legítimo amor, que, aliás, é proporcionado somente àquelas que ainda possuem uma ligação com a Luz, pois o amor é uma dádiva da Luz!

Desde longos tempos, porém, em lugar do puro amor e da sexualidade normal e sadia ligada à matéria grosseira, desenvolveu-se no mundo astral uma espécie de sadismo que impele ainda mais a criatura humana decadente para os abismos das trevas.

Esse sadismo no mundo astral, onde as almas permanecem durante o sono de seus corpos terrenos, torna-se cada vez mais cruel. As mulheres, particularmente as da raça branca, sofrem com isso de modo acentuado.

A raça branca, que aliás devia ter atuado como exemplo para todas as demais raças, guiando-as espiritualmente, é hoje aquela cujo baixo nível espiritual mal pode ainda ser superado. A causa desta situação é a decadência moral da mulher branca! Esta decadência feminina se mostra naturalmente de maneira mais drástica no "mundo dos sonhos", isto é, no mundo mais fino que cerca o planeta Terra, pois nesse mundo não existem considerações do raciocínio nem quaisquer outros impedimentos.

O corpo feminino de matéria grosseira, que devia irradiar graça e transmitir o puro amor espiritual, serve hoje unicamente como objeto de exibição e chamariz excitador dos impulsos e instintos mais baixos. A moda aparentemente inócua das calças apertadas, das saias curtas, dos biquínis, etc., que encontrou uma divulgação tão ampla no mundo feminino da raça branca, tem, no mundo astral, consequências trágicas. Nenhuma mulher pode imaginar a que maus-tratos está exposta no mundo astral, durante o sono noturno, se acompanhar uma moda que somente tem como finalidade concentrar todos os olhares no corpo feminino.

As almas femininas ao se separarem durante o sono de seus corpos grosso-materiais – fato que sempre ocorre – encontram-se completamente nuas no mundo astral, de acordo com o seu "mais íntimo desejo".

Fora da matéria grosseira não há mais barreiras do raciocínio! O ser humano tem de mostrar-se como é! Cada ser feminino que acompanha prazerosamente toda a moda indecente tem de apresentar-se nu no mundo astral, pois é seu desejo mais íntimo expor o mais que pode de seus atrativos! No ambiente mais fino da Terra, todos os desejos se concretizam imediatamente...

É difícil descrever o que se passa no mundo astral, quando legiões de criaturas humanas femininas se apresentam nuas. Geralmente são perseguidas pelas ruas por um bando de homens, como caça livre e, quando alcançadas, são maltratadas de tal forma, que mal pode ser descrita...

Na Terra, de acordo com o instinto sexual terrenal, o corpo feminino nu atua de modo estimulante sobre os sentidos. Em todos os mundos mais finos, isto é, fora da matéria grosseira, dá-se o contrário, pois um instinto sexual como o apresentado na Terra, ali não existe! As relações amorosas ali são diferentes. Consequentemente, um corpo nu não tem efeito atrativo, mas sim, repelente. Apenas desperta instintos de brutalidade e violência entre os bandos de homens... Com chicotes, pedras, espinhos e sujeiras são perseguidas as criaturas nuas, em fuga... Tais bandos de homens se manifestam assim como possessos, no entanto, apesar de sua crueldade, eles são na realidade apenas figuras cômicas, pois na Terra, quando em seus corpos carnais, apoiam as modas femininas imorais, já que elas vêm ao encontro de seus desejos mais ocultos...

Mesmo as meninas em idade infantil são vestidas hoje de tal modo, que desde pequenas atraem para si inúmeros olhares e desejos do mundo masculino...

Desde crianças as criaturas humanas são expostas a todos os males! Isso prova que a maioria delas já veio tão pesadamente carregada de carma, que se tornou assim inacessível a qualquer proteção superior...

Hoje, na maioria das mulheres, "as vivências de sonho" estão ligadas ao medo. São "pesadelos" no mais verdadeiro sentido da palavra, pois o seu modo de viver e agir são contrários à Luz! Por isso, não é de se admirar que muitas acordem de manhã com dores por todo o corpo, começando o novo dia de modo deprimido e sem alegria... O sono não lhes trouxe nova força e saber, mas vivências ligadas ao medo e ao pavor, cujas sombras escurecem até seus dias terrenos...

A fim de que não haja erros, mencionaremos aqui que as almas femininas nuas, acima referidas, não são seres humanos destacadamente maus. Geralmente são criaturas superficiais e indolentes de espírito, que tudo acompanham para não serem consideradas de maneira alguma fora da moda...

As legiões de mulheres e moças cuja missão terrenal consiste em atiçar a sensualidade de todas as maneiras, como por exemplo os assim chamados "ídolos do sexo" nos filmes e nos teatros, bem como as inúmeras intérpretes de "strip-tease", etc., não são perseguidas nem caçadas durante o seu sono terreno. Elas são evitadas por todos! As terríveis doenças de pele, que desfiguram as almas humanas dessa espécie, afugentam todos... E são os efeitos dessa doença anímica que impelem para o suicídio tantos dos tão invejados "ídolos do sexo" na Terra...

Vícios e Pendores

Outros grupos não menos trágicos são aqueles constituídos pelos habituais jogadores, beberrões, fumantes, etc. Cada um que traz em si qualquer vício, quando a alma se desliga do corpo terreno durante o sono, é imediatamente recebido por inúmeras almas entregues ao mesmo vício. Fica à mercê dessas almas, pois são sempre muitas. Elas arrastam-no de um grupo para outro, e sempre para aqueles que têm o mesmo pendor ou vício. As mesmas almas que se aglomeram em sua volta durante o sono também não o deixam sossegado durante o dia. Penduram-se nele, literalmente falando, e estimulam continuamente o desejo ou a ânsia de entregar-se ao vício ou pendor, a fim de que também elas possam desfrutá-lo. Só quando o respectivo ser humano terreno abandonar o seu pendor é que os do Além também o abandonam. Não mais encontrando apoio nas proximidades dele, são então obrigados a procurar uma outra vítima.

Mistificações

No mundo astral que circunda a Terra veem-se também, por toda a parte, igrejas, edifícios similares e barracões, que estão sempre superlotados de massas humanas. É um contínuo vaivém e entre eles muitos estão orando, cantando, chorando ou gritando. Jesus, Maria, vários santos, papas e até antigos profetas, constituem a força de atração desses lugares. Todos eles, inclusive Jesus, são representados por almas humanas, possuidoras de aptidões artísticas e teatrais. Atrás desses atores espreitam espíritos das trevas. Tão logo um dos atores não mais preencha a sua incumbência de imitação a contento deles, é derrubado do pedestal onde se encontra e imediatamente outro ocupa o lugar vazio. Todas essas imitações são péssimas. Causa estranheza, aliás, que nenhuma das muitas criaturas humanas reconheça a fraude.

Aqui na Terra, os médiuns dos círculos espíritas sempre afirmam que o próprio Jesus fala para eles... Na realidade, esses médiuns enganados avistam apenas impostores, que imitam todas as figuras que a humanidade deseja ver e ouvir.

Também nos barracões que podem ser vistos por toda a parte, encontram-se sobre pedestais, algo cambaleantes, os inúmeros falsos profetas que, do mesmo modo que na Terra, prometem proporcionar, às almas atacadas por doenças, auxílios para todas as suas vicissitudes. Também esses não passam de impostores. As almas humanas que procuram e esperam auxílio deles contêm, todas elas, apenas espíritos adormecidos. Espíritos alertas nunca esperariam poder ficar livres dos seus múltiplos males mediante a simples colocação das mãos dos médiuns, orações curadoras e outras práticas mais... sem que antes eles próprios se modifiquem. Pessoas que solicitam auxílio dessa natureza, vistas de um plano superior, são consideradas como mendigas.

Além dessas compactas massas humanas que se aglomeram como rebanhos, vê-se ainda uma quantidade de grupos menores, empenhados em disputas e odiosos conflitos que em seus corpos de matéria grosseira tinham de ser reprimidos.

Todo o mal se efetiva de modo muito mais intenso no imediato ambiente mais fino da Terra. Com isso, porém, não deve ser esquecido que esses acontecimentos descritos dizem respeito às almas humanas que ainda se encontram encarnadas em corpos terrenos, participando dessas vivências apenas durante o sono. Somente depois da morte terrena é que se tornará trágico para essas almas humanas com seus espíritos adormecidos.

Os Centros de Ensino

Finalizando, devemos voltar ainda mais uma vez às regiões da paz já mencionadas anteriormente, que sobressaem em luminosa beleza do ambiente lúgubre de matéria fina que envolve a Terra. Essas regiões da paz são na realidade regiões de proteção, que foram separadas da parte restante do mundo astral, isto é, que tinham de ser separadas por obstáculos naturais, como rios caudalosos, vulcões, montanhas, vales profundos e pântanos, desde que muitos milhões de almas humanas se tornaram instrumentos servis de espíritos renegados, transformando assim o mundo outrora maravilhoso de matéria fina num lugar de pânico e horror. As fronteiras naturais de proteção adaptam-se perfeitamente às formações topográficas da região correspondente. As passagens que conduzem às regiões da paz, através dessas fronteiras, são difíceis de se encontrar e muito bem guardadas. Foram protegidas a partir do momento em que hordas malévolas de almas femininas e masculinas, depravadas e doentes, penetraram nos salões da arte, turvando a atmosfera com seus fétidos miasmas de decomposição.

Atrás da linha fronteiriça abre-se um mundo de saber e de beleza. Ali se encontram escolas que se ocupam com a ciência espiritual, as artes, a arte de curar, o artesanato, a ciência especial dos reflexos visuais (ciência que aqui na Terra encontra sua expressão no campo da arte e da técnica fotográfica), escolas onde são mostrados o saber e a estrutura da Criação, assim como a composição da matéria.

Um lugar de acentuado relevo ocupa o filme, e isso em todas as regiões da paz. É um importante meio do sistema de ensino. O saber referente à estruturação da Criação, bem como à cooperação dos vários entes da natureza, é retransmitido somente por filmes. Igualmente, acontecimentos que ocorreram em planos superiores, bem como filmes de amor. Nesses filmes de amor trata-se sempre de duas criaturas humanas que em várias encarnações sucessivas foram reunidas pelos guias espirituais, sempre de novo e por tanto tempo, até que uma delas se sobrecarregou tão pesadamente de carma, que se tornou impossível um novo encontro. Todos os filmes, qualquer que seja a sua natureza, são sempre instrutivos e fascinantes.

Os filmes do mundo astral não são produzidos por meios técnicos, e também sua apresentação não se faz em recintos escuros. A técnica também é uma dádiva do Criador à Sua criatura. Todas as conquistas técnicas ficam, porém, presas à matéria e dependem do raciocínio, igualmente preso à matéria. Os automóveis, aviões, etc., que se observam no mundo astral são apenas modelos, como maquetes. Nunca poderiam ser construídos nos mundos de matéria fina.

Infelizmente não é possível descrever nem a mínima parte das atividades nas regiões astrais de proteção. Em meio a maravilhosas paisagens com límpidos lagos, córregos e riachos, com sussurrantes florestas e com a indescritível pujança de flores, encontram-se os centros de ensino. Nas florestas amadurecem muitas e variadas espécies de frutas, que os corpos das almas necessitam como alimento.

Sobre cada região, produzido por um especial reflexo, brilha a Cruz do Santo Graal. Muitas vezes, ouve-se até o repicar de sinos que parece proceder de planos superiores.

Somente pouquíssimas almas de criaturas humanas terrenas visitam essas regiões da paz durante o sono. A maior parte desde há muito perdeu essa graça por si própria. Os corpos de suas almas estão cobertos por terríveis estigmas de doenças. Doenças que se originaram do ódio, da inveja, da desconfiança, da mentira, do ciúme, da falta de vergonha e de toda a sorte de vícios.

Encontram-se hoje nas regiões de proteção muitos espíritos humanos em preparo para uma atuação na Terra, isto é, uma atuação após o Juízo.

Também existem muitos outros que já estão ligados a crianças encarnadas na Terra, esperando até que as almas e os corpos dessas crianças tenham adquirido a indispensável maturação para que se possa realizar a ligação espiritual. Uma vez feito isso, os espíritos e as almas podem visitar essas regiões da paz apenas à noite, durante o sono, pois o dia pertence às atividades terrenas.

Nas mesmas regiões da paz ou de proteção encontram-se também os jardins das almas das crianças. Esses jardins estão completamente separados dos centros de ensino das almas e espíritos maduros. As crianças são cuidadas e tratadas por especiais protetores e protetoras. As alminhas de crianças que já vivem na Terra, geralmente são levadas, à noite, durante o sono, e às vezes até mesmo de dia, para esses jardins floridos, onde podem brincar e aprender, e onde sua pequena vida consiste só em momentos de alegria.

Depois do Juízo na Terra, não haverá mais no mundo astral regiões de proteção separadas, porque também esse mundo estará liberto de todos os espíritos maus. E então o ambiente de matéria fina que envolve o planeta terrestre será novamente chamado, como no início dos tempos, "o mundo das almas de cristal", pois as almas refletirão novamente a luz de seus espíritos límpidos.

CAPÍTULO XIX

DA ATUAÇÃO DOS GRANDES E PEQUENOS ENTEAIS DA NATUREZA!

Primeira Parte

Neste trabalho falaremos sobre a atuação dos grandes e pequenos entes da natureza que em incansável atividade criaram os inúmeros corpos celestes e que ainda hoje continuam seu trabalho, em virtude de não haver paralisação na maravilhosa Criação de Deus.

Os seres humanos de hoje, "altamente civilizados", estando a raça branca à frente de todas, perderam por culpa própria todo o conhecimento sobre os entes da natureza, os quais outrora criaram também em beleza paradisíaca a Terra, tendo sido carinhosos mestres, instrutores e protetores para os espíritos das criaturas humanas, durante longas épocas de desenvolvimento.

Hoje, no Juízo, é de grande importância que todos os seres humanos que desejam sobreviver espiritualmente considerem os povos enteais da natureza não apenas como "deuses da mitologia" e demais figuras lendárias, mas sim os reconheçam como realmente são, isto é, entes que no cumprimento da vontade de Deus criaram os sete Universos da Criação posterior, nos quais os espíritos humanos encontraram acolhimento carinhoso, a fim de poderem amadurecer e desenvolver-se.

Nenhuma das criaturas humanas de raciocínio, que vivem na Terra, pode supor quanto deve aos entes da natureza, atualmente exilados para o país das lendas... Entretanto, é incompreensível que os seres humanos, que se consideram tão inteligentes, não vejam a fagulha da verdade que brilha através das lendas dos deuses, embora estejam tão deformadas.

De idêntico modo, permanece incompreensível o fato de suporem que os maravilhosos mundos da natureza se tenham originado do nada, sem a cooperação de mãos ativas... Na Terra ninguém esperará que um pedaço de pão, roupas, casas e tudo o mais, necessários à vida na matéria grosseira, surjam do nada, sem a colaboração humana... Estão à disposição do ser humano os elementos básicos dos quais pode produzir tudo o que necessita para a sua manutenção... Nos reinos da natureza não é diferente. Sem a cooperação de forças enteálicas realizadoras não seria possível a vida, o movimento, não haveria o crescer, o florescer e nem o fenecer...

Quanto mais as criaturas humanas se afastaram do influxo da Luz, tanto mais distantes ficaram da influência de seus amigos enteais da natureza. Tornaram-se arrogantes perante seus mestres e protetores de outrora, ultrajando de maneira vil a confiança que os enteais haviam depositado nelas.

Levou muito tempo, muito tempo mesmo para que os servos enteais de Deus compreendessem finalmente que os seres humanos, cuja supremacia espiritual sempre reconheceram alegremente, foram cedendo aos poucos de maneira inexorável à influência do arcanjo caído – Lúcifer – como também das legiões dos seus servos.

Finalmente, quando não puderam mais ficar alheios ante tal fato incompreensível, retiraram-se, e assim desapareceu o brilho e a alegria que os entes da natureza haviam trazido para a existência terrena dos seres humanos. Pode-se dizer que a criatura humana por duas vezes perdeu o Paraíso...

O rompimento com os mundos espirituais da Luz e com os entes da natureza não se realizou simultaneamente em todos os povos e nem se deu em poucos milênios! Milhões de anos passaram-se então! Um tempo enorme para o ser humano de hoje, provido de um raciocínio tão estreitamente limitado. Porém, deve-se considerar que em épocas anteriores os seres humanos viviam centenas de anos, e que todo o desenvolvimento se processava em ritmo muito mais lento do que hoje a criatura humana possa imaginar. Além disso, naquela época as encarnações terrenas não se seguiam em ritmo tão acelerado como aconteceu posteriormente. Os espíritos humanos permaneciam durante longos períodos nos mundos fino-materiais, onde o desenvolvimento igualmente prosseguia.

O afastamento da Luz e a subsequente ligação com os centros de forças negativas do reino do arcanjo caído também acarretaram consequências físicas. Vagarosa, mas irresistivelmente, a parte posterior do cérebro, isto é, o cerebelo, começou a atrofiar-se.

O equilíbrio, de acordo com a lei, do organismo humano, que outrora funcionava tão perfeitamente, foi perturbado de maneira tão intensa, que nas épocas posteriores as criaturas tornaram-se fisicamente menores, mais feias e atormentadas por toda a sorte de moléstias. Assim, já naquele tempo os seres humanos tinham sido tomados por uma espécie de megalomania intelectiva que hoje alcançou seu clímax.

Por causa desse atrofiamento do cérebro, a faculdade de ver, de ouvir, e a bem dizer toda a capacidade receptiva, foram também fortemente prejudicadas. Os seres humanos ficaram impossibilitados de observar os acontecimentos no plano da matéria grosseira mediana, que, como uma segunda e maior Terra, circunda estreitamente este planeta terrestre.

Em outras palavras: o ser humano, devido a tal atrofiamento, perdeu automaticamente a onda de irradiação que podemos chamar "X-4", mediante a qual podia ver e ouvir os fenômenos no ambiente grosso-material algo mais fino. Atualmente e já há muito tempo o ser humano se acha sintonizado em ondas que apenas ainda lhe transmitem impressões de matéria grosseira. E mesmo a capacidade receptiva grosso-material não é assim como devia ser. O aparelho receptivo da criatura humana, devido ao atrofiamento daquela parte do cérebro tão importante, ficou danificado de maneira irreparável, verificando-se que tal anomalia atingiu a maior parte da humanidade!

Talvez seja útil mencionarmos as conclusões a que físicos e astrônomos, isto é, cientistas absolutos chegaram, auxiliados por seus mais aperfeiçoados instrumentos de longo alcance. Por exemplo: Hartmut Bastian escreve textualmente em seu livro "Weltall und Urwelt":

"Tudo que enxergamos com os olhos é, apesar de sua entontecedora plenitude, apenas o resultado de um setor mínimo de manifestações cósmicas. As notícias que com isso nos são transmitidas do Universo devem ser portanto insuficientes! Somos seres de luz, cujo pesquisar e raciocinar recebe o seu estímulo, principalmente, do setor ínfimo de irradiações de 0,720 a 0,397 milésimos de milímetros de comprimento de onda. Tudo o mais é invisível para os nossos olhos..."

Continua ainda:

"Dentro do setor dessas ínfimas dimensões, encontra-se, pois, tudo quanto de irradiações os nossos olhos conseguem ver, isto é, para nós quase todos os meios de expressão do mundo sensorialmente imaginável."

O astrônomo Hartmut Bastian, como outros pesquisadores, tem razão ao dizer que é de todo insuficiente o que o ser humano de hoje consegue captar e observar. Mesmo os mais aperfeiçoados instrumentos não podem negar o fato de que são estabelecidos limites ao raciocínio humano.

Os pesquisadores, no entanto, não sabem que os próprios seres humanos se impuseram tais limites. Devido à decadência espiritual e, por conseguinte, ao atrofiamento de uma parte do cérebro, perderam o contato com os demais setores de ondas.

Por essa razão ficou restrita a faculdade de recepção do ser humano terreno, que capta naturalmente apenas impressões da matéria mais grosseira. Também é esse o motivo por que se considera a técnica e demais conquistas de espécie grosso-material como sendo feitos máximos da capacidade humana, louvando-as.

Quantos segredos da natureza permanecerão ocultos aos seres humanos por causa do seu afastamento da Luz! Tendo perdido o contato com outras ondas, digamos de modo comparativo "micro-ondas", perdeu-se também a ligação por intermédio da qual as criaturas humanas podiam ver e entender-se com os servos enteais de Deus.

Com raras exceções, pode-se considerar subdesenvolvida espiritualmente ou espiritualmente retardada a humanidade inteira, que se prendeu à matéria grosseira até a autodestruição. Em primeiro lugar, trata-se dos de raça branca que se intitulam cristãos. A falsa fé cristã estreitou ainda mais a capacidade de conceituação de seus adeptos, como sucedeu com outras raças e crenças. Com referência aos missionários cristãos de outrora e da atualidade não é diferente; consideram "pagãos" todos os que creem em determinados seres da natureza...

Em outras raças há ainda alguns que têm convicção da existência dos entes da natureza... Essa crença, no entanto, está de tal forma contaminada com o medo de demônios, que a verdade original aí contida quase não é mais reconhecida. Pensam que os demônios, cujas formas pavorosas frequentemente podem vislumbrar, sejam também seres da natureza... Certamente não presumem que tais formas de demônios foram postas no mundo pelos próprios seres humanos, sendo formas de ódio, de inveja, de vício, de inimizade, etc.

Não supõem que tais configurações medonhas nada têm a ver com os entes da natureza... Cada saber e todas as tradições estão misturadas hoje, frequentemente, com erros e mentiras, até de modo irreconhecível...

Após essas explanações, podemos nos ocupar mais detidamente com os inúmeros seres da natureza...

Deuses

Os grandes entes da natureza, que outrora foram adorados como deuses, têm sua pátria e ponto de partida num setor especial da Criação que se encontra abaixo dos mundos espirituais do Paraíso, isto é, como término deste e como início da Criação posterior. Este setor da Criação constitui um anel do Universo, de dimensões inimagináveis.* É o ponto de partida de todos os enteais e guias dos elementos, que lidaram e continuam a lidar com a formação originária da Criação posterior.

De sete partes compõe-se o Universo da Criação posterior e em cada uma destas sete partes circulam em suas órbitas, exatamente determinadas, bilhões de corpos celestes.

Nosso planeta pertence à parte do Universo Éfeso. Todos os incontáveis astros visíveis no céu noturno fazem parte de Éfeso. Compõem-se, sem exceção, de matéria grosseira, que o ser humano certamente pode ver e perceber com seus órgãos sensoriais de matéria grosseira.

No ápice dessa divisão tão especial da Criação, o círculo dos enteais, eleva-se a sede dos "deuses". É uma espécie de castelo, entretanto, não tem a mínima semelhança com o que o ser humano denomina como tal.

---

* Vide "Na Luz da Verdade", Mensagem do Graal, de Abdruschin, vol. 3, dissertação *O círculo do enteal*.

O castelo a que nos referimos tem as dimensões do nosso planeta terrestre, as quais são adaptadas aos colossais enteais (deuses), altos como torres, que ali vivem e dali atuam.

Os povos nórdicos, entre os quais os germanos, denominavam este castelo de "Asgard" e também de "Valhala". Os gregos falavam de "Olimpo", o trono dos deuses. Asgard significa "jardim do clã de deuses dos 'ases' ". Valhala equivale a "recinto do Universo", isto é, de onde a Criação posterior foi criada com seus bilhões de corpos celestes. Há, ainda, de conformidade com as línguas e capacidade de expressão dos povos da Antiguidade, inúmeras denominações para o castelo gigantesco dos enteais.

Mas permaneçamos nesta dissertação com a expressão grega Olimpo, pois esse termo certamente é o mais conhecido. Também para o supremo casal regente que reside no centro do imenso castelo Olimpo, que tem o tamanho de um planeta, há muitos nomes; nomes que apesar de sua diversidade têm o mesmo significado.

Os germanos e os povos nórdicos chamavam esse casal "Odin e Freya", ou "Wotan e Frigga". Pelos gregos foram denominados de "Zeus e Hera" e pelos romanos de "Júpiter e Juno"; pelos egípcios de "Osíris e Ísis" e pelos sumerianos de "An e Inana". E assim existem muitos nomes ainda que no seu sentido têm todos a mesma significação. Por exemplo, Odin e Wotan significa: "portador da luz no Universo"; Júpiter: "o que traz luz"; Osíris: "luz do céu". Todos os nomes transmitem em seu sentido exatamente a espécie e a atuação do portador do nome.

Odin, Zeus, Júpiter, Osíris e An são, portanto, apesar das diversas designações, sempre o mesmo ser enteal, tratando-se sempre do supremo guia e soberano do Olimpo.

Uma vez que empregamos o termo Olimpo para designarmos a sede dos enteais, podemos igualmente aplicar o nome grego Zeus para o soberano do Olimpo. Do mesmo modo poderíamos dizer também Júpiter, Wotan, etc.

Zeus e Hera

Zeus tem a estatura de uma torre. Sua figura gigantesca é bem-proporcionada e coberta com uma espécie de couraça metálica que brilha como fogo. De seu semblante eternamente jovem, sem barba, brilham dois olhos flamejantes, nos quais se reflete o vermelho ardente de sua couraça. Sua imensa cabeça é ornada por uma alta coroa quadrada, igualmente de metal que brilha como fogo. No peito de sua couraça há uma águia de diamantes que parecem faiscar. A beleza enteálica de Zeus é difícil de ser descrita para o espírito humano. Ele é, na Criação posterior, o poder corporificado de uma irradiação espírito-enteal que, fluindo de altitudes máximas, encontra a devida ancoragem nele. A irradiação espiritual não é da mesma espécie da dos espíritos humanos. Provém de uma fonte especial de energia enteal que é necessária à formação e ao desenvolvimento dos incontáveis corpos celestes.

Pode-se obter uma noção aproximada, embora apenas fraca do soberano do Olimpo, se imaginarmos que a sua couraça de metal de fogo possui o efeito de irradiações, digamos de mil quilos ou mais ainda, de rádio. Mil quilos! Em toda a Terra existem apenas setecentos gramas de rádio, distribuídos em hospitais, institutos de pesquisa, etc. Mesmo tal comparação deixa muito a desejar, visto que sua espécie, sendo estranha ao espírito humano, com nada se pode comparar.

A companheira de Zeus, Hera, é de estatura quase igual a dele e de uma beleza estonteante. Os olhos brilham como duas estrelas radiantes, de seu semblante eternamente jovem. Um véu em cores de arco-íris envolve, como uma nuvem de névoa, sua maravilhosa figura. De seus cabelos compridos e ondulados, que caem sobre suas costas, fulguram milhares de diamantes de fogo, semelhantes a vaga-lumes vivos em constante movimento. Diamantes de fogo adornam também suas sandálias.

Somente nesse setor da Criação, o círculo dos enteais, é que existem "metal de fogo" e "diamantes de fogo". A palavra "fogo" significa nesse caso "fulgurante centelha de luz"… Essas centelhas de luz, que tudo traspassam nesse reino, constituem o último sedimento de uma irradiação do sagrado fogo do Graal! Não obstante, trazem ainda em si tudo o que é necessário à formação dos bilhões de corpos celestes das sete partes do Universo. São portadoras de vida, de movimento e de calor, e contêm em si o material que, transformado pelos grandes e poderosos enteais, traspassa todo o Universo como "radiação cósmica"… As misteriosas "radiações cósmicas" cuja origem os pesquisadores vêm procurando perscrutar há cinquenta anos.

Os Titãs

Voltemos para Hera e Zeus. Da ligação desses dois supremos guias e soberanos originou-se o primeiro clã dos titãs. Os titãs são os dominadores e guardiões de todas as forças solares! Atuam partindo do Olimpo, e além disso são os guias dos incontáveis enteais que atuam como protetores dos igualmente inumeráveis sóis nas sete partes do Universo.

Em outros setores do Olimpo, que parecem castelos, vivem e atuam muitos outros gigantescos enteais. Podem ser chamados de guias e portadores dos elementos. São igualmente pontos de partida de radiações que foram necessárias para a origem e o desenvolvimento da Criação posterior. Da mesma forma que Zeus e Hera, não necessitaram de um período de desenvolvimento para se tornarem plenamente maduros. São também da estatura de uma torre e de uma beleza selvagem e poderosa, difícil de ser descrita. Suas vestes compõem-se de uma espécie de couraça macia e flexível, que tem diversas cores, sendo que cada cor possui sua própria força luminosa. De metal de fogo somente são seus elmos, cintos e sandálias. O que mais chama a atenção nessas gigantescas figuras são os olhos. São olhos de um "azul chamejante", que, conforme a disposição íntima de seus portadores, fulguram muitas vezes tão ardentemente, que fazem desaparecer o azul.

Ao lado dos guias masculinos dos elementos, que pertencem ao clã dos ases, vivem, em outros setores separados do castelo, os grandes enteais femininos que são os guias e protetores de todos os grandes e pequenos entes femininos da Criação posterior. Também esses enteais são de tão indescritível beleza, que é compreensível que as criaturas humanas de outrora os tivessem chamado de "deuses".

Os habitantes femininos do Olimpo pertencem ao clã dos "vanens". Das ligações dos ases e vanens originaram-se os povos dos "híades", dos "charites", das "valquírias", das "sílfides", das "myrmydomens" e assim por diante.

A geração e o nascimento nos reinos enteais em nada se parecem com os respectivos processos terrenos. Trata-se aí de uma consonância de vibrações positivas e negativas, cuja ligação liberta um tipo especial de energias enteais. Dessa peculiar espécie de ligações de energia enteal originou-se a força sexual em sua mais pura forma. Todos os enteais da Criação posterior consideram a força sexual como a dádiva mais sublime do amor celeste. A fim de evitar erros, devemos esclarecer que se trata da mesma força sexual tão ultrajada pelas criaturas humanas, porém, ligações físicas como o ser humano conhece não existem entre os enteais. Sentem a força sexual como uma vibração anímica, que lhes dá grande impulso e lhes aumenta a alegria de viver.

Nem Zeus nem Hera, como também os outros incontáveis habitantes que servem como guias, não poderiam, mesmo que quisessem, deixar o Olimpo que é seu ambiente de energia enteal. Como guias e portadores de concentradas forças, só podem existir na esfera adequada a tais energias. Por essa razão, são falsas todas as tradições que dizem que Zeus tenha adquirido a forma de um touro ou de um cisne para aproximar-se de uma mulher terrena. Tal fato é impossível segundo as leis da Criação. Pois, não possuindo o livre-arbítrio, os enteais estão estreitamente ligados aos efeitos das leis.

Os Jardins das Hespérides

Em redor do Olimpo encontram-se os jardins das hespérides, cujas dimensões enormes mal podem ser descritas e onde se encontram em constante florescência as "flores da vida". Essas flores especiais atraem magneticamente as centelhas de germes enteais, produzidas pelas ligações dos habitantes enteais do Olimpo, prendendo-as em seus cálices. Após esse processo, a flor fecha-se e proporciona sob determinado grau de calor o desenvolvimento da centelha...

As "hespérides" são as fadas que cuidam das flores da vida; com o néctar das frutas produzidas nesses jardins, elas alimentam as crianças enteais ao despertarem.

Em outras regiões desses mesmos jardins se desenvolvem, igualmente sob o controle e cuidado das fadas, as centelhas de germes espirituais que haviam descido do Paraíso a fim de iniciar também o seu desenvolvimento nas referidas flores da vida a isso destinadas.

Nesse setor da Criação, o círculo do enteal, vivem, fora do ponto central – o Olimpo – milhões de enteais conscientes, maiores e menores. Somente das ligações destes, desenvolveram-se muitas e variadas gerações de enteais, dos quais uma parte coopera na conservação dos já existentes corpos celestes, e ainda outra parte que se dedica à decomposição daqueles corpos celestes que já atingiram o tempo de duração de vida a eles destinado.

A Ligação com o Olimpo

Todos os enteais da Criação posterior inteira permanecem sempre estreitamente ligados ao Olimpo e às regiões em cujo centro ele se encontra. Uma vez por ano, e isto por ocasião da renovação de forças na Criação, todos, mesmo os menores e os que se encontram mais afastados, podem ver o Olimpo e por momentos covivenciar os acontecimentos que ali ocorrem. Estremecem ao vislumbrar no meio da sala real o pedestal de metal de fogo, onde eterna e imutavelmente se eleva a chama sagrada.

Parecem estar no referido salão real do Olimpo entre os seus gigantescos habitantes que, como eles, olham com grande atenção para o *soberano*, a fim de não perderem de modo algum o momento em que este levantar o cálice contendo o líquido rubro; e isto se realiza ao mesmo tempo que uma Pomba resplandecente como prata, como cópia da Pomba no Santo Graal, desce na cúpula aberta de cristal da sala do trono, para desaparecer logo a seguir como que absorvida pela Luz celeste.

Nesse momento, Zeus e todos os habitantes do Olimpo têm ligação com o Templo do Santo Graal, vivenciando conscientemente como a força do onipotente Criador flui para baixo, traspassando tudo com o hálito da vida. Enlevo profundo e ondas jubilosas tomam conta do salão, e todos ao mesmo tempo erguem suas taças e bebem o rubro néctar que elas contêm.

O beber do rubro néctar significa que eles estão preparados intimamente. Preparados para receberem e utilizarem a sagrada força, de acordo com a vontade do Senhor único de todos os céus, inclinando-se com gratidão ao Seu amor, Seu poder e magnificência.

Do Olimpo, a sede dos muitos e gigantescos enteais, são mantidos em constante movimento e alta pressão as sete partes do Universo, com seus bilhões de corpos celestes, e daí são dirigidas também as órbitas, estabelecidas com exatidão de acordo com a lei...

Os pesquisadores sabem que em alguma parte do Universo deve haver uma fonte inesgotável de energia... O físico americano

Robert R. Wilson, por exemplo, assim se refere em seu livro sobre engenhos nucleares, textualmente:

"Em alguma parte e de algum modo, há lá fora no espaço do Universo um reator verdadeiramente gigantesco, que produz energias fantásticas, energias nada menos do que um bilhão de GeV (Giga elétron-Volt). Seus produtos são os raios cósmicos, cuja origem tem sido objeto de intensivas pesquisas há cinquenta anos."

Muitos pesquisadores de hoje sabem que chegaram em suas pesquisas a um limite que não poderá ser transposto com o raciocínio terreno... O ser humano contemporâneo chegou a um ponto de desenvolvimento em que não deveria haver mais enigmas cósmicos e mistérios, se não tivesse perdido a ligação com as ondas pelas quais poderia ter recebido esclarecimentos sobre todos os "mistérios da natureza", na Criação posterior e mesmo sobre o Olimpo.

Gaia-Kibele

Deixemos agora a sede dos "deuses" – o Olimpo – e volvamos nosso olhar à Terra e aos enteais que constantemente nos circundam.

Todos os planetas Terra, isto é, os planetas habitados por criaturas humanas, possuem protetoras femininas, podendo ser chamadas também de soberanas. Elas se originam das ligações dos titãs com as vanens, podendo ser consideradas parentes afastadas desses dois clãs olímpicos.

A protetora de nossa Terra é "Gaia-Kibele", que significa "soberana da Terra servindo em amor". Gaia-Kibele sempre foi denominada de "Erdmutter" (mãe da Terra) pelos povos antigos. Antes da queda às profundezas, as criaturas humanas podiam ver frequentemente também essa grande figura enteálica.

Quando visível, Gaia apresenta-se vestida com um manto cujo tecido assemelha-se a uma névoa verde e reluzente, que a envolve totalmente e que finaliza numa longa e larga cauda. Suas compridas tranças, reluzentes como metal prateado, ornadas com flores, acham-se caídas sobre as costas. Na cabeça porta a coroa da Terra com as quatro pontas de rubi; de seu semblante delicadamente branco e jovem, brilham dois olhos como que velados pela tristeza.

A grande mãe da Terra, ao se apresentar, está sempre acompanhada de uma enorme comitiva. Bandos brincalhões de descendentes de "Tífon", senhor dos vendavais, voando, brincam em torvelinhos sobre ela e sacodem com imensa alegria os galhos das árvores, de tal modo que fazem chover flores, frutas e folhas. Fadas, gnomos e elfos envolvem sua grande soberana, oferecendo-lhe flores e frutos. Um pouco mais distanciado encontra-se o seu permanente protetor, o gigante "Kotto".

Da comitiva de Gaia, fazem parte também animais. Podem-se mencionar especialmente as enormes borboletas que emitem luzes e que flutuam em bandos para cima e para baixo, envolvendo a mãe da Terra e sua comitiva num vislumbre luminoso verde azulado. Há também as corujas brancas que procuram abrigo nos ombros de sua ama, quando os entes do vento exageram demais. Da mesma forma, veadinhos, ovelhas brancas, esquilos e ursos amarelos pulam, correm e brincam à sua volta.

Gaia, a grande mãe da Terra, outrora irradiava com alegria e orgulho, quando os primeiros seres humanos se encarnavam na Terra, pois esta era bela! E os novos habitantes terrenos deveriam sentir-se como que em solo pátrio no meio dessa beleza e dessa flora viçosa...

Desse tempo para cá decorreram milhões de anos. E o orgulho e a alegria, que outrora faziam pulsar seu coração com mais intensidade, transformaram-se em repulsa. Pois hoje ela vê sua desconsolada e maltratada Terra através de um véu tecido com fios de tristeza...

Apolo

Outro grande enteal que se acha em contato mais íntimo com a Terra é o "senhor do Sol". Esse senhor, que em tempos anteriores sempre foi denominado "deus do Sol", tem muitos nomes. Os mais conhecidos são: Hélios, Sol, Heliogabal, Schamas, Apolo, etc. Aqui o chamaremos de Apolo...

Apolo, igualmente, é de tamanho gigantesco, sobre-humano e de radiante beleza. Devido ao seu resplandecente aspecto, sempre foi venerado como "deus do Sol". Em épocas anteriores houve sacerdotes-reis e soberanos que frequentemente se aproximavam dele a fim de pedir conselhos, os quais sempre foram instrutivos e úteis.

Sua vestimenta é constituída de uma couraça de brilho áureo; na cabeça usa um elmo alado, de ouro. De seu semblante, belo e de proporções perfeitas, brilham olhos de um azul chamejante. Todos os senhores dos sóis têm olhos dessa cor. Pois é a característica de estreita união com o Olimpo.

Em tempos idos Apolo apareceu muitas vezes nos templos e nos locais de culto erigidos em sua homenagem; nesses recintos sempre se acendiam os fogos em honra do Sol. Além disso, podia-se também observá-lo correndo em grande velocidade numa carruagem áureo-fulgente de duas rodas, puxada por quatro leões vermelhos de pelos compridos.

Os assírios, e mais tarde os romanos, construíram seus carros de combate de duas rodas tendo como modelo o "carro do Sol" de Apolo.

Todos os antigos povos da Terra celebravam, em agradecimento, festas em sua honra. Mesmo quando teve início a decadência humana, isto é, quando não havia mais templos nem locais especiais de culto, acendiam-se anualmente, em meados de junho, os fogos em honra do Sol. Eram sempre dias festivos. Os seres humanos cantavam hinos em seu louvor e pediam que ele, o "Fulgurante", brilhasse beneficamente sobre suas sementes. No decorrer desses dias e noites festivas colhiam-se ervas curativas e plantavam-se certas árvores, arbustos e flores; as pessoas mais jovens e as crianças dançavam em volta das fogueiras, e as gerações mais velhas entoavam em coro canções de agradecimento em honra de Apolo...

Todas as fogueiras em homenagem ao Sol acendiam-se quando este se achava em seu ponto mais alto, isto é, ao meio-dia. Às vezes alguns poucos, geralmente crianças, podiam ver nessa hora o senhor do Sol nos ares. Quando isso sucedia, um júbilo indescritível reinava entre os participantes das festividades...

A Atuação Nefasta dos Missionários

Tudo isso mudou, assim que os missionários cristãos, pouco a pouco, penetraram em todos os povos e tribos para "regenerar os pagãos", que acreditavam nos entes da natureza e que se entregavam a variadas espécies de culto pagão, e "convertê-los" em nome de Jesus. Todavia, onde quer que os "bem-intencionados" missionários chegassem, desencadeavam desconfianças, divergências e lutas sangrentas ao afirmar que os entes da natureza não eram outra coisa senão "obra satânica", pois nenhum desses missionários fanáticos poderia tirar-lhes a convicção da existência dos referidos entes. Por essa razão tornou-se frequente o assassinato de missionários que afirmavam que os entes da natureza, venerados e adorados por todos, eram invenções maléficas, pagãs e diabólicas. Eles defenderam-nos até que o próprio Apolo proibiu o derramamento de sangue, por intermédio de uma menina vidente que de vez em quando via os grandes e pequenos entes da natureza.

Se os missionários fossem criaturas ainda ligadas à Luz, o conhecimento da existência dos enteais poderia unicamente tê-los ajudado em suas conversões. Teriam conhecimento de que os entes combatidos por eles de maneira tão fanática eram, também, apenas servos do único e onipotente Criador de todos os mundos, e consequentemente teriam de incluí-los em suas pregações. Alegres e cheios de confiança, os povos teriam recebido a revelação que Deus onipotente, a quem todos os senhores dos sóis e demais entes da natureza serviam com profunda veneração e respeito, havia enviado Seu Filho, Jesus, às criaturas humanas, a fim de ensiná-las através de sua palavra, ampliando os seus conhecimentos... Se os missionários tivessem transmitido dessa forma os ensinamentos a respeito de Jesus, aos povos a serem convertidos, sua doutrinação teria por toda a parte caído em solo fértil...

Na Europa, os germanos e tribos semelhantes conservaram por mais tempo a "crença nos deuses" e os correspondentes atos de culto. Na América do Norte e do Sul, na época de Jesus, havia tribos de índios puros, estreitamente ligadas aos entes da natureza... Os povos da América Central, como por exemplo os últimos descendentes dos astecas, maias, etc., naquela época já não tinham mais ligações com os entes da natureza; o que ainda conheciam desses servos de Deus, de espécie diferente, era confuso, errôneo e obscurecido por uma idolatria cruel...

Na Ásia também houve alguns povos que ainda por muito tempo conservaram vivo o conhecimento a respeito dos entes da natureza que se assemelhavam a "deuses"... Especialmente nas regiões hoje denominadas Tailândia, Laos, Indonésia, tal ensinamento permaneceu puro durante muito tempo. Todavia, também ali o falso se insinuou pouco a pouco, substituindo o conhecimento límpido e a pura fé nos entes da natureza pela crença e medo dos demônios.

Na Europa, os germanos e povos análogos do norte conservaram durante muitos séculos depois do início da Era Cristã sua fé nos entes da natureza, bem como nos atos de culto. Finalmente, porém, a Igreja venceu. A todos os príncipes e servidores da Igreja a tal "fé pagã", aparentemente inextirpável, apavorava, pois segundo sua opinião essa fé era a única culpada de o cristianismo não poder penetrar em toda a parte livremente.

A fim de superar esse obstáculo, um especial servidor astuto da Igreja teve a ideia de não mais combater as "festas pagãs", mas sim uni-las aos feriados da Igreja. Exemplifiquemos: os festejos juninos, em que eram acesos os "fogos pagãos" em homenagem ao Sol, foram associados com o aniversário de João Batista, festejado pelos cristãos no dia vinte e quatro de junho. E os seres humanos que com o decorrer do tempo se converteram ao cristianismo, denominaram apenas de "fogos juninos" as fogueiras em reverência ao Sol, que antes eram acesas para agradecer a Apolo, e que eram chamadas de "fogos de solstício". O mesmo aconteceu com os demais rituais dos tempos passados. Do lado dos servidores e adeptos das igrejas tudo se fazia para apagar o saber a respeito dos entes da natureza nos espíritos humanos, que cada vez mais se entregavam à indolência espiritual. Os milhões de povos enteais, que na vontade de Deus formaram e vivificaram todos os corpos celestes, continuando sempre nessa obra, foram postos de lado, como se não tivessem existido, pela ilimitada arrogância humana... Em solidão mortífera vive desde então a criatura humana.

Astarte

Voltemos, agora, mais uma vez para o astro solar de Apolo.

Alguns, ou melhor, bem poucos povos da Antiguidade, como por exemplo os antigos incas, viam no sol um ente feminino que veneravam como a "grande mãe". Tal equívoco é bem compreensível, visto que naquela época ainda existiam alguns seres humanos que às vezes, quando o sol se achava no apogeu, enxergavam uma grande e maravilhosa figura feminina que sobrepujava em seu fulgor até o brilho do sol terreno... Esse enteal, no entanto, era "Astarte", que do Olimpo influenciava as criaturas humanas da Criação posterior e às vezes aparecia aos seres humanos.

Astarte é mediadora de irradiações enteais provenientes da pureza divina, e que traspassam todos os mundos. Ela atua como um transformador, modificando essas irradiações de tal modo que possam ser absorvidas pelos seres humanos terrenos. A atuação de Astarte destina-se em primeira linha à feminilidade terrena. Ela desperta e fortalece o senso de pudor e de fidelidade.

Há também no reino espiritual do Paraíso uma Astarte. Ela transforma e transmite as irradiações divinas da pureza conforme a sua espécie, de tal modo que possam ser assimiladas pelo espírito humano de uma maneira mais elevada...

Astarte, até o início do culto de Baal, foi venerada em toda a Ásia Menor como "deusa da pureza" nos templos erigidos em sua homenagem. Logo que o culto de Baal se alastrou por toda a parte como uma devastadora epidemia, os sacerdotes de ídolos deram início à sua obra destruidora. Pois não lhes era útil uma deusa da pureza, e muito menos um culto em sua honra. Visto não conseguirem fazer desaparecer essa deusa, modificaram o seu nome, anunciando que Astarte na realidade era uma irmã de Baal, exigindo como virtude máxima da mulher, a maternidade. Seu nome foi transformado para "Ischtar". Conforme a região, os respectivos sacerdotes de ídolos modificavam a espécie de sua atuação e também seu nome. Assim fizeram de Astarte uma incentivadora do amor terreno, uma deusa da maternidade, da fertilidade, da luta, etc.

Os sacerdotes tiveram unicamente de criar a confusão. O restante seus adeptos fizeram. As orgias em honra da deusa do amor Ischtar, também denominada Schauschka, Athatat, Ascherot, etc., ficaram famosas em todo o Oriente e na Ásia Menor.

Astarte é uma das retransmissoras de irradiações mencionadas na dissertação *Fios de Luz sobre vós!*, na Mensagem do Graal, "Na Luz da Verdade", de Abdruschin, vol. 3.

Deméter e o Povo dos Pequenos Vanens

Além de Gaia, ainda existem muitos outros grandes e maravilhosos enteais, masculinos e femininos, cujo campo de atividade está nos mundos materiais que se encontram em conexão com a Terra.

Desse imenso número escolheremos alguns para uma descrição mais detalhada. Assim, cada um poderá formar uma imagem da atuação desses grandes servos enteais de Deus. Eles, na realidade, não são estranhos a nenhuma criatura humana...

Inicialmente falaremos de "Deméter", a protetora de todos os frutos e espigas do campo. Subordinados a ela acham-se os povos dos "pequenos vanens", cuidando de todos os grãos da Terra, para que eles não se percam, mas sim continuem sempre de novo a germinar e a produzir flores e frutos.

Os pequenos vanens, entes masculinos e femininos, têm cerca de cinquenta centímetros de altura; seus rostinhos são redondos, bronzeados e seus olhinhos são também redondos e alegres. Vestem casaquinhos meio compridos de um marrom-avermelhado, e zelosamente estão sempre empenhados em realizar tudo de acordo com a vontade de sua ama Deméter.

Deméter usa um vestido comprido de cor verde-claro com um cinto de cápsulas de sementes vermelho-douradas. Um aro singelo de metal reluzente, também vermelho-dourado, cinge sua bela cabeça. Seus brilhantes cabelos bronze-avermelhados são arrumados em quatro tranças. Mas seu olhar, que outrora cintilava com alegria, brilha apenas tenuemente, pois aquele esplendor intenso e puro acha-se igualmente turvado pela tristeza.

Nos primeiros tempos da Terra, Deméter teve muito o que fazer: incentivar os povos dos pequenos vanens e mostrar-lhes as múltiplas sementes que exigiam trato e proteção especiais. Pois os frutos, as frutinhas, tubérculos, nozes, grãos e assim por diante, que daí se desenvolvem, teriam de servir de alimento aos seres humanos, bem como a muitas espécies de animais, assim que tivesse chegado o tempo para isso. Nada deveria se perder! E isto não era tão fácil, porquanto mesmo depois da encarnação dos espíritos humanos, durante milhões de anos ainda, a superfície terrestre constantemente modificava a sua configuração...

Foram também os povos dos pequenos vanens que, por ordem de sua grande ama, mostraram aos espíritos humanos, por toda a parte da Terra, os grãos que eram comestíveis e os tubérculos próprios à alimentação.

Entre outras coisas, ensinaram também aos seus alunos humanos como deveria ser preparado o solo para nova semeadura, quais as sementes apropriadas para isso, bem como também a época em que deveriam ser semeadas... Orgulhosos, os pequenos vanens ensinavam aos espíritos humanos, com alegria e gratidão, tudo aquilo que deveriam conhecer, quer a respeito da semeadura como da colheita; ficavam felizes vendo seus alunos humanos observarem tudo com atenção e aplicarem seus ensinamentos.

Baldur e o Povo dos Dríades

Outro enteal é "Baldur", chamado pelos antigos romanos "Silvano". Belo enteal masculino, de estatura sobre-humana, seu rosto é dourado e possui olhos sorridentes. Veste-se com uma calça vermelha e justa e um paletó verde, cujo comprimento chega um pouco abaixo da cintura. Usa sapatos vermelhos com as pontas dobradas para cima. Um largo cinto de metal rubro e uma pequena corneta pendurada no pescoço por um cordão completam sua indumentária.

Subordinados a Baldur estão todos os povos dos dríades, isto é, os povos dos elfos das árvores. A estatura deles depende do tamanho das árvores. Em geral, os menores têm cinquenta centímetros, ao passo que outros alcançam um metro e meio, nunca além, isso segundo os nossos conceitos de tamanho. Os elfos movimentam-se através da madeira das árvores como os seres humanos através do ar. O mesmo acontece com os entes das pedras e da terra. Também para eles a matéria com que lidam é como o ar para nós.

As vestimentas dos dríades são de conformidade com as flores, folhas, sementes e frutas de sua respectiva árvore. Muitas vezes usam em volta do pescoço colares de sementes, que conforme seus movimentos tilintam como sinetinhas. Os elfos das árvores são de espécie masculina, isto é, positiva. Todos eles têm cabeças redondas, completamente calvas, e seus olhos são redondos como bolinhas. Seus rostinhos refletem toda e qualquer disposição interior, como é hábito acontecer com todos os grandes e pequenos enteais. Seus pés e suas mãos são pequenos, porém largos, e os dedos dos pés têm o mesmo comprimento que os das mãos.

Nem todas as árvores são habitadas por elfos; assim, nas grandes florestas há em geral um elfo para cada oito árvores. Em jardins e parques ou em outros lugares pode-se reconhecer nitidamente quais são as árvores habitadas por elfos, pois estas possuem uma beleza toda especial.

Outrora, quando os elfos das árvores queriam presentear os seus queridos entes humanos, chamavam os alados dos ventos, isto é, os enteais dos ventos, que movimentavam e sacudiam os galhos e as folhas até que seus respectivos frutos caíssem em grande quantidade sobre a terra. Assim que os seres humanos acenavam para os elfos em agradecimento, estes, tomados de alegria, faziam as mais impossíveis acrobacias. Contudo, isso há muito já passou. Todos os pequenos enteais fogem e se escondem das criaturas humanas, pois elas lhes incutem medo e horror.

Os Silens

Antes de prosseguirmos, devemos mencionar que existem várias qualidades de plantas que não são cuidadas pelos elfos das árvores, mas sim por outras espécies de enteais. Por exemplo, as videiras acham-se sob os cuidados do povo dos "silens".

Por toda a parte da Terra, e até o início da época glacial, as parreiras cresciam como cipós e subiam até as mais altas copas das árvores. Especialmente nas regiões onde o solo era rico em cinzas vulcânicas, as uvas eram de inacreditável tamanho e doçura. Aliás, a riqueza de outrora em frutas nas florestas virgens, sim, em toda a superfície da Terra, era tão abundante, que hoje não é possível imaginar. Até o início da era glacial a Terra era um paraíso no mais verdadeiro sentido da palavra.

Os silens são também de espécie masculina, positiva. Figuras robustas de tórax largo, braços e pernas curtas e grossas. Dificilmente alcançam um metro e meio de altura. Vestem uma saia de um tecido semelhante ao couro, que os cobre da cintura até os joelhos, tendo a parte superior completamente despida. Cabelos curtos e emaranhados cobrem suas cabeças redondas, que em geral se acham ornamentadas com ramos de parreiras e uvas.

Foram também os silens que outrora ensinaram os seres humanos a transformar o suco de uva em vinho. Mencionamos aqui especialmente as uvas, visto que entre os milhões de povos enteais o vinho é considerado uma bebida sagrada que só pode ser tomada em ocasiões especiais. No dia da renovação de forças, o senhor do Olimpo oferece aos seus poderosos servos, ali reunidos, uma grande taça com vinho. Ao mesmo tempo, reúnem-se também nas sete partes do Universo os inúmeros enteais, tomando com gratidão e alegria o vinho que lhes é oferecido por enteais superiores destinados para isso. No entanto, esse vinho é diferente daquele que temos na Terra. É como um elixir, que atua de modo fortalecedor sobre os corpos enteais.

As Princesas das Flores

As princesas das flores são outros grandes enteais; são as protetoras das fadinhas das flores nos mundos materiais. Há muitas delas, e todas igualmente belas. A rainha das flores, cujo nome é "Sif", vive no Olimpo e o seu contato com os mundos materiais é feito somente através das princesas das flores.

As protetoras das fadinhas das flores pertencem aos povos das sílfides. A eles também pertencem os entes do ar. As sílfides do ar têm seu campo de atuação nos ares.

Ambas as espécies são bem maiores do que as criaturas humanas terrenas, e são dotadas de uma beleza difícil de se descrever.

Descrever realmente os enteais é dificílimo, porque estão em constante movimento; por essa razão variam sempre os matizes de cor de suas vestes, de seus cabelos, bem como de seus enfeites.

As princesas das flores usam vestes compridas e amplas semelhantes a túnicas tecidas de véus luminosos. Suas cabeças são ornamentadas com coroas feitas de flores e pedras preciosas. Véus, que parecem estar tecidos com finíssimos fios de diamantes, são presos nas coroas, e são tão longos, que envolvem quase inteiramente a figura de sua portadora. As princesas das flores são tratadas com especial distinção por todos os enteais das matérias, pois em sua volta há um hálito de mundos superiores, e isso também se manifesta em sua extraordinária beleza...

As Fadinhas das Flores

As pequenas fadinhas das flores possuem a mesma beleza radiante de suas grandes protetoras. Seu tamanho varia de conformidade com as flores. Contudo, raras vezes são maiores do que quinze centímetros. Por serem os povos enteais também sujeitos a um processo de desenvolvimento, as filhas das fadinhas das flores consequentemente são de tamanho minúsculo.

Todas as flores, sem exceção, estão sob a tutela das respectivas fadinhas; isto, no entanto, não quer dizer que em cada flor haja uma.

Somente as flores especialmente protegidas são influenciadas diretamente por fadinhas. O reconhecimento de tais flores não é muito difícil, visto que elas são mais luminosas e mais belas do que as demais...

As fadinhas das flores não moram na flor terrena da matéria grosseira, mas sim na camada algo mais fina, porém ainda grosso-material, que perpassa a Terra inteira, envolvendo-a como se fosse uma segunda Terra.[*]

Tomemos, por exemplo, uma roseira terrena florida, de excepcional beleza. No mesmo lugar ou quase junto dela encontra-se, na camada mais fina que circunda a Terra, uma roseira bem maior, com flores também maiores e mais luminosas. Nessas flores é que moram as fadinhas.

A roseira terrena, em geral, é envolvida totalmente por uma outra bem maior, invisível na Terra, sendo que as rosas terrenas recebem algo da viva força luminosa das fadinhas que moram nas rosas de matéria grosseira mais fina.

As flores que florescem nos vasos e nas árvores são cuidadas pelas fadinhas da mesma maneira que as demais, pois tudo o que cresce e vive na Terra se formou segundo modelos que, muito antes de se ter iniciado o processo de condensação na Terra, já se achavam em pleno desenvolvimento na camada da matéria grosseira algo mais fina; tal camada pode também ser chamada "camada intermediária" simplesmente. Todas as flores de árvores, especialmente belas e que se encontram em lugares protegidos, são circundadas e irradiadas por fadinhas que dançam em seu redor. As cirandas das fadinhas eram contempladas frequentemente pelos seres humanos, enquanto eram isentos de culpa.

Todas as fadinhas possuem asas transparentes como se tecidas com finíssimos fios de prata. Os formatos das asas diferem uns dos outros. Assim, umas têm o feitio das asas das borboletas, outras se assemelham com as da libélula; todas, porém, muito delicadas e transparentes. E os vestidos com que as pequenas criaturinhas se vestem são igualmente delicados e transparentes, e de uma tecedura extraordinariamente fina. Suas cores harmonizam-se perfeitamente com as das respectivas flores.

---

[*] Vide "Na Luz da Verdade", Mensagem do Graal, de Abdruschin, vol. 3, dissertação *Germes enteais*.

Todas as fadinhas, com exceção das rainhas das fadinhas, têm longos cabelos ondulados de brilho metálico, presos por finos arcos. As rainhas das fadinhas, algo maiores do que as fadinhas comuns, têm sobre suas cabecinhas uma minúscula coroa de flores, feitas com pedras preciosas; sobre seus cabelos, quase brancos e igualmente compridos, paira um brilho semelhante ao das pérolas.

Dos rostinhos minúsculos das fadinhas, de beleza sobrenatural, fulguram grandes e redondos olhos da cor de suas flores. As fadinhas são as criaturinhas mais maravilhosas que existem na Criação posterior. Em épocas remotas, quando ainda queriam bem aos seres humanos, podia acontecer frequentemente de se sentarem nas mãos das mulheres e crianças que cuidavam das flores ou que simplesmente se alegravam com sua beleza...

Devido à restrição do raciocínio, o ser humano da atualidade não pode mais imaginar como outrora ele era envolto em amor e alegria, e assim permaneceu enquanto esteve em ligação com os enteais.

Os Gnomos

Observaremos inicialmente duas das suas inúmeras espécies: os gnomos propriamente ditos e os "albens". Todos os povos dos gnomos se encontram na camada da matéria grosseira menos densa que perpassa a Terra, circundando-a estreitamente. Essa camada é na realidade o modelo mais fino de nossa Terra. Todos os enteais que se ocupam com a matéria grosseira atuam simultaneamente em ambas as camadas da Terra. Enquanto a onda transmissora não tinha sido interrompida, os seres humanos mantinham ligação com o ambiente mais fino da Terra e frequentemente podiam ver também os gnomos, parecendo-lhes que estes, bem como os demais enteais, se encontrassem na Terra grosso-material, e isso porque dificilmente se consegue reconhecer onde ambas as camadas terrestres se entrosam.

O campo de ação dos gnomos encontra-se na terra. Ela é para eles um elemento vital. Quando a Terra ainda era jovem, eles cooperaram intensamente na composição das diversas espécies de solo. Atualmente seu trabalho consiste mais numa espécie de conservação.

Como a matéria terrestre se desgasta, os gnomos têm sempre de adicionar novos elementos onde se fizer necessário, para que o verdejar e o florescer tenham sua continuidade na superfície da Terra.

A atuação deles só finalizará quando o planeta Terra tiver alcançado o ponto em que a decomposição de sua matéria grosseira tiver sido iniciada. Nessa época outros enteais servidores ocuparão seus lugares. Os laboriosos e pequenos gnomos terão então cumprido sua missão!

A estatura dos gnomos da terra é de pouco mais de cinquenta centímetros. Vestem uma espécie de macacão marrom-avermelhado fechado nas costas. Usam em suas pequenas e redondas cabeças minúsculos capuzes que, no entanto, nem sempre terminam em ponta. As cores destes, como as botinhas, são vermelho-acastanhado, vermelho ou verde. Há tantas nuances de cor, que nenhuma vestimenta e nenhum capuz se assemelha a outro. Muitos gnomos carregam em seus cintos pequenas lâmpadas quadradas, em cujo centro se encontra uma grande pedra preciosa de cor verde-claro. Na escuridão, tal pedra brilha como uma intensa luz verde-clara.

Os rostinhos dos gnomos, apesar de suas diferentes idades, são sem barba, lisos e jovens. Os olhos são redondos e todos têm um vislumbre avermelhado. As diferenças de idade, como em todos os enteais, apresentam-se apenas nos olhos. E isto de uma maneira inconfundível. Os de caras barbudas e narizes disformes nada mais são do que caricaturas feias criadas pela fantasia do raciocínio humano.

O guia dos gnomos da terra é o "grande Faljar"; para eles o seu guia apresenta-se como um gigante, embora não seja tão grande assim. Faljar tem aproximadamente dois metros, um corpo muito largo e pesado. Sua camisa de malha, feita de fortes fios de metal vermelho-reluzente e que cinge estreitamente seu tórax, tem a semelhança de uma couraça. Na sua cabeça de cabelos curtos, acha-se um elmo redondo que também reluz como metal. Carrega em seu pescoço, presa por uma fita, uma pedra preciosa esférica opalescente.

Os Albens

Outro povo importante de gnomos, ao qual já nos referimos, é aquele constituído pelos albens. Seu campo de ação abrange todas as espécies de minerais puros, compreendendo também as pedras preciosas. Seu trabalho assemelha-se ao dos gnomos da terra. Da mesma forma, conservam as dádivas da natureza que lhes foram confiadas e em cuja composição outrora cooperaram. Zelam para que o brilho das pedras preciosas não se apague, e para que os minerais não se desintegrem prematuramente em seus elementos de origem.

Os albens alcançam cerca de um metro de altura. Seus pequenos corpos são troncudos e fortes. Seu traje consiste em uma calça e uma espécie de blusão semelhante a uma túnica, justos ao corpo, de um tecido que não existe na Terra; todos eles usam botinhas. As cores de suas roupas são de difícil determinação, uma vez que mudam continuamente e se adaptam integralmente, até nas mais delicadas nuances, à região ou local onde se encontram e trabalham. Como exemplo dessa faculdade de adaptação ou mimetismo temos aqui na Terra os camaleões. Os únicos objetos que permanecem sempre da mesma cor são os elmos prateados, de formato pontiagudo, que todos eles trazem em suas cabeças redondas de cabelos curtos.

O guia dos albens é "Hymir"! Sua figura tem semelhança com Faljar, porém seu modo de vestir e sua expressão fisionômica são completamente diferentes. Os trajes de Hymir são justos, de cor preta e ornamentados com minúsculas pedras preciosas multicolores, parecendo terem sido entretecidas. Na realidade, a vestimenta tem uma propriedade cintilante que se manifesta de acordo com a vontade do seu portador. Trata-se de uma espécie de tecido que só existe entre os povos enteais.

Os guias de todos os povos dos gnomos, bem como os próprios gnomos, tinham outrora muita amizade com os seres humanos; tanto assim, que chamaram a atenção destes para o ouro e mostraram-lhes como poderiam utilizar o metal que se igualava à cor do sol. Sob os ensinamentos dos pequenos mestres, os seres humanos confeccionaram suas primeiras obras rudimentares de arte em ouro. Quando surgiram os primeiros objetos de ouro, tais como pratos, copos, bandejas, discos do Sol e outros, para a ornamentação de templos e outros locais, já se haviam passado centenas de milênios.

Os povos dos gnomos nunca poderiam imaginar que mais tarde, devido ao ouro e a outros tesouros da Terra, rios de sangue haveriam de correr...

Atualmente todos os gnomos, como também todos os outros enteais, são hostis às criaturas humanas. Pois estas abusaram, da maneira mais ignominiosa, de sua supremacia espiritual em relação aos fiéis servos enteais de Deus, e profanaram as dádivas do Criador com a sua cobiça! Ai do gênero humano, agora no Juízo!

Os Gnomos das Pedras

Os gnomos das pedras alcançam até um metro e meio de altura e pode-se dizer que a sua largura se iguala ao comprimento. Suas cabeças são rudes e volumosas, com espessos cabelos curtos. Suas vestimentas são feitas de material consistente e sólido, e as cores são sempre adaptadas às pedras em que trabalham.

Diana ou Danae

Volvamos o olhar, agora, adiante, para mais um grande e belíssimo enteal feminino: "Danae", a protetora dos animais. As criaturas humanas causaram-lhe também grandes sofrimentos assim que começaram a perseguir e caçar os animais, simplesmente pelo prazer de matar, por esporte, por cobiça, ou para a satisfação da moda, razão pela qual muitas espécies de animais foram exterminadas de modo cruel e prematuramente.

Os romanos, da mesma forma que os demais povos antigos, souberam, por intermédio de tradições, da existência dos "deuses" e acreditavam firmemente neles. Danae foi denominada por eles de "Diana", a deusa da caça e, segundo a opinião deles, como tal, veio corresponder às suas finalidades e desejos. Como protetora dos animais não tinham lugar para ela.

Também com relação aos animais o ser humano abusou de seu poder, da maneira mais vil possível. Nem a própria Danae pôde lutar contra a cobiça e as armas cruéis e mortíferas das criaturas humanas.

Danae ou Diana usa um vestido comprido, largo e ondulante, de cor vermelho-claro resplandecente, dando a impressão de ser feito de um material desprovido de peso, pois com a menor brisa eleva-se e esvoaça graciosamente. Um diadema metálico, azul-claro, cinge sua cabeça; seus cabelos cintilantes e abundantes caem até a cintura. A beleza de Diana, como a de todos os demais enteais, é difícil de ser descrita, pois também ela, de acordo com a sua espécie, acha-se constantemente em movimento, razão pela qual não só os matizes da cor de sua vestimenta como também de seus cabelos modificam-se incessantemente...

Do rosto dourado de Diana, brilham dois olhos também envoltos por tristeza. Diana, quando é vista, cavalga um grande unicorne branco; está sempre acompanhada por grupos de graciosos entes femininos, semelhantes a ela, apenas de tamanho menor. Esses entes são as fadas silvestres que se encontram em todos os belos bosques e que transmitem o brilho da alegria. O elemento de vida de todas as criaturas enteais conscientes ou inconscientes é a alegria...

Diana, bem como as fadas silvestres, encontra-se sob a proteção dos gigantes terrestres!

Óstara

Outro grande enteal feminino é a "deusa da primavera Óstara", que muitas vezes foi vista e homenageada pelos seres humanos quando ainda estavam isentos de culpa.

Uma vez por ano Óstara dá volta à Terra, transmitindo assim sua irradiação de força enteal que provoca a germinação das sementes. Membros dos povos germanos, bem como dos celtas, quando ainda não havia sido interrompida totalmente a onda transmissora, viam sempre a bela enteal no começo da primavera, seguida de sua numerosa comitiva. Fazem parte da comitiva de Óstara, também animais, garças e lebres de cor rosada.

Assim que era anunciada a chegada de Óstara, iniciava-se uma intensa atividade entre os seres humanos. Casas, quintais e estábulos eram limpos, e tudo o que era inútil e velho era queimado... As mulheres preparavam ninhos nas hortas e nos campos, colocando neles ovos pintados de vermelho. Com isso esperavam ardentemente que a deusa os visse e os abençoasse...

Enquanto as mulheres esperavam que os ovos tintos de vermelho vivo atraíssem a atenção da maravilhosa deusa, as crianças entravam pelos pastos e florestas, e com pequenos martelos de madeira iam batendo nas grandes árvores, bem como nos grandes blocos de pedra, procurando assim chamar os elfos das árvores e gnomos das pedras, pedindo-lhes que transmitissem à deusa da primavera que todos os seres humanos daquela região, quer adultos quer crianças, aguardavam-na com amor e carinho.

Hoje, porém, ninguém pensa mais em Óstara, outrora aguardada por todos ansiosamente e com amor. Somente na língua alemã seu nome ainda continua vivo, pois a palavra "Ostern" (Páscoa) originou-se de Óstara. Certamente todo ano é celebrada a festa de

Óstara, a Páscoa ("Osterfest")! A época é a mesma, contudo a vinda da deusa da primavera, através da qual as sementes se tornam férteis, não é mais comemorada; entretanto, é festejada pela cristandade inteira a ressurreição de Jesus, depois de ele ter sido, dias antes, cruelmente assassinado.

De longe Óstara parece-se com uma nuvem transparente, florida, de tom verde-claro. Usa um vestido amplo e comprido, de tonalidade verde-clara, tendo em sua extremidade extensas e largas listas floridas. As flores dessas listas aparentam tal vivacidade, que dão a impressão de se movimentarem no meio de um canteiro. Seus cabelos cintilam também em tonalidade verde-clara, porém às vezes brilham num tom branco-prateado. Uma grinalda de campânulas, tinindo suavemente, adorna sua cabeça.

O rosto de Óstara tem o brilho das pérolas. No fundo de seus olhos redondos, verde-escuros, cintila muitas vezes uma luz vermelha. São olhos que traspassam a matéria grosseira. Estes olhos, que muitos enteais possuem, podem ser denominados de "olhos de raios X", pois esta denominação está mais próxima da compreensão das criaturas humanas.

Os Gigantes

Todos os enteais até agora descritos possuem forma humana, quer as figuras minúsculas das fadinhas das flores, quer os gnomos das pedras e uma grande parte dos enteais do ar, quer os gigantes.

Os gigantes são altos como uma torre. Suas cabeças são cobertas por cabelos desalinhados e seus olhos, que outrora expressavam benevolência, tornam-se hostis quando se dirigem às criaturas humanas. Usam calções, blusões e botas de um material consistente, semelhante ao couro. Cordões trançados fecham seus blusões na cintura. Outrora os gigantes cooperaram na estrutura das montanhas e nas muitas transformações que se fizeram necessárias neste planeta, no decorrer de milhões de anos...

Atualmente os gigantes se encontram novamente em atividade. Os inúmeros terremotos e maremotos, registrados diariamente, são efeitos de suas atuações. Há muito tempo que no interior da Terra está sendo preparado tudo para as últimas transformações terrestres. Em épocas precisamente determinadas, países, cidades e montanhas serão submersos, enquanto que as águas dos mares e dos oceanos cederão lugar a novas terras e montanhas que deverão surgir. Por toda a parte e onde se fizer necessário, os poderosos punhos dos gigantes estarão a postos.

Outra espécie de gigantes são os "ciclopes", com um olho só, que trabalham unicamente no interior incandescente da Terra. São eles que provocam as erupções vulcânicas na superfície terrestre. Devido às suas atividades é que se abrem condutos, fendas e crateras, bem como todas as espécies de válvulas necessárias para que os vapores, gases, cinzas, lavas, etc., possam sair do interior da Terra.

O senhor de todos os ciclopes é "Vulcano", pertencente ao povo dos titãs.

Os Silfos

Mencionaremos ainda uma das muitas espécies dos entes do ar. São os silfos, que se ocupam com a composição do ar.

Os componentes que formam o ar ou a atmosfera desgastam-se como tudo o mais. Por esse motivo todas as substâncias vitais e elementares que compõem o ar devem ser constantemente renovadas. Para conseguir este objetivo, os enteais, que se ocupam com a composição da matéria, conduzem as substâncias elementares através de movimentação de ondas à atmosfera... e os silfos cuidam da sua distribuição correta, para que não ocorra alteração na composição do ar.

Somente através do incansável trabalho dos inúmeros enteais é possível que nos muitos astros tudo seja processado conforme está previsto nos planos da Criação.

Há silfos de todos os tamanhos. Seus membros muito delicados movimentam-se no espaço num flutuar rítmico. Usam vestes compridas e ondulantes que parecem ser tecidas com nuvens em delicada cor pastel e flocos de neve diamantinos. Dos rostos delicados e brancos fulguram dois olhos de cor violeta.

Outros Enteais

Poder-se-ia descrever ainda milhões de enteais que têm forma humana, cuja atuação parte do mundo de matéria grosseira algo mais fina em direção à matéria grosseira dos inúmeros corpos celestes visíveis.

A matéria grosseira algo mais fina sempre constituiu uma camada ou mundo que se encontra entre a matéria mediana e a grosseira. Nestes mundos materiais não podem permanecer espíritos humanos, pois são reservados para os enteais.

Para os espíritos humanos há passagens especiais, parecendo largas pontes, que conduzem para a matéria grosseira mediana e para a matéria fina.

Enteais de Dupla Forma

Chegamos agora aos povos enteais que formam a parte de ligação entre a forma animal e humana. Em nenhuma parte da maravilhosa obra da Criação há uma lacuna; sem obstáculos engrenam-se as diferentes espécies. Por essa razão um salto, ou, melhor dizendo, a passagem da forma animal para a humana seria impossível sem um degrau intermediário, o qual é formado pelos povos enteais que têm metade corpo animal e metade corpo humano.

A esses povos pertencem todos os enteais da água e diversas espécies de seres dos ventos, que atuam sobre a matéria grosseira, trazendo movimento à atmosfera; igualmente todos os centauros, faunos e muitos outros mais.

Os Entes das Águas

Tomemos primeiramente os habitantes da água. Cada reino do mar é governado por seu respectivo rei. Seus súditos são as incontáveis ondinas que não só habitam o mar, como também os grandes e belos lagos naturais. Além dos reis dos mares há ainda outros enteais masculinos da água que são os tritões. Vivem em grandes rios, rios esses que ainda não foram conspurcados pelas criaturas humanas.

O senhor de todos os mares que atua nas diversas matérias é "Netuno" e a soberana de todos os enteais femininos da água é "Anfitrite". Ambos vivem em alturas olímpicas, atuando de lá sobre todos os habitantes aquáticos.

O corpo dos entes femininos, como dos masculinos, é constituído de metade peixe e metade ser humano, sendo que a parte superior tem a forma humana, e a inferior, da cintura para baixo, formato de peixe.

Tanto a parte superior do corpo, como as fisionomias das ondinas, conhecidas também como sereias, apresentam extraordinária beleza. Seus olhos e cabelos têm um brilho avermelhado, com tonalidades de cores que não existem na matéria grosseira. Seu canto supera tudo o que as criaturas humanas conhecem nesse sentido.

Os reis dos mares são gigantescos. A parte superior de seus corpos, bem como as suas fisionomias, possuem uma beleza masculina bem-proporcionada. Em contraste com as ondinas, os reis dos mares e todos os tritões não possuem cabelos. Uma pele como escamas, que reluzem intensamente, cobre suas cabeças. Como signo de sua dignidade real, usam uma coroa com dez pontas de diamantes aquáticos.

As sereias e os tritões são também os protetores de todos os peixes, como também de outros animais aquáticos semelhantes a peixes. Protetores e guias de animais só podem ser enteais que, embora se encontrem em degrau mais elevado, mantenham ainda uma forte ligação com a espécie animal.

Nos reinos dos mares da matéria grosseira algo mais fina vivem ainda, ao lado das ondinas, várias espécies de animais com corpo de dupla forma, tais como os gigantescos "cavalos-do-mar". Estes têm a parte superior do corpo semelhante ao cavalo, passando para um corpo de peixe coberto de escamas. A parte superior do corpo, contudo, é coberta por uma grossa pele verde-clara, com cabelos aquáticos. Os olhos desses animais são vermelhos... Os "cavalinhos-do-mar", comumente conhecidos na Terra, constituem uma minúscula cópia, embora esteja também algo alterada, dos grandes animais aquáticos de dupla forma.

Mencionamos os cavalos-do-mar, visto que eles, com suas barbatanas compridas e móveis, impulsionam barcos de conchas reluzentes como pérolas, nos quais as ondinas e seus filhos se balançam e viajam com predileção.

As ondinas, ou sereias como também são denominadas, tornaram-se conhecidas através de suas melodias encantadoras. Em épocas remotas os cantos das sereias eram ouvidos frequentemente por marinheiros que navegavam pelos grandes rios e mares, em barcos rudimentares. Por isso chegaram a supor, e assim transmitiram às gerações posteriores, que por meio de seu canto as sereias atraíam os homens terrenos, a fim de levá-los para o seu reino aquático. É possível que tenha havido sereias que tivessem procurado chamar a atenção dos homens terrenos para si, mas naturalmente esses casos constituiriam raras exceções.

As melodias sem palavras das ondinas podem ser transmitidas a grande distância por intermédio das ondas do ar e da água e possuem diversos significados. Em primeiro lugar, contudo, são a expressão da alegria de viver, um agradecimento ao Criador! E ainda mais: são destinadas aos seus protegidos, aos muitos peixes nos grandes reinos dos mares. Os peixes captam, através de uma especial onda acústica, as vibrações dos cantos das ondinas e reagem correspondentemente. Quando, por exemplo, avisos de advertências vibram conjuntamente naquelas ondulações, todos os peixes e os outros animais aquáticos fogem, deixando a região em que foram captados os sinais de advertência das ondinas. Desse modo muitos cardumes podiam e ainda podem salvar-se das explosões subaquáticas de bombas atômicas. O que não pode ser salva é a flora do mar, que é vital para milhões de animais aquáticos... Onde quer que o ser humano, carregado de maldição, ponha a sua mão, traz a destruição para os reinos da natureza!

Contudo, nas melodias das sereias destinadas aos peixes nem sempre vibram sinais de advertência. Frequentemente as sereias brincam com seus amados protegidos, cantam canções que os estimulam de tal forma, fazendo-os "cantar" e executar movimentos dançantes.

Sim, os peixes cantam! Constituem verdadeiras orquestras, nas quais cada um faz o que sabe de melhor e da maneira mais forte possível. Alguns assobiam e uivam, outros sussurram, zunem, choram, batucam, roncam e gritam... Não é possível retransmitir todos os sons e ruídos que os peixes executam, para o maior divertimento das ondinas.

Os ouvidos dos seres humanos estremeceriam, se pudessem ouvir os "mudos peixes" executando músicas, principalmente ao pôr do sol.

Na Criação inteira não há sequer um animal mudo! A criatura humana supõe que muitos animais sejam mudos, visto que seu aparelho auditivo ficou prejudicado com a deformação de seu cérebro. Por essa razão, certas ondas acústicas não podem mais alcançar o seu centro auditivo...

Os Centauros

Os "centauros" são outros entes meio animal e meio ser humano. A parte superior é de constituição robusta, de forma humana e tonalidade morena. A parte inferior tem formato de cavalo, com pelos compridos. Suas cabeças são redondas e cobertas de pelos crespos. De suas fisionomias, sem barba, fulguram olhos vermelhos e penetrantes.

Nos quadros dos antigos mestres de pintura podemos ver representados os centauros. Em tempos remotos eles protegiam e guiavam as manadas de cavalos selvagens, de búfalos, de elefantes, de sáurios e várias outras espécies de animais grandes, dos quais hoje não existem sequer os esqueletos. A principal incumbência dos centauros, no que se refere aos animais, era deslocá-los o mais depressa possível das regiões onde transformações terrestres eram iminentes. Com a vigilância dos centauros impediu-se que muitas espécies de animais, necessárias para manutenção do equilíbrio na Terra, se extinguissem prematuramente devido às muitas erupções vulcânicas e terremotos, que naquelas longínquas épocas abalaram a Terra.

Também os centauros guiavam os animais através de sons. Naturalmente eram sons selvagens, longos e agudos, produzidos pela agitação vibrante de compridos bastões metálicos. Os animais ouviam e deixavam-se conduzir docilmente.

Os Faunos

Outro ente também meio animal e meio ser humano é o "fauno", chamado também Pan, Troll, Waldschrat, etc. Os entes meio animal e meio ser humano puderam ser vistos por mais tempo pelas criaturas humanas, visto se encontrarem mais próximos da matéria grosseira. Essa é a razão também por que existem tantas imagens deles.

Na Antiguidade os faunos eram tidos como protetores dos rebanhos domésticos de gado e de ovelhas, uma vez que os pastores muitas vezes os viam perto desses animais. Contudo, os faunos guiam e protegem todos os animais silvestres, inclusive o cervo.

Os faunos têm a parte superior humana, lisa e de tonalidade castanho-clara, e suas cabeças redondas cobertas de cabelos crespos; de suas fisionomias jovens, também sem barba, brilham igualmente olhos vermelhos que, como "olhos de raios X", atravessam a matéria. A parte superior de seus corpos humanos lisos transforma-se, mais ou menos no meio, em um corpo animal de duas pernas. As pernas desses entes se parecem com as dos cervos ou veados, de pelos compridos. Os povos antigos, porém, chamavam-nos de "pernas de bode", porque eles se locomovem unicamente pulando.

Os faunos têm o porte ereto como os seres humanos e existem em diversos tamanhos. Os mais velhos deles, segundo os conceitos humanos, atingem a altura de mais ou menos dois metros, entretanto sua estatura é muito variada. Suas cabeças estão sempre adornadas por grinaldas de folhagens multicoloridas. Tais grinaldas são presentes das fadas silvestres.

Cada fauno, mesmo o menor, carrega uma ou mais flautas compostas geralmente de vários canudos ou tubos, chamados na Antiguidade de flautas de Pan (Pansfloeten).

Dirigindo os animais também por meio de músicas, os faunos, ao tocar suas flautas ricas em variações, expressam sua vontade aos seus protegidos.

Para os guias enteálicos dos animais torna-se cada vez mais difícil protegê-los e guiá-los para fora das zonas perigosas. Pois atualmente o ser humano é o maior inimigo de todas as criaturas e surge em todos os lugares com suas astúcias e falsidades, com seu prazer de matar e com suas armas diabólicas...

Os Fylgens

Passamos agora para os guias dos pássaros. Eles têm o corpo de ave e a cabeça humana. Seus corpos são providos de quatro asas e suas penas brilham numa tonalidade vermelho-metálica. Um penacho, como elmo, cobre suas cabeças. Suas fisionomias têm semelhança com os rostinhos redondos das crianças; seus olhos fulguram, parecendo bolinhas vermelhas que giram constantemente.

Também esses enteais, chamados "fylgens", conduzem seus protegidos através de influências melódicas, cujas ondulações rítmicas prolongadas penetram nas almas dos pássaros.

Foram os fylgens que, com suas irradiações especiais, demarcaram os caminhos aéreos das aves. Esses caminhos no ar se parecem com largas faixas de irradiação, nas quais os pássaros voam em suas migrações... São tão reconhecíveis para eles como o são as estradas na superfície terrestre para os seres humanos.

Através desse conhecimento também poderia ser decifrado o enigma das migrações dos pássaros, que os pesquisadores procuram descobrir. Eles querem saber como é possível que revoadas de pássaros provenientes das regiões nórdicas voem anualmente até o Egito, sem se perderem... O segredo das migrações das aves somente se tornou um segredo, quando as criaturas humanas perderam a ligação com o mundo enteal e com seus habitantes...

Os Entes dos Ventos

Dirigir-nos-emos agora para os enteais dos ventos que, como outros, possuem formas duplas.

Quando se consegue ver os enteais dos ventos "deslizando" pelos ares com seus braços-alados abertos, pode-se pensar que se tem diante dos olhos aviões brancos, cobertos de véus, com enormes e redondas cabeças humanas. Seus rostos, de tamanho variado, são também brancos. Seus olhos são brilhantes, parecendo esferas irradiantes de tonalidade verde-avermelhada.

Existem enteais dos ventos com dois e três olhos. Os de três olhos são de tamanho inimaginável. Seu terceiro olho, redondo, de cor vermelha, está localizado no meio da testa e brilha como um farol de intensidade inimaginável. A irradiação desse olho-farol poderia ser comparada com um tipo especial de raios laser; para onde for dirigida, provoca toda a sorte de perturbações atmosféricas, como tempestades, furacões, tufões, etc. Os enteais de três olhos são chamados "olhos de tífon" (Augen des Typhon).

Tífon propriamente, seu guia e senhor, vive no Olimpo. Também os guias de outros enteais dos ventos como "Tyssiphon" e "Zéfiro" vivem lá e transmitem das alturas olímpicas força e estímulo a esses enteais.

O campo de ação dos enteais dos ventos é muito complexo. Exercem, por exemplo, influência sobre as correntezas do mar e a formação das nuvens, provocando quedas de temperaturas e mantendo a atmosfera terrestre em movimentação com correntes de ar mais fortes ou mais fracas. Além disso, seu sistema de ventos em excelente funcionamento, mantém a pressão atmosférica em equilíbrio. Muito ainda poderia ser dito, uma vez que os povos enteais que produzem as correntezas de ar têm influência não só sobre a atmosfera terrestre, mas também sobre a própria Terra, como um conjunto de engrenagens que funciona em perfeita harmonia.

Os Uralidens

Além dos enteais dos ventos e dos silfos do ar devem ser mencionados os poderosos "uralidens". São estreitamente ligados ao titã Urano, o portador das irradiações uranianas. Recebem suas irradiações transformando-as correspondentemente, na materialidade.

As irradiações uranianas, transformadas pelos uralidens, espalham-se sempre com a rapidez da luz no espaço celeste invisível para os seres humanos. Traspassam também a atmosfera terrestre e a própria Terra. Logo que entram em contato com a atmosfera terrestre, originam-se as vibrações e as ondas eletromagnéticas tão vitais para todas as criaturas.

Sem as vibrações eletromagnéticas inerentes ao espaço, o ser humano não poderia ver ou ouvir coisa alguma! Tudo o que a criatura humana tem encontrado até hoje, através de suas pesquisas referentes às leis e fenômenos físicos, acha-se baseado nas ondas eletromagnéticas. Essas ondas encerram ainda muitas energias que o ser humano em seu estado atual, afastado da Luz, não encontrará, apesar de todos os meios disponíveis...

O ser humano não passa de uma figura insignificante, sim, totalmente secundária no poderoso tecer enteálico da Criação! É apenas um hóspede, aliás, um hóspede que se tornou muito malquisto num mundo que inúmeras mãos diligentes criaram. Este mundo é para ele o planeta Terra, sendo os anfitriões os povos enteálicos, que esse hóspede, em sua vaidosa estupidez, nega. Entretanto, tudo o que a criatura humana denomina natureza foi criado pelos povos enteais, como havia sido decidido pela vontade de Deus...

As Salamandras

Dissertaremos agora sobre as "salamandras", conhecidas pelos seres humanos como "entes das fábulas"! Elas pertencem aos inúmeros entes elementares que, de acordo com sua espécie, atuam em determinados processos elementares, cujos resultados se manifestam ou se efetivam na matéria grosseira. Por exemplo, podemos deduzir que o aparecimento do elemento denominado fósforo foi consequência das atividades das salamandras. Na língua grega, "phosphoros" significa "portador da luz". Contudo, devia-se dizer "portador de fogo", pois o fogo é apenas uma das muitas manifestações da luz.

A incumbência propriamente dita das salamandras é, no entanto, a transformação de uma parte das irradiações uranianas que traspassam o espaço com suas ondas elementares de força... Seu senhor é "Hefesto", igualmente um titã e, como tal, portador de uma irradiação elementar necessária à construção da Criação.

As salamandras são somente minúsculas peças da poderosa engrenagem da organização da Criação. Apesar disso, são extraordinariamente importantes, pois só com a cooperação de todas as forças enteais pode ser mantido o equilíbrio que a lei da natureza condiciona.

As áreas situadas na parte mais fina da matéria grosseira, onde as salamandras vivem e se locomovem, parecem montanhas verde-azuladas de uma transparência gasosa, que se estendem por vastas regiões. De tempos em tempos essas regiões se transformam em mares de chamas vermelhas também de aspecto transparente e gasoso...

As salamandras fazem parte dos enteais de dupla forma. A parte superior do corpo é humana e a inferior tem a forma de lagarto. Têm cabeças redondas, com toucas justas de tonalidade vermelha, que pendem até a nuca. Seus grandes olhos, também redondos, acham-se constantemente em movimento. Em geral carregam tochas que são agitadas em volteios com alegria selvagem e arrebatadora... A parte inferior do corpo, em forma de lagarto, é toda de um vermelho-metálico transparente.*

Em todos os povos da Antiguidade o fogo era venerado como algo sagrado. Muitas vezes ocorria que as salamandras apareciam dançando e sorrindo dentro das chamas nas grandes fogueiras.

O culto ao fogo existiu entre os chineses, gregos, germanos, romanos, incas, indianos e ainda muitos outros povos. Todos eles consideravam e veneravam o fogo como sendo um reflexo do sol. Em nenhuma cabana o fogo podia apagar-se; para tanto as brasas eram bem guardadas em recipientes especiais de barro, para que a qualquer momento o fogo pudesse ser aceso novamente. O fogo era a luz em todas as moradas, nas quais habitavam a paz e a alegria.

Mais tarde, quando o medo dos demônios começou, o culto original ao fogo foi imperceptivelmente se alterando. Tornou-se um culto cuja finalidade era combater os demônios, pois se acreditava que eles temiam o fogo. Os sacerdotes de ídolos dos astecas e dos maias, todavia, criaram e lançaram a crença de que no próprio fogo é que se apresentava um demônio e, por conseguinte, deveria ser acalmado... com o sacrifício de criaturas humanas! Naturalmente, jamais houve demônios do fogo. Os sacerdotes convenientemente atiçavam o medo entre seus adeptos, pois só assim poderiam exercer seu nefasto poder...

As salamandras são, na sua espécie, as últimas que escolhemos dos milhões de enteais para descrever com maiores detalhes.

Em relação ao todo, são pouquíssimos os enteais que aqui descrevemos. Não obstante, o leitor poderá formar para si uma ideia dos incansáveis mestres construtores que, com o seu alegre trabalho, contribuíram para que as sete partes do Universo da Criação posterior pudessem ser formadas...

Algumas Características dos Enteais

Todos os enteais, inclusive aqueles de dupla forma, isto é, meio animal e meio ser humano, são criaturas conscientemente atuantes

---

* Existem outras espécies de salamandras, que apresentam formas diferentes.

e de almas sensitivas. Suas almas, no entanto, são de constituição totalmente diferente das almas humanas como também das dos animais. Os enteais são somente executantes. Não têm livre-arbítrio. Todos aqueles que se acham na Criação posterior trabalham inteiramente dentro da vontade e segundo as ordens dos guias do Olimpo. Esses guias, bem como seu senhor, Zeus, são por sua vez subordinados a forças superiores. Assim segue numa escala sucessiva para cima, até as alturas supremas, pois as forças enteais atuam em todas as esferas da Criação...

Os povos enteais são de uma espécie completamente diferente da dos espíritos humanos; mesmo aqueles que têm forma humana, nada têm em si da espécie humana. Permanecem sempre livres de carmas, por executarem incondicionalmente a vontade de forças superiores! De certo modo estão atados a tal vontade. Não sendo da espécie humana, não possuem e nem conhecem desejos egoísticos; por conseguinte, são integralmente felizes! Sentimentos de culpa, pecado e remição são totalmente desconhecidos para eles. Mesmo a tristeza sentida por aqueles enteais que entraram em contato com o mundo dos humanos não é semelhante ao sentimento que as criaturas humanas conhecem como tristeza. O conceito "passado e futuro" é estranho a todos os povos enteais, pois só conhecem o presente e alegram-se com cada momento de sua existência!

Os povos enteais, como as criaturas humanas, também estão sujeitos à evolução e ao desenvolvimento. Seu desenvolvimento inicia-se como germe enteal, numa flor.* Entre eles também existe um progresso e um desenvolvimento ascendente. Entretanto, um gnomo será sempre um gnomo, assim como um ser humano, mesmo atingindo um elevado grau de evolução, nunca pode sair de sua espécie humana.

Germes Enteais

Agora uma pergunta: De onde vêm os germes enteais?
Sabemos pela Mensagem do Graal que os germes espirituais são trazidos por correntezas e descem para a Criação posterior... Os

---

* Vide "Na Luz da Verdade", Mensagem do Graal, de Abdruschin, vol. 3, dissertação *Germes enteais*.

germes enteais têm sua origem no "círculo do enteal", em cujo ápice se encontra o Olimpo. Originaram-se das ligações de amor entre os enteais masculinos e femininos que lá vivem e atuam.

Essas ligações de amor, no entanto, são processos de irradiações que atraem magneticamente dois seres. Tais processos de irradiações nada têm de semelhante com os atos de procriação realizados na Terra. Fora da matéria grosseira os corpos, sejam quais forem, não possuem os órgãos de reprodução. O amor, portanto, não está ligado ao corpo. Trata-se de um intercâmbio de irradiações, provocado pela vibração da força sexual, que em sua forma mais pura traspassa os mundos da Criação posterior, inflamando as criaturas enteais em determinadas épocas.

Embora se trate da mesma onda de força sexual que se efetiva entre os seres humanos da Terra e que forma a ponte de ligação entre o espírito e a matéria, essa força sexual tem, porém, um significado e uma denominação completamente diferentes entre os povos enteais. Ela é também conhecida sob uma outra denominação: "eterno fogo do Sol", que traz felicidade para a existência deles, ligando-os com as esferas superiores.

A irradiação que se origina pela ligação de amor entre a espécie feminino-negativa e a espécie masculino-positiva está impregnada de germes, invisíveis no início, e que são levados para fora e para baixo por correntezas enteálicas, até que sejam atraídos pelas flores da vida. Estas, nas quais os germes enteais chegam a se desenvolver, florescem tanto nos vastos jardins do Olimpo, que se perdem de vista, como também em regiões da parte mais fina da matéria grosseira, onde muitas espécies de enteais têm o seu campo de atuação.

Somente durante a migração para as "flores-berço" é que os germes adquirem forma, tornando-se assim visíveis. Quando, então, atingem o estado de serem atraídos de forma magnética, têm o formato de grãozinhos vermelhos transparentes que flutuam dentro de um minúsculo floco. Os germes enteais são atraídos pelas flores que correspondem exatamente à sua igual espécie. Misturas, não há.

As flores da vida, que servem para o desenvolvimento dos germes enteais, são diferentes na cor e na forma. As salamandras, envoltas num elemento gasoso, desenvolvem-se em flores de fogo.

As ondinas, por sua vez, chegam ao seu mundo através de flores de conchas existentes no elemento aquático. Entretanto, a parte interna das flores, que poderia ser chamada de local de incubação, é idêntica em todas. Uma camada espessa, como algodão reluzente, forma uma espécie de berço no qual se desenvolve um ou mais germes enteais. Assim que estes estejam confortavelmente instalados, a flor fecha-se tomando o formato de uma bola. Somente reabre quando o referido germe tiver adquirido a forma correspondente à sua espécie. Ao abrir-se emite um forte estalo melódico que não se pode deixar de ouvir. As crianças enteais recém-nascidas são cuidadas carinhosamente por mães para isso designadas. Elas são conhecidas e denominadas por todos como "mães das flores".

As flores da vida brotam em uma grossa camada de musgo. Seus caules parecem finos troncos de árvores ocos, atingindo a altura de dois metros. Quando abertas possuem mais ou menos um metro de diâmetro e brilham em cores vivas e variáveis. Pela tonalidade da cor de cada flor, as "mães" sabem até que ponto se acha o progresso de desenvolvimento dos pequenos entes...

Tão logo a flor se fecha em formato de bola, as folhas verdes que crescem na parte superior do caule envolvem-na como um manto protetor. O solo revestido de musgo onde aquelas flores brotam e se desenvolvem é de uma qualidade toda especial, pois fornece calor e alimentação aos pequenos entes em formação na flor, através dos caules ocos.

Se uma semente (óvulo fecundado), no útero de uma mulher terrena, ou um germe enteal, numa flor, chegam ao desenvolvimento, o processo em si é o mesmo, pois as condições básicas necessárias para isso são idênticas.

Os processos de desenvolvimento na Criação são milagres do amor! Em sua simplicidade e grandeza são a maior dádiva ofertada a todas as criaturas, pois tal dádiva é a própria "vida".

A Grande Culpa

As descrições aqui feitas dos diversos enteais representam apenas uma ínfima parte do conjunto de milhões de povos enteais, que com incansável trabalho cooperam na formação e manutenção de toda a Criação posterior. Têm como finalidade fazer com que os poucos seres humanos que almejam a Verdade recebam novamente o conhecimento da existência e da atuação dos enteais, que foram relegados aos reinos das lendas e das fábulas, e se tornem conscientes do quanto devem a eles.

Os povos da Antiguidade, mesmo em sua decadência, foram muito superiores aos "seres humanos de cultura" de hoje. Sabiam, por exemplo, da existência de um mundo que estava ligado diretamente à Terra e do qual os fenômenos da natureza eram dirigidos e controlados. Denominavam mui acertadamente esse mundo de "região de formação". Antes de os antigos egípcios se entregarem à idolatria, veneravam os deuses como sendo "ordenadores dos ritmos cósmicos". No livro denominado "Rig Veda", que concentra o saber do antigo povo da Índia, escrito inicialmente numa língua muito mais antiga que o sânscrito, encontram-se hinos que mostram em diversas formas de expressão a veneração aos enteais como "guardiões e conservadores dos astros". E assim foi com todos os povos. Naquelas épocas em que os seres humanos ainda estavam isentos de culpa, não ocorreria a ninguém a ideia de se considerar "senhor da Criação e dominador das forças da natureza", como frequentemente acontece na época atual.

Assim, ninguém considera que num impacto, numa fração de segundo, os enteais poderiam destruir uma grande parte da humanidade, juntamente com suas miraculosas obras técnicas. Porém, isso também acontecerá, quando chegar a hora para tanto.

As explicações precedentes representam apenas um curto e bem condensado quadro de uma pequena parte dos mundos enteais e seus habitantes, e refere-se sempre a enteais que têm um ponto de contato com a espécie humana. As narrações aqui descritas têm por finalidade fazer com que esses seres humanos, que ainda possuem o anseio pela Luz, reconheçam a grande culpa com que se sobrecarregaram em relação aos auxiliares enteais. A esse respeito, transcrevemos as seguintes palavras da Mensagem do Graal, "Na Luz da Verdade", de Abdruschin, vol. 3, dissertação *Os planos espírito-primordiais – IV:*

> *"Numa coisa tem o ser humano terreno de atentar especialmente, visto ter pecado muito a tal respeito: a*

*ligação com os auxiliares enteais **jamais** deve ser **interrompida!** Caso contrário abris uma grande lacuna que **vos** prejudica.*

*Não deveis encarar como deuses os **grandes** e fortes enteais, pois não são deuses, mas sim servos fiéis **do Todo-Poderoso,** e no servir são **grandes!** Mas nunca estão sujeitos **a vós.***

*Aos **pequenos** enteais, porém, nunca deveis olhar presunçosamente com superioridade, pois eles não são **vossos** servos, mas sim, como os grandes, servem unicamente a **Deus**, ao Criador. Somente em sua atividade se aproximam de vós; vós, porém, deveis aproximar-vos deles."*

CAPÍTULO XX

DA ATUAÇÃO DOS GRANDES E PEQUENOS ENTEAIS DA NATUREZA!

Segunda Parte

As irradiações enteais desde os primórdios da Criação, bem como muitas outras espécies de irradiações que traspassaram a Criação primordial e as outras subsequentes Criações até o Paraíso, continham em si, de forma concentrada, tudo o que era necessário à formação da Criação posterior material.

Mesmo depois do aparecimento de todas as outras Criações mais elevadas, a força que fluía descendo do Paraíso era ainda demasiadamente concentrada para poder ser utilizada sem uma transformação.

Portanto, fizeram-se necessários "transformadores", isto é, "transformadores vivos", para que se tornassem utilizáveis as imensas correntes de energia. Esses transformadores vivos eram os poderosos enteais do mundo olímpico! Não eram apenas "transformadores", mas também "geradores vivos", que traziam luz, calor e movimento para o espaço antes vazio.

Através da atuação dos poderosos enteais do Olimpo originaram-se, pouco a pouco, as sete partes materiais do Universo da Criação posterior. Cada uma dessas partes do Universo é constituída de milhões de sistemas solares, sem tomar em consideração os incontáveis astros continuamente em formação...

São os seguintes os nomes das sete partes do Universo: "Smirna, Éfeso, Pérgamo, Tiátira, Sardes, Filadélfia e Laodicéa".

Nossa Terra pertence, como já mencionado na primeira parte desta dissertação, à parte do Universo Éfeso. Todos os astros visíveis no céu noturno e também aqueles que podem ser percebidos com telescópios e outros meios auxiliares, ainda pertencem à parte do Universo Éfeso!... Dessa forma existem sete grandes partes no Universo, dificilmente imagináveis.

Os poderosos enteais do Olimpo e os inúmeros outros entes, que outrora contribuíram na formação das sete gigantescas partes, cuidam também da ordem no Universo. Zelam para que o ritmo da Criação que se processa dentro das leis não seja perturbado.

Mesmo quando as criaturas humanas trouxeram graves perturbações ao funcionamento da Criação, devido ao seu falhar, os seres enteais continuaram a cumprir com dedicação e amor os seus deveres, embora muitas vezes com grandes dificuldades, porque eles também foram arrastados para o caos ocasionado pelos seres humanos.

Os enteais, ao contrário das criaturas humanas, não possuem livre-arbítrio. Não podem tomar decisões arbitrárias nem modificar o seu modo de vida. A espécie enteal não permite. Não há cargas cármicas para tal espécie da Criação.

O livre-arbítrio é uma característica do espírito. Não pode ser separado da condição humana, visto ser uma parte do próprio germe espiritual. Esse é também o motivo por que não se pode tirar dos seres humanos sua capacidade de livre decisão, embora tenha sido constatado que eles se tornaram traidores perante a Luz... O livre-arbítrio, contudo, é ligado estreitamente com a lei da reciprocidade. Isto significa que ninguém pode escapar às consequências acarretadas por seus atos e decisões. Quer no sentido do bem quer no do mal.

Os Falsos Princípios de Lúcifer

Acontece que os seres humanos, de acordo com o seu livre-arbítrio, escolheram o falso princípio de Lúcifer, apoiando-o cada vez mais. Por essa razão, devido à reciprocidade, terão de sucumbir na maior parte.*

Quanto mais os seres humanos se entregaram ao princípio falso, tanto mais facilmente as hordas de Lúcifer puderam penetrar

---

* Vide "Na Luz da Verdade", Mensagem do Graal, de Abdruschin, vol. 2, dissertação *O mistério Lúcifer.*

em regiões que de outro modo lhes teriam permanecido eternamente inacessíveis... Sua primeira meta foi reunir sob sua influência o maior número possível de almas humanas... E isso foi fácil, pois as criaturas humanas vieram em massa ao seu encontro, dando-lhes meio caminho andado... Mas isso não lhes foi suficiente! Quiseram também submeter os povos enteais à sua vontade, a fim de subjugá-los...

Para tal finalidade invadiram, como hordas inimigas, todas as regiões nas quais os enteais cumpriam as suas múltiplas tarefas. Entretanto, logo tiveram de reconhecer que os povos enteais não se submeteriam à sua vontade. Muito ao contrário! Assim que o primeiro sobressalto passara, eles começaram a defender-se contra os invasores, combatendo-os de toda a maneira possível.

A vida de todos os povos enteais é repleta de alegria e felicidade, pois estão estreitamente ligados a uma espécie peculiar de irradiações do amor divino. Tal realidade atiçava cada vez mais o ódio das hordas inimigas... E não podia ser diferente, visto que o falso princípio de Lúcifer dirigia-se contra o atuar do amor divino...

Em seu ódio, os invasores começaram a perseguir e aborrecer os enteais. Eram até engenhosos nos seus atos infames e nas suas crueldades... Os grandes enteais masculinos, inclusive os gigantes, encontravam-se em constante prontidão para o combate...

Muitos dos atos criminosos que os asseclas de Lúcifer executaram nas regiões dos enteais, principalmente na parte mais fina e na parte mediana da matéria grosseira são descritos de modo minucioso na mitologia grega. Contudo, relacionou-se erroneamente esses atos aos próprios "deuses". Muitos leitores dessas tradições ter-se-ão surpreendido com os inúmeros atos cruéis aí contidos, que além de tudo foram executados por criaturas veneradas como "deuses" pelos povos antigos...

Os asseclas de Lúcifer não puderam impor sua vontade aos povos enteais, contudo trouxeram muitos sofrimentos a estes seres repletos de amor.

As hordas hostis aglomeravam-se às vezes para subjugar um ou outro enteal, nem que fosse por pouco tempo. Isso, no entanto, só faziam quando queriam obter uma influência sobre determinadas pessoas que confiavam plenamente no respectivo enteal.

Apolo, o deus do Sol, foi aquele enteal especialmente visado pelas hordas hostis à Luz. Era muito amado pelos povos antigos. Os reis, sacerdotes-reis e também outras pessoas ainda capazes de ligar-se a ele, pediam-lhe conselhos em todas as situações difíceis. E sempre seguiam cheios de confiança os conselhos dados por ele.

A confiança depositada em Apolo pelos reis era detestada pelos asseclas de Lúcifer. Esse enteal tinha de ser excluído, a fim de que um deles, aliás o mais forte, pudesse aconselhar os reis em seu nome...

Não tendo sido possível algemar Apolo, só lhes restava lançar mão da ardileza... E não precisaram de um ardil especial, pois naquela época os seres humanos já estavam pendendo para a indolência espiritual, de modo que se tornaram facilmente acessíveis a todas as influências maléficas.

O mais poderoso dentre eles, sempre que se aproximava dos sacerdotes e reis, dava-lhes conselhos como se fosse o "rei do Sol" e ao mesmo tempo murmurava-lhes o que eles desejavam ouvir. Por exemplo: falava de que maneira poderiam ampliar seu poder e firmá--lo, como conseguiriam eliminar eventuais adversários e inimigos...

Alegremente surpreendidos, reis e sacerdotes seguiam os conselhos do "senhor do Sol" que repentinamente soavam tão diferentes dos anteriores, mas que vinham exatamente ao encontro de seus desejos íntimos...

Alguns dentre eles reconheciam logo que se tratava de impostores, os quais utilizavam o nome do deus do Sol para aproximar-se deles. Avisaram os demais sobre o embuste, porém suas advertências encontraram pouco eco... O próprio Apolo, onde era possível, advertia sobre os impostores hostis à Luz... Mas logo teve de reconhecer que suas advertências não tinham mais eco! A humanidade entregara-se irrestritamente às influências do inimigo da Luz, o que equivaleu à própria autodestruição.

Apolo não pôde impedir que os impostores afirmassem que o seu elmo solar era adornado com uma serpente, cuja cabeça em posição de ataque seria a melhor defesa contra os inimigos... Logo que o rei egípcio recebeu tal comunicação, mandou fazer primeiramente um diadema e a seguir a coroa do Egito adornada com a referida serpente... Num outro país, os impostores mandaram informar aos seres humanos, através de videntes, que os corpos dos leões alados de Apolo terminavam em forma de serpente, representando assim uma poderosa proteção para seu amo... Houve, sim, muitos que indagaram a si mesmos de que o radioso deus do Sol tinha de ser protegido! Justamente ele, que sempre fora para todos a irradiante personificação da força...

As tropas luciferianas não pouparam nenhum esforço para abalar a confiança humana nos "deuses"...

Heracles

Tomemos ainda mais alguns exemplos, a fim de mostrar de que maneira ignominiosa elas procederam para destruir, ou pelo menos turvar, o saber que os seres humanos tinham dos povos enteais, de modo que, com o decorrer do tempo, ninguém mais sabia o que era verdadeiro ou falso... Muitos começaram a ter dúvidas sobre a existência dos grandes e pequenos entes da natureza.

Na mitologia grega se diz que Hera, a rainha do mundo olímpico mandou colocar serpentes no berço do titã Heracles! Como se isso não bastasse, conta-se que mais tarde, quando já adulto, ainda foi por ela castigado com a loucura...

Contudo, a realidade foi completamente outra. No séquito de Lúcifer havia legiões de espíritos femininos decaídos. Uma parte desses espíritos femininos decaídos, que igualmente invadiram as regiões dos enteais e os jardins das "flores da vida", havia tentado muitas vezes lançar um tipo de serpente nessas flores, a fim de impedir, assim, o desenvolvimento dos germes enteais que se encontravam nelas. Esses jardins existem em todas as regiões materiais. Não foi difícil para os invasores aproximarem-se dessas flores.

Os guardiões e as jardineiras que cuidam das flores empregaram todas as suas forças para impedir o ignominioso empreendimento dos invasores hostis. Porém não poderiam ter sustentado isso por muito tempo, se Hera não houvesse enviado fortes auxiliares do Olimpo, os quais, com tochas, causavam queimaduras doloridas e incuráveis em cada inimigo que se aproximava. Esses enteais que agitavam as tochas foram denominados "vingadores", sendo idênticos às "erínias" mencionadas na mitologia grega.

Heracles é um dos titãs. Originou-se outrora de uma ligação das irradiações de amor entre Zeus e Hera, tendo-se desenvolvido numa flor da vida, nos jardins olímpicos. De tempos em tempos ele dirige-se à nossa parte do Universo, chamada Éfeso, cooperando na formação de grandes astros. Contudo, sua pátria é no reino olímpico.

Prometeu

Falsa é também a tradição afirmando que Zeus algemou Prometeu a uma rocha, por ter roubado o fogo do "palácio dos deuses" no Olimpo, a fim de levá-lo à Terra; conta-se ainda que teria vindo uma ave e com bicadas arrancara o fígado do corpo do algemado... Também essa mentirosa tradição, que tem provocado inúmeras confusões, deve ser atribuída somente à atuação infame dos invasores hostis...

É verdade que Prometeu trouxe fogo do Olimpo em forma de bolas. Com enorme séquito foi a todas as regiões reservadas para os enteais da parte mais fina e da parte mediana da matéria grosseira, bem como da matéria fina, tendo colocado por toda a parte as bolas de fogo nos pedestais de metal erigidos para tal finalidade. Mal entraram estas em contato com os pedestais de metal e já produziam chamas de alturas quilométricas. Indescritível foi o júbilo dos povos enteais ao ver as colossais colunas de fogo em suas regiões, cuja luz vermelha parecia ocupar o mundo todo.

A respeito das bolas de fogo, há uma circunstância toda especial. Quando Zeus, o senhor do Olimpo, visita os extensos reinos da parte olímpica, são levadas antecipadamente as bolas de fogo, de modo que por toda a parte as altas colunas de fogo, com sua luz flamejante, anunciem sua vinda ou sua presença.

O fogo olímpico é inseparável de Zeus. É uma parte de sua irradiação, que se condensou e se manifesta como elemento ardente...

Todos os povos enteais conheciam o significado das bolas de fogo: seu amo achava-se a caminho para auxiliá-los em sua grande aflição. Nunca tal coisa havia acontecido antes.

Prometeu, contudo, informara-os de que Zeus, o senhor de todos eles, lhes enviara o fogo sagrado do Olimpo para proporcionar-lhes coragem e força, a fim de preservá-los, e poderem resistir aos inimigos. Ele próprio só sairia para destruir esses inimigos quando Parsival, o rei do Santo Graal, descesse de seu mundo de Luz e enfrentasse com sua insuperável força o mal, o arcanjo caído, em seu próprio reino, a fim de deixá-lo sem ação... Nesse ínterim, o fogo sagrado deveria permanecer junto deles, como sinal de que seu rei e senhor zelava por eles...

Prometeu é um titã e, como tal, de inimaginável tamanho e força masculina. Quando aparece em alguma parte, vem sempre acompanhado de um grande número de águias gigantescas, de cor vermelha.

Zeus

A seguir, algo ainda sobre Zeus. Na mitologia grega ele é apresentado como um incorrigível "Don Juan"! Um Don Juan que se transforma às vezes em touro, outras em cisne e outras num fauno e até em chuva de ouro, logo que tem a intenção de partir para aventuras amorosas...

Tais transformações são impossíveis de acordo com as leis da Criação. Nunca o mais poderoso enteal da Criação posterior poderia transformar-se em um cisne, touro, etc. A força de sua irradiação é mais poderosa do que a força dos sóis terrenos. Ele tampouco pode transformar-se num animal, como também o Sol não o pode... E por que haveria de se transformar o soberano do reino olímpico, ele, o rei maravilhoso, acima de toda a imaginação humana? Os mais belos entes femininos vivem no Olimpo! Ele, de acordo com sua espécie, jamais poderia aproximar-se de uma mulher humana.

Os povos enteais são livres. Não conhecem o matrimônio nem outros laços de família. Não são ligados a um único ser, como acontece com os enlaces humanos. Podem ter tantas uniões de amor quantas desejarem, mas sempre dentro de sua espécie. Como já foi mencionado na primeira parte desta dissertação, os sentimentos de amor também podem ser denominados de vibrações, não havendo nenhuma semelhança com o que a criatura humana compreende por "amor terreno"... Tudo é diferente na espécie enteal-consciente da Criação! Uma vez por ano, e isso na época da renovação de forças da Criação, uma irradiação do amor divino-enteal atinge os enteais e desperta neles o anseio pelo amor. Portanto, somente uma vez por ano. Sempre permanecem atados aos efeitos de leis que terão de cumprir, se quiserem sobreviver.

Voltemos a Zeus! Segundo a lenda, conta-se que em forma de cisne ele se aproximou de "Leda", a esposa de um dos reis espartanos, gerando com ela a filha "Helena"... A explicação dessa tradição inverídica é muito simples. Não foi Zeus quem se aproximou da bela, superficial e vaidosa Leda, mas sim um dos espíritos das tropas de elite de Lúcifer.

Algumas vezes lhe apareceu em sonho, isto é, enquanto dormia, dando-lhe a entender que sua beleza, tendo superado até a de todos os deuses, tinha despertado o seu amor... Dessa vez viera em simples forma humana, mas poderia em outra ocasião aproximar-se dela com a configuração de um animal...

Leda, contudo, não foi a única a ser "privilegiada" desse modo pelos "deuses". Muitas outras levianas e vaidosas mulheres igualmente tiveram aventuras em sonhos, nos quais "os deuses" se aproximavam delas. Não apenas Zeus, mas também outros, entre os quais Apolo, procuravam, segundo se diz, aventuras amorosas com as mulheres humanas.

Os espíritos de Lúcifer aproximavam-se das mulheres por eles escolhidas no momento em que seus corpos terrenos, à noite, estavam prestes a adormecer, isto é, quando ainda estavam meio acordados. Essa foi a razão por que as mulheres viram tão nitidamente a presença dos espíritos, camuflados como deuses, lembrando-se também exatamente de tudo.

Empregando a tática de apresentar-se como "deuses", os servos de Lúcifer obtiveram dupla vitória. Primeiro, colocaram em descrédito os grandes enteais que eram venerados como deuses por todos, apresentando-os como criaturas grotescas, ébrias de amor e até como criminosos. No decorrer do tempo, muitas almas de mulheres terrenas, dominadas por espíritos luciferianos, viram também muitos feitos ignominiosos em que os supostos deuses estavam implicados... E tais mulheres não apenas se vangloriavam de terem sido amadas pelos "deuses", como também falavam dos "crimes" deles... Em sua vaidosa estupidez não notaram que tais supostos crimes haviam sido encenados exclusivamente para elas... Os asseclas de Lúcifer nada omitiram a fim de abalar o saber que os seres humanos tinham da atuação dos grandes enteais. Auxiliados pelas mulheres terrenas, conseguiram isso em toda a extensão.

Em segundo lugar os espíritos de Lúcifer incentivaram os instintos sexuais de maneira imprevisível. De modo persuasivo fizeram as mulheres compreenderem que eles eram deuses, sim, e justamente por serem deuses necessitavam da cooperação de um homem terreno para quando desejassem regozijar-se com o amor delas... Facilmente se pode imaginar como tudo se efetivou. Cada mulher desejava ser amada pelos "deuses" pelo menos uma vez... Jamais, porém, deve ser esquecido que somente aquelas que já se haviam deixado engodar anteriormente pelo falso princípio luciferiano podiam ser guiadas pelos espíritos decaídos... Mulheres cuja ligação com a Luz já estava total ou parcialmente interrompida.

Apolo e Cassandra

Voltemos mais uma vez para Apolo. Muitos espíritos do grupo de elite de Lúcifer se aproximavam das mulheres humanas, disfarçando-se em Apolo, de preferência. Assim aconteceu que por diversas vezes um desses espíritos decaídos, simulando amor, aproximou-se da jovem Cassandra, filha de Príamo, rei dos troianos, apresentando-se como Apolo. Cassandra, que fora estreitamente ligada ao amor divino, e que possuía também um excepcional dom de vidência, era odiada por todos os servos de Lúcifer.

O princípio de Lúcifer dirigia-se contra a atuação do amor de Deus! E em Cassandra estavam ancoradas irradiações do amor! Por isso ela era perigosa! Logo, deveria ser aniquilada ou posta fora de ação...

O espírito maléfico que se aproximara de Cassandra, como sendo Apolo, esperava também subjugar sua alma facilmente. Havia suposto que ela não poderia resistir a Apolo, o senhor do astro solar, uma vez que os raios solares estavam igualmente em conexão de alguma maneira com o amor divino...

Não foi apenas Cassandra que os espíritos de Lúcifer quiseram destruir... Seu ódio estendia-se também ao povo troiano que guardava aquela preciosa joia entre os seus. Simultaneamente, todos os heróis deviam ser atraídos para uma armadilha da qual jamais conseguiriam libertar-se.

Cassandra não foi uma mulher terrena comum, não era vaidosa e nem superficial. Assim que o suposto Apolo a cortejou, intuitivamente sentiu uma repulsa inexplicável. Repudiou-o bruscamente. Seu coração estarrecia numa frieza glacial sempre que ele se aproximava...

Naquela época, o excepcional dom de vidência da jovem Cassandra desenvolvia-se. A desgraça que ameaçava seu povo não lhe pôde ficar oculta. Havia ainda tempo para a desgraça ser afastada, se algo acontecesse imediatamente.

No entanto, nada se fez. Seu pai, Príamo, estava disposto a levar a sério suas visões e advertências e agir de acordo. Entretanto, sua mãe, Hécuba, exercendo grande influência sobre ele, fizera o contrário: proibiu-a expressamente de molestar os demais com suas advertências e visões. Caso a ordem não fosse cumprida, ela seria encarcerada.

Hécuba era poderosa. Cassandra teve de presenciar em silêncio como Troia estava sendo subjugada pelos inimigos e como os melhores heróis troianos iam morrendo em combate.

Três mulheres, cujas almas estavam completamente sob a influência das trevas, foram na realidade os instrumentos na Terra que provocaram a queda de Troia, causando também a terrível morte da jovem Cassandra...

A primeira delas foi a vaidosa Helena, a suposta filha de Zeus. Ela, a esposa do rei espartano Menelau, tendo sido ferida em sua vaidade, instigou a guerra contra Troia.

A segunda foi Hécuba. Se houvesse escutado as advertências de sua filha Cassandra em tempo, Troia poderia ter sido salva.

A terceira foi Clitemnestra, esposa de Agamêmnon, rei de Micenas. Essa mulher diabólica, quando Cassandra chegara presa em Micenas, mandou encerrá-la hermeticamente num compartimento de uma torre, emparedando-a viva. A vitória de Lúcifer não poderia ter sido mais completa.

Enquanto Cassandra aguardava a morte, encerrada naquela torre, apareceu-lhe o verdadeiro Apolo. Não surgiu numa auréola fictícia como o falso, o qual se havia aproximado dela numa gruta do jardim paterno, pois nenhum dos enteais pode apresentar-se dessa maneira, porque auréolas não existem nos mundos materiais. Apolo, mesmo sem ela, possui algo irradiante que o envolve. Todos os que o veem, sentem intuitivamente uma bem-aventurada alegria de viver que se eleva tal qual uma prece de gratidão em louvor ao Criador.

Cassandra sentiu também imensa alegria ao vê-lo, jubilosa alegria e gratidão. Esqueceu-se do cárcere aterrador em que se encontrava. Reconheceu ao mesmo tempo que Apolo já havia estado próximo dela muitas vezes no decorrer de sua infância. Além disso, foi ele um dos que vieram trazer-lhe alguma alegria à sua solitária infância. Contudo, não foi somente Apolo que permanecera junto de Cassandra até o seu desligamento terreno, mas também outros enteais. Sempre prontos a prestar auxílios, esses entes a fizeram esquecer-se do medonho lugar em que se encontrava.

Com o término da guerra troiana, veio o fim do heroísmo. Os inúmeros heróis que ainda havia naquela época em Esparta, Troia, Micenas e outros principados, tinham-se deixado seduzir por mulheres superficiais obcecadas pelo poder; todos eles foram induzidos a uma guerra indigna. Não só a "bela Helena" havia instigado a guerra, como também Clitemnestra fez pressão sobre Agamêmnon para que participasse do combate contra Troia. Desejava ficar sozinha no palácio de Micenas com o seu amante. E os heróis troianos? A maioria deixou-se prender imperceptivelmente sob a influência das asseclas femininas de Lúcifer, que os incentivavam a ter sempre novas aventuras amorosas.

Os deuses ficaram irados com o esmorecimento dos heróis; haviam descido tanto, que qualquer mulher decaída, tanto no Aquém como no Além, tinha o poder de influenciá-los. Não só estavam irados, como também abandonaram completamente esses heróis. Outrora, guiavam os homens terrenos que estavam ligados ao heroísmo, fortalecendo-os! Quando os seus protegidos tinham de levantar a espada por uma causa justa, sempre estavam a seu lado, auxiliando-os para a vitória. Porém, heróis que nada possuíam, além de estupidez e presunção, eram-lhes repugnantes. Dia a dia a espécie humana ia se tornando mais asquerosa para eles...

O gigante Palas, às vezes, surgia à noite, no céu. Seu braço estendido segurava uma cabeça humana que parecia ser formada inteiramente de serpentes; a outra mão, fechada em punho, dirigia-se ameaçadoramente para baixo, contra a Terra.

Tremendo de medo e pavor todos observavam tal aparição, e olhavam para o gigante que segurava a cabeça de serpentes. Contudo, o seu punho causou-lhes um medo maior do que tudo o mais... Outras vezes, ao anoitecer, assim que o sol se encontrava no horizonte, aparecia também a deusa Atena. Alta como uma torre, achava-se entre o céu e a Terra e segurava igualmente uma cabeça humana da qual saíam serpentes...

"Atena está irada", afirmavam com razão os seres humanos! Por toda a parte, quer na Grécia como na Ásia Menor, as mulheres, tomadas de maus pressentimentos, reuniam-se a fim de refletir de que maneira poderiam readquirir a benevolência da deusa... Ao mesmo tempo houve muitos que escarneceram da deusa com punhos ameaçadores, comportando-se como fúrias, em seus acessos perversos de ódio.

Da mesma forma Atena, como outros tantos grandes enteais, se afastou dos seres humanos. Ela havia despertado outrora nas mulheres um conceito nobre e altivo de feminilidade, proporcionando-lhes uma certa dignidade e grandeza soberana... Mas para isso o tempo já se havia escoado. Não se procurava mais pela legítima feminilidade, tampouco pela caridade, bondade, amor à Verdade, senso de beleza e todas as outras virtudes que outrora haviam feito da mulher na Criação posterior uma criatura resplandecente...* Na época da guerra troiana, raramente se encontravam em toda a Terra mulheres que ainda honrassem o seu nome.

Tântalo e Sísifo

Alguns esclarecimentos ainda a respeito das expressões "tormentos de Tântalo" e "trabalho de Sísifo".

Na mitologia grega revela-se que Tântalo, filho de Zeus, traíra a confiança dos deuses, tendo sido lançado por eles ao submundo. Mais tarde acrescentou-se que Tântalo, apesar de encontrar-se num lago, a água fugia-lhe tão logo quisesse beber, padecendo inenarrável sede.

Sísifo, filho de Éolo de Corinto, foi condenado, por sua astuciosa maldade, a rolar no submundo uma pedra enorme até o cume de uma montanha e quando estava prestes a alcançá-lo, ela imediatamente tornava a despencar...

Nem Tântalo nem Sísifo existiram realmente. Ambos são representações figuradas, através das quais os grandes enteais, enquanto

---

* Vide "Na Luz da Verdade", Mensagem do Graal, de Abdruschin, vol. 3, dissertação *Fios de luz sobre vós!*

foi possível, ainda advertiam os seres humanos, para que não continuassem a ouvir os engodos mortíferos dos servidores de Lúcifer... Muitas e muitas vezes os grandes enteais – os deuses – advertiram a humanidade, mostrando-lhe em imagens a verdadeira face dos espíritos maléficos; só abandonaram os seres humanos à sua sorte quando nada mais restava a fazer...

Mediante o quadro de Tântalo e de seus suplícios, as criaturas humanas deveriam ter sido alertadas de que com elas poderia passar-se o mesmo. Por causa de seus pecados seriam excluídas das dádivas da natureza, tendo de passar sede eternamente... Entre os povos enteais a água representa, simbolicamente, o componente principal da alimentação humana. Basta que ela seja retirada para não haver mais continuação da vida... A imagem de Tântalo perecendo de sede significava que os seres humanos teriam de lutar, sozinhos e abandonados, pela sua subsistência. Nenhum ente benéfico estaria a seu lado, disposto a ajudá-los... As criaturas humanas, que naquela época receberam tal quadro, sabiam perfeitamente o seu significado. Só quando os historiadores, posteriormente, se dedicaram às tradições é que acrescentaram suas próprias interpretações, falsificando e deformando assim o verdadeiro significado.

No que se refere ao trabalho de Sísifo, não poderia ter sido melhor ilustrado o lutar penoso e infrutífero do ser humano pela posse dos bens terrenos. O precioso tempo e a energia a ele conferidos, desperdiça ao esforçar-se incessantemente por coisas materiais. Não consegue reconhecer que jamais poderá alcançar um ápice espiritual devido ao seu pesado fardo de matéria...

A pedra é considerada pelos enteais como símbolo da pesada matéria grosseira. Por isso Sísifo foi representado com uma pedra, procurando atingir um ponto elevado...

Os grandes enteais fizeram, por toda a parte na Terra, muitas advertências à humanidade. Também os quadros repetidos muitas vezes nas diferentes tradições, onde são mostrados "deuses e deusas" manietados a uma rocha, foram advertências.

Os seres humanos deviam ser alertados no sentido de que de modo algum se algemassem à matéria, da qual não pode haver libertação. Essas advertências mostraram, no entanto, criaturas humanas e não deuses e deusas.

A Mitologia

A mitologia de todos os povos era originalmente uma transmissão real da atuação dos pequenos e grandes enteais nos mundos materiais. Entretanto, quanto mais os seres humanos se afastavam da influência dos espíritos luminosos e dos enteais, tanto mais confusos se tornavam em suas imaginações. Assim, é facilmente compreensível que, no decorrer dos milênios, os quadros que os deuses outrora apresentaram como advertências, diante dos olhos humanos, tenham sido considerados e retransmitidos pelas gerações posteriores como acontecimentos que se referiam à vida e à atuação dos próprios deuses.

Adveio ainda que as hordas de Lúcifer, através de suas maquinações e com o auxílio assaz obediente dos seres humanos, destruíram a confiança e a veneração que em geral se possuía a respeito dos enteais... Colocaram ídolos em lugar dos entes que atuam na vontade de Deus. E a consequência disso tudo é a confusa mitologia, com a qual ninguém sabe o que deve fazer.

Todos os povos da Antiguidade tinham conhecimento completo da atuação dos povos enteais. Inclusive os grupos hoje denominados "índios", muito embora os atuais não tenham semelhança alguma com os seus antepassados. O ente superior ainda venerado por algumas tribos é denominado "Manitu", sendo idêntico a Zeus.

As palavras "mito" e "mitologia" despertam uma falsa imagem, pois o ser humano de hoje entende por "mito" algum acontecimento lendário, fictício, que existiu na imaginação fantasista daqueles que o retransmitiram. Segundo o sentido real, a expressão "mito" quer dizer algo muito diferente, isto é, "palavra dos deuses". Assim eram chamados pelos povos antigos os ensinamentos recebidos dos grandes e pequenos entes da natureza. As "palavras dos deuses" eram leis para eles naquele tempo. Elas trouxeram alegria às suas vidas e transmitiram-lhes sabedoria...

Através da ligação com os grandes e pequenos enteais os povos antigos tinham um conhecimento sobre os fenômenos da natureza, para os quais ainda hoje não há explicação. Sabiam mais sobre o funcionamento do "mecanismo do relógio celeste" do que qualquer astrônomo da atualidade com todos os seus inúmeros meios auxiliares. Os próprios astrônomos de hoje verificaram que diversos povos antigos possuíam um saber mais amplo sobre o curso dos astros, eclipses do Sol, da Lua, etc.

Na América Central, por exemplo, encontraram-se calendários perfeitos, talhados em pedra, cuja idade os geólogos avaliaram em pelo menos dez mil anos. De que maneira os antigos pesquisadores dos astros puderam adquirir um saber tão exato, sem dispor de nenhum conhecimento matemático, tem sido um enigma insolúvel para os astrônomos da atualidade.

Pergunta-se: Como é possível que os seres humanos pudessem ver e entender os grandes enteais, se pertenciam a uma outra espécie da Criação? A resposta é simples. Os grandes enteais designados como deuses têm algo de semelhante com aquela entealidade da qual o ser humano tem em si uma parte, além do espiritual... Tal parentesco de espécie forma a ponte entre as espécies humana e enteal consciente da Criação.*

Fazem parte dos enteais conscientes todos aqueles que têm forma humana, não importando se tenham as proporções de gigantes ou anões. Os animais são de espécie enteal inconsciente. E os entes de forma dupla, isto é, meio animal e meio ser humano, pertencem a um degrau intermediário.

Lokis

Antes de prosseguirmos, temos de nos ocupar mais de perto com os primeiros "grupos auxiliares" de Lúcifer. Dizemos os primeiros porque com o decorrer do tempo os próprios seres humanos se tornaram os seus melhores servidores.

Quando o arcanjo Lúcifer desceu dos reinos divinos e se aproximou dos reinos espirituais, muitos espíritos humanos foram atraídos a ele, por sua força divina, desejosos de auxiliá-lo em sua missão.

Tratava-se de espíritos humanos que não haviam tido nenhuma peregrinação anterior através da matéria, e que podiam desenvolver-se no próprio reino espiritual. Encontravam-se, no entanto, em diferentes graus de desenvolvimento. Os mais desenvolvidos dentre eles formaram mais tarde os "grupos de elite" de Lúcifer.

---

* Vide "Na Luz da Verdade", Mensagem do Graal, de Abdruschin, vol. 2, dissertação *Deuses – Olimpo – Valhala*.

Espíritos humanos, femininos e masculinos, haviam pois seguido voluntariamente o anjo caído e, com exceção de poucos, entregaram-se ao falso princípio que ele introduzira tão sedutoramente nos mundos materiais. Os seres humanos terrenos, no entanto, de modo algum eram mais fracos do que as primeiras tropas auxiliares de Lúcifer! Encontravam-se num solo mais firme do que os decaídos, os quais, devido à sua queda, não só ficaram mais pesados como também perderam seu grau superior de maturidade espiritual.

Os povos enteais deram aos espíritos caídos, depois de observá-los durante algum tempo, o nome "loki", que significa "inimigo da vida"!

Na mitologia germânica original tinha-se conhecimento do nome "loki", ou "luki", como também do seu significado. Um loki era um "ser hostil". Em gerações posteriores, quando as tradições mitológicas já estavam confusamente alteradas através de informações inverídicas, surgiram diversas opiniões sobre a significação do nome loki.

O que hoje é denominado "mitologia" foi de início uma "reportagem exata" com a qual os respectivos povos foram informados a respeito da atuação dos grandes e pequenos enteais. Reportagem esta que manifestava a "palavra dos deuses"...

Lúcifer somente pôde obter influência sobre as criaturas humanas com a cooperação dos lokis. Ele pessoalmente jamais poderia aproximar-se de um ser humano ou de um enteal, digamos novamente "deuses" para melhor compreensão.*

A última etapa da obra destruidora luciferiana teve início há sete mil anos. Tratava-se dos últimos sete mil anos antes do Juízo Final! Tempo este que foi muito bem aproveitado pelas trevas, pois quer no Aquém quer no Além a humanidade, com exceção de uma mínima parte, caíra nas armadilhas fatais. A partir dessa época os lokis obtiveram influência sobre todos os povos da Terra. Povos isolados já haviam sido destruídos, bem antes, pelos seus pecados. Contudo, como foi dito, tratava-se de povos isolados.

---

* Vide "Na Luz da Verdade", Mensagem do Graal, de Abdruschin, vol. 2, dissertação *O mistério Lúcifer*.

Imagens e Estátuas dos Deuses

Somente no decorrer dos últimos sete mil anos é que foi aniquilado totalmente o verdadeiro saber que as criaturas humanas possuíam da atuação dos enteais. Quase imperceptivelmente se alteravam os cultos. Por toda a parte foram confeccionados e colocados quadros e estátuas, com a única finalidade de turvar e destruir a imagem dos grandes enteais que os seres humanos conservavam em seus corações. Foram proclamados novos deuses que exigiam idolatrias imorais ou cruéis. Os melhores servos que cooperaram na definitiva obra de exterminação foram, por toda a parte, os sacerdotes, sacerdotisas e as mulheres.

Os sacerdotes e as sacerdotisas não tiveram necessidade de ser influenciados pelos lokis. Pois eles próprios foram transmissores tão perfeitos do princípio luciferiano, que não precisaram de instruções específicas. Sabiam perfeitamente o que tinham de fazer para anular a influência que os enteais ainda exerciam sobre a humanidade; influência esta importuna e perigosa para eles.

A obra de destruição teve início com a confecção de "imagens e estátuas dos deuses". Em geral eram trabalhos de arte horrendos, os quais inicialmente não puderam ser associados com os conhecidos "deuses". Os sacerdotes explicaram aos seres humanos que os deuses venerados por eles eram na realidade "misteriosos e aterradores", e além disso tinham muitas faces... Através das estátuas e imagens pintadas na madeira ou no barro, essa multiplicidade dos deuses se expressaria melhor.

As primeiras "imagens e estátuas de deuses" foram modeladas na madeira e no barro. Só posteriormente foram utilizadas pedras e outros materiais. Em suas escavações os arqueólogos encontraram muitas estátuas de deusas, feitas de pedra. Somente os modelos que serviram para todas as posteriores imagens de ídolos, para toda a idolatria, não foram encontrados. Há muito já se haviam reduzido a pó.

As primeiras imagens e estátuas feitas mostraram, sim, os pretensos deuses em forma humana, porém suas cabeças eram configurações grotescas ou cópias de animais. Dessa maneira, surgiram de súbito "deuses" com cabeças de cobra, chacal, crocodilo, escorpião, bem como de touro e de pássaro.

Tais desfigurações, que pretendiam representar deuses, não só adornaram os templos dos antigos egípcios, assírios e babilônios, como também foram temidas e adoradas por outros povos. Na Índia ainda hoje pode ser visto um grande número de tais imagens de "deuses", causando em parte medo e em parte também asco. São adorados com temor supersticioso pelo povo que os cumula de presentes e sacrifícios.

Na antiga China as figuras dos deuses eram apresentadas mais como entes disformes, temperamentais, demoníacos, que deveriam apavorar os seres humanos através de seus aspectos. Os sacerdotes desses demônios usavam também máscaras horrendas durante seus cultos... Por toda a parte na Terra os sacerdotes de ídolos apresentavam-se sempre como representantes dos deuses, usando máscaras mais ou menos repelentes durante seus cultos...

Outras deformações, outrora adoradas e temidas como deuses, podem ser vistas ainda hoje nas ruínas dos templos dos astecas e maias. A fealdade dessas apresentações mal pode ser superada!

Também na Índia não foram melhores. Os pequenos povos, que viveram há cerca de sete mil anos nesse país, tinham especial predileção pela deusa "Annapurna". Essa enteal é idêntica a Deméter, a protetora das frutas e espigas do campo. Annapurna sofreu muitas modificações no decorrer dos milênios. A última e mais ignominiosa forma dada pelos sacerdotes luciferianos foi aquela em que a apresentaram como uma deusa cruel e vingativa, que exigia sacrifícios, não só de animais mas também de criaturas humanas... Chamaram-na "Durga", a trevosa e cruel. Durga é sempre apresentada rodeada de caveiras.

Durga é também a reprodução de um fantasma. Adorada até hoje em várias partes da Índia, com medo supersticioso... Não lhe são mais ofertados sacrifícios sangrentos, porém anualmente em setembro e também outubro se realizam festividades em sua homenagem...

Em lugar dos enteais, que sempre estiveram prontos a auxiliar, foram criados espectros e demônios!... Mesmo assim ainda houve inúmeras pessoas que não se deixaram ludibriar com as falsas apresentações dos deuses. Possuíam no íntimo o saber legítimo e continuaram amando os grandes e pequenos enteais! Mas ao terminarem sua estada terrena, ao falecerem, vieram ocupar seus lugares outras criaturas humanas que já estavam em parte sob a influência de espíritos luciferianos... Quanto mais os seres humanos se afastavam espiritualmente da influência da Luz, tanto mais se extinguia neles a lembrança dos bondosos mestres enteais de outrora... Opuseram-se debilmente aos novos ídolos, que repentinamente surgiram por toda a parte e conquistaram o domínio sobre a humanidade...

Os novos ídolos, que foram denominados "deuses do amor", exigiam atos especiais de culto e eram realmente poderosos, como também perigosos para os seres humanos indolentes de espírito! Por toda a parte na Terra, os mais fortes das tropas de elite de Lúcifer haviam-se aproximado dos sacerdotes, das sacerdotisas e também das videntes, comunicando-lhes que no lugar dos antigos deuses se apresentariam novos deuses. E isso teria sido ordenado pelo próprio supremo rei, Zeus!...

Os sacerdotes, independentemente do povo a que pertencessem, não perderam tempo! Finalmente os deuses antigos perderiam o seu prestígio sobre as criaturas humanas, pois eles sempre estorvaram o caminho dos sacerdotes. Só aos sacerdotes caberia então exercer o poder... Os novos deuses do amor haviam chegado em tempo certo... pois em nome do amor seria mais fácil conquistar a humanidade! Principalmente por aquilo que se ocultava atrás do nome "amor"!...

Sacerdotes e adeptos deram início ao trabalho: "Os velhos deuses estavam irados e além disso eram temperamentais! Tal evidência a ninguém mais podia permanecer oculta", afirmavam.

Diziam ainda que "seres humanos e animais eram atacados por doenças desconhecidas, e que os deuses dos rios como os das chuvas tiravam, de modo perverso, a água da terra, fazendo surgir assim fendas no solo e secando as semeaduras... ou então faziam o contrário: mandavam tanta chuva, que os frutos dos campos se perdiam igualmente, e os seres humanos permaneciam com fome..."

Adveio ainda, como os videntes haviam notificado, tremor de terra em muitos lugares... "tal tremor só podia significar que os antigos deuses, por um capricho maléfico, queriam tirar dos seres humanos o solo debaixo dos seus pés!"

Por toda a parte na Terra, os sacerdotes de ídolos atiçavam o povo de modo semelhante... E nem precisavam esforçar-se muito, pois a humanidade, em seu medo, correu ao seu encontro... Sim, as criaturas humanas começaram a ter receio dos enteais que outrora amavam, e em quem haviam depositado tanta confiança... Entretanto, agora elas próprias desejavam novos deuses!

E os enteais? Tanto os grandes como os pequenos observavam as criaturas humanas a eles incompreensíveis, que tão afoitamente se esquivavam da influência da Luz, tornando-se desertoras traiçoeiras. Quando os seres humanos começaram a adorar ídolos de barro, realizando, em nome do amor, atos de culto cruéis e abomináveis, o regente do Olimpo teve a certeza de que nada mais poderia impedir a ruína da espécie humana. Contra o impulso do autoextermínio, não havia nenhuma salvação...

Dionísio

Da multiplicidade de ídolos, focalizaremos apenas alguns que no decorrer dos últimos sete mil anos foram adorados, e cujos nomes de certo modo ainda são mencionados na História.

Muitos seres humanos terrenos até hoje trazem em si os germes venenosos de idolatrias passadas. Dizemos seres humanos terrenos, porque aqueles que se encontravam no Além e que pecaram de modo criminoso contra o amor já foram julgados, tendo ido ao encontro da decomposição. Toda e qualquer idolatria é pecado contra o amor, como também contra o espírito!

Muitas das figuras designadas nas tradições mitológicas como "deuses" são na realidade ídolos de barro, que outrora foram inventados pelos lokis e sua igual espécie na Terra.

Primeiramente, tomemos o grego "Dionísio" que é o mesmo "Baco" romano; mas os atos de culto celebrados em honra do primeiro superaram em muito os de Baco!

Dionísio é considerado igualmente filho de Zeus. Na realidade, porém, é apenas um fantasma criado e nutrido por espíritos renegados. Consideraram-no como "deus" da alegria, da vida e da embriaguez dos sentidos. As mulheres eram afeiçoadas a ele de modo especial, pois o adoravam como "deus" do êxtase. Os atos de culto em sua honra eram orgias depravadas, onde legiões de mulheres nuas ou seminuas apresentavam danças bacanais a fim de se mostrarem dignas do venerado "deus"... Os sacerdotes de Dionísio coparticipavam dessas orgias...

Priapo

Outro ídolo que desfrutou honrarias divinas foi "Priapo", considerado "deus" da fertilidade e da força masculina. Na Antiguidade foi muito venerado, não só por gregos e romanos, mas também por outros povos. As estátuas criadas pelos artistas, segundo as indicações dos sacerdotes, foram insuperáveis em sua obscenidade. Isso foi feito intencionalmente, pois seu aspecto não deveria apenas despertar a sensualidade, mas também incentivar seus adeptos a excessos eróticos. Os atos de culto em honra de Priapo eram realizados pelos sacerdotes e sacerdotisas. Consideravam festas do amor, pois como em todos os demais cultos análogos o nome "amor" sempre era deturpado e maculado...

Eros

Também "Eros", conhecido como "deus do amor", foi apenas um fantasma criado pelos espíritos humanos. Foi considerado a personificação do "desejo erótico"... Seus templos foram construídos na Grécia, mas os atos de culto celebrados em sua honra adquiriram tal fama, que muitas pessoas não tinham receio de viajar semanas a fim de participar deles ao menos uma vez. Os sacerdotes de Eros eram sempre circundados por um grupo de meninos consagrados a Eros. Foram denominados "erotiden" ou "eroten", coparticipando em todos os atos de culto.

Nesses três cultos de idolatria a música representava papel preponderante. Os músicos tocavam geralmente flauta e lira. A sua execução estava perfeitamente adaptada aos atos de culto, a fim de aumentar o estado de leve embriaguez dos participantes. Tal estado, na maioria dos casos, era provocado pelas resinas fumegantes de forte aroma e pelas bebidas erotizantes que lhes eram oferecidas...

Os atos de culto a Eros (grego) e a "Cupido" (romano), este também chamado "amor", bem como os cultos a "Adônis" na Fenícia e na Síria, tiveram todos eles uma só finalidade: estimular a fantasia, a fim de criar uma atmosfera que despertasse todos os baixos instintos nas criaturas humanas, impelindo-as a satisfazerem-se de maneira desenfreada. Assim, todos os atos de culto se transformaram em desenfreadas e perversas orgias eróticas, que continuavam ainda vivas em pensamentos, criando novas formas correspondentes...

Os servos de Lúcifer não poderiam ter encontrado um meio mais eficaz do que as idolatrias realizadas em nome do amor. Não só destruíram o anseio pela Luz no ser humano, como também o separavam, em geral para sempre, das irradiações do amor puro, que só encerra felicidade. A vitória de Lúcifer fora total...

Minotauro

Outro culto de idolatria que se limitou principalmente à Grécia e à Ásia Menor foi o "culto do Touro", o culto do "Minotauro". Há cerca de três mil anos antes de Cristo tal culto atingiu o seu clímax, numa época em que as culturas hélades, cretenses e micênicas já se achavam em plena decadência.

Esse culto abominável se conservou por mais tempo na ilha de Creta. O último rei dessa ilha era ao mesmo tempo o supremo sacerdote; chamava-se "Minos" e dizia-se filho de Zeus. Ao aparecer em público apresentava-se com a cabeça de um touro; por essa razão, os seres humanos supunham que ele era meio homem e meio touro...

O touro era considerado o símbolo da força e o vigor da masculinidade, e Minos, como filho de Zeus, corporificava ambos. Por conseguinte tinha o direito de exigir para si, duas vezes ao ano, as mais belas virgens e meninos. As festas celebradas anualmente em honra do Minotauro eram cruéis. Apesar disso muitas meninas e meninos acorriam para elas em alegre expectativa.

Ao lado dos respectivos templos encontrava-se sempre uma arena, semelhante às atuais arenas espanholas para touradas.

Para as festividades do Minotauro, apresentavam inicialmente meninos nus, amarrados sobre touros especialmente escolhidos para isso que, sob a gritaria festiva de milhares de espectadores, eram impelidos para dentro da arena. Os touros, com movimentos furiosos, tudo faziam para livrar-se de sua carga, conseguindo-o raramente. Contudo, quando tal sucedia o infeliz era massacrado, transformando-se imediatamente numa massa sangrenta. Ao touro, então, eram proporcionadas as honrarias de um vencedor. Coroavam-no com louros e era conduzido por seu tratador para fora da arena, acompanhado de música. A maioria dos meninos saía dessas corridas com ferimentos sangrentos. Assim mesmo, acorriam sempre novamente a esse cruel espetáculo. Poder montar em honra do Minotauro era considerada a maior graça. Além disso, todos acreditavam que a força dos touros se transmitiria aos que montassem neles.

As moças, porém, não eram amarradas sobre os touros; apresentavam-se nuas e com coroa de flores nos cabelos. Montavam vacas mansas e dirigiam-se para dentro da arena. Enquanto isso, incenso era queimado e canções eram entoadas em honra do Minotauro e de seu sublime pai, Zeus. Bebidas embriagantes eram tomadas, e muitas mulheres e meninas saltavam para a arena, a fim de tocar nas vacas e orná-las com grinaldas de flores. Afirmava-se que aquelas que tocassem nesses animais se tornariam tão desejadas, que homem algum poderia resistir a elas.

Durante os espetáculos o Minotauro ocultava-se sob uma cabeça de touro e sentava-se solitário em seu alto trono, sem mover-se. Os sacerdotes permaneciam ocupados com toda a sorte de atos do culto. Preocupavam-se também com os ferimentos dos meninos e davam-lhes bebidas soníferas.

As festividades do Minotauro duravam geralmente seis dias. Os meninos e as meninas, contudo, vinham somente nos dois últimos dias para a arena, montados em seus touros e vacas. Tão logo as moças deixavam a arena, eram conduzidas para o templo e, a partir desse momento, nunca mais eram vistas por pessoas de fora.

Todas elas sabiam que tinham sido escolhidas e que deveriam servir ao "divino" Minos, por isso permaneceriam ocultas de todos os demais seres humanos.

Quanto aos meninos, eram entregues aos parentes, que se sentiam orgulhosos. Muitos deles escolhiam a profissão de sacerdote, a fim de estarem mais próximos de Minos, o proporcionador da força.

Quando Minos retirava a cabeça de touro, observava-se a expressão cruel e cobiçosa de seu rosto, expressão esta que caracterizava também os demais sacerdotes. Nesse ínterim, as moças aguardavam-no em compartimentos ocultos, a fim de satisfazê-lo em seu apetite sádico que durava algum tempo. Quando se cansava delas, deixava-as para os demais sacerdotes. A vida dessas moças era de curta duração, pois as sacrificavam pouco antes da próxima festa do touro, para que se guardasse segredo do ignominioso Minos, como também de seus sacerdotes...

Tais horrores nunca poderiam ter surgido e nem ser mantidos, se as criaturas humanas não se tivessem tornado desertoras da Luz.

A Mitologia Grega

A mitologia grega foi originalmente uma descrição verdadeira, pode-se dizer também reportagem, sobre a vida e a atuação dos povos enteais. Mesmo os nomes citados correspondiam aos seus portadores. Urano, Cronos, Plutão, Vulcano e todos os outros, chamam-se realmente assim. Os astrônomos deram aos astros nomes mitológicos, sem pressentir que os seus portadores existem de fato...

A tradição atual, falsificada e confusa, conhecida como mitologia grega, foi recebida corretamente, já antes da época grega, por um povo que viera do norte para a Ásia Menor, e que seguiu em frente até encontrar uma região muito fértil, apesar de montanhosa, onde se estabeleceu. Tratava-se do povo dos karers, e sua nova pátria ficou situada na região que mais tarde foi denominada Tessália.

Os karers constituíam um dos raros povos que ainda naquela época possuíam uma estreita ligação com os povos enteais. Tinham, além disso, um sistema de sinais gráficos que lhes possibilitava anotar suas observações. Além do mais, não lhes era desconhecido que os invasores hostis ameaçavam os enteais em suas próprias regiões, perseguindo-os. Principalmente os belos entes femininos tinham de estar em constantes fugas diante de tais malfeitores. Chegou-se a ponto de, por toda a parte, terem sido postos gigantes para protegê-las, como também para escoltá-las...

Os karers ficaram horrorizados diante de tudo o que viam. Para eles foi quase insuportável ver os queridos enteais estarem constantemente fugindo dos invasores inimigos. Retransmitiram corretamente suas observações, advertindo. Todavia, esse pequeno povo foi se extinguindo pouco a pouco... As tradições chegaram às mãos de sacerdotes e sacerdotisas que oficiavam para outras raças que ali habitavam. Cada um deles acrescentava algo, modificando também aquilo que não conseguiam compreender, e finalmente relacionaram os inúmeros ídolos que surgiram com os enteais.

Principalmente as assim chamadas sacerdotisas, em sua maioria, representaram um papel nefasto em todos os povos. Pois foi a mulher terrena que desde o início empregara todos os seus esforços anímicos a serviço de Lúcifer. Encontrava-se em todos os templos exercendo sempre uma influência dominadora. Mesmo onde aparentemente predominava a vontade do sacerdote, havia sempre uma mulher exercendo de maneira astuta seu poder e sua influência. As confusas tradições mitológicas e todas as idolatrias devem ser atribuídas às moças e mulheres mediúnicas, cujas visões correspondiam ao seu baixo estado de alma... e foram retransmitidas como "revelações do céu".

Os karers tinham já havia muito tempo o saber de Deus, uno e onipotente! Denominavam-no o Onipotente, o Juiz e o Único que transmitia vida!... Sabiam também que os deuses por eles venerados serviam igualmente ao uno e onipotente Deus. Os próprios deuses jamais haviam deixado em dúvida os seres humanos de que serviam todos ao Deus onipotente, que havia criado tudo quanto tem vida e movimento, e que tão só a Sua vontade rege os Universos. Chamavam Deus onipotente, de "Lichtvater", isto é, "Pai da Luz"!

A queda humana às profundezas tornava-se especialmente visível através das múltiplas idolatrias, porque todos os povos, sem exceção, tinham o saber de Deus, o onipotente Criador! Ninguém podia alegar ignorância...

Os Falsos Sacerdotes Curadores

Antes de deixarmos a Grécia e nos dirigirmos a outros ídolos, mencionaremos um mal que a bem-dizer nada tinha a ver com a idolatria, mas que prejudicava gravemente as criaturas humanas, quer espiritualmente quer materialmente. Esse mal era o "sono de êxtase", denominado "sono do templo".

No povo dos karers havia sacerdotes curadores que foram instruídos a respeito da arte de curar, através de um enteal masculino. Esse enteal, que é um pouco mais alto do que os seres humanos daquela época, chama-se Asclépio. De grande porte, veste uma roupa comprida, de cor branca. Tem cabelos lisos e pretos, um belo e bem-proporcionado rosto e olhos verdes tão transparentes, que parecem água. No centro da fita metálica que cinge sua testa brilha uma pedra preciosa verde, semelhante a um olho.

Ele disse:

> "Os seres humanos adoeceram por não terem mantido puras as suas almas. A crença falsa, a desconfiança, o poder, a cobiça, a inveja, enfim todas as más tendências que acompanham a humanidade, não importa como sejam denominadas, criaram uma camada de mofo em suas almas, provocando tumorações, feridas, atrofiamentos, etc. Os estigmas doentios da alma de matéria fina transmitem-se naturalmente, pouco a pouco, para o corpo terreno, atormentando as criaturas humanas. Os piores sinais dessa camada de mofo na alma são os estados de medo e as depressões, e por outro lado também provoca o ódio, a revolta contra Deus e os seres humanos, a violência e uma infundada sede de vingança..."

Asclépio, com um bastão branco que sempre trazia consigo, mostrava aos sacerdotes curadores como e onde os males anímicos se efetivariam no corpo terreno...

Aqueles sacerdotes curadores ainda eram discípulos gratos e imbuídos de boa vontade, tendo-se tornado conhecedores das conexões entre a "causa e o efeito" daqueles estados que são denominados doenças. Mesmo não tendo um bastão de Asclépio, que reluzia sempre ao tocar no local enfermo, eram em parte clarividentes, de modo que rapidamente podiam diagnosticar as enfermidades com exatidão. Após o diagnóstico, os doentes eram submetidos a um processo de cura anímica e corporal.

Todos os doentes que procuravam somente a cura corporal eram mandados embora, porque sem a modificação anímica para o bem não haveria possibilidade de restabelecer o corpo terreno... Aqueles que desejavam também a cura da alma tinham seu físico fortalecido com banhos, sucos de frutas, ervas e dietas, de tal forma, que logo se restabeleciam. Os sacerdotes curadores dos karers eram benfeitores da humanidade no mais verdadeiro sentido da palavra.

Mas, depois desses, outros vieram. Criaturas intelectivas que visavam à influência e ao poder terreno. Desejavam curar, sim, mas por meio de outros métodos! Perguntavam a si mesmos por que deviam ter preocupação com o estado da alma, se ninguém a via de forma alguma... A cura das almas não lhes traria nenhuma glória...

Tais sacerdotes, que visavam à fama e ao poder, eram muitos. Em várias localidades eles fundaram "estações de cura", também denominadas "locais de incubação", que foram declarados "sagrados", visto que, segundo eles, o próprio Asclépio iria curar os enfermos durante o sono. As primeiras dessas estações de cura, dir-se-iam hoje sanatórios, surgiram na ilha de Cós, depois em Cnido e Epidauro.

"Cura pelo sono no templo"! Essas palavras soavam misticamente e eram o motivo de os "locais de incubação" estarem sempre repletos, muito embora só fossem recebidos os doentes que pudessem dar uma retribuição correspondente. Havia doentes cujo restabelecimento durava semanas e até meses.

Nos "sagrados" locais de incubação, os leitos dos enfermos ficavam em grandes terraços, cujas laterais abertas eram cerradas por cortinas trançadas de esteiras, as quais proporcionavam um ambiente de constante penumbra. Resinas aromáticas eram queimadas dia e noite. Os doentes alimentavam-se, sem exceção, com sucos de frutas e leite misturado com sangue fresco de vaca.

No entanto, a cura propriamente dita era feita através do sono. O doente, com exceção de breves interrupções, era mantido durante toda a sua permanência em estado sonolento, a fim de restabelecer-se. Tal estado era provocado por um suave entorpecente que todos os enfermos tomavam com os alimentos. Havia locais de cura onde os sacerdotes adormeciam os doentes através da hipnose; esses casos, no entanto, constituíam exceções.

Os doentes eram tratados por "sacerdotisas" escassamente vestidas. Em cada sanatório "sagrado" havia também uma clarividente, cujas comunicações eram tidas como revelações infalíveis. Logo que foi fundado o primeiro "local de incubação", uma delas mandara divulgar por meio dos sacerdotes que o sono no templo deveria ser considerado sagrado, uma vez que "Hypnos", um dos mais belos deuses que já se aproximaram dos seres humanos, como todos sabiam, pessoalmente adormeceria aqueles que padeciam... Posteriormente apareceria Asclépio para curar os enfermos... Afirmara ainda que Asclépio somente surgiria com todo o seu poder nos sanatórios a ele consagrados. Só nesses locais é que ele viria com o seu animal sagrado: a serpente! Essa serpente se enrolaria em seu bastão mágico e devoraria as doenças...

Com as revelações dessa vidente, o sono no templo tornara-se tão famoso, que alcançou também outros países, pois até na Índia foram fundados sanatórios similares. Além disso, quem é que não gostaria de ser adormecido pelo próprio Hypnos e ser libertado de seus males pela sagrada serpente de Asclépio?...

Não era de admirar que a sacerdotisa imputasse falsamente uma serpente a Asclépio, o mestre da arte de curar. Naquelas épocas a serpente tinha sido declarada sagrada pelos adeptos de Lúcifer, e digna de ornamentar todos os templos. Tendo sido considerada sagrada, também Asclépio poderia usá-la como símbolo de sua arte de curar...

Irado e com desprezo no coração, Asclépio afastava-se das criaturas humanas e de suas mentiras. Eram inimigas do Criador onipotente, e a serpente era o símbolo pertencente a esses inimigos... Contudo, jamais tal ofídio poderia ser o símbolo de um enteal, pois todos os povos enteais vibram na vontade de Deus!

Para que não surjam erros deve-se dizer que os sanatórios descritos nesta explanação, os quais mais tarde se tornaram muito em moda em Roma, não mais existiam nessa forma na época do médico grego Hipócrates. Este viveu há cerca de quinhentos anos antes de Cristo na ilha de Cós, portanto, em época bastante posterior. Resta apenas mencionar que muitos dos médicos de hoje pertenceram outrora às legiões dos sacerdotes curadores materialistas. Assim, como outrora, seu símbolo permanece a serpente!

Hypnos

Agora, ainda um esclarecimento sobre Hypnos. Realmente, ele é um belíssimo enteal e um incomparável cantor. Acompanha suas canções maravilhosas com um instrumento semelhante a uma pequena harpa. É amado pelas crianças e animais, pois a jubilosa alegria de viver, que vibra através de suas melodias, encontra em suas almas um eco vibrante. Hypnos canta e toca nos "jardins das crianças" que estão situados fora da pesada matéria, despertando nas almas infantis, que ali brincam e aprendem durante o sono de seus corpos terrenos, o amor pela música... Crianças e animais, apesar de suas diferenças anímicas, podem vê-lo e ouvi-lo. Hypnos não tem ligação com os adultos, por isso não poderia fazer ninguém, quer doente, quer sadio, adormecer...

O Culto à Maternidade

Deixemos agora a Grécia e olhemos para os cultos de idolatria de outros países.

Os arqueólogos escavaram em Ur, na Caldeia, os restos de um templo que foi consagrado à deusa-mãe Nin-Chur-Sag. O culto à deusa-mãe, que se espalhou por quase toda a Terra, era dedicado exclusivamente à maternidade, pois a consideravam a mais alta das virtudes femininas... A mulher que tinha filhos encontrava-se nas graças da deusa, pois tinha atingido o máximo que um ser feminino poderia conseguir na Terra.

"Quanto maior o número de filhos, mais agraciada seria pela deusa", afirmavam os sacerdotes e sacerdotisas que celebravam os atos de culto... Que tal crença errada tenha tido um nefasto resultado, é facilmente compreensível. Em primeiro lugar, a mulher era impelida constantemente para o homem, visto que sem o ato da procriação não haveria filhos... E os espíritos atraídos pelo "culto à maternidade" já estavam, em geral, sobrecarregados de carma. Na maioria dos casos tratava-se de pessoas que em vidas terrenas anteriores tinham-se entregado a qualquer culto de idolatria... A consequência disso foram crianças fisicamente debilitadas, doentias e muitas vezes aleijadas ou marcadas de qualquer outra forma...

O culto à maternidade teve início assim que os sábios da Caldeia se submeteram à influência dos servidores de Lúcifer, aplicando os conhecimentos intelectuais em lugar do saber espiritual.

Os primeiros sacerdotes-reis da Caldeia, que ainda estavam ligados à Luz, haviam recebido um saber que mais tarde foi esquecido ou muito falsificado pelos astutos sacerdotes denominados "sábios". Tal fato correspondia às suas egoísticas finalidades terrenas... Todos eles tinham conhecimento da existência da Rainha primordial Elisabeth que, como supremo ente feminino, vive em regiões que permanecerão eternamente inalcançáveis para o espírito humano. Sabiam também dos quatro animais sapientes que se encontram nos degraus do trono de Deus...

Quanto mais intelectivos se tornavam os sábios da Caldeia, tanto mais procuravam diminuir e desvalorizar o elevado saber espiritual que outrora lhes fora dado, até ficar de acordo com seus desejos terrenos. Só assim é que puderam transformar a elevada e inalcançável Rainha primordial em "deusa-mãe", apresentando a maternidade como algo supremo. Na realidade, embora de maneira velada, apenas se favoreceu a atividade dos instintos baixos, que constituía a finalidade de todos os cultos e idolatrias...

O Culto de Falo

Quase simultaneamente ao consagrado culto à maternidade, surgiu também "o culto de falo", em que o órgão sexual masculino era venerado como portador da força procriadora do homem! De um vigor procriador que constantemente tinha de ser posto em prática. Da mesma forma nas atividades do culto do grego Dionísio, a adoração de falo, declarado sagrado, representava um papel de grande importância.

Tal culto alastrava-se por toda a Terra. Mesmo grande parte dos antigos germanos foram adeptos do "sagrado culto a falo". No Velho Testamento da Bíblia também se encontra referência a tal respeito.

A origem do culto de falo data de muitos milênios, contudo, na Índia encontra-se até hoje muito difundido. Aí, venera-se "linga", o órgão sexual masculino do "deus Siva". Poder-se-ia dizer em vez de linga, falo, pois o significado é o mesmo.

Siva é um dos três deuses principais da Índia. Seu animal de montaria é o touro. No entanto, adorado e implorado é o "sagrado linga"! Aos milhares podem ser vistos os símbolos referentes a ele; encontra-se em todos os tamanhos e feitios, nos templos da Índia, do Nepal, bem como do Tibete. Além disso, existem muitos hinos louvando o linga de Siva como símbolo da força procriadora...

A mulher de Siva é a horrenda "Durga", ornada de caveiras! Outrossim, diz-se que ela também aparece com outra forma, isto é, como um ente bondoso que proporciona alimentos, portando os nomes de: "Annapurna" e "Parvati". Em tempos passados eram oferecidos a Durga pavorosos sacrifícios humanos; mais tarde estes foram substituídos pela imolação de cabras, com as quais ela teve de se contentar... A festa principal de Durga é celebrada em toda a Índia...

O saber original, hoje conhecido como mitologia indiana, tornou-se confuso e impregnado de erros, como a mitologia em toda a parte; entretanto, era uma reprodução verídica da vida e da atuação dos povos enteais. E não somente isso. Os seres humanos que observavam e retransmitiam as ocorrências da vida dos enteais tinham também conhecimento do onipotente Criador, o Construtor de todos os mundos e de todas as criaturas. Denominavam-no "Deus da Luz". Quando falavam Dele, ajoelhavam-se cruzando as mãos diante do peito com humilde dedicação. Amavam todos os enteais, todos os animais e plantas da Terra, com os quais compartilhavam o mesmo ar. Sabiam que o "sol" abençoado do Deus da Luz irradiava sobre tudo o que fora criado, com igualdade...

Foi uma pequena tribo ariana, chamada "witeger", que cerca de três mil anos antes de Cristo viera à Índia e lá se fixara. Nas escavações no vale do rio Indo encontraram-se vestígios desse povo, de elevado desenvolvimento. Assim como os karers, esse povo trouxe rico e legítimo saber à sua nova pátria. Sua sabedoria foi transmitida oralmente, mantendo-se pura durante muitas gerações. A mais antiga literatura religiosa indiana, conhecida por "Veda", baseia-se ainda nessas tradições, embora já parcialmente misturadas com as dos indo-germânicos de outrora.

Na Índia, como também em toda a parte da Terra, introduziu-se sorrateiramente a crença falsa e a idolatria. Mais uma vez através da casta dos sacerdotes foi o mal ancorado e propagado. No decorrer dos últimos milênios havia na Índia inúmeros e horrendos cultos a ídolos e demônios, como outros tantos em forma de orgia, com fundo místico-religioso, que glorificavam unicamente os impulsos dos instintos... Muitos desses cultos ainda existem na Índia, e os respectivos sacerdotes cuidam para que sejam mantidos pelo maior espaço de tempo possível. A consequência é que centenas de milhões de criaturas humanas vivem com medo supersticioso diante dos deuses e dos sacerdotes. No entanto, esses deuses são apenas ídolos criados pelos seres humanos. Por outro lado, entregam-se, principalmente as mulheres, ao culto de linga, que degrada o espírito igualmente.

Não existe nenhum enteal chamado Siva que monte num touro e que possua um órgão sexual venerado como sagrado. Tal imagem foi criada pela fantasia mórbida dos sacerdotes que, ávidos de poder e como servos de Lúcifer, vieram ao encontro dos desejos dos seres humanos indolentes de espírito. O enteal que os sacerdotes, no decorrer do tempo, transformaram em ídolo, nas suas tradições, foi "Rudra", o poderoso titã que os videntes de épocas remotas podiam ver, frequentemente, com seu arco e flecha, envolto por relâmpagos.

Rudra é idêntico a Urano e Thor. É o guia dos titãs, sendo o mais poderoso entre eles. Os sacerdotes, porém, precisavam, para os superficiais e crédulos seres humanos, de um ídolo que viesse ao encontro de seus desejos e fraquezas, a fim de inflamar suas cobiças e desenvolver morbidamente o sexualismo.

Longo tempo levaram para encontrar a forma ideal de ídolo que correspondesse às expectativas de um determinado grupo. Até que alguns sacerdotes do culto de "Tantra" tiveram a ideia de apresentar Rudra, um dos deuses mais venerados dos tempos remotos, numa outra corporificação. Assim surgiu Siva, o bondoso, que trazia bênçãos. Geralmente permanecia nas alturas do Himalaia para limpar e purificar as almas… Montava um touro divino que corporificava a força procriadora… Viria com o resplendor de seu sagrado linga para exortar os seres humanos que o ato sexual seria necessário, a fim de purificar suas almas e colocá-las em harmonia com a vontade dos deuses…

Há muito tempo Siva é um dos principais deuses da crença indiana. Venerado até hoje, por cerca de trezentos milhões de indianos. A festividade em sua homenagem é celebrada anualmente em fevereiro. Denomina-se "noite de Siva".

A tragédia que envolve mais de quatrocentos milhões de indianos é constituída pelos muitos ídolos que até hoje veneram, como também pelos inúmeros sacerdotes de ídolos que, naturalmente, tudo fazem para manter seus adeptos presos a essas crenças…

As revelações pré-indianas, os Vedas, continham outrora tudo o que as criaturas humanas necessitavam para seu desenvolvimento espiritual no sentido correto. Mas, logo depois da época de Cristo, os servidores de Lúcifer começaram a ampliar e "interpretar", com o conhecimento de seu raciocínio terreno, os puros ensinamentos contidos nos Vedas. Pouco a pouco foram sendo escritos outros livros de leis, os "Manus", acrescidos dos vários "Epen". Em cada geração foi aumentando o número dos pretensos deuses, demônios e fantasmas. Até a pavorosa Durga foi elevada a "mãe do Universo".

O próprio Krishna, o portador da Verdade enviado pela Luz, foi transformado em ídolo, no decorrer do tempo. Em muitos templos da Índia tem sido venerado como um "deus", um deus que por causa de seus feitos heroicos e de suas aventuras amorosas alcançou enorme celebridade...

Dos ensinamentos de Krishna, os quais poderiam ter despertado em pelo menos uma parte das criaturas humanas o anseio por reconhecimentos espirituais, não se tem mais conhecimento. Existe, sim, um épico, "Mahabharata", que foi escrito vários séculos antes de Cristo, onde é louvado o "sublime deus Krishna". Também uma parte de seus ensinamentos se encontra nesse épico religioso-filosófico. Foram, no entanto, tão falsificados e confundidos com acontecimentos inverídicos, que a pura doutrina de outrora não mais pode ser reconhecida. Como em toda a parte, a Verdade foi oculta pelos falsos ensinamentos de fé.

Se pretendêssemos mencionar todos os cultos de idolatria que têm escravizado a humanidade durante os últimos sete mil anos seria necessário escrever muitos livros e, mesmo assim, ainda faltariam os inúmeros e nocivos fenômenos colaterais.

Em relação à Índia podemos mencionar ainda que, paralelamente aos inúmeros cultos eróticos de idolatria, existem também outros de caráter exclusivamente ascético. Como todos os demais, têm sido igualmente nocivos. Uma das imundas excrescências do ascetismo é a formada pelos faquires! Vegetam inativos em indolência espiritual, supondo realizar algo grandioso aleijando seus corpos...

O Culto de Baal

Chegamos agora ao mais nefasto culto de idolatria de todos os tempos: "o culto de Baal"! Este culto apareceu cerca de cinco mil anos antes de Cristo e alastrou-se, com a rapidez do vento, por toda a Ásia Menor da Antiguidade, até alcançar a Grécia e também Roma. Nos templos romanos de Júpiter, venerava-se Baal concomitantemente. A influência deste atingiu também a China. Surgiram aí cultos de idolatria que fizeram os seres humanos sentirem medo supersticioso, como também os impeliram às orgias eróticas.

Entre os antigos povos do México e do Peru surgiram naquela época, igualmente, cultos de idolatria cuja ignomínia e crueldade foram insuperáveis. A sombra de Baal estava sobre todos os povos. Em Israel irromperam revoltas quando esse culto foi suprimido devido à influência de um velho profeta. Na Síria tal veneração somente sucumbiu pouco a pouco, em virtude do cristianismo.

Na Terra não existe mais o culto de Baal. Contudo, ele cumpriu sua finalidade. Mais da metade de todas as almas humanas, quer no Aquém como no Além, estão marcadas. Portam em suas testas o inextinguível e mortífero estigma de Baal: a cruz enviesada em forma de xis (X), identificando todos aqueles que se encontram distantes da Luz e da Verdade, de tal forma, que a irradiação da graça divina não mais pode alcançá-los...

O estigma de Baal, seu símbolo, e ao mesmo tempo sua arma contra a Luz, era a "mentira"! Pois atrás de Baal estava Lúcifer, o antípoda do amor e da Verdade! Com a mentira veio para o mundo humano a crença falsa e os demônios da destruição, cujos efeitos se propagaram até a esfera espiritual da Luz, perturbando o vibrar harmonioso da Criação...

Muito antes do aparecimento de Baal houve, entre os povos da Terra, ídolos e idolatrias. Os causadores sempre foram servidores de Lúcifer, que influenciavam e guiavam as almas humanas a eles submissas...

Com Baal, porém, foi diferente. Foi o guia das tropas de elite de Lúcifer, sendo que as primeiras vitórias sobre a humanidade cabem a ele. Além disso, foi o primeiro servo de Lúcifer que executou sua vontade e atuou através de seu poder...

Ao lado de Baal encontrava-se "Baalat"! Primeira serva feminina de Lúcifer e, de acordo com a sua espécie, mais forte do que o próprio Baal. Ambos corporificavam espiritualmente o princípio hostil à Luz, que empurrava toda a humanidade para o abismo.

Baal significa "senhor" e Baalat "senhora". Há ainda outros nomes com que Baal é denominado. Na Babilônia recebeu o nome de "Bel". Nos antigos locais de culto da Palestina chamavam-no "Bealim", tendo sido ali equiparado com "Javeh", o onipotente Deus. Os semitas babilônicos denominavam-no "Baal Schem", o senhor do divino nome... Os fenícios veneravam-no como "deus" principal, chamando-o "Melkarth"! Sob a influência de Baal surgiu entre os astecas do México, o culto da serpente. Para a serpente alada denominada "Quetzalcóatl" foram oferecidas honrarias divinas e horrendos sacrifícios sangrentos... Isso, no entanto, ocorreu muito antes de Cortés conquistar o México...

Baal foi venerado sob muitas formas e nomes. Povo nenhum da Terra ficou livre de sua influência. O culto, no entanto, foi o mesmo por toda a parte. Exigiam-se sacrifícios sangrentos e um mórbido incremento do sexualismo!

Os animais que inocentemente foram colocados em ligação com o culto de Baal foram a serpente, o bode ereto e o touro.

O Monte Saphon

Baal intitulava-se "senhor do monte Saphon"! O monte Saphon é um importante centro do mundo astral (matéria grosseira mediana) que circunda o planeta terrestre. Contudo, nada tem a ver com o local chamado Saphon que existiu na antiguidade em alguma parte da Macedônia...

O mundo astral é o modelo da Terra. Quem quiser chegar à Terra ou dela sair, tem de atravessá-lo. O nosso planeta paira como uma pequena bola no meio do mundo astral, muito mais amplo, que tem igualmente a forma de esfera. Pode-se dizer também que a Terra paira como uma pequena cópia no centro do gigantesco planeta de matéria grosseira mediana com o qual se acha estreitamente ligada. Os seres humanos terrenos não podem, com seus órgãos sensoriais de matéria grosseira, ver e sentir o mundo astral que os envolve; porém, com o corpo astral já é diferente. Ao separar-se do corpo durante o sono, ele vive e movimenta-se no seu ambiente homólogo de matéria grosseira mediana, vendo e ouvindo tudo o que se passa à sua volta...

Voltemos novamente para Baal. O planeta de matéria grosseira mediana que envolve estreitamente a Terra chama-se "Saphon". O monte de igual nome é o ponto mais importante, porém não é o mais alto, pois ali existem montanhas bem mais elevadas... No monte Saphon encontra-se uma edificação ampla tendo no centro um grande templo.

Todos os portadores da Verdade, que vieram no decorrer do tempo para cumprir uma missão na Terra, permaneceram durante o tempo de espera nesse monte do Templo de Saphon, a fim de se prepararem para as incumbências na matéria grosseira e tomar contato com as almas humanas. Aproveitavam bem o tempo, enquanto tinham de esperar que os corpos infantis na Terra, ligados a eles, atingissem o estado de maturação para servir como instrumentos de seus espíritos...

Também o espírito humano Jesus, preparado como instrumento para a atuação de Jesus, o Filho de Deus, o Portador do amor divino, deteve-se no monte Saphon. Já ali ele vivenciara todas as etapas de sofrimento, pois até no monte Saphon, o monte da iluminação, ele viu almas humanas portando em suas testas o sangrento estigma de Baal, o sinal de Lúcifer.

Da mesma forma, o espírito humano que foi escolhido e preparado para servir de instrumento, na Terra, a Imanuel, o Filho do Homem, que viria julgar o mundo, passara ali o seu tempo de espera. Também ele viu as devastações em volta e as almas marcadas que habitavam aquele monte. Teve receio de sua missão...

Não havia mais dúvida. Baal, com razão, intitulava-se o senhor do monte Saphon!

Baal e Baalat, os primeiros servidores de Lúcifer, apareceram somente para a luta final, a fim de completar a obra de destruição, na qual quase toda a humanidade sucumbiu. E não precisaram empregar esforços especiais...

Baal serviu-se de videntes, homens e mulheres, para divulgar na Terra a sua doutrina, a "doutrina do amor", em nome de seu poderoso amo Lúcifer e de acordo com a sua vontade. As videntes, quase todas, foram criaturas que em vidas terrenas anteriores já tinham sido preparadas para a sua "missão". Quando Baal lhes surgiu com uma indumentária vermelha e uma coroa na cabeça, logo o identificaram como aquele que se intitulava senhor do monte Saphon e senhor da Terra!

Quem dominar o planeta Saphon e o monte de mesmo nome, que no sentido espiritual é tão importante, dominará o pequeno planeta Terra de matéria grosseira e toda a humanidade que nele vive...

Talvez o leitor possa formar uma imagem mais exata dos dois mundos que se engrenam estreitamente imaginando o ar que envolve e penetra na Terra. É essencial para tudo o que existe nela e sobre ela, apesar de não poder ser percebido pelos olhos humanos de matéria grosseira.

O ar não é vazio, nem invisível. Ele é vivificado e habitado como a Terra grosso-material, pois já é uma parte do mundo invisível, onde o planeta terrestre paira ou é envolvido. É invisível e vazio apenas para os órgãos sensoriais de matéria grosseira das criaturas humanas, visto ser de uma outra espécie mais fina. Como sabemos através da Mensagem do Graal, somente a respectiva igual espécie pode ser vista e sentida!

Tão logo um ser humano, após a morte ou durante o sono, deixa seu corpo terreno de matéria grosseira, encontra-se com o seu corpo astral no ambiente mais fino, agora análogo a ele. Seu corpo astral e seus órgãos sensoriais estão sintonizados com esse mundo de espécie diferente, de modo que vê, ouve e sente tudo o que ali ocorre. Só pode ser visto o que é de natureza similar... No momento, porém, em que seu corpo astral, pode-se dizer também alma, se ligar novamente com o corpo terreno de matéria grosseira, poderá perceber unicamente seu ambiente análogo grosso-material.

Os Videntes

Após essas divagações voltemos para Baal. Poder-se-ia chamá-lo de belo, se não fossem os olhos azuis esbranquiçados que olham de seu rosto com frieza e rigidez. Essa frieza mortal e hostil ao amor se reflete igualmente nos olhos de Baalat. Apesar de sua beleza, assemelha-se a uma boneca sem vida, que é posta em movimento através de um mecanismo oculto...

Falemos agora, ainda, sobre os videntes e as videntes que foram utilizados por Baal e Baalat como porta-vozes.

Há sete mil anos, quando Baal entrou em contato direto com os seres humanos terrenos, existiam mais pessoas mediúnicas do que hoje. Referimo-nos aqui à "legítima mediunidade", isto é, um dom que a pessoa traz consigo desde o nascimento terreno... Tal dom atualmente é raríssimo.

Os videntes e as videntes a que nos referimos não têm semelhança alguma com os inúmeros médiuns espíritas, que após se dedicarem ao espiritismo é que desenvolveram uma espécie de "mediunidade"! A legítima mediunidade não pode ser aprendida e nem desenvolvida, porque é um dom inerente... O dom de vidência "desenvolvido" é uma ilusão que não traz proveito, muito ao contrário! As consequências são geralmente danos anímicos e destruição da saúde...

As videntes, através das quais Baal mandara divulgar sua nova doutrina na Terra, possuíam esse legítimo dom que, conforme sua compleição íntima, utilizavam para o bem ou para o mal. Da mesma forma os "menores Baales", isto é, os "senhores menores" que muito tempo antes da aparição do seu senhor já atuavam sobre os seres humanos, tanto no Aquém como no Além, aproveitaram-se também das pessoas mediúnicas que viviam na Terra...

Nos milênios passados os videntes tinham em suas mãos um grande poder, visto que seus relatos extramateriais eram recebidos como revelações. A maioria das videntes estava desde a infância sob os cuidados dos sacerdotes, porque tal dom, quando legítimo, já se faz notar na infância... Reis, príncipes e outros personagens de influência buscavam conselhos junto aos videntes. Realizava-se isso quase sempre por intermédio dos sacerdotes; estes retransmitiam, naturalmente, apenas aquilo que julgavam estar de acordo com os seus próprios desejos e finalidades. Assim, muitos deles vieram a exercer um poder ilimitado sobre seus semelhantes.

Schauschka

Entre as videntes às quais Baal aparecia, havia algumas que ainda não estavam sob a influência de sacerdotes. Destas fazia parte "Schauschka", filha do rei fenício que vivia em Tiro*.

Schauschka não poderia ter nascido em lugar mais estratégico para espalhar, além das fronteiras, a doutrina de Baal. Os fenícios eram navegadores; sentiam-se senhores dos mares e fundaram pequenas vilas em várias costas (atualmente diríamos colônias). Algumas dessas vilas primitivas transformaram-se em pouco tempo em poderosas cidades de comércio, como Cartago e Utica na África do Norte... Os fenícios, também chamados púnicos, chegaram com os seus navios até a Espanha, onde entraram em

---

* Tiro (Tyros) é o nome grego; o nome original era "Sor".

contato com os hititas, com tribos de nômades germanos e com muitos outros grupos de povos... Os púnicos eram orgulhosos, ricos e poderosos, e onde quer que eles chegassem, sua influência fazia-se sentir de modo eficaz...

Schauschka vivia no palácio de seu pai, construído à beira do mar. A cidade de Tiro, situada numa península, foi, ao lado de Sídon, o mais importante centro comercial da Fenícia. Além de vidente, a moça possuía uma extraordinária aptidão para a dança. Tornou-se rapidamente célebre como dançarina, pois mal saíra da infância, já começara a dançar nas festas oferecidas pelos seus pais em honra aos hóspedes estrangeiros...

Surgiu, então, Baalat; veio rodeada de meninas e meninos, despidos e semidespidos, que, igualando-se a serpentes, se dobravam, se viravam e executavam movimentos rítmicos que deixaram Schauschka extasiada e impeliram-na a imitá-los.

"Danças do amor", assim denominava Baalat tais apresentações que despertavam todos os baixos instintos nas criaturas humanas. Schauschka não foi apenas uma discípula obediente, como também em seguida começou a imaginar novas danças que em sua imoralidade não podiam ser superadas...

Certa noite, enquanto a moça exercitava suas danças, apareceu-lhe Baal, envolto em uma nuvem de falso fulgor, apresentando-se como o novo deus e senhor da Terra, que trazia aos seres humanos uma nova doutrina por ordem de um superior bem mais poderoso. Disse que Schauschka era uma "eleita", pois fora considerada digna de divulgar a nova doutrina, como também alegrar o próximo, executando as "sagradas" danças do amor.

O pai de Schauschka mandou construir imediatamente um templo, onde Baal deveria ser adorado como o principal "deus" da Fenícia. Tal medida desencadeou a princípio forte resistência nos cananeus, fenícios e semitas, que declararam publicamente que continuariam a venerar unicamente Deus, o Onipotente, o Criador de todos os mundos...

Tal resistência, porém, não teve muita duração, porque a maioria desses adversários se tornou adepta de Baal! Argumentaram, então, que depois de muito refletirem, haviam reconhecido que os ensinamentos de Baal constituíam exatamente aquilo que os atormentados seres humanos necessitavam...

Quando os novos sacerdotes de Baal desejaram saber qual a imagem ou estátua que deveriam colocar nos templos em honra do "novo deus" e senhor da Terra, Baalat, por meio de Schauschka, mandou-lhes dizer que não poderiam ser feitas imagens ou estátuas de um "deus". O estigma de Baal, contudo, poderiam usar; ele era constituído de duas traves que se cruzavam em posição enviesada e que continha uma magia eficaz. Tal estigma deveria ser riscado entre os seios de uma jovem mulher nua, como também poderia ser colocado na cabeça de grandes imagens de serpentes e ainda entre os chifres de um bode em posição ereta...

Schauschka viu ao mesmo tempo, em imagem, uma mulher nua e um sacerdote de Baal que, em traje vermelho, riscava com uma faca denteada o signo de Baal entre os seios da mulher, e o sangue que gotejava da ferida era imediatamente chupado pelos lábios cobiçosos de vários sacerdotes... A mulher despida trazia no braço esquerdo uma cobra enrolada. Ela era superada em altura por um bode em posição ereta que trazia entre seus chifres um metálico signo de Baal...

Os sacerdotes ficaram eufóricos assim que Schauschka pormenorizadamente lhes descreveu o quadro que lhe foi mostrado, da mulher despida e do bode. Baal era bem um "deus", segundo seus desejos. Todas as honrarias pertenceriam somente a ele...

Os navegadores fenícios, em qualquer parte que iam, divulgavam a notícia do novo "deus", como também da "doutrina do amor" por ele trazida. Os sacerdotes de Baal, contudo, não ficaram inativos. O supremo sacerdote do Templo de Baal em Tiro, por exemplo, enviara sacerdotes e sacerdotisas* a Cartago para anunciar os ensinamentos da doutrina de Baal. Ao mesmo tempo foram abertas escolas por toda a parte, cuja finalidade era preparar sacerdotes e sacerdotisas.

Os cartagineses possuíam naquela época um elevado saber espiritual. Tal saber lhes foi transmitido por sacerdotes sumerianos que para ali foram conduzidos, quando a povoação ainda era relativamente pequena. O povo venerava Deus, o Todo-Poderoso, como Criador de todos os mundos e a Rainha primordial, que chamavam de "Tanit", como portadora divina do puro amor. Também ofereciam honrarias em agradecimento aos grandes e pequenos enteais, através de festas anuais em lugares especiais de culto.

---

* "Bailarinas do amor".

Sob a orientação do enteal Asclépio fundaram-se escolas para a arte de curar, nas quais homens e mulheres interessados recebiam ensinamentos sobre as forças curativas da natureza...

Os cartagineses, assim como todos os outros povos de elevado saber espiritual daquela época, possuíam um mandamento que os orientava: o mandamento da justiça! Neste mandamento se revela a lei da reciprocidade, que significa que o ser humano carrega consigo os seus atos; logo, seria bom que ele vivesse e atuasse de tal modo, que seus atos não se tornassem um fardo pesado para si...

Aí surgiu Baal... Quase imperceptivelmente seus ensinamentos infiltraram-se no povo. Os sacerdotes mais velhos colocaram-se todos contra o suposto novo deus. Desmascararam-no imediatamente como o servo do anjo caído que se tornara inimigo e traidor de Deus onipotente. Advertiram o povo e fizeram ver a todos que um culto sangrento e danças imorais jamais poderiam ter vindo das alturas luminosas...

Atentado contra o Criador e contra o mandamento da justiça seria este culto!...

As vozes dos sacerdotes, por mais altas que ecoassem, perderam-se ao vento... Antes de todos, foram as moças e as mulheres que abriram as portas ao culto de Baal. Acorreram em grande número para tornarem-se sacerdotisas de Baal. Todas queriam aprender as "sagradas danças rituais do amor"... E os homens seguiram-nas de bom grado, pois os atos de culto do novo e poderoso "deus" despertaram neles sensações de poder, até então desconhecidas! Também eles eram senhores! Senhores, para os quais era permitido conquistar tudo o que desejassem! Até o momento tinham sido escravos! Escravos do mandamento da justiça! O que significava justiça?... Baal era bondoso e sábio, além disso ensinava que cada um deveria viver de acordo com os seus próprios mandamentos e desejos...

Dessa maneira, Baal, o principal servo de Lúcifer, venceu em toda a linha. Em Cartago a serpente foi escolhida pelos sacerdotes como o símbolo de Baal. Uma serpente gigantesca, de ouro, possuindo três cabeças com o signo de Baal em cada uma delas, foi colocada num pedestal no Templo de Tanit.

"Tanit seria na realidade uma deusa da maternidade", afirmavam os sacerdotes e, "como tal, apenas se sentiria honrada se o poderoso Baal tomasse para si também o seu templo"...

Baal tornou-se igualmente senhor do povo de Cartago. O elevado saber espiritual desse povo impregnou-se de tal forma com as grosseiras mentiras de Baal, que a Verdade original não mais podia ser reconhecida.

Schauschka, a filha do rei de Tiro, a grande vidente e a escolhida dançarina do amor, foi adorada e invejada por muitas gerações subsequentes...

Baal aparecia às videntes somente até estar seguro de que elas haviam recebido corretamente suas mentiras, chamadas por ele de ensinamentos. Não teve necessidade de se esforçar muito. Suas servas, surpreendentemente, compreenderam de maneira rapidíssima...

A Doutrina de Baal

Antes de citarmos mais duas videntes escolhidas por Baal, vamos transmitir a sua doutrina em síntese. Uma doutrina que teve como consequência a mentira, a crença adulterada e a profanação do amor, e como produtos colaterais a mística, inúmeros mistérios e cultos de magia.

Segue agora a doutrina do servo de Lúcifer, a doutrina da mentira que vitoriosamente se colocou contra a Verdade:

"Eu sou Baal, o senhor do monte Saphon e o senhor da Terra. Venho em nome do mais poderoso 'deus', que me enviou para vós.

Sou o vosso senhor. Trago-vos o amor e o poder.

O poderoso Deus que vos criou está tão longe, que não pode preocupar-se convosco. Ele vos colocou no mundo, mas das dificuldades de vossas vidas terrenas nada sabe.

Além disso, os deuses da natureza, que sempre tendes venerado e celebrado, já não são mais aquilo que foram. Alternadamente vos mandam seca, canícula, inundações e doença, deixando-vos sofrer inocentemente. Não mereceis ser oprimidos como escravos por forças maléficas.

As doutrinas de vossos sacerdotes até agora foram boas, porém injustas e rígidas, pois foram interpretadas erroneamente... O Deus do qual vos falam, nada sabe de vós. Os quatro 'serafins'* que, supostamente, segundo os vossos sacerdotes de até agora, vivem

---

* Animais alados.

nos degraus do trono de Deus, encontram-se mais próximos de vós do que pensais. Esses quatro animais são os mestres das criaturas humanas... O Touro, o Leão, a Fênix,* o Cordeiro, todos eles falam para vós. Acham-se sempre perto de vós...
    O Touro transmite ao homem a força do amor e o domínio sobre a mulher. O homem é o senhor da mulher. Ela é sua criatura.
    O Leão estimula o homem a conquistar, atacar, lutar e poder sentir sua força sobre o mais fraco. O fraco deve perder o que possui: suas terras, sua casa e sua mulher...
    A Fênix era inteligente, contudo não mais existe. Em seu lugar encontra-se a serpente. É a mais sagaz. Proporciona à mulher inteligência, a argúcia e o poder sobre o homem... Uma mulher que se contorce na dança como uma serpente torna-se senhora e será dominadora do touro... do homem... Nus como as serpentes foram criados os corpos humanos. Criados por Deus. O corpo nu é sagrado... Nos templos os dançarinos e dançarinas devem executar nus, como foram criados por Deus, os rituais das danças sagradas... A serpente é astuta e poderosa... ela e a mulher humana encerram o mistério do amor em seus corpos...
    O Cordeiro com sua ferida sangrenta sois vós próprios, vós, seres humanos! Ele é o símbolo de vossa existência humana... Fostes colocados indefesos e inocentes num mundo onde poderes maléficos vos feriram...
    Não estais sozinhos... Vossos sacerdotes vos ensinaram erradamente... A suprema deusa feminina não é tão inalcançável para vós... Ela está próxima de vós e da Terra... Favorece e protege a maternidade, que é a mais alta virtude da mulher humana!...
    Eu sou o vosso 'novo deus'. Venho do monte Saphon, a montanha do preparo e da realização, e trago-vos o amor... Vosso corpo terreno, criado por Deus, encerra o mistério do amor. Outro amor não existe para os nascidos na Terra...
    Sois criaturas da Terra... Aspirai às coisas terrenas. Procurai os prazeres onde os puderdes encontrar... devem ser prazeres terrenos... palpáveis e perceptíveis...
    Quem me seguir, eu liberto do pecado para sempre... Pois eu sou Baal, vosso senhor, sou o amor que tudo perdoa!...

---

* Águia.

Quando tiverdes vontade de lutar e vencer, atacai e conquistai, fazendo dos vencidos, dos fracos, os vossos escravos... Como meus servos, sois poderosos na Terra...

Caçai e matai os animais antes que eles tomem para si o domínio da Terra... São tão numerosos que logo vos atacarão e matarão...

Vós, minhas servas, divulgai a todos os povos da Terra meu nome e minha doutrina... e contribuí para que se construam templos, onde me oferecereis sacrifícios sangrentos, porque o sangue, vosso sangue, vos liga a mim, vosso senhor e enviado de Deus! Sede inteligentes e segui-me!"

Essa foi a doutrina de Baal, a mentira que impregnou com o seu veneno corruptor todo o autêntico saber até os dias de hoje.

Sefer

Vamos olhar agora mais de perto ainda para as duas outras videntes que igualmente contribuíram ao máximo para ancorar na Terra a doutrina e o culto satânico.

"Sefer" era o nome de uma delas. Mulher de certa idade, habitava uma das cavernas do "Monte Carmelo", situado em Israel. Trata-se de uma cadeia de montanhas de aproximadamente trinta e cinco quilômetros de extensão, nas quais existiam na época muitas cavernas, densamente povoadas.

A vidente Sefer era afamada por toda a parte devido à sua arte de curar e às suas exatas previsões do tempo. Certa noite tempestuosa, quando Baal lhe apareceu pela primeira vez, sucedeu-lhe o mesmo que se passara com Schauschka: reconheceu-o de imediato como o seu senhor e fez todos os esforços para receber corretamente seus ensinamentos.

As instruções foram as mesmas dadas a todos os videntes. Sefer, porém, recebeu ainda um acréscimo que trazia o seguinte ensinamento:

"Tudo o que cresce na Terra foi criado por Deus! Por isso, tudo é agradável e bom... Há ainda muitas plantas que foram criadas para dar alegria aos seres humanos, porém ainda são desconhecidas... São vegetais que encerram um mistério e proporcionam voluptuosidade, sonhos e prazeres desconhecidos. Em sonhos já conheces tais plantas. Utiliza-as de hoje em diante e deixa os pobres nascidos na Terra gozarem também essas dádivas de Deus..."

Sefer conhecia muito bem o efeito embriagador de várias plantas... Os vegetais semelhantes a grandes cogumelos, que cresciam ao lado de uma das nascentes da montanha, ela já utilizava, havia muito, para amenizar as dores... E uns pedacinhos desses cogumelos duros, cozidos no vinho de marmelo, tinham o poder de, com apenas alguns goles, proporcionar às mulheres de idade a sensação de igualar-se aos deuses. Também as ervas eram boas. Ela havia denominado um pequeno arbusto de "erva da areia", cujas folhas e frutinhas tinham de estar secas para produzir uma fumaça embriagante... Havia muitas outras ervas "benéficas"... Contudo, de agora em diante ela chamaria aquele vinho de "vinho de Baal" e a erva da areia da mesma forma teria o seu nome: "erva de Baal"! Por tal "deus" ela já esperava havia muito tempo... Ele conhecia todos os mistérios e tinha o poder de colocar o ser humano em êxtase...

Sefer tornou-se uma das mais eficientes auxiliares de Baal. Através de sua atuação a doutrina atingiu também as regiões mais longínquas, pois sua clientela era formada de guias de caravanas, inúmeros peregrinos, navegadores, bem como muitos sacerdotes ou outros curadores desejosos de aprender com ela... Frequentemente havia pessoas que passavam vários meses em viagem para chegar até ela...

No pico do Monte Carmelo foram erigidos lugares de culto, onde, sob a direção de Sefer, foram preparados sacerdotes e sacerdotisas de Baal.

Todos eram discípulos diligentes e de extraordinários talentos, que enriqueceram mais ainda a doutrina de Baal com muitos acréscimos. Como ponto de partida, informaram que Baal era idêntico ao Deus-Único que até aquele momento tinha sido venerado por todos... Disseram também que os "deuses da natureza", conhecidos por todos, eram criaturas de Baal. Afirmaram ainda que este, isto é, Baal, encerrava todas as forças da natureza. Por conseguinte, seria ao mesmo tempo o "deus" do Sol, da fertilidade, da tempestade, do relâmpago, etc. Em síntese, ele era tudo aquilo de que os seres humanos terrenos tinham necessidade...

A confusão trazida por tais doutrinas desencadeou em Baal, como em todos os seus servos, uma gargalhada sarcástica que fez estremecer todos os povos enteais...

As criaturas humanas terrenas superaram em tudo o que Baal esperava delas. Seus espíritos assemelhavam-se a pequenas chamas irrequietas que mais cedo ou mais tarde se apagariam por completo...

Os Sumerianos

Citaremos a seguir a terceira vidente, que talvez tenha atuado ainda de maneira mais nefasta do que as mencionadas anteriormente. Chamava-se "Schub-Ad", tendo vivido cerca de três mil anos antes de Cristo na cidade de Ur, no sul da Babilônia. Mais tarde houve uma rainha, meio semita e meio sumeriana, que teve idêntico nome. A cidade, que naquela época pertencia ainda ao país de "Sumer", foi mais tarde totalmente destruída. Depois de passados longos anos foi reconstituída, sendo essa nova cidade de Ur a mesma Ur bíblica da Caldeia.

O país que se tornou conhecido como reino babilônico pertencia, ao norte, aos acadianos e ao sul, aos sumerianos. Os arqueólogos e pesquisadores da História constataram corretamente que a cultura sumeriana foi extraordinária. Tudo quanto os babilônios, assírios, caldeus, etc., possuíam em saber, foi herdado dos sumerianos. Inclusive a escrita cuneiforme! O exato conhecimento de astronomia desse povo foi a base para o quadro planetário, o calendário e o conceito de tempo. Também na matemática eles foram grandiosos. O sistema de cálculos dos semitas babilônicos baseou-se na matemática dos sumerianos. Além disso, possuíam uma jurisprudência baseada na justiça. No entanto, foi tão deformada pelos babilônios que da justiça nada mais restou...

Os arqueólogos denominaram os sumerianos de "cabeças-pretas". Tal denominação não condiz com a realidade. Os sumerianos puros tinham cabelos castanho-claros e olhos também claros. Os sumerianos designados de "cabeças-pretas" originaram-se das uniões entre semitas e sumerianos... Além disso, o nome sumer não condiz com a verdade... Tanto o país como o antiquíssimo povo tiveram denominação diferente. O cientista franco-alemão

Jules Oppert, ao decifrar uma inscrição de reis e descobrir os vestígios de um povo misterioso, denominou-o de sumer. Porém, mantenhamos o nome sumer, visto já ser conhecido na atualidade...

Os sumerianos adoravam somente o único e uno Deus, que tudo havia criado e em cuja justiça estava construída a divina ordem universal.

Contudo, Deus, o Justo, é também amor! Este se acha ancorado no supremo ser feminino que Ele criou. Ela recebe as irradiações divinas do amor, retransmitindo-as para baixo, a todas as Criações. Os sumerianos denominavam esse supremo ser feminino de "Rainha, aquela que existiu desde o início"!...

Eles tinham ainda o conhecimento da existência dos quatro maravilhosos entes alados que vivem nos degraus do trono de Deus e que têm semelhança com animais de inenarrável beleza. Os sacerdotes ensinavam que a força de Deus em seu estado original era um mar de fogo branco. Os quatro animais, cada um do tamanho de um sol, recebiam uma parte dessa energia, irradiando-a em forma concentrada para fora e para baixo, para que as Criações pudessem se formar. Pode-se dizer também que os quatro animais formam quatro canais bem preparados, nos quais, após sofrer transformação, uma parte das correntes de força de Deus flui para diante.

Ao mesmo tempo os sacerdotes advertiam aos seres humanos que pessoa alguma, nem de modo aproximado, poderia apreender os fenômenos reais do supremo reino de Deus, visto que a origem humana se encontra muito abaixo desse reino. Deviam, contudo, ter uma ideia dos quatro animais, porque a força e a vontade de Deus começou a atuar primeiramente neles...

Os sumerianos não denominavam os grandes enteais de deuses, mas de "senhores da natureza". Os pequenos enteais recebiam nomes especiais. Aliás, chamavam também os elfos das árvores e os gnomos das pedras de "senhores das árvores" e "senhores das pedras" respectivamente... Aos pequeninos enteais femininos davam a expressão "fada"; falavam por exemplo das fadinhas das flores, do ar, da luz, etc.

Denominavam os guias espirituais das criaturas humanas de "acompanhantes". Os sumerianos gostavam de seus acompanhantes e seguiam seus conselhos incondicionalmente. Eram também os únicos amigos que conheciam.

Todos os jovens frequentavam as escolas dos templos voluntariamente. Os ensinamentos que os sacerdotes e sacerdotisas lhes transmitiam eram simples, mas encerravam tudo aquilo que os seres humanos realmente precisavam... Para melhor compreensão citaremos alguns desses ensinamentos:

"A Criação inteira é uma obra miraculosa, ordenadamente planejada, e funciona em contínuo e imutável equilíbrio. Tudo o que vive se encontra em movimento. Movimento é vida! Tudo o que vive é nutrido pela corrente de força do amor de Deus! Cada ser humano é um peregrino nas estradas da eternidade que conduzem aos jardins da paz.

Cada vida terrena significa desenvolvimento e transformação! Das matérias terrestres foi formado o instrumento de que o espírito necessita na Terra! Tudo quanto é terreno, é perecível. Nenhuma criatura humana deve se prender às coisas materiais e perecíveis, a fim de que não esqueça que sua pátria não se encontra na Terra. As palavras formadas pelos seres humanos devem assemelhar-se a correntes de pérolas de ouro, que alegram e enfeitam o próximo. O próprio ser humano é que forma para si o sofrimento e também a doença. Ambos são consequências da perturbação do equilíbrio entre o espírito e o corpo terreno.

Vivei como pequena criatura no meio do maravilhoso Universo, e o hálito de Deus vos nutrirá e manterá. Agradecei-lhe e honrai-o pela vida que Ele vos concedeu.

Nunca permitais que sombras* escureçam vosso ambiente e vós mesmos!

Jamais esqueçais que o anjo caído vive! E que também os seus servos estão alertas!

Amai e protegei os animais e as plantas, pois são criaturas feitas pelo mesmo Criador.

Jamais caçai e matai um animal simplesmente para satisfazer vosso prazer.

Tomai apenas aquilo de que necessitais para a vossa vida."

---

* Os sumerianos chamavam o pecado de "sombra".

Os ensinamentos aqui retransmitidos são apenas uma parte do saber espiritual que estruturou a base para as formas de vida dos sumerianos. O leitor, contudo, com esses poucos ensinamentos já poderá reconhecer o elevado grau de cultura espiritual que esse povo tinha alcançado...

Em cada grande cidade dos sumerianos encontravam-se três templos. O maior era aquele onde se venerava o único e onipotente Deus; o segundo em tamanho era consagrado à Rainha primordial, como corporificação do amor divino; e no terceiro, acessível somente às mulheres e crianças, era venerada Astarte, a corporificação enteálica da pureza.

Os templos eram maravilhosas construções de madeira, aliás, todas as suas edificações eram de madeira, principalmente a do choupo do Eufrates.

Para a decoração interior utilizavam-se de cobre, ouro, lápis-lazúli e cornalina. Além disso, relevos de flores e de animais e mosaicos coloridos. Nos quatro cantos do templo principal encontravam-se os quatro animais alados, artisticamente entalhados em madeira, sobre largos pedestais: o Touro, o Leão, o Carneiro, a Fênix.

Schub-Ad – Sesheter

Após as necessárias descrições preliminares sobre a elevada cultura espiritual dos sumerianos, podemos ocupar-nos com a vidente Schub-Ad. Mais tarde ela passou a chamar-se "Sesheter", que significa "portadora de um saber secreto".

Schub-Ad pertencia ao povo dos chalibers. Seu pai, como a maioria desse povo, era um artista em trabalhos de metais. Sua mãe desapareceu três dias após seu nascimento, contudo, poucos dias depois, pescadores acharam o seu cadáver num pequeno riacho...

O desaparecimento dessa ainda jovem mulher constituiu um caso único no país dos sumerianos.

O dom de vidência de Schub-Ad tornou-se patente pela primeira vez quando, ao conversar com as sacerdotisas que dela cuidavam, falou que uma caravana se achava em perigo, visto que ladrões nômades a haviam atacado. Contava dez anos nessa ocasião.

Descrevera o lugar com tanta clareza, que um grupo de homens saiu em jumentos felpudos para averiguar o que a pequena havia visto... Realmente, foi encontrada a caravana, ou melhor, o que dela restou... Dessa época em diante, várias vezes Schub-Ad fez previsões, que mais tarde se realizaram... Porém, logo se tornou claro que os enteais, que em outros casos protegiam as crianças com amor, não gostavam de Schub-Ad... Por duas vezes quase se afogara; outra vez fora atacada por grandes vespas que a picaram de tal modo, que os sacerdotes curadores duvidaram que ela pudesse sobreviver... Certo dia uma lesma passou sobre suas pernas e com a mucosidade causou-lhe erupções purulentas na pele... Outra vez uma serpente venenosa picou sua mão; o veneno do ofídio levou-a igualmente à beira do túmulo... Assim decorreram os anos até que entrou na escola do templo do amor onde, em pouco tempo, devido aos seus dons de vidência que se manifestavam cada vez mais, recebeu a primeira consagração das sacerdotisas.

Visto que Schub-Ad sempre era salva no último momento, todos aqueles que tinham de tratar com ela não reparavam que tais acidentes eram advertências para todos eles. Havia também sacerdotes que relacionavam tudo o que acontecia a Schub-Ad com a morte misteriosa de sua mãe...

Certo dia um sacerdote, em nome do "legítimo sacerdote-rei Isin" que vivia em Nippur, visitou o supremo sacerdote de Ur, comunicando-lhe que Schub-Ad devia ser afastada das escolas e dos templos e que deveria ser levada de volta à casa de seus parentes... Além disso, o rei mandou advertir que Schub-Ad era portadora de desgraça, sim, de uma desgraça que poderia destruir todos...

A comunicação do rei Isin alertara a coletividade de sacerdotes. Estavam prontos a executar a sua ordem...

Isin foi o último "legítimo sacerdote-rei" dos sumerianos. A expressão "legítimo" queria dizer que ele exercia seu cargo sacerdotal de rei por ordem de Deus, era portanto um rei por graça do próprio Deus Altíssimo. Todos os demais que lhe sucederam conferiram-se o título de "legítimo" por conta própria... Não houve mais nenhum que tivesse exercido seu cargo de rei por ordem de Deus.

A ordem do rei Isin não pôde ser posta em prática imediatamente, apesar da melhor boa vontade de todos, porque Schub-Ad se encontrava havia várias semanas em estado meio inconsciente na casa dos sacerdotes curadores. Sua moléstia era para todos um enigma... Contudo, foram unânimes em constatar que no estado em que ela se encontrava não seria possível transportá-la à casa de seus parentes.

Repentinamente, apresentou-se uma melhora no estado de Schub-Ad. Havia readquirido a consciência, entretanto não podia caminhar. Agradeceu aos sacerdotes curadores o auxílio que lhe prestaram, e contou-lhes que um maravilhoso e poderoso "deus" estivera próximo dela todo esse tempo para mandar, por seu intermédio, uma mensagem ao importante povo dos sumerianos como também ao sábio rei Isin...

O supremo sacerdote e a suprema sacerdotisa de Ur consultaram-se reciprocamente para ver se ainda deviam ouvir a mensagem... A sacerdotisa foi favorável, visto que, de qualquer modo, não seria possível levá-la embora com as suas pernas paralíticas...

Nesse ínterim, chegou de Nippur a notícia de que o rei Isin havia deixado a Terra e que seu espírito havia subido aos jardins da paz... O falecimento do sábio e justo sacerdote-rei não causou surpresa, porque Isin, mesmo para aquela época em que as criaturas humanas viviam muito mais tempo que hoje, havia alcançado uma idade fora do comum. O supremo sacerdote e uma parte da comunidade viajaram para Nippur, a fim de estarem presentes ao funeral do corpo terreno do grande rei...

Foi nesse espaço de tempo que teve início a desgraça em Ur...

Schub-Ad, que já nessa época era chamada de Sesheter, tinha-se restabelecido, podendo caminhar novamente, mas, como estava em fase de convalescença, a suprema sacerdotisa achou que ainda não podia ser enviada para casa.

Isin havia morrido, e as sacerdotisas às quais Sesheter tinha feito confidências estavam curiosas em saber da mensagem do maravilhoso "deus", pois ele próprio denominava-se benfeitor e protetor das mulheres...

A doutrina que Sesheter recebera de Baal tinha sido a mesma que as demais videntes haviam recebido. Havia apenas alguns complementos destinados exclusivamente ao povo dos sumerianos.

Tais complementos tinham o seguinte sentido:

"Os povos que vêm agora de toda a parte para fixar-se no país dos sábios sumerianos sentem-se deprimidos, visto ainda não terem atingido um degrau de desenvolvimento para poder assimilar as suas elevadas doutrinas de fé."

Prosseguindo:

"Aos reis dos sumerianos, de agora em diante, devem ser prestadas honrarias divinas, visto sua condição de rei originar-se de Deus.

Os quatro animais alados devem ser representados, pelos artistas, com corpos humanos e cabeças de animais. Os deuses preferem que suas verdadeiras fisionomias permaneçam ocultas.

Os 'senhores da natureza', assim chamados pelos sumerianos, são hostis às criaturas humanas por não ocuparem nesse país o lugar que a eles competia. Eram deuses! Desejam ser temidos e venerados! A vingança dos deuses é tenebrosa! Devem ser construídos templos para eles, a fim de que não se vinguem, e sim, aproximem-se dos seres humanos com amor..."

Os complementos dessa doutrina concluíam com a afirmação de que o poder dos "divinos sumerianos" chegara ao seu término e que outros teriam de assumir o domínio...

O Fim dos Sumerianos

O poder dos sumerianos, realmente, chegara a um fim... As revelações de Sesheter causaram de imediato uma cisão entre os sacerdotes. A maioria estava a favor da nova doutrina e argumentava que as inúmeras pessoas estranhas, que imigravam diariamente, não poderiam compreender seus elevados ensinamentos...

Os sacerdotes e as sacerdotisas que se opuseram à doutrina de Baal foram afastados totalmente em pouco tempo e, em casos especiais, até assassinados...

Os novos sacerdotes e sacerdotisas superavam-se mutuamente em seus esforços para agradar o novo "deus". Assim, os cultos tornaram-se cada vez mais refinados, mais cruéis e mais depravados.

Por exemplo: alguns sacerdotes e sacerdotisas tiveram a ideia de honrar especialmente os deuses, não mais chamados de "senhores da natureza", com a consagração de meninos e meninas, isto é, doavam-lhes as crianças. Tais presentes humanos, dos sacerdotes aos deuses, foram inicialmente denominados de "escravos dos deuses", e depois de "escravos do templo", uma vez que a estada ficava limitada aos respectivos templos.

Os sacerdotes divulgaram que os "escravos dos deuses" poderiam transmitir poder divino mediante prazeres carnais amorosos. Contudo, apenas os escolhidos é que poderiam participar de tal graça...

Mais tarde, os "escravos dos deuses" tornaram-se conhecidos para muito além das fronteiras como "servos sagrados". O costume de manter escravos no templo alastrou-se com a velocidade do vento. Não tardou que a Síria, Fenícia, Ásia Menor e Grécia tivessem "servos sagrados" em todos os seus templos. Na Grécia eles foram denominados "hierodulos"...

Os sumerianos, com exceção daqueles que se extinguiram, misturaram-se com toda a sorte de raças. Além dos semitas que logo conquistaram o país, denominando-o de Babel, viveram ali também os choriters, um povo pré-israelita, e grandes grupos de aramaicos, elamitas, amoritas e cossieus, que se fixaram no país. Os caldeus originaram-se de um grupo do povo aramaico.

Três mil anos antes de Cristo já existia comprovadamente um vivo intercâmbio marítimo entre o sul de Babel, na Babilônia, e Tilmus, no Golfo Pérsico, e de lá prosseguia até o Mediterrâneo, Índia e China...

Assim, a doutrina de Baal e o seu culto foram levados também do país dos sumerianos para longe, para além-mar. E por toda a parte havia pessoas que logo aceitavam e divulgavam essa doutrina. Geralmente confundiam Baal com um dos grandes e queridos enteais, isto é, um dos deuses ao qual eram oferecidos cruéis e sangrentos sacrifícios. Inventaram subdeuses e divulgaram fantásticas lendas de supostos deuses do amor, pois uma coisa era tida como certa: o novo "deus" era um "deus do amor"...

As Diferentes Formas do Culto de Baal

O culto de Baal assumiu por toda a parte formas diferentes. Em todas as cidades da Babilônia onde se encontravam os templos de Baal, seus cultos eram ligados à "consagração de Baal". Quem portasse no corpo o signo de Baal era considerado como se tivesse sido "consagrado por Baal". Esse estigma era feito pelos sacerdotes que, com uma faca de bronze, o riscavam no peito de meninos e meninas. Tão logo o sangue corria em abundância, recolhiam-no imediatamente e o misturavam com um vinho especialmente preparado. Durante os cultos secretos, dos quais somente podiam participar sacerdotes e sacerdotisas, cortavam-se os pulsos de um moço e de uma moça. As vítimas, naturalmente, morriam devido à hemorragia, porém os sacerdotes de Baal recebiam muito sangue. Bebiam-no misturado com um vinho especial, na suposição de que assim a força das jovens vítimas lhes seria transmitida. Todavia, esse culto, que era conhecido como "sagrado culto sacerdotal", não terminava aí.

Mal as vítimas faleciam, em virtude da hemorragia, os sacerdotes especializados abriam o tórax e arrancavam seus corações. Os corações eram cortados em minúsculos pedacinhos e misturados com grãos de cereais e mel, e essa mistura era cozida até formar uma pasta grossa. Denominavam então essa pasta de "pão dos deuses", que era cedido aos adeptos em troca de ricos donativos...

Na Babilônia escolheu-se o bode como símbolo de Baal. Tratava-se em geral de uma escultura de madeira de dois metros de altura, envolta por duas asas em forma de manto... Mais tarde, na Babilônia, Baal recebeu o nome de "Marduk" e foi aclamado como o principal "deus" do país.

As confusões religiosas acarretadas por tal culto, onde sempre eram envolvidos os grandes enteais, nem podem ser hoje descritas. Tampouco podem ser narradas as consequências que essa falsa crença ocasionou... Sob os mais insignificantes pretextos assassinavam-se criaturas humanas. No sul da Babilônia frequentemente as queimavam em fogueiras públicas.

Crueldade e um sexualismo morbidamente aumentado eram por toda a parte as características principais desse diabólico culto.

Em Assur, Assíria, o culto de Baal adquiriu formas especialmente cruéis. Viviam naquela época parte dos acadianos que depois se misturaram com os predominantes hurritas e outras tribos. A existência da cidade de Assur só foi comprovada historicamente a partir do ano 2.500 antes de Cristo. Mas a cidade de Ninur, mais tarde denominada Nínive, já era naquela época um importante centro de intercâmbio comercial. O rei da Assíria naquele tempo era "Ninos", considerado hoje como o lendário fundador desse reino. "Nemrod", filho de Ninos, igualmente entrou para a História, em parte como construtor de cidades e em parte como grande caçador. Até na Bíblia ele é mencionado como o "grande caçador". As expressões Nemrod ou Nimrod querem dizer "caçador". Primeiramente tal vocábulo significava "caçador de seres humanos"! Posteriormente estes caçadores de seres humanos tornaram-se cruéis caçadores de animais.

A doutrina de Baal transformou a maioria das criaturas humanas dessa região em caçadores e mantenedores de escravos. Necessitavam de escravos para construir seus palácios e templos... E os animais?... Segundo a doutrina do "grande, sábio e bondoso deus Baal", eles podiam ser caçados à vontade! Podiam, se assim quisessem, até os exterminar da face da Terra!

Os animais eram despedaçados ainda vivos; arrancavam-lhes, ainda em vida, o coração e o fígado. O coração era oferecido como sacrifício ao novo deus "Nabu"* e o fígado para os falcões de caça... Em Ninur teve início também o hábito nocivo da "hieroscopia". Era a adivinhação pela inspeção das vísceras dos animais. Além disso, através do conteúdo do estômago e do baço, os sacerdotes podiam "supostamente" ver muitas coisas. Para tal finalidade sacrificavam os animais com o corpo ainda vivo...

Cada membro da despótica casta dominante dos assírios era um caçador desumano... Somente os leões constituíam exceções. Os antigos acadianos amavam-nos. Os leões não podiam ser mortos. Em todos os seus palácios viam-se essas feras domesticadas. Para os seus descendentes, que já se haviam misturado com outras raças, tais animais não tinham mais significação alguma. Apenas se divertiam com o sangrento espetáculo que os leões proporcionavam ao caçar as gazelas que eram presas num grande parque, especialmente para essa finalidade.

Os arqueólogos encontraram ruínas de maravilhosas edificações na Assíria e Babilônia. Mas todos os palácios e templos escavados surgiram sob o domínio de poderosos reis, sedentos de sangue, que lançavam seus açoites sobre legiões de escravos que tinham de executar os trabalhos...

Assíria, Babilônia, Caldeia, Fenícia e outros reinos abrigavam quase que exclusivamente pessoas cuja vida fora inteiramente

---

* Baal.

corroída por mentiras e crenças falsas. Em seu propagadíssimo sistema de mentiras entrosaram os nomes dos grandes enteais da natureza, provocando assim uma separação definitiva entre o ser humano e a natureza.

A Doença Preta

O culto de Baal acarretava, frequentemente, moléstias que se alastravam como epidemias, infectando todas as criaturas humanas que se haviam sobrecarregado de culpas pelo exercício desse asqueroso culto. A tuberculose pulmonar, até então desconhecida, e afecções dolorosas da pele fizeram o maior número de vítimas entre os sacerdotes... A mania de perseguição, uma espécie de ataque epilético, gritos histéricos e possessão colocaram igualmente os sacerdotes e as sacerdotisas de todos os templos em estado de medo e pavor... Apareceram ainda epidemias que em pouco tempo ceifaram tantos seres humanos, que cidades inteiras ficaram despovoadas. Podemos exemplificar com as cidades de Ninur e Ur.

A moléstia que inicialmente surgiu em forma epidêmica em Ninur foi denominada mais tarde pelos sacerdotes curadores de "a doença preta", pois, quando faziam autópsia de alguns cadáveres, para averiguar a causa da morte, constataram que o baço estava completamente preto, como carvão, e desproporcionadamente grande e inchado... Essa moléstia, que enlouqueceu muitas pessoas antes da morte ou que as impeliu ao suicídio, teve início quando enormes enxames de pequenas moscas de cor marrom atacaram as árvores frutíferas e invadiram os lares. Embora suas picadas mal fossem percebidas, formavam em seguida enormes inchaços, dolorosíssimos, acompanhados de febre alta, desequilíbrios físicos e angustiantes ruídos nos ouvidos.

Como ninguém soubesse de uma erva capaz de dizimar tal epidemia desconhecida, Ninur, em um mês, transformou-se numa cidade morta, de cujos muros exalava um insuportável odor de cadáveres, empestando o ar a milhas de distância. Somente aqueles que puderam fugir a tempo é que foram poupados.

Os abutres, que poderiam ter assumido a obra de limpeza, haviam sido exterminados pelos grandes caçadores, os "Nemrods".

Não existiam mais naquela região esses úteis animais... A cidade somente foi reconstruída muitos anos mais tarde.

A *Epidemia de Ur*

Também a cidade de "Ur Kadim", isto é, a cidade "que existiu desde o início", teve o mesmo destino de Ninur.

Muitos decênios depois de ter começado o culto de Baal em Ur, a "vingança dos deuses" caiu sobre o povo dessa cidade...

A epidemia irrompeu numa escola de templo onde as sacerdotisas eram preparadas para o culto de Baal. Logo depois, na mesma escola, um jovem escravo do templo foi acometido pela mesma sinistra doença...

Em contraste com a epidemia que se alastrara em Ninur, em Ur ninguém conhecia como se originou essa moléstia maligna...

A doença começava com tremendas dores na cabeça e no nariz, e com uma sede que nada podia aplacar. No segundo dia já surgiam os sintomas de paralisia que começava nos pés e prolongava-se até a cintura, de maneira que a metade inferior do corpo do doente ficava paralisada. A parte superior do corpo, os braços e o rosto ficavam muito inchados. No quarto dia manifestava-se a cegueira e começava a gotejar sangue dos olhos e do nariz. Muitos sufocavam-se com o sangue que lhes obstruía a garganta, pois quase não podiam engolir... Essa epidemia matava as pessoas atingidas somente no sexto ou sétimo dia, a não ser que os doentes se asfixiassem antes. No decorrer desses dias, os seres humanos transformavam-se em irreconhecíveis cadáveres vivos, que exalavam um odor putrefato tão insuportável, que, mesmo com a melhor boa vontade, ninguém conseguia permanecer em suas proximidades.

As pessoas sadias, que não haviam fugido, juntavam pedaços de madeira, galhos, palhas, ervas secas, bem como resinas aromáticas, e faziam fogueiras. Derrubavam até casas para reunir madeira, na esperança de que a fumaça e o fogo pudessem purificar o ar empestado... Os povos enteais dos ventos tinham outras ideias. Chegaram com o poder da tempestade, desfazendo os montes de lenha e lançando pedaços de madeira em brasa sobre os baixos telhados das casas, dos palácios e dos templos. Em pouco tempo a cidade se transformara num palpitante mar de chamas, onde tanto os mortos como os vivos eram dizimados pelo fogo, e os que ainda tinham vida suplicavam pela morte sob terríveis tormentos...

As crianças, que eram igualmente acometidas pela epidemia, faleciam geralmente após vinte e quatro horas.

Passados alguns meses, os fugitivos voltaram e deram início à reconstrução da cidade, com o auxílio de membros de povos estranhos que desejavam fixar-se ali...

Depois do incêndio, os curadores sumerianos que tinham chegado de Nippur examinaram, em primeiro lugar, as cisternas subterrâneas. Segundo sua opinião, o veneno que penetrara no corpo humano deveria estar na água potável. Realmente assim fora, pois encontraram em uma das cisternas uma porção de pequenos sapos apodrecidos, isto é, sapos do brejo, extremamente venenosos, que deviam ter entrado pelas frestas e fendas da terra... Mas os curadores ainda não se deram por satisfeitos; examinaram também alguns poços, onde foram encontrados certa quantidade daqueles pequenos animais...

As pessoas, que pouco a pouco regressavam à cidade devastada, iam destruindo, sob a direção dos curadores de Nippur, os depósitos de águas das cisternas de cerâmica, como também iam aterrando os poços. Todos eram de opinião que os sapos haviam penetrado nos poços e cisternas com as avalanches de água de uma inundação anterior...

Somente alguns poucos sacerdotes de Baal, ao regressarem com os demais, vociferavam e praguejavam contra os deuses, pois aqueles "senhores da natureza", tão queridos pelos sumerianos, nada mais eram do que malfeitores que só traziam desgraças para os seres humanos!... Como os vociferantes não se deixassem tranquilizar e zombassem dos entes da natureza, acusando-os, e além disso tornavam inseguras as demais pessoas, um dos curadores ofereceu ao maior vociferador uma caneca contendo água contaminada, tirada do último poço que ainda não tinha sido soterrado e disse-lhe:

"Bebe desta água que te parece pura! Dos senhores da natureza nada tens a temer!"

O sacerdote de Baal, depois de ter escarnecido tanto, não encontrou outra alternativa senão tomar o líquido oferecido. Ao verificar que nada lhe aconteceu, desacatou os curadores sumerianos e não permitiu que o último poço fosse aterrado.

Decorridos três dias encontraram o sacerdote paralisado e irreconhecivelmente inchado; seu corpo estava parcialmente coberto de cinzas, ao lado das vigas carbonizadas do Templo de Baal. Alguns dos nômades da Cananeia, que desejavam alojar-se na cidade destruída, empurraram com longos paus o homem semimorto para uma esteira e puxaram-no até o poço aberto, jogando-o lá dentro. O poço foi aterrado, cessando a epidemia.

Muitos viram pessoalmente o sacerdote adoecer, após ter bebido a água. Não obstante, os sacerdotes e seus adeptos espalharam falsamente a notícia de que essa moléstia tinha sido ocasionada por um ato de vingança dos entes da natureza. Tal inverdade foi aceita por toda a parte. Os falsos sacerdotes acrescentaram ainda que futuramente mais sacrifícios deveriam ser ofertados! Além disso, em breve haveria amuletos e talismãs que seriam de grande efeito contra toda a sorte de enfermidades! Baal não esqueceria os seus fiéis...

Os Toltecas

A primeira notícia desse povo veio através do príncipe asteca "Ixtilxochitel" que, depois da conquista do México por Cortés, se tornou um amigo dos espanhóis, escrevendo a história de seu povo. Em suas anotações ele conta dos toltecas e de sua capital, "Tula", mencionando-os como sábios e justos. Também fala de sua arquitetura, pois construíram templos, palácios e pirâmides como não havia igual na Terra. Além disso, já possuíam uma escrita, bem como algarismos e calendários...

Dos escritos do príncipe, ficou patente que o seu povo, os belicosos astecas, havia edificado seu reino sobre as ruínas do antiquíssimo reinado dos toltecas...

Os pesquisadores da História e os arqueólogos não deram crédito à existência dos toltecas nem à sua cidade de Tula, pois nada foi encontrado que indicasse a existência desse "lendário povo".

No entanto, a cidade de Tula foi encontrada. A cidade "onde se faziam preces a Deus"! Os toltecas foram um povo que acreditava em Deus. Amavam e veneravam os "senhores e senhoras da natureza", principalmente o "senhor do Sol" e a "senhora da Lua", mas adoravam apenas ao onipotente Deus, que lhes falava através da natureza...

Ao fazer escavações na orla noroeste da cidade do México, durante a última guerra mundial, pesquisadores mexicanos descobriram, embaixo e ao lado das ruínas dos astecas, a antiga cidade de Tula do até então lendário povo dos toltecas. Há trinta anos que são executadas sensacionais escavações, colocando a descoberto magníficos testemunhos da antiga cultura tolteca.*

Da mesma forma que os demais povos, também os toltecas se tornaram indolentes espiritualmente... Embora nunca tenham adorado ídolos e nem tenha havido entre eles qualquer culto de idolatria, mesmo assim houve muitos no seu meio que se tornaram acessíveis às influências negativas das trevas... Contudo, nunca perderam completamente a ligação com a Luz como outros povos da Antiguidade.

Certo dia surgiu para esse povo um portador da Verdade. Não vamos nos prender aqui, de onde veio esse emissário espiritual, visto não fazer parte deste tema. Sua vinda significava socorro no perigo! Pois imigrantes de uma tribo estranha vieram para o povo dos toltecas, falando de novos e poderosos deuses e afirmando, até, que inclusive o "senhor do Sol" prestava serviços ao supremo desses deuses...

A vinda desse auxiliador no perigo salvara, sim, uma grande parte desse povo do descalabro espiritual... Trouxe-lhes o signo da Cruz isósceles, o sinal do onipotente e único Criador, e explicou-lhes que a Cruz deve lembrar a todos que só existe um único Deus, que criou todos os seres humanos, todos os astros e todos os céus, e que todos os grandes e pequenos povos do Sol** serviam a esse único Deus, o onipotente Criador... Nunca houve e nunca haverá outros deuses...

Mencionamos aqui apenas resumidamente os toltecas e seu portador da Verdade, visto que nas paredes dos templos pertencentes aos maias, de quem falaremos agora, e em diversas outras ruínas, em esculturas e até mesmo em serpentes de pedra, foi encontrada a Cruz isósceles. Além disso, há na mitologia dos maias uma lenda, segundo a qual teria chegado certa vez um deus

---

* Com relação aos incas, não mencionados neste capítulo, vide "A Verdade Sobre os Incas", da mesma autora.

** Os enteais.

para o "povo das pirâmides do Sol", o qual lhes trouxera sábias leis que em muito os tinham auxiliado...

Sob "povo das pirâmides do Sol" compreende-se os toltecas, pois foram os maiores construtores de pirâmides de todos os tempos, sendo que elas não constituíam mausoléus. A base da maior pirâmide dos toltecas era bem maior que a de Quéops, no Egito. Tal pirâmide se situa ao sul da cidade do México e tem sessenta metros de altura.

Os Maias

Os maias denominaram o portador da Verdade, de quem tiveram conhecimento por meio dos toltecas, de "Quetzal". Esse nome significa "aquele que veio sobre asas". Com o decorrer do tempo foi considerado por eles um deus, ao qual consagravam também um pássaro... Era a ave-do-paraíso...

O americano John Lloyd Stephens encontrou, por volta do ano de 1840, as monumentais ruínas do antigo reino dos maias. No sul da península do Yucatán e no solo da Honduras de hoje, da Guatemala, Chiapas e Tabasco, ele descobriu, nos fechados matagais, monumentos de pedra, paredes de templos com riquíssimas esculturas ornamentais, bem como ruínas de palácios e outras edificações; além disso, encontrou uma pirâmide com degraus, de trinta metros de altura, esculturas e muito mais ainda...

O saber e a cultura dos maias como dos astecas originaram-se dos toltecas. Eles foram os usufruidores desse povo, até há pouco tempo considerado lendário, como o foram outrora os babilônios em relação aos sumerianos...

Uma grande tribo dos toltecas alojara-se no antigo reino dos maias e transmitiu ao povo ali radicado, que ainda mantinha ligação com os enteais, não apenas um saber espiritual superior como também ensinamentos sobre tudo; a começar pelo calendário que se baseava numa observação exata do céu, seguindo-se a isso a arquitetura e assim por diante. Enfim, tudo aquilo que eles próprios sabiam.

A respeito do calendário dos maias podemos dizer que ele foi construído de pedras de diversos tamanhos, sendo constituído, em parte, de caretas. Cientistas da atualidade dedicaram toda a sua vida para decifrar o segredo desse calendário. Quando isso aconteceu, constataram que esse calendário de pedra fora o melhor do mundo.

Os maias não foram tão elevados espiritualmente como os toltecas, todavia tiveram excelentes mestres e boa vontade em aprender. Contudo, com o decorrer do tempo turvou-se sua crença originalmente pura, perdendo assim também a ligação com os enteais; e Baal, principal servo de Lúcifer, com seus asseclas, venceu em toda a linha. Os maias e os astecas inventaram o culto mais cruel de idolatria que jamais existiu sobre a Terra. Mesmo os babilônios, que durante a execução de seus cultos ignominiosos caíam temporariamente numa mórbida embriaguez de sangue, não foram tão horripilantes como esses dois povos. Iríamos longe demais para relatar todas as infâmias cometidas pelos maias em nome dos "deuses". Apenas mencionaremos um ato de culto que está descrito no livro do bispo espanhol Diego de Landa, sobre as descobertas do México e de Yucatán. Antes dele, Dom Diego Sarmiento relatou em 1579 o "ritual de sacrifício do sagrado poço" de Chichén-Itzá.

O Sagrado Poço de Chichén-Itzá

Antes da descrição do diabólico culto temos de relatar algo:
Certo dia, os maias abandonaram suas cidades de pomposos templos e palácios e seguiram quatrocentos quilômetros adiante, rumo ao norte de Yucatán, fundando ali novas cidades. Os pesquisadores da História e os arqueólogos denominaram essa inexplicável emigração de "o segredo das cidades abandonadas". Das novas cidades do norte fizeram parte Mayapán e Chichén-Itzá.

O segredo das cidades abandonadas não é tão difícil de ser desvendado. A religião dos maias, na época depois de Cristo, consistia apenas em cruéis cultos de idolatria, superstição, evocação de demônios e em medo desses mesmos demônios... Terrenamente, encontravam-se no auge do seu poderio; mas depois veio uma seca que durou cerca de dois anos, e os sacerdotes, magos, profetas e astrólogos informaram à nobreza e ao povo que o "deus da chuva" teria decidido destruir o povo dos maias, tirando-lhe a água...

Algumas semanas depois dessa "comunicação sacerdotal", como não chovesse, e como dia a dia maior número de pessoas sucumbisse de fome, o povo, tanto os ricos como os pobres, abandonou as suas cidades para fugir da estiagem, e emigrou em direção ao norte...

A primeira e mais importante cidade fundada por eles no norte foi Chichén-Itzá. Com a finalidade de se reconciliarem com o "deus da chuva" e torná-lo mais brando, os sacerdotes introduziram imediatamente um novo culto de sacrifícios. Em sua nova cidade existia um tanque que parecia um grande poço e cujas beiradas distavam de um lado a outro cerca de sessenta metros, enquanto que em profundidade atingia vinte e cinco metros, onde começava uma camada de lodo. Nesse poço, considerado sagrado, o "Cenote" de Chichén-Itzá, anualmente eram sacrificadas criaturas humanas em honra do "deus da chuva".

Pela larga estrada que levava ao "poço sagrado", cantando em procissão e invocando o "deus da chuva", seguiam os sacerdotes e o povo. Acompanhavam as vítimas, que constituíam um grupo de mocinhas ricamente enfeitadas... Os próprios sacerdotes executavam os sacrifícios. Ficavam postados em círculo ao redor da ampla circunferência do poço. Cada um segurava uma moça pela mão, e sob invocações e conjuros erguiam-nas e lançavam-nas no poço... Tão logo as infelizes vítimas afundavam naquela água sempre turva, os membros da casta de nobres jogavam lá ricos donativos, tais como joias de ouro, figuras de jade, pedaços de incenso e demais objetos de valor.

O "sagrado poço" de Chichén-Itzá tornou-se uma espécie de lugar de romaria, pois peregrinos vinham de longe para implorar as graças dos deuses. Às vezes, a superfície da água se movimentava; corrente de ar não podia ser, visto que a água se encontrava a muitos metros abaixo da borda do poço. No início a causa desse movimento permanecia uma incógnita. Só quando uma jovem mulher afirmou ter visto na água uma grande e volumosa serpente é que os sacerdotes souberam imediatamente o que deviam fazer...

Durante um ritual no templo dos guerreiros, comunicaram que os deuses lhes haviam proporcionado uma grande graça, pois também a sagrada serpente, símbolo do poderoso deus

"Kukulkan", às vezes subia das profundezas para santificar a água em nome desse "deus"...

O maior santuário dos maias era o Templo de Kukulkan*. Esse templo foi construído numa pirâmide de nove degraus e guardava uma serpente gigantesca, de ouro e ereta, de cujo corpo pendiam duas asas. Na cabeça ostentava a Cruz isósceles, ricamente ornamentada com pedras preciosas...

Atualmente essas ruínas constituem o local de preferência dos turistas. Veem as horrendas figuras dos deuses e das serpentes enrodilhadas, em cuja cabeça se encontram às vezes cruzes isósceles; deparam com colunas de vários metros em forma de corpos de serpentes! Serpentes, por toda a parte serpentes! Em frente às ruínas do templo dos guerreiros há duas colunas que têm a configuração de cobras com chifres, cujas cabeças se acham voltadas para o solo, com as bocas totalmente abertas.

A ornamentação dessas velhas construções, com todos os medonhos rostos e formas, ocasiona um efeito quase atordoante... Talvez haja entre os superficiais turistas alguns que outrora tenham vivido com os maias e assistido igualmente a esses cruéis e abjetos cultos!...

O "sagrado poço" de Chichén-Itzá! Ninguém acreditava deveras nos relatos do bispo Diego de Landa sobre o "sagrado poço" de Chichén-Itzá, como também duvidaram da descrição de Diego Sarmiento sobre o ritual de sacrifícios.

Somente o americano Edward Herbert Thompson, de vinte e cinco anos de idade, ao chegar a Yucatán como o mais jovem cônsul dos EUA, em 1885, deu crédito aos relatos do bispo... Junto com um guia índio saiu a procurar Chichén-Itzá, que diziam ter sido a cidade mais pomposa do novo reino dos maias...

Cobertos de intensa vegetação, ele encontrou os templos da cidade de outrora, a pirâmide em degraus e muitas outras ruínas, bem como esculturas... achando também o largo poço. Thompson, ao descobrir o secreto poço, ficou empolgado... e sentiu que teria de desvendar seu enigma. Voltando aos Estados Unidos, tratou primeiramente de aprender a mergulhar... Assim que se tornou apto, tomou dinheiro emprestado, comprou uma draga de cordas

---

* Serpente de plumas – Baal.

com guinchos, uma talha, bombas de ar, etc. Após procurar por um mergulhador, encontrou um de origem grega, e assim o trabalho penoso teve início. Durante semanas as caçambas da draga subiam com lodo, pedras e galhos. Montes de lodo e entulho acumulavam-se nas beiradas...

Finalmente, certo dia, apareceram as primeiras joias, as primeiras vasilhas de jade, pedaços amarelados de resinas e o primeiro esqueleto de uma moça. Enfim, recuperou-se um tesouro de grande valor arqueológico. Porém, o tesouro estava misturado com inúmeras ossaturas e crânios de moças... Só um único crânio masculino, deformado, foi encontrado entre eles.*

Astecas

Passaremos agora a falar dos astecas.

Seus cultos foram ainda mais cruéis do que os dos maias. Por meio das forças sanguinárias das armas, eles conquistaram o México; subjugaram os toltecas e outros povos, forçando-os a trabalhar para eles. Também a cultura dos astecas foi apenas uma cultura herdada...

Desde a conquista do México, há quinhentos anos, por Hernán Cortés, muitos livros foram escritos sobre o povo asteca. Tudo aquilo que os conquistadores encontraram foi transmitido exatamente. Também os cultos de idolatria com que os conquistadores depararam foram minuciosamente documentados. Eram cultos desumanos, de um povo degenerado, praticados, como em toda a parte, em nome dos "deuses".

Os astecas ouviram, também através dos toltecas, os ensinamentos outrora trazidos pelo portador da Verdade e cuja origem ninguém conhecia. Da mesma forma que os maias, com os quais sempre estiveram em contato, o denominaram "Quetzal", isto é, "aquele que veio sobre asas"! Contudo, as gerações subsequentes dos astecas não mais se preocuparam com os ensinamentos dele.

Os sacerdotes ávidos de poder introduziram seus "cultos dos deuses" com o apoio de mulheres e moças, suas fiéis adeptas.

---

* Em pesquisas posteriores também foram encontrados inúmeros esqueletos masculinos, além de outros achados arqueológicos.

Argumentaram que essas providências haviam sido tomadas porque "os senhores e as senhoras da natureza" seriam na realidade deuses, tendo portanto direito a cultos solenes. Somente através do culto aos deuses é que Deus onipotente podia ser realmente venerado. Além disso, esse Deus onipotente se encontrava tão distante dos seres humanos, que uma veneração direta jamais chegaria a Ele...

Muitas figuras que representavam o Quetzal eram disformes, feias e repelentes, como a maioria das obras de arte em pedra... Não levou muito tempo e Quetzal transformou-se em "Quetzalcóatl", a serpente de plumas... Esta representava igualmente um papel importante na vida desse povo decadente. Principalmente na decoração dos templos, era sempre tomada como motivo.

Em "Tenayuca" ainda hoje se vê parte da enorme muralha de serpentes que circundava a pirâmide! Os telhados dos templos eram sustentados por pilares em forma de serpente. Diante das entradas havia também cobras gigantescas enroladas. Também nas "pedras do calendário" se veem seguidamente ornamentos de serpentes. Enfim, serpentes de todos os tamanhos e formatos, feitas dos mais variados materiais...

Entre os tesouros apreendidos pelos conquistadores, podem-se mencionar obras de arte em ouro, cristal de rocha, pedras preciosas e semipreciosas de grande beleza. Muitas dessas preciosidades encontram-se atualmente em museus...

Os primeiros cultos aos deuses foram inofensivos em comparação com aqueles que surgiram depois. Começaram com a automortificação, na qual os "fiéis dos deuses" se feriam com punhais de ossos humanos ou espinhos. Quanto mais abundantemente corria o "sangue do sacrifício", tanto mais poderiam contar com a graça dos deuses...

Outro culto ainda inócuo foi o da "serpente do sete", em honra à deusa do milho.* O número sete era considerado o número que "trazia abundância"; por essa razão, aquela deusa recebera o nome de "serpente do sete". Nos dias consagrados a ela, muitas moças e mulheres, acompanhadas pelo canto dos sacerdotes, caminhavam pelos campos e por meio de cânticos imploravam à deusa uma

---

* O milho era o alimento mais importante, tanto para os astecas como para os maias.

colheita farta. Dos campos seguiam para os templos, onde sacerdotes, com um ritual especial, lhes tiravam as vestes dos corpos. Tais vestes se constituíam apenas de algumas espigas de milho... Após esse ritual, outros sacerdotes pintavam sete pontos vermelhos com formatos de grãos de milho, nos braços e nas coxas das moças e mulheres. A comemoração terminava com danças e cantos em louvor à deusa.

As festividades em honra dos deuses de "pulque", deuses da vegetação, era outro culto que também podia ser considerado inofensivo. O pulque dos astecas era uma bebida embriagadora, extraída de agaves... Os índios de hoje em dia, da América Central, também a tomam; só não é tão embriagante como a daquela época. Os sacerdotes dos astecas utilizavam, além disso, bolinhas de fumo especialmente preparadas para produzir forte embriaguez...

As orgias de bebedeiras, assistidas somente por homens e meninos, começavam nos templos na hora do crepúsculo, na hora da renovação da vegetação... Como todas as práticas de culto, também esta tinha um "sentido profundamente religioso", pois o estado de embriaguez, ocasionado pelo pulque, significava "morte e vida" e eterna renovação, pois somente na embriaguez se revelariam os segredos da natureza!... Os sacerdotes ensinavam ao povo de que maneira poderiam venerar melhor os deuses, e o povo seguia os "devotos" sacerdotes...

Os Sacrifícios Humanos

Agora falaremos de mais dois cultos que até a época dos conquistadores, isto é, até há quinhentos anos, ainda eram praticados.

Tomemos primeiramente a festa consagrada ao deus da primavera "Xipe Totec"... Essa festa de sacrifícios era também denominada "despela", pois Xipe Totec exigia seres humanos como sacrifício. Geralmente as vítimas eram criaturas que tinham sido capturadas por meio de assaltos ou então pessoas que haviam contraído a inimizade dos sacerdotes, dos nobres ou dos reis... Delas era tirada a pele. Depois de terem sido cuidadosamente retiradas, as peles eram usadas pelos sacerdotes durante vinte dias.* Com

---

* A despela fazia-se com as pessoas ainda vivas.

tal pavoroso sacrifício, os sacerdotes acreditavam poder rejuvenescer misteriosamente... pois no ritual do culto estava escrito que na época do "deus da primavera", a natureza vestiria sempre uma nova vestimenta! E os sacerdotes, como servos de deuses, veneravam dessa maneira a natureza!... Os cadáveres das pessoas sacrificadas eram cortados em pedacinhos, misturados com milho e depois ingeridos como "grãos de milho humano".

A segunda festa cruel de sacrifícios era realizada em honra do deus da proteção e da guerra, "Huitzilopochtlis".

A figura desse ídolo que se achava no "santuário do templo" era tosca e gigantesca, e as feições grotescamente contorcidas. Em volta de seus quadris enroscava-se uma serpente constituída de pérolas e pedras preciosas. No seu pé esquerdo estavam fixadas as delicadas penas de um beija-flor, pois o nome do diabólico ídolo significava penas ou asas de beija-flor. Porém o ornamento que mais chamava a atenção pendia do pescoço dessa figura: uma corrente de corações de ouro e prata...

Tais corações significavam o sacrifício que Huitzilopochtlis mais apreciava. Ao lado do "santuário" encontrava-se o relicário "Tezcatlipoca", consagrado ao supremo Deus que havia criado o Universo, não podendo ser representado por nenhuma imagem... Contudo, ante o relicário havia uma vasilha de ouro artisticamente trabalhada, na qual foram encontrados cinco corações humanos, ainda quentes, pelos espanhóis, quando o templo foi tomado de assalto.

O deus da guerra exigia corações! Antes de pôr em prática esse ignominioso culto, os sacerdotes dos sacrifícios pintavam-se com uma pasta preta de "poder mágico"; depois pegavam as facas de pedra já prontas e abriam o peito da vítima por baixo das costelas, arrancando o coração ainda palpitante, a fim de "consagrá-lo" a Huitzilopochtlis e também a outros deuses! O sangue, denominado "líquido de pedras preciosas", era recolhido em vasilhas decoradas com corações e, em secretas cerimônias sacerdotais, era bebido juntamente com vinho de mel. Nesse vinho encontrava-se um entorpecente extraído de uma espécie de cacto.

Para facilitar o macabro trabalho dos sacerdotes, as vítimas eram colocadas sobre um grande bloco de jaspe, feito de tal forma, que a parte superior do corpo ficava deitada em posição um tanto mais elevada. Antes disso, as vítimas eram imobilizadas por meio de um entorpecente especial. Dessa maneira, os sacerdotes não precisavam usar de violência para colocar as criaturas humanas em posição adequada para o sacrifício... Os sacerdotes dos astecas sacrificavam anualmente seis mil pessoas para os seus ídolos!...

As Pirâmides da América Central

Algo ainda sobre as pirâmides dos povos da América Central. A maior e mais bela pirâmide em degraus da Terra foi construída pelos toltecas e outros povos a eles unidos, em longos trabalhos que duraram séculos, e revela em sua distribuição os profundos conhecimentos astronômicos que possuíam. Essa pirâmide e outras ainda, os astecas já haviam encontrado logo que se lançaram contra o pacífico, mas espiritualmente indolente, povo dos toltecas...

Nas amplas plataformas das pirâmides de degraus haviam sido erigidos templos, onde se veneravam o Sol e a Lua como reflexos do amor de Deus onipotente... As pirâmides tinham a finalidade de lembrar os seres humanos de que o caminho de sua ascensão espiritual era semelhante, isto é, feito unicamente por "degraus", que os conduziriam para cima, rumo ao reino da eterna Luz... Jamais as pirâmides americanas foram usadas como mausoléus...

Os maias e os astecas também construíram pirâmides. Todavia, seus templos erigidos nas plataformas eram consagrados aos ídolos...

Todos aqueles que desejarem se aprofundar na história dos astecas podem ler o compêndio "A Conquista do México", de William Prescott. Nesse livro há um relato mais ou menos preciso sobre aquilo que os espanhóis encontraram quando ali penetraram. Contudo, na época em que os espanhóis conquistaram o México, todos os povos ali existentes já havia muito se achavam em decadência. As fisionomias dos homens e das mulheres eram, sem exceção, feias, e seus corpos desproporcionais. Irrompiam também, frequentemente, epidemias que vitimavam principalmente crianças até cinco anos de idade.

As épocas e datas indicadas pelos historiadores sobre a origem das culturas centro-americanas não correspondem à realidade.

Os próprios arqueólogos verificaram que suas datas não podiam corresponder à verdade, pois a pirâmide que se encontra ao sul da cidade do México fora coberta outrora, até a metade, pelas lavas borbulhantes e massas de lama provenientes da erupção do vulcão "Xitli". Após cuidadosas investigações, os geólogos constataram que a idade da lava endurecida era de oito mil anos... Quando o vulcão entrou em erupção (aparentemente eram dois), a pirâmide já estava totalmente pronta.

As datas nunca coincidem porque os historiadores e arqueólogos não levam em consideração o desenvolvimento lento dos povos antigos. Por exemplo: pesquisadores escavaram no ano de 1925 na orla norte da cidade do México e descobriram uma construção semelhante a uma pirâmide, tendo o formato de uma cebola com suas cascas sobrepostas. Tratava-se de um calendário de pedras. As investigações a este respeito confirmaram que a sua execução levou mais de quatrocentos anos de trabalho.

Centenas de milhares de anos antes já houve povos que realizaram coisas grandiosas sem meios técnicos... Os remanescentes dessas culturas somente serão encontrados após diversas transformações terrestres...

Também idolatrias já existiam naquela época! Tais cultos se inflamavam e desapareciam sem causar maiores danos... Somente durante os últimos sete mil anos é que a humanidade inteira, com raras exceções, se perdeu nas redes estendidas por Baal, o senhor dos mais fortes servos de Lúcifer.

Até hoje em dia o ser humano é um prisioneiro de sua falsa crença e de seus falsos ídolos que venera...

Também nisso os cristãos não constituem nenhuma exceção...

Adoram ídolos criados por eles próprios, dos quais esperam que arbitrariamente castiguem ou perdoem... E quando esses ídolos não satisfazem seus rogos, são acusados de injustos ou, então, julgam-se vítimas de um destino incompreensível... Ousam denominar "Deus e Jesus" a esses fantoches por eles criados! A fim de torná-los favoráveis, oferecem a Deus e Jesus sacrifícios, como recitar orações maquinalmente ou fazer caridade, na esperança de que essas um dia lhes sejam creditadas...

Além disso, o culto de Cristo tem exigido sacrifícios humanos! Pois os crimes da Inquisição, certamente, não poderão ser classificados de outro modo... Nos séculos seguintes, após Lúcio III ter introduzido a Inquisição, o número de pessoas cruelmente torturadas e assassinadas foi o mesmo obtido nos piores cultos de ídolos dos povos antigos. Os déspotas cristãos agiam de maneira muito mais condenável do que os sacerdotes de ídolos. Torturavam e matavam em nome de Jesus!... A Inquisição foi introduzida pelo concílio de Verona no ano de 1184...

Os espanhóis saqueavam e assassinavam invocando o nome do Espírito Santo, e colocavam, como escárnio, a cruz do sofrimento do torturado Filho de Deus no lugar dos caídos ídolos astecas... Depois das batalhas e dos saques, os conquistadores reuniam-se em orações... Um trecho escrito por C. W. Ceram no seu livro "Deuses, Túmulos e Sábios", revela de modo mais claro o procedimento hipócrita de todos aqueles que saíram com as bênçãos da Igreja para levar pretensamente a "verdadeira fé" aos "pagãos"! Suas palavras são as seguintes:

"Num dia, ao anoitecer, ocorreu que os padres Olmedo e Diaz liam a 'sagrada missa' na capela recém-construída. Durante o ato religioso, no recinto lateral esquerdo, achava-se o tesouro, do qual cada um dos espanhóis que estavam orando se sentia como proprietário..."

Isso foi há apenas quinhentos anos! Também no que se refere aos cultos de idolatria da Antiguidade, na realidade, nada se modificou... A mentira, a arma mais forte de Lúcifer, triunfa entre todos os seres humanos! Guerras de conquista, guerras civis, bem como saques, estão na ordem do dia... E no que se refere à imoralidade e à perversidade, estas não mais necessitam de templos... Toda a feminilidade terrena, com raras exceções, atua nesse sentido. As diretrizes, que outrora as "sacerdotisas" dos diferentes cultos de idolatria haviam recebido dos principais servidores de Lúcifer, valem mais hoje do que em qualquer época:

"Os corpos femininos devem ser utilizados para despertar os instintos inferiores no homem, aumentando-os até atingir um estado de morbidez! E mais ainda: a atenção das crianças, principalmente dos meninos, deve ser dirigida, o mais cedo possível, para a baixa vida do sensualismo..."

Nada falta! Os ídolos permaneceram os mesmos. O que se tem modificado são as formas externas. Até os entorpecentes, que no passado constituíam os componentes dos rituais de culto, são hoje acessíveis até a colegiais... No entanto, coisa muito pior está para vir! O degrau mais baixo da decadência humana ainda não foi atingido!

A Luta Contra os Invasores

Voltemos depois dessas digressões ao tema propriamente dito deste capítulo, isto é, aos povos enteálicos!

Com a cooperação dos ingratos e traiçoeiros seres humanos, os fortes servos de Lúcifer conseguiram fazer com que os povos enteais sejam hoje considerados entes de fábulas que não existem, ou demônios...

Porém, não se deve admitir que os grandes enteais tenham contemplado pacificamente a penetração dos asseclas de Lúcifer em seus mundos...

Titãs, gigantes e centauros enfrentavam sempre de novo os invasores. Mas estes nunca entravam em luta aberta. Covardemente se retiravam, reaparecendo em outros lugares. Era como uma batalha contra a Hidra, na qual cresce imediatamente outra cabeça assim que uma é decepada.

Apesar de tudo, teria sido fácil para os enteais expulsar os servos de Lúcifer de seus mundos, se as criaturas humanas não se tivessem unido a esses renegados perturbadores.

Em épocas anteriores, várias notícias das lutas dos titãs chegaram até os seres humanos através dos videntes... A lenda grega sobre os "Argonautas", atualmente tão deformada que não mais se reconhece seu sentido original, descrevia, por exemplo, como um grupo de titãs saíra para lutar contra os malfeitores e invasores. O "senhor enteal" dos metais havia dado a cada um deles uma couraça de ouro que os tornava invulneráveis...

As couraças, sim, eram impenetráveis, no entanto os lutadores pouco conseguiam, visto que contra a traição e a astúcia, as melhores couraças não têm valor...

Depois veio a época do Juízo! A época da retribuição! E Zeus, o senhor e guia de todos os enteais na Criação posterior, armava-se, em companhia de seus titãs, para destruir nos campos *phlegraicos* as criaturas de Lúcifer, hostis à Luz e ao amor.

Quando soou a hora, Zeus tirou da bainha o seu gládio aurivermelho, aquele que fora forjado no fogo sagrado; e com a velocidade do vento, cavalgando o seu colossal cavalo alado, saiu do Olimpo à frente de todos!

Como primeiro seguia Urano, o mais poderoso dos titãs, envolto por relâmpagos. Atrás de Urano* vinham pelos ares, como um tufão, os titãs com suas couraças aurivermelhas, montados em seus cavalos alados. O mundo olímpico estremeceu quando o exército de titãs saiu para a luta, acompanhado de trombetas...

Depois dos titãs seguiam as maravilhosas valquírias, igualmente com couraças, montadas em seus cavalos brancos, alados. Seguiam os combatentes para trazer de volta ao Olimpo, os feridos. Pois agora, para a luta final, os servos de Lúcifer não podiam mais se esquivar...

Zeus saiu vitorioso desse combate. Os inimigos da Luz foram destruídos, após longas batalhas. A partir desse momento teve início a purificação em todos os domínios enteálicos, nos quais os renegados se haviam aninhado. Fora as devastações, nada mais indica a milenar invasão inimiga, pela qual o vibrar harmonioso fora perturbado nos mundos enteálicos.

Zeus e seus companheiros tornaram-se vencedores, na luta final contra as forças das trevas, porque Parsival, o rei do Graal, na força da vontade de Deus enfrentou Lúcifer no seu próprio domínio. Nessa luta, que houve realmente, Parsival arrancou do antagonista de Deus a lança sagrada, o poder divino, e o manietou com a força da onipotente vontade de Deus...

Mais não se pode descrever desse combate, visto tratar-se de um acontecimento que se acha além de qualquer capacidade de compreensão humana... Indicamos, todavia, para o leitor, a dissertação *O mistério Lúcifer*, na Mensagem do Graal, "Na Luz da Verdade", de Abdruschin, vol. 2, onde se encontra escrito textualmente:

> *"O próprio Lúcifer se encontra* **fora** *da Criação material, (...) Origina-se duma parte do divino-enteal. (...)*
> *A origem de Lúcifer condiciona que só pode aproximar-se dele e enfrentá-lo pessoalmente, quem tiver*

---

* Urano e Thor são o mesmo.

origem idêntica ou mais alta, pois somente este é capaz de chegar até ele. Terá de ser, portanto, um emissário de Deus, munido da sacrossanta seriedade de sua missão e confiante na origem de todas as forças, no próprio Deus-Pai."

Através dessas linhas percebe-se claramente que um ser humano ou um enteal da Criação posterior, por mais poderoso que seja, jamais poderia aproximar-se de Lúcifer. O mesmo dá-se no sentido inverso. Somente um Filho de Deus poderia fazer tombar um arcanjo caído, assim que tivesse chegado o tempo para isso...

Os Campos Phlegraicos

Agora, ainda um esclarecimento a respeito dos campos *phlegraicos*. Por campos *phlegraicos* devemos entender grandes regiões isoladas que se encontram entre a matéria fina e os mundos do círculo dos enteais. Trata-se de um degrau intermediário ou de transição, que separa e ao mesmo tempo liga as espécies fino-material e enteal da Criação.

Esse degrau intermediário é um mundo em si. Nesse mundo, povoado por uma espécie bem determinada de enteais masculinos e femininos, encontram-se também determinadas passagens destinadas às almas humanas.

Uma alma humana vinda da matéria fina tem de passar por esse degrau intermediário para poder chegar ao mundo do círculo enteal. Somente a partir desse mundo, seguem-se os caminhos para o alto, rumo ao Paraíso!

Nesse degrau intermediário que já penetra bastante no mundo olímpico, tinha de ser travada a luta final, uma vez que exatamente ali tinha-se instalado uma grande parte dos asseclas de Lúcifer. Tinham escolhido esse ponto estratégico porque assim poderiam chegar com mais facilidade aos mundos mais elevados, a fim de prosseguir com a sua obra destruidora.

Hoje, a força de Lúcifer está destruída, e suas fortes tropas auxiliares encontram-se a caminho da decomposição. O mal ocasionado por Lúcifer continua atuando agora somente nas criaturas humanas. Contudo, também aí já está demarcado um limite, pois as irradiações do Juízo já atingiram e julgaram cada ser humano...

Os povos enteais, cujos nomes foram abominavelmente utilizados, estão libertos. Ninguém mais os relacionará com ignominiosos ídolos e seus ainda mais detestáveis cultos, designando-os de vingativos e nefastos demônios...

Os seres humanos terrenos nada mais sabem dos grandes e pequenos arquitetos da natureza. Além disso, não são mais capazes de compreender a atuação desses incansáveis servos de Deus. O número daqueles que talvez por uma reminiscência ainda amem os entes da natureza é tão insignificante, que não vale a pena mencionar.

No decorrer do último século houve pesquisadores que se esforçaram em encontrar a origem das "lendas dos deuses e dos contos de fada". O que tais pesquisadores conseguiram descobrir foi que todos os povos que já viveram na Terra acreditavam nos grandes e pequenos entes da natureza e os veneravam. E foi verificado que se tratava sempre dos mesmos. Diferentes eram apenas os seus nomes.

Os Índios

Antes de terminar essa descrição devemos mencionar ainda a raça humana conhecida como índios.* Tal denominação proveio de Colombo, pois acreditava que o continente por ele descoberto era a Índia. Esse fato é de conhecimento geral.

Colombo certamente ficaria surpreso se tivesse visto as avançadas culturas dos maias e dos astecas que pertenciam àquela raça humana que ele denominou de "índios". Porém, os maias e os astecas degeneraram tanto, que podemos deixá-los de lado. Na América Central e do Sul houve duas raças distintas: os incas e os índios. Ambas fixaram-se em regiões diferentes do continente, formando povos independentes. Tanto os índios como os incas eram originalmente de extraordinária beleza e tinham físicos bem-proporcionados. Sempre houve entre eles muitos artistas.

---

* Vide "Revelações Inéditas da História do Brasil", da mesma autora.

Os índios, com exceção dos astecas e maias, desconheciam a idolatria. No entanto, amavam a natureza e todas as criaturas que podiam viver nesse maravilhoso mundo verde e azul. Muitos deles podiam ver os enteais e se comunicar com eles. Nunca derrubavam uma árvore que possuísse um "dono", isto é, onde habitasse um elfo. Quando tinham necessidade de madeira, escolhiam sempre árvores que não tivessem "donos", pois nem todas elas são habitadas por elfos.

Esses povos eram simples e naturais, e assim também era sua crença. Sabiam que existia um Deus onipotente que criara todos os seres humanos, todos os demais povos, sendo Ele também o Criador desse maravilhoso mundo, onde lhes era permitido viver... Diziam, porém, que eles, em sua pequenez, jamais poderiam ver e compreender o Criador distante. Contudo, poderiam adorá-Lo! Adorar, respeitando e amando esse mundo verde que Ele lhes concedera; mantendo-o também tão puro como quando havia sido criado...

Mais tarde vieram os conquistadores brancos, decadentes, com todos os malefícios de sua civilização, e tiraram dos "supostos pagãos" e "selvagens" tudo aquilo que eles amavam e respeitavam. Sem a mínima consideração destruíram suas florestas, roubaram-lhes as terras e caçaram os animais por mera vontade de matar, de modo que várias espécies se extinguiram por completo. Todavia, não satisfeitos ainda, os invasores brancos escarneceram de sua crença nos entes da natureza, chamando-os de "pagãos" (expressão que os índios nem sequer entenderam), que não mereciam outra coisa a não ser a expulsão!

Os conquistadores brancos trouxeram-lhes, no entanto, algumas coisas: álcool, doenças e toda a sorte de vícios, bem como uma "doutrina cristã" impregnada de mentiras que até hoje constitui um verdadeiro escárnio à doutrina de Jesus!

Os índios, calculados em quarenta milhões antes da chegada dos brancos, foram impiedosamente perseguidos e parcialmente eliminados por espanhóis, ingleses, holandeses, portugueses, franceses e outros mais...

Os indígenas existentes ainda hoje nada mais têm de semelhante com a raça original. Quase todos são primitivos, decadentes e estacionaram em seu desenvolvimento. Também nesse sentido os conquistadores brancos se sobrecarregaram de graves culpas, pois o exemplo que deram a esses povos teve de efetivar-se de maneira destruidora!

Em todos os pontos a raça branca, acompanhada de sua fé cristã, falhou! A fé cristã, que não permite enteais a seu lado, degradou milhões dos seus adeptos a escravos dos poderes das trevas.

A divulgação e a aceitação da tão desfigurada religião cristã foi o maior triunfo que os servos luciferianos até então haviam registrado!

CAPÍTULO XXI

OS GUARDIÕES DAS CRIANÇAS

Assim como os adultos têm guias espirituais durante a sua vida na Terra, também as crianças tinham originalmente guardiões até os quinze anos de idade.

Esses guardiões são sempre um pouco mais altos do que seus protegidos. Contudo, eles não pertencem à espécie humana, mas sim ao grande povo da entealidade, o qual não somente criou a Terra, mas também todas as estrelas, planetas, sóis, luas e ainda muito mais, construindo sempre outros mundos até as mais elevadas alturas. Foi essa entealidade que criou a nossa pátria terrena.

Os guardiões das crianças descendem desse povo que construiu todos os universos. Eles acompanham as mães desde a concepção.

Embora espíritos e enteais sejam totalmente diferentes, eles trabalham estreitamente unidos onde se faz necessário.

O que aqui se escreve sobre as crianças e seus pequenos guardiões, vale hoje somente para poucas crianças na Terra, cujas mães ainda são capazes de acolher, dentro de si, crianças com pouco carma e boas qualidades. É necessário, em todo o caso, que sejam mães cujos espíritos não estejam tão presos nas redes das mentiras religiosas, a ponto de não mais poderem libertar-se. E essas redes envolvem hoje toda a Terra.

As falsas religiões fizeram da Terra um vale de lágrimas. Os adoradores das falsas religiões não conhecem nem veneração, nem gratidão pelo magnífico lar terreno que outrora foi edificado para nós.

Desde milênios existem cultos religiosos e idólatras de todos os tipos, os quais foram sempre substituídos por novos cultos. E todos eram construídos sobre a mentira. Bem poucos se mantiveram livres de toda essa tecedura de mentiras; tão poucos, que mal podem ser mencionados.

E assim continua até a época atual.

As pessoas surpreendem-se hoje com as muitas crianças que preferem viver na rua do que em qualquer outro lugar. E os jovens assassinos! Quão frequentemente se ouve e lê que uma criança atirou em outra criança ou em um adulto. O que se passa com tais crianças? Vários carmas pesados tornaram-se de tal forma dominantes nessas crianças, que elas simplesmente têm de seguir seus impulsos, o que lhes proporciona algum alívio. Pergunta-se somente: que espécie de mães foram essas, capazes de atrair tais criaturas para a Terra?

Muitos erros da feminilidade atual não são considerados como trágicos. Como, por exemplo, o fumar. A criança que cresce no ventre de uma mãe fumante não pode também ser ajudada assim sem mais nem menos, visto que os fios cármicos ainda não remidos não permitem isso.

Poder-se-ia escrever muito mais a respeito dos pequenos guardiões das crianças, porém, atualmente, a atuação deles junto às crianças não é mais possível. Nós vivemos na última fase do Juízo Final, e aí vale somente a reciprocidade.

Em todo o caso, desejamos às crianças que tiveram a sorte de ouvir a respeito dos pequenos guardiões que nunca se esqueçam de quão agraciadas foram. E quando as meninas um dia se tornarem mães, devem ser capazes de acolher dentro de si espíritos puros.

O que a seguir se escreverá a respeito dos guardiões enteálicos das crianças é real. Poder-se-ia, ainda, acrescentar muito mais sobre isso, pois os "pequenos", denominados "guardiões", são, em sua espécie, grandes. Além de proteger, fazem sobressair as boas qualidades das crianças que eles cuidam, ensinando-as desde pequenas a trabalhar.

Pode-se dizer, agora, que o tempo desses extraordinários protetores acabou. Sobre toda a Terra ainda há crianças que mereceriam se desenvolver por um espaço de tempo em ligação com os protetores do grande povo dos enteais. Quem, porém, torna essa ligação impossível são as mães, as quais, além do mais, se submetem a cada capricho da moda. Na realidade, as mães, em sua maioria, só dão maus exemplos.

Atualmente existem até exigências no sentido de que algumas crianças, a partir de dois ou três anos, aprendam a ler e até a escrever, para que ao entrarem na escola já saibam muitas coisas que as outras ainda precisam aprender. Dessa maneira é roubada das crianças a mais importante parte de sua vida: a infância. Crianças sem infância, cujo tempo mais importante foi sobrecarregado intelectivamente, serão sempre pessoas medíocres.

Ainda um adendo:

Toc-Tocs existiram em toda a Terra; trata-se daquelas criaturas que as pessoas denominam anões. Medem cerca de um metro de altura e têm uma aparência graciosa. Infelizmente, a doentia fantasia das pessoas deformou-os de tal modo, com barbas e grandes narizes, que eles apresentam uma aparência de homens velhos. Não existem entre os Toc-Tocs criaturas assim feias. E mesmo que eles alcancem cem anos, possuem sempre uma aparência jovem. Sua idade mostra-se, aos de sua espécie, somente através dos olhos.

É triste constatar que, da mesma forma que todos os outros enteais que aqui viviam, como os elfos das árvores, as fadinhas das flores, as sereias (ninfas), etc., também os Toc-Tocs desapareceram do campo de visão e compreensão dos seres humanos.

Serão descritos agora os guardiões enteálicos das crianças, que outrora puderam acompanhar os seres humanos em seu desenvolvimento e que, atualmente, como já foi dito, só mui raramente podem cumprir suas tarefas.

Esses guardiões tinham plena identidade com seus protegidos, podendo captar o que se passava no íntimo da criança que estava sob seus cuidados. Dessa forma, sempre podiam ajudar.

Cada guardião possuía as características da criança que protegia, inclusive certas características raciais, assemelhando-se, portanto, ao seu protegido.

Em situações extraordinárias, quando a criança corria perigo, o guardião enteálico acionava outros tantos seres enteálicos de sua igual espécie, reforçando o auxílio e a guarda da criança.

As crianças gozavam de uma proteção especial. Aliás, são citados casos, ainda hoje, conquanto bastante raros, em que, fugindo à compreensão humana, algumas crianças escaparam, digamos "milagrosamente", de sérios perigos. Trata-se sempre, porém, de crianças boas.

São cinco os guardiões das crianças que as acompanhavam nas diversas etapas de sua infância:

Mãe Branca ou Nana-Nanina

É a guardiã dos bebês. Permanecia junto à criança até ela completar um ano de idade.

A Mãe Branca é alta e esguia, de rara beleza, trajando-se com vestidos longos e vaporosos, de cores claras e suaves. A leveza e as tonalidades de suas vestes assemelham-se às nuvens.

Seus longos cabelos, geralmente presos, são ornados com flores. As mesmas flores enfeitam também seu vestido.

As mães atuais não conseguem mais sentir a presença da Mãe Branca, tampouco a sua atuação, que se desenrola na matéria grosseira mediana. Essa atuação é captada pela voz interior ou intuição.

Em outros tempos a Mãe Branca podia advertir, indicando perigos ou orientando as mães, ensinando-as também como tratar adequadamente seus bebês.

Toc-Toc

É o guardião das meninas e meninos de um a cinco anos de idade.

Seu corpo é flexível e ágil. Dessa forma, podia acompanhar as crianças em suas brincadeiras, bem como protegê-las nos momentos de perigo.

Seu rosto é infantil, risonho e redondo, sendo igualmente redondos seus olhinhos, de um azul muito vivo. No fundo de seus olhos brilha uma fagulha vermelha, assemelhando-se a um pequeno farol que acende e apaga, conforme suas emoções. Quando a criança por ele protegida corria perigo, essa luz vermelha tornava-se ofuscante, piscando constantemente. Quando o perigo se afastava, a luz se apagava.

Suas roupas são de um tecido semelhante ao veludo, de diversas cores.

Vestem calças compridas, justas ao corpo, e uma túnica com um cinto brilhante. As cores dos trajes são variadas, bem como a tonalidade de seus cabelos.

Usam um gorrinho na cabeça, o qual termina em ponta. Nessa extremidade encontra-se um guizo cintilante. Calçam botinhas que chegam ao meio da perna.

Pendurada ao pescoço, o Toc-Toc tem uma colher de pau, indicando que as crianças devem alimentar-se bem.

O Toc-Toc carrega na mão um bastãozinho. Quando queria chamar a atenção de seu protegido, batia esse bastão duas vezes no chão, com o ruído: toc-toc. Daí o nome.

Infatigavelmente e com constante vigilância ele trabalhava, auxiliando seu protegido na primeira etapa de sua vida terrena, zelando pelo seu bem-estar, colaborando para o seu desenvolvimento e cuidando dele com desvelo, a fim de que nada de mal acontecesse a seu protegido.

Tschini

É a guardiã das meninas dos cinco aos dez anos de idade.

O lindo rosto da Tschini é redondo e rosado; redondos e profundos, com luminosidade intensa, são seus olhos azuis, que também possuem um vislumbre vermelho. Aliás, a luz vermelha, semelhante a um pequeno farol, é uma característica dos guardiões enteálicos.

Seus cabelos são compridos, ondulados e geralmente enfeitados com grinaldas de flores ou minúsculas pedras preciosas.

Usa saia longa, armada e enfeitada com um barrado de flores. Esse barrado é tão vivo que às vezes algumas borboletas pousam sobre ele. Veste uma blusinha branca com mangas bufantes e, sobre a blusa, um colete completando o traje. O colete tem no decote um debrum de pequenas flores e frutos. Suas sandálias são enfeitadas com flores e pedras preciosas.

No pescoço, a Tschini usa um cordão com uma placa quadrada de metal. Sobre a placa está incrustada uma grande pedra redonda, azul-turquesa.

Todas as atividades femininas eram incentivadas pela Tschini, bem como a inclinação pelas artes, sendo ainda característica de todos os guardiões infantis estabelecer pontes entre a criança e a natureza, ensinando-a a amar e proteger as plantas e os animais, prezar sobremaneira a água, etc.

A Tschini não pode mais executar seu trabalho, visto que a vida atual e principalmente a atuação das mães, salvo raríssimas exceções, contribuíram para impedir sua presença e sua atividade.

Pomi

É o guardião dos meninos dos cinco aos dez anos de idade.
Sua aparência é semelhante à do Toc-Toc.
Possui rosto redondo, sendo igualmente redondos seus olhos, nos quais brilha também uma fagulha vermelha.
Seus cabelos variam de tonalidade, sendo cobertos por pequenos casquetes.
Usam calças compridas, justas ao corpo, e sobre elas uma túnica. Essa túnica tem um tipo de jabô ou pala sobreposta, enfeitada com uma grande e reluzente pedra verde. Calçam botinhas que chegam ao meio da perna.
O trabalho do Pomi junto aos meninos era amplo, exigindo paciência e dedicação.

Trani

É a última guardiã enteálica das meninas, que as acompanhava dos dez aos quinze anos, aproximadamente.
Após essa idade ela lentamente se afastava, quando terminava a época da proteção enteálica, e começando, então, a atuação dos guias espirituais.
Ela desenvolvia junto às suas protegidas um trabalho muito especial, auxiliando-as na época em que passavam, pouco a pouco, da infância à juventude.
De sua fisionomia enteálica juvenil brilham olhos com uma luminosidade especial, intensa, conservando neles o característico vislumbre vermelho. Além disso, a Trani possui um terceiro olho ou pequeno farol, do qual irradia uma luz vermelha, atuando sobre o corpo astral das meninas.
Seus cabelos são compridos, ondulados, de cor variada e enfeitados com flores ou diademas de minúsculas pedras preciosas. Às vezes a Trani prende seus cabelos com uma testeira, adornada com quatro pedras azul-turquesa.

Seus vestidos são longos, claros, vaporosos e esvoaçantes, enfeitados com babados, flores ou pedras preciosas.

Na cintura, ela usa um cinto dourado, semelhante a uma fita métrica, trazendo pendurados em suas pontas uma chave e um objeto culinário. A chave tem um significado especial: sua protegida estaria apta a "abrir as portas" de tudo o que se relaciona à verdadeira feminilidade.

Nessa etapa da existência, as aptidões e qualidades começavam a desabrochar e eram incentivadas pela Trani para que chegassem à efetiva realização.

Cami

É o último guardião enteálico dos meninos, que os acompanhava dos dez aos quinze anos aproximadamente.

Após essa idade ele também se afastava, começando, como com as meninas, a atuação dos guias espirituais.

O Cami assemelha-se a um ser humano, medindo entre um metro e setenta a um metro e oitenta de altura. Da mesma forma que a Trani, também o Cami possui um terceiro olho ou pequeno farol, o qual irradia uma luz vermelha que atuava sobre o corpo astral dos meninos. Essa luz vermelha começava a brilhar intensamente quando o Cami queria chamar a atenção para algo importante, atraindo e advertindo os seus protegidos.

O Cami veste meias inteiriças, tendo sobre elas uma túnica que chega quase aos joelhos, de cor verde. Apresenta-se, muitas vezes, com uma capa vermelha e longa.

CAPÍTULO XXII

COSTUMES NATALINOS DE ERAS PASSADAS

Os cristãos em sua maior parte supõem, hoje, que as festividades do Natal datem apenas do nascimento de Jesus na Terra, e que essas comemorações estejam única e exclusivamente em conexão com aquele nascimento.

Tal suposição está errada, naturalmente!

Desde o começo do desenvolvimento da humanidade, anualmente, na época do Natal de hoje, especiais irradiações do amor divino descem para que a sua Luz não se apague nas materialidades tão longínquas!

A cada ano o amor de Deus se inclina, enviando suas forças de irradiação e inflamando de novo a Luz do amor puro em todas as criaturas que têm de se desenvolver e atuar nessas regiões materiais tão distantes!

Essas forças de irradiação do amor divino formam, ao mesmo tempo, pontes de uma espécie à outra, unindo em amor as criaturas entre si!

Através dessas pontes, outrora, os seres humanos estavam ligados aos povos enteais, e por isso a felicidade e a alegria reinavam também nesses mundos de materialidade!

O dia do nascimento de Jesus não se deu arbitrariamente nessa época. Ele, o Portador de irradiações do amor divino, somente poderia nascer numa época em que uma parte dessas irradiações tivesse seu efeito especialmente concentrado na Terra.

"Natal" chama-se a noite em que o Filho de Deus nasceu!... Tem a mesma significação que "Noite Sagrada"!

Os antigos germanos e outros povos nórdicos denominavam a festa que naquela época celebravam de "as doze noites sagradas", pois as festividades duravam geralmente doze dias e doze noites...

Todos os seres humanos, quando ainda ligados à Luz, sabiam, através de seus auxiliadores espirituais e enteais, que nesse período em que hoje é celebrado o nascimento de Cristo estendia-se para eles o amor celeste, e que deveriam preparar-se especialmente para o evento, a fim de participar dessa dádiva do céu de modo solene e condigno.

Enquanto os seres humanos ainda não portavam em si o estigma de Lúcifer, todas essas festividades, em qualquer forma que fossem realizadas, efetuavam-se condignamente. Sempre se manifestava o seu profundo sentido!

A alegria, a afirmação positiva da vida e o saber do divino amor universal, reinando sobre todos os mundos, elevavam-se qual orações de agradecimento para a Luz.

Os seres humanos não conheciam então preces e pedidos. Verdadeiros, simples e fiéis, viviam na maravilhosa Criação...

Enquanto a Luz límpida do amor ainda achava caminho para chegar aos espíritos humanos, todos eram felizes, e abençoadas eram suas atividades. Ricos e abençoados eram também os presentes com que se alegravam mutuamente. Esses presentes de valores inestimáveis se chamavam: "Confiança, sinceridade, verdadeiro amor pelo próximo, amor abnegado..." Contudo, isso já há muito, muito tempo!...

A história da humanidade, conhecida hoje e ensinada nas escolas, descreve na realidade apenas o último capítulo do longo tempo do desenvolvimento humano. O último capítulo anterior ao Juízo!

Os povos, conhecidos pela História nos últimos sete mil anos, sucumbiram todos devido à decadência, à crença errada e às suas hostilidades mútuas.

O que ocorreu antes desse capítulo, antecedendo esses últimos sete mil anos da tragédia humana, não é ainda do conhecimento dos historiadores. Eles têm encontrado apenas vestígios de idolatria, de poder terreno e de riqueza terrena. As festas que existiam em louvor ao amor divino e em honra da pureza divina desapareceram sob os escombros das idolatrias...

As festividades continuaram, sim, a ser celebradas nas mesmas datas, mas já totalmente destituídas de todo o sentido mais profundo...

Quando Jesus veio à Terra, a maioria dos seres humanos já se achava sob a influência de poderosos servidores de Lúcifer. O assassínio bárbaro do Filho de Deus foi a melhor prova disto!...

A doutrina de Jesus, que a muitos poderia ter trazido salvação e libertação, fora tão falsificada, que da missão do Salvador, propriamente, nada mais restou...

Natal, a "Sagrada Noite" festejada anualmente em memória do nascimento de Jesus, tornou-se nos dias atuais uma grosseira comemoração material, despida de amor. As preces recitadas monotonamente são vazias, e os pedidos também nada mais são do que exigências egoísticas de uma humanidade aprisionada a uma crença errada! De uma humanidade que já desde muito perdeu o Paraíso!

Mas no tecer da Criação nada se alterou. Assim como nos primórdios do desenvolvimento da humanidade, fluem anualmente, na época que os cristãos denominam Natal, irradiações auxiliadoras do amor de Deus, para os mundos da Criação posterior!

Essas irradiações milagrosas apenas ainda são assimiladas alegremente pelos povos enteais, pois os seres humanos, eles próprios, se excluíram delas... Apesar de todo o amor e cuidados da Luz, ainda assim se apagou a chama de seus espíritos! E não existe força alguma no Universo que possa redespertá-los para a vida!...

Os Povos Ligados à Luz

Voltemos agora para algumas descrições das festividades que outrora eram celebradas em louvor ao "amor celeste".

Houve povos que permaneceram por mais tempo ligados à Luz e à natureza que os demais. Entre esses estavam os sumerianos que viveram na época pré-babilônica e uma parte dos povos incas. Igualmente no Brasil de hoje e no Paraguai viveram habitantes, até a era do cristianismo, com aquelas ligações.

Agora, já há muito se extinguiram.

No Sião de hoje, chamado também Tailândia, vivia um povo igualmente ligado à Luz e aos seres da natureza, que combateu por mais tempo que outros povos as correntezas das trevas. Uma parte dos germanos bem como dos celtas, também, conservaram-se puros em sua fé e em seus costumes até a Era Cristã! O elemento corrompedor somente apareceu com os missionários cristãos em seus países... Também em outras regiões da Terra havia agrupamentos populacionais menores que conservaram um saber puro até a Era Cristã.

Os sumerianos e parte dos incas tinham muitos costumes em comum, apesar de viverem em locais tão distantes entre si. Seus templos eram baixos e construídos de madeira. Entalhes artísticos ornavam as paredes internas e externas. Apenas os pedestais, que se encontravam no grande recinto do templo, eram de pedra, ornamentados com ouro e pedras preciosas. Nesses pedestais ardiam "fogos eternos" em incensórios de cobre, de prata ou de pedra.

Todos os povos daquelas épocas amavam os enteais! Mas o Sol e seu regente desfrutavam de uma situação preferencial. Através do Sol recebiam todos os elementos vitais de que o planeta Terra e eles próprios necessitavam. Viam naquele astro um reflexo do amor de seu Criador, ofertando-lhes luz e calor, e proporcionando beleza às suas existências terrenas!

As festividades anuais do Sol, que os incas e os sumerianos celebravam durante vários dias, iniciavam-se sempre louvando o amor de Deus, ao qual todos deviam as suas existências.

As preleções proferidas pelos respectivos sacerdotes eram curtas, pois, enquanto o raciocínio não predominava nos seres humanos não eram necessárias muitas palavras para a compreensão mútua. As palavras que seguem transmitem o sentido daquelas breves alocuções:

> "Toda a luz dos mundos tem sua origem no onipotente amor de Deus, nosso Criador! Longe, muito longe é onde reina o amor celeste! Nunca nós, seres humanos, que somos os menores na espécie, veremos o semblante do amor celeste! Vemos, porém, o Sol com seu irradiante regente. A luz do Sol é um reflexo do amor celeste! Vivemos e respiramos neste reflexo! Permaneçamos dignos para que a Luz do amor jamais nos abandone!"

Assim ou de forma aproximada soavam as preleções, sempre porém com o mesmo elevado sentido. O modo de expressão de ambos os povos era naturalmente diferente, como também o desenrolar das festividades era diverso. Assim, por exemplo, vários sacerdotes sumerianos esclareciam a festa do Sol com outra definição. Diziam que todos os sóis, os terrenamente visíveis ou os celestes invisíveis, seriam pequenas irradiações de um gigantesco e poderosíssimo sol pairando em alturas máximas num oceano de luz áurea. Seria esse grandioso sol, o coração do amor de Deus no Universo... As palavras eram diferentes, o sentido, no entanto, o mesmo...

Os dias da festa do Sol eram de alegria jubilosa! Cantavam-se hinos de gratidão, e novas músicas eram apresentadas em instrumentos diversos. Havia cirandas infantis e jogos dos quais participavam crianças e adultos.

Também os respectivos sumo-sacerdotes dos templos do Sol contavam em imagens vivas um ou outro acontecimento ocorrido nos mundos superiores ou entre os enteais. Enriqueciam assim a sabedoria do povo.

Os sumerianos plantavam rosas e presenteavam-se com elas no decorrer das festividades. Seus templos do Sol ficavam muitas vezes totalmente cobertos por roseiras vicejantes. Eram rosas de espécies grandes, brancas e vermelhas, de perfume exuberante.

Essas duas qualidades de roseira já eram cultivadas em toda a Ásia Central muitos milênios antes da época de Cristo. Eram nativas de lá. Na Europa as roseiras somente chegaram quando trazidas pelos guerreiros cruzados cristãos no retorno do Oriente...

A Dança das Fagulhas do Sol

Durante as festividades dos incas, que se prolongavam por sete dias, eles também saíam para as matas colhendo resinas e sementes aromáticas para os incensórios dos templos. O ponto culminante e o término das festas do Sol desenrolavam-se sempre com as danças apresentadas em louvor ao regente do Sol. Os sumerianos intitulavam sua dança de "dança das fagulhas do Sol"! Um grande grupo de moças com fios de ouro nos cabelos soltos, usando roupas largas e compridas, reunia-se no templo, e com lentos e rítmicos passos de dança iam seguindo em volta do grande pedestal no qual a chama eterna ardia. Em suas mãos, como que elevadas em oração, carregavam pequenas lamparinas acesas. Badaladas de gongo e música suave acompanhavam essa dança solene.

A dança das fagulhas tinha, como tudo o mais, inclusive os jogos, um sentido muito mais profundo. As lamparinas nas mãos das moças tinham dupla significação! Inicialmente demonstravam que a Luz na Terra está nas mãos das mulheres que difundem amor e calor, e que simultaneamente iluminam os caminhos rumo às alturas dos céus. E, a seguir, era manifestado por meio das lamparinas o curso dos planetas que, quais minúsculas fagulhas em torno do colossal astro solar, seguem seu curso.

Às vezes, no final das solenidades do Sol, aparecia Apolo em pessoa. Sua estada era apenas de breves instantes, mas o júbilo que sua presença desencadeava era indescritível. Apenas poucos podiam vê-lo, mas sua chegada e presença fazia-se sentir intuitivamente por todos com a mesma intensidade. Enquanto se achava próximo, o ar parecia vibrar, e um vendaval repentino e quente fazia estremecer as paredes do templo. Trazia também consigo ondas de um aroma que por segundos transportava os seres humanos para mundos superiores...

As virgens do Sol, dos incas, executavam uma dança similar a das moças sumerianas. Contudo, não carregavam lamparinas nas mãos e sim galhos verdes e flores... Também os incas cantavam hinos de agradecimento, acompanhados por diversos instrumentos musicais. No decorrer dos dias festivos eram consagradas também as jovens ao Sol, enquanto as moças maiores ficavam conhecendo os homens que lhes eram destinados como companheiros de vida.

A festa do Sol dos sumerianos durava doze dias. Provavelmente escolheram esse número devido à divisão do zodíaco em doze seções, introduzida pelos seus astrônomos há mais de quatro mil anos antes de Cristo. Na História, erradamente, é atribuída aos babilônios a introdução do zodíaco em doze seções. Os sumerianos tinham também relógios solares dos quais necessitavam principalmente para regulagem de seu calendário.

Os sumerianos, enquanto não se haviam extinguido ou misturado com os semitas babilônicos, celebravam, quando ainda possível, a festa do Sol em louvor ao amor divino, cujo reflexo sentiam naquele astro...

As Comemorações dos Romanos

Também os romanos comemoravam anualmente, em 25 de dezembro, a solenidade do Sol. Contudo suas festividades do Sol dirigiam-se apenas ao "deus do Sol". Não tinham mais senso para algum saber superior. A festa do Sol romana já muito antes da Era Cristã havia-se tornado uma espécie de idolatria. Realizavam solenidades de culto que degeneravam em orgias e que não tinham nenhuma relação com o regente enteal do Sol...

"Sol Invictus", o Sol invencível, diziam os romanos quando se referiam ao Sol.

O imperador Aureliano, porém, pensava de modo diverso. Ele introduziu em Roma o babilônio "Bel"*, como "deus" do império. Com isso, designava Bel como regente do invencível Sol. Isto ocorreu no dia 25 de dezembro do ano 273 depois de Cristo.

Bel ou Baal significa "senhor". Com essa expressão se denominava o primeiro e mais forte servo de Lúcifer, que no início do último capítulo da história da humanidade se aproximara da Terra para, ainda antes do Juízo, envenenar aquela parte sadia da humanidade que não se havia entregue às crenças errôneas e cultos de idolatria.

Baal detestava os enteais, sobre os quais não exercia nenhum poder. Mas o seu ódio maior destinava-se ao regente do Sol por todos querido. Sabia que nos astros solares vieram a se efetivar irradiações divino-enteais de amor, trazendo em si vida e calor...

Essas irradiações atingiam Bel dolorosamente! Pois ele atuava na vontade de Lúcifer, seu amo, o inimigo e adversário do amor de Deus, sendo consequentemente também hostil à Luz e ao amor!

Por toda a parte Bel empurrava Apolo, o regente do Sol, colocando-se indevidamente em seu lugar. No Egito chamava-se "Ré" ou "Rá", sugestionando as sacerdotisas e faraós. Na Grécia aparecia aos videntes como "Hélios", "o deus do Sol", exercendo uma nefasta influência. Sob sua influência, as festas do Sol já não eram mais celebradas em louvor ao amor celeste, e sim em honra dele e de sua igual espécie!...

Esse servo luciferiano atuava com seus auxiliares partindo de uma parte mais fina da matéria grosseira, de uma camada que se

---

* Baal.

situa entre a matéria grosseira pesada e a matéria grosseira mediana. Assim, achava-se em ligação direta com a Terra.

Sua influência concentrava-se principalmente sobre as mulheres terrenas, sem que para isso precisasse esforçar-se muito. Elas vinham ao seu encontro, no meio do caminho! Em consequência, desencadearam-se a decadência moral, a divulgação de crenças erradas e cultos de idolatria com todas as suas contingências colaterais. As mulheres, e através delas os homens, desligaram-se de tudo o que trazia Verdade em si... Tornaram-se infiéis à Luz, perdendo assim a ligação com as puras irradiações do amor das luminosas planícies espirituais... A mulher terrena de hoje é o resultado de sua decadência espiritual que se iniciou há muitos milênios...

A Festa das Doze Noites Sagradas

Também os povos germanos e os que viviam outrora na atual Escandinávia celebravam anualmente, aproximadamente na época natalina de hoje, "a festa das doze noites sagradas", ou também "a festa da chegada do amor".

Os seres humanos desse tempo de outrora diziam que no transcorrer das doze noites sagradas desciam "fitas do céu", cada ano de novo, unindo entre si todas as criaturas visíveis bem como as invisíveis...

Essa festividade era celebrada de modo todo especial. Durante todo o seu desenrolar, uma contínua e intensa chama tinha de permanecer acesa diuturnamente na lareira, e diariamente, ao anoitecer, acendia-se uma fogueira ao lado da entrada da casa, que deveria arder até o sol nascer. Esse fogo tinha um duplo sentido. Primeiramente deveria iluminar o caminho que conduzia para a casa, e paralelamente seria o sinal visível do amor e calor que unia os moradores dessa casa; com o mesmo amor também seriam recebidos os hóspedes.

No período dessas festividades de doze dias e noites, as portas das moradas permaneciam abertas. Na sala principal da casa achava-se uma mesa ricamente posta. Os alimentos ali colocados consistiam principalmente em dádivas da natureza das respectivas regiões. Frutas frescas e secas, nozes, mel, ovos, sal e grãos de cereais, bem como dois cântaros, um contendo água e outro vinho de mel ou outros vinhos, colocavam-se na mesa convidativamente...

Em outra mesa ao lado e algo menor, eram expostos tecidos feitos à mão e vestidos novos, tudo disposto de tal forma, que cada um podia apreciá-los minuciosamente. Todas as moradas, pequenas e grandes, eram festivamente enfeitadas com galhos e grinaldas verdes.

Durante o dia havia jogos e cantos em que geralmente participavam cantores peregrinos, que com suas significativas canções enalteciam a importância da festa.

Os sacerdotes cantavam, de manhã e ao anoitecer, hinos de agradecimento ao Criador que ofertara a vida a todos eles. Vivências e sonhos eram relatados mutuamente. As experiências vivenciais, na maioria das vezes, referiam-se a ocorrências com os enteais... Naquelas épocas havia ainda muitas pessoas que podiam ver os pequenos e os grandes enteais... Muitas outras coisas existiam então para serem citadas e que se podiam ver em consonância com aqueles dias solenes, santificados pelos seres humanos... Mas o interessante para nós é saber o que ocorria naquelas doze noites, e para quem eram destinados os presentes das mesas ricamente postas... Todas as noites era renovada a água dos cântaros, mas nos alimentos ninguém tocava...

Quando a fogueira era acesa ao anoitecer, ao lado das portas, os habitantes da morada reuniam-se na sala onde se encontravam as mesas com os presentes ou oferendas e sentavam-se comodamente com as crianças no colo. Esperavam então os visitantes que reinavam nos domínios da natureza, e embora muitos desses regentes fossem tão pequenos como os gnomos das raízes, em nada alterava a recepção. As fitas descendo do céu uniam em amor os seres humanos com os pequenos e grandes regentes da natureza...

E os visitantes vinham: gnomos, fadas silvestres, larens e mirens e ainda tantos outros entravam nas habitações humanas nas doze noites sagradas, para alegria de seus moradores, os quais, com amor, se lembraram deles. Os entes do ar sibilavam e assobiavam em torno das casas, para comunicar aos seres humanos que também haviam chegado. Faunos tocavam flautas pelos quintais, jardins e estábulos. Muitas vezes vinham também os korens colocando maçãs aurivermelhas nas mesas dos presentes, e quando esses chegavam, as criaturas humanas ficavam sabendo que a grande mãe da Terra, Gaia, andava inspecionando as povoações humanas...

Silenciosos, mas escutando atentamente, os habitantes das casas observavam as mesas de presentes e as entradas das casas. Entre eles quase sempre havia uma moça, uma mulher ou então uma criança que nitidamente podia ver os visitantes. Reproduziam então, narrando baixinho, tudo aquilo que acontecia.

Ainda que a maioria dos moradores não pudesse ver os enteais, sentiam intuitivamente de modo intenso as suas presenças. Rodopiantes correntes de ar faziam-se sentir nas casas, odores aromáticos, tinir de inúmeros sininhos e o tocar de flautas dos faunos eram infalíveis evidências dos visitantes invisíveis...

Os visitantes enteais atravessavam as casas, fitando com riso alegre os produtos da natureza nas mesas ricamente postas. Deixavam correr os grãos de cereais através de suas mãos e, por vezes, os gnomos menores pulavam nas mesas rolando os ovos travessamente para lá e para cá... As mirens olhavam e tateavam os trabalhos de tecedura expostos, meneando suas cabeças com alegria e contentamento. Tratava-se de entes femininos de um metro e meio de altura, vestidos de verde e que em tempos remotos haviam ensinado as mulheres humanas a tecer. Cada ano, novamente, regozijavam-se ao verificar que suas alunas humanas do passado haviam progredido além das expectativas.

Cada um desses invisíveis visitantes trazia uma oferenda, colocando-a nas mesas ricamente arrumadas. Esses presentes eram constituídos de flores raras, plantas, ervas aromáticas, frutas, bonitas pedras e muitas outras coisas... Poderiam trazer ainda grãos de "metal do sol"*... Porém, desde que souberam que em outras regiões da Terra o metal áureo havia transformado os seres humanos em criaturas brutais e ávidas, precaviam-se de oferecer esses belos, contudo perigosos, grãos como presente... pois todos aqueles presentes colocados pelos visitantes enteais naquelas mesas postas suntuosamente pelos seres humanos, durante as doze noites sagradas, seriam por eles descobertos no decorrer do ano.

---

* Ouro.

Em suas excursões ou passeios, os seres humanos repentinamente encontravam flores raras, plantas aromáticas e ervas terapêuticas. Deparavam igualmente com depósitos de bonitas pedras e minérios em regiões onde nunca haviam presumido que existissem... Resumindo: eles descobriam, de uma ou de outra maneira, todos os presentes que os enteais lhes haviam proporcionado nas doze noites sagradas.

À meia-noite o circular dos visitantes invisíveis terminava, e os moradores das casas iam dormir, exceto os guardas das fogueiras.

As crianças já havia muito dormiam nos braços dos seus pais. Contudo, seus corpos de matéria fina, isto é, suas alminhas desprendidas durante o sono de seus corpos de matéria grosseira, saltavam travessamente ao redor dos gnomos, das fadas dos bosques, dos faunos e dos demais, acompanhando-os para poderem ficar mais tempo brincando junto deles...

Rompeu-se a Ligação

Depois, porém, veio a época em que muitos membros desses povos também não mais podiam ser ligados com "as fitas celestes do amor"...

Com a consciência pesada e receosas, muitas pessoas quedavam-se sentadas, em suas casas, durante as doze noites sagradas, esperando com receio a chegada dos visitantes invisíveis... Chegariam?!... As mesas estavam ricamente postas, as casas festivamente enfeitadas... externamente tudo era como sempre fora...

Irrequietos, temerosos e com a consciência pesada, os seres humanos aguardavam pelos visitantes de cada ano... Mas a espera era quase sempre em vão... Os visitantes nunca mais retornaram... Não podiam vir, pois as horríveis figuras e formas agarradas às criaturas humanas, em especial às mulheres, afugentavam-nos todos...

Os enteais, sem exceção, temem as formas de inveja, de ciúmes, de avidez e de todos os demais males correlatos, que têm a aparência de seres humanos. Fugiam, pois, apavorados, já que de início não concebiam de onde se originavam essas horrendas configurações e por que elas se agarravam às mulheres humanas...

Por toda a parte e entre todos os seres humanos interrompia-se pouco a pouco o equilíbrio harmonioso entre o raciocínio e o espírito. O raciocínio ganhara a supremacia, e assim o ser humano se tornara acessível a todas as influências das trevas. À frente de todos: a mulher!...

Assim como no sentido bom ela recebe e sente intuitivamente as irradiações da Luz de modo mais intenso, assim também se entregava, no sentido oposto, mais livremente às correntezas negativas que impelem a humanidade inteira para o descalabro.

Romperam-se as fitas celestes do amor que outrora uniam as criaturas entre si. A ligação com os mundos enteais cessava de existir.

O ser humano tornava-se "civilizado" e, assim sendo, os enteais não mais tinham lugar na sua vida... Tornaram-se então figuras de contos de fadas, somente boas para as crianças. Aliás, hoje em dia bem poucas crianças se interessam por "contos de fadas", já que a maioria está ligada a espíritos que desde milênios portam em si o estigma de Lúcifer...

A Festa de Astarte

Assim como os povos dos tempos passados festejavam anualmente a festa do amor celeste, do mesmo modo celebravam no início de setembro de cada ano a festa da pureza, a festa de Astarte! Astarte é uma maravilhosa enteal, a virtude personificada de pura fidelidade à Luz!

Quando os fortes servos de Lúcifer granjearam influência na Terra, através das mulheres, Astarte foi transformada numa deusa virgem da fertilidade e da guerra. No Egito também aparece como deusa da guerra. Os festejos em honra de Astarte prosseguiram até a época cristã, mas ninguém mais conhecia sua significação original... Próximo a Jerusalém havia, até o ano 620 a.C., um santuário de Astarte. No idioma aramaico ela era chamada de "Attaratte"...

Os assírios e babilônios denominavam Astarte de "Ischtar", a "deusa da luta e do amor". Por toda a parte a solenidade original de Astarte, "da personificação da pura fidelidade à Luz", degenerara em baixos e pervertidos cultos de idolatria...

A Festa de Natal

A festa de Natal, chamada também "Festa-Jul", é celebrada anualmente por muitas pessoas e ainda existem vários costumes que, apesar de sua desfiguração, convergem ainda para os tempos idos. Esses costumes, todavia, não podem ser descritos nesta pequena dissertação. "Jul" é uma palavra germana ainda usada na Escandinávia e parcialmente também no norte da Alemanha.

O nascimento de Cristo somente foi celebrado pela primeira vez em Roma, num 25 de dezembro, quatrocentos anos após sua morte e depois de muitos obstáculos.

Os organizadores católicos romanos juntaram a festa realizada pelos romanos na mesma data, cognominada "Sol Invictus", ao nascimento de Cristo, transferindo inclusive o simbolismo daquela festa... A "festividade pagã do Sol" extinguiu-se com isso... e as comemorações do Natal cristão assim se iniciaram...

A árvore de Natal com as velas acesas surgiu somente por volta do ano 1600 na Alemanha. Utilizavam-se pequenos buxos em cujas pontas se colocavam velas. As pequenas árvores de buxos, enfeitadas apenas com velas, significavam simbolicamente que em uma Noite Sagrada viera a Luz para a Terra... Mais tarde se utilizaram de árvores maiores, tipo pinheiro, com a mesma finalidade. Contudo, durante longo tempo as velas continuaram como único enfeite das "árvores de Natal".

Nas árvores de Natal excessivamente enfeitadas de hoje, já nada mais indica que numa noite se acendera uma Luz na Terra através do nascimento de Jesus.

No que diz respeito à troca de presentes, pode tratar-se de uma recordação inconsciente das mesas ricamente postas de tempos longínquos, nas quais eram colocados os presentes destinados aos visitantes enteais. E, também, um relembrar às oferendas colocadas reciprocamente pelos visitantes nas mesas para isso destinadas...

Os espíritos humanos permaneceram os mesmos. Muitos daqueles que viviam felizes na Terra, naqueles tempos, hoje estão aqui novamente reencarnados. Nesse ínterim, apenas se desenvolveram em direção errada, de modo que as recordações também só podem ser falhas e deformadas.

Para concluir e rematar todas essas considerações, nada mais aconselhável do que as palavras de "Na Luz da Verdade", a Mensagem do Graal, de Abdruschin, vol. 3, dissertação *Natal:*

> *"Quem dentre os **fiéis,** aliás, já pressentiu a grandeza de Deus, que se patenteia no acontecimento ocorrido serenamente naquela Noite Sagrada, através do nascimento do Filho de Deus. Quem pressente a graça que com isso foi outorgada à Terra, como um presente! (...)*
>
> *Se houvesse um mínimo pressentimento da realidade, aconteceria com todos os seres humanos, como com os pastores; sim, não poderia ser diferente, ante tamanha grandeza: cairiam imediatamente de joelhos... **por medo!** Pois no pressentir teria de surgir primeiramente o medo, de modo intenso, e prostrar o ser humano, porque com o pressentimento de Deus evidencia-se também a grande culpa com que o ser humano se sobrecarregou na Terra, só na maneira indiferente com que toma para si as graças de Deus e nada faz para servir realmente a Deus!"*

CAPÍTULO XXIII

A MORTE TERRENA E A VIDA NO ALÉM

Primeira Parte

Muitos anos já decorreram desde que um renomado egiptólogo decifrou hieróglifos que tratavam do mistério da morte terrena. Em seus trabalhos ele deparou com uma frase que o levou a pensar sobremaneira. Essa frase dizia:
"Vemos diante de nós um invólucro humano que de chofre e para sempre foi abandonado por um ser invisível!"
Essas palavras não podiam ser mais explícitas, pois desvendavam de maneira sucinta o enigma da morte. O espírito, isto é, o ser invisível abandonou seu corpo terreno! Existem nas tradições antigas muitas referências análogas. Contudo, desde que a humanidade se esquivou da influência da Luz, restringiu-se naturalmente sua capacidade receptiva, não mais podendo compreender as revelações que contêm a Verdade.

Assim, a morte e o nascimento permanecem até hoje como mistérios imperscrutáveis, apesar de incontáveis pesquisas nesse sentido. Principalmente a morte, e o enigma que a envolve, tornou-se para muitos, no decorrer dos tempos, um tenebroso fantasma. Em razão desse medo, talvez inconsciente, pessoas versadas em assuntos ocultistas procuraram frequentemente o "elixir da vida eterna". Esperavam com isso poder prolongar arbitrariamente a vida terrena e, se possível, excluir totalmente a morte.

Tal elixir nunca foi encontrado, pois na matéria nada é eterno. Ela está sujeita a transformações, não importando tratar-se de matéria grosseira ou fina. As mutações efetuam o desenvolvimento e o progresso espiritual.

Um eterno "permanecer inalterado" equivaleria à estagnação e ao retrocesso. Assim, pois, caso existisse uma eterna primavera, não haveria também desenvolvimento, nem frutos e nem aperfeiçoamento.

O Cordão Umbilical da Alma

A morte terrena! Quantas lágrimas, dores, lamúrias e incompreensão desencadeia atualmente esse fenômeno natural! Os povos considerados primitivos encaram, ainda hoje, a morte terrena com muito maior naturalidade do que a civilizada raça branca que professa o cristianismo. O ritual sombrio com que se envolve o falecido até o sepultamento é deveras sinistro no mundo cristão. Não surpreende, pois, que desde a infância cada um já considere a morte terrena como mal inevitável, do qual infelizmente não poderá fugir.

A morte ocorre quando a força de atração magnética entre o espírito e o corpo deixa de existir. Nesse momento o cordão de ligação seca e cai, deixando o espírito livre. Esse cordão pode ser também denominado cordão umbilical da alma.

Sem o espírito, o corpo terreno é apenas um invólucro sem vida, constituído de matéria, que se desintegra em seus elementos primitivos.

O espírito, liberto do corpo terreno, fica estreitamente ligado a seu corpo de matéria fina, do qual necessita para sua atuação na camada fino-material. Esse corpo fino-material, designado "alma" pelos seres humanos, também é de matéria, conquanto de uma outra espécie mais fina. Aqui corrigiremos logo o erro existente na expressão "alma imortal". Não existem almas imortais! Imortal é apenas o espírito! A alma tem, no mundo de matéria fina, função igual à do corpo de matéria grosseira na Terra. Ambos existem apenas enquanto são necessários ao espírito para a sua atuação.

A morte terrena é uma ocorrência natural e indolor, que ninguém precisaria temer...

Há, no entanto, numerosas perguntas a respeito da vida após a morte... Se os seres humanos se tivessem desenvolvido conforme a vontade de Deus, eles encontrariam, por si próprios, respostas a todas essas indagações. Os mundos nos quais terão de viver depois da morte realmente não são estranhos a ninguém. Cada um dos espíritos que se encarna na Terra já procede de um desses mundos, para onde retorna após a morte! Muitas e muitas vezes o ser humano peregrina por esse mesmo caminho de lá para cá e daqui para lá.

Hoje é difícil responder a tais perguntas, e isto porque nada do que se refere à vida dos seres humanos é assim como outrora fora previsto pela vontade de Deus. A diferença entre o outrora e o presente é tão imensa, que se poderia supor tratar-se de outras criaturas e de outra Terra...

A fim de poder responder àquelas perguntas de modo aproximadamente correto, devemos separar o "outrora" do "agora". Primeiro, portanto, será descrita a vida depois da morte quando os seres humanos ainda permaneciam sob a influência da Luz; posteriormente, como é hoje e desde há muito.

A Morte de um Ser Humano Livre de Carma

Quando os seres humanos ainda estavam sem pecados, e consequentemente livres de carma, não tinham medo da morte, e nem havia a tristeza saudosa dos que ficavam. Pelo contrário! Quando a sua vida terrena se aproximava do fim, eles sentiam intuitivamente uma serena e esperançosa alegria. Pois em breve o portal do Sol se abriria para eles, a fim de que pudessem ascender para os mundos mais leves dos países das flores.

Geralmente as criaturas humanas faleciam pela madrugada, quando os primeiros raios solares iluminavam o horizonte; por isso supunham que o portal do Sol se abria...

Todos sabiam aproximadamente quando o seu tempo terreno findaria. Cada um trazia consigo esse conhecimento, pois em qualquer nascimento já fica estabelecido o respectivo período de permanência na Terra. Nada acontece na Criação de modo arbitrário. Para tudo, mesmo o mais insignificante fenômeno, está previsto um determinado tempo.

Naquelas longínquas eras, aqui mencionadas, os seres humanos de qualquer raça tinham uma vida terrena muito longa. Alcançavam a idade de centenas de anos e até a morte permaneciam fisicamente sadios e espiritualmente ativos. O número de anos não os tornava anciãs e anciões decrépitos e, mesmo com a idade avançada, nunca se tornavam feios ou repulsivos como ocorre hoje na Terra.

A morte terrena transcorria serena e pacificamente, sendo os corpos, sem exceção, sepultados na terra. Só muito mais tarde apareceram outros costumes de sepultamento.

Olhemos agora os acontecimentos após a morte, tal como se apresentavam há milênios atrás, quando as criaturas humanas ainda levavam uma vida de agrado a Deus.

Morre um ser humano. Simbolicamente falando, cai para ele a cortina, separando-o da matéria grosseira.

Ao lado do invólucro terreno inerte está o jovem e belo espírito humano, com sua vestimenta fino-material. Esse é o aspecto surpreendente para o espectador ignorante. Ele então indagará: como uma alma que acaba de separar-se de seu corpo tão velho se apresenta tão jovem?

Um espírito luminoso ligado à Luz é sempre jovem! Os diversos graus de maturação em seu desenvolvimento são reconhecíveis apenas pela expressão de seus olhos. Igualmente belo e radiantemente jovem será o seu invólucro de matéria fina, isto é, a sua alma, pois ela reflete a luz do seu espírito.

Um envelhecer, assim como conhecemos na Terra, somente existe na matéria grosseira.

O jovem espírito humano terá de permanecer ainda algumas horas ao lado de seu corpo terreno morto, visto existirem determinados e delicados fios que só podem ser desligados após a separação. Durante esse tempo ele ainda consegue perceber algumas ocorrências do ambiente material grosseiro que acabou de deixar.

Porém, não aguarda sozinho nesse mundo mais fino em que acaba de "nascer". Ao seu lado encontram-se espíritos identicamente jovens e belos que chegaram pouco antes de seu falecimento. Trata-se de espíritos convocados, cuja missão consiste em receber aqueles que deixam a Terra e conduzi-los aos seus novos lugares de permanência.

Cada espírito humano ao deixar a Terra era e ainda é, hoje, recebido por convocados, determinados para tal incumbência. Enquanto os seres humanos se achavam sob a influência da Luz, eram aguardados e conduzidos pela "comitiva de recepção" com carinho e grande alegria. Hoje, também isso se tornou diferente.

Tão logo os últimos e tênues fios que ainda ligam o espírito ao corpo sejam desprendidos, acaba também toda a capacidade de percepção com relação à matéria grosseira. O espírito humano nada mais sabe da vida que pouco antes levara na Terra. Dá-se o mesmo com o ser humano terreno. Este também nada sabe de sua vida anterior na matéria fina.

A suposição de que os espíritos do Além possam observar acontecimentos do mundo terreno, faz parte dos muitos erros atuais. Tão somente com os órgãos sensoriais correspondentes à respectiva matéria é possível ver, ouvir, sentir, etc.

Depois de se soltarem os últimos fios que retêm a alma nas proximidades do corpo terreno, ela ascende para um mundo algo mais elevado e que corresponde exatamente à sua própria leveza. Esse mundo, um tanto mais elevado, encontra-se ainda dentro da matéria, conquanto pertencente à espécie fino-material.

Uma ascensão imediata, depois da morte terrena, às alturas paradisíacas é impossível, pois segundo a lei da Criação nenhum espírito, por mais ligado que seja à Luz, pode alcançar nem mesmo as proximidades do Paraíso enquanto ainda portar algum invólucro material.

Os Países das Flores

O mundo algo mais elevado a que chegavam os espíritos humanos, depois de se desligarem dos últimos fios que os prendiam à matéria grosseira, abrangia muitas regiões. Essas regiões eram denominadas de "países das flores". Todas elas se situavam num mesmo nível, e cada raça tinha o seu próprio país das flores. Naquelas épocas os membros de todas as raças viviam pacificamente lado a lado, na Terra e na matéria fina, pois todos estavam unidos pelo amor que tinham para com o seu Criador e Senhor que os havia criado com aspectos diferentes.

Os países das flores irradiavam límpido frescor e beleza. Milhões de seres da natureza habitavam os deslumbrantes bosques, colinas, vales, lagos e rios. Para todos os lugares que se olhasse, havia flores. Flores de todas as espécies, cores e tamanhos. Um tênue e róseo halo flutuava quase imperceptivelmente sobre o esplendoroso florescer.

Incomparavelmente belos e deslumbrantes eram os mundos de matéria fina das almas humanas! Eram belos, porque belos e sem defeitos eram os elementos construtivos fornecidos pelos seres humanos.

Sim, as criaturas humanas fornecem, durante sua estada na Terra, os elementos construtivos, sendo que, segundo a espécie e constituição desses elementos, foram formadas, e ainda hoje continuam sendo, as regiões onde elas terão de viver após a sua morte terrena.

Os elementos construtivos ou material de construção são constituídos pelos sentimentos intuitivos humanos, suas ações, cada forte vontade interior e quaisquer intenções que durante a estada na Terra cada um formou e manifestou.

São as sementes que cada pessoa produz e que, sem a sua coparticipação, penetram no solo da matéria fina e nele germinam, crescem e florescem. Muitos elementos energéticos da natureza, desconhecidos dos seres humanos, cooperam nos cuidados e formação da sementeira humana nos mundos das almas... E tudo quanto surgir corresponderá exatamente à espécie da sementeira... tanto no bem como no mal! O melhor exemplo temos na terra. Só podemos receber na colheita aquilo que colocamos no solo como semente. Isso é tão evidente, que ninguém chega a pensar sobre isso. Exatamente assim ocorre com as nossas intuições, nossos pensamentos e ações. Com isso também semeamos algo que naturalmente trará a colheita correspondente...

Enquanto os seres humanos estavam na Terra ainda sem pecado, suas intuições, pensamentos e ações também eram bons, ainda sentiam um profundo amor à natureza e seus enteais. Em decorrência podiam ser formadas para eles as belas regiões floridas para onde eram conduzidos após a morte terrena.

Voltemos agora para a alma humana que, cercada por seus acompanhantes, chegou ao mundo algo mais elevado, aguardando ser conduzida mais adiante. A alma está sonolenta, tão sonolenta que mal consegue aproximar-se do barco que se encontra à beira de um rio à sua espera. Chegando ao barco, essa alma se deita imediatamente em macias almofadas, adormecendo.

Rios largos, profundos e brilhantes como prata, interligavam os "países das flores". Grandes barcos rasos, equipados com velas vermelhas semelhantes a asas, transportavam as almas recém-chegadas às regiões a elas destinadas. Essas grandes embarcações eram guiadas por um timoneiro postado na proa, enquanto os enteais dos ventos as impulsionavam velozmente para a frente. Revoadas de pássaros de cor verde e branca brilhante, semelhantes às andorinhas, acompanhavam essas almas que, mergulhadas em profundo sono, seguiam ao encontro de sua nova pátria.

Esses rios, em que as almas "recém-nascidas" eram conduzidas para o seu destino depois da morte terrena, eram conhecidos por todos os povos da Antiguidade. Os antigos gregos denominavam um desses rios de "Lete, o rio do esquecimento". Sabiam que as almas viajando nesses rios esqueciam, durante o sono, tudo o que houvera anteriormente. A um outro rio chamavam de "Hades".

Os antigos romanos designavam o rio no qual viajariam após sua vida terrena de "Orco". Os germanos daquelas épocas conheciam esse rio por "Halja", o qual passou a ser cognominado mais tarde de "Hel". Também os antigos egípcios faziam sempre referências aos barcos do Sol, nos quais os falecidos seguiam seu curso.

Sim, os povos de outrora conheciam os rios do mundo de matéria fina mais elevada. Porém, tanto os gregos, romanos, germanos, egípcios como os demais, já se haviam cumulado nesse tempo de tantas concepções errôneas e se sobrecarregado de pecados, que após a morte terrena não mais seguiam para as regiões fino-materiais outrora conhecidas por eles.

Afundavam para mundos inferiores, de acordo com a lei da gravidade, e em decorrência da restrita capacidade de compreensão, deram os mesmos nomes dos rios que haviam conhecido outrora para os rios de águas turvas, escuras e vagarosas nos seus fluxos, que se encontram no submundo, para onde iam depois de cada vida terrena. Bem por isso não é de se surpreender que nas diversas lendas sobre os deuses, a que se incorpora também a mitologia grega, apenas se fale de rios que corriam no submundo.

Os rios aqui primeiramente enumerados corriam, sem exceção, nos mundos de matéria fina situados em degrau algo mais elevado, e suas límpidas águas, que murmuravam alegremente, eram habitadas por inúmeros seres aquáticos.

Assim que as almas adormecidas na embarcação vermelha chegavam ao seu destino, eram entregues aos cuidados de outros espíritos que as recebiam e as carregavam, ainda adormecidas, às moradas que lhes haviam sido preparadas. Essas moradas eram constituídas de pequenas casas baixas, circundadas de roseiras trepadeiras no meio da maravilhosa floração dos países das flores. As edificações maiores, embora também de pouca altura e que se destacavam, eram os templos, os locais de ensino e os de trabalho. Todas essas construções eram feitas com madeiras de belíssimas nervuras, aromáticas, e em cores diversas.

Somente uma ou duas pessoas moravam nas pequenas casas, mas ninguém se sentia só. Os habitantes dos países das flores ainda estavam conscientes da bênção que o "estar sozinho" proporciona. Além disso, nos templos, os sacerdotes ensinavam que uma alma humana só pode ouvir a voz do seu espírito na quietude, no silêncio. Nas horas de trabalho e de ensino havia suficiente convivência social.

Almas masculinas e femininas somente podiam levar uma vida em conjunto, se o verdadeiro amor e a verdadeira harmonia espiritual as unissem. Uma vida em família e procriação, como ocorre na Terra, não existe nos mundos de matéria fina. Ali é decisivo apenas a atração da igual espécie que reúne as almas humanas na mesma região.

O Despertar na Matéria Fina

Voltemos agora para o sono em que as almas caíam depois de seu desenlace terreno. No transcorrer desse sono, que representa para a alma "recém-nascida" na matéria fina uma fase de desenvolvimento, ela familiariza-se com o seu novo ambiente e ajusta-se às vibrações mais leves. A duração desse sono, como tudo na Criação, está sujeita a determinado tempo. O despertar constitui sempre festiva alegria, a alma torna-se plenamente consciente do seu novo meio. Com essa conscientização inicia-se um novo período de aprendizagem, pois o desenvolvimento prossegue naturalmente também nos outros planos.

Na Terra, a lenta conscientização processa-se na infância. Somente no início da adolescência, que ocorre geralmente com a idade de quinze anos, o ser humano começa a viver plenamente consciente na Terra. E se alguém se encarnar cinquenta vezes na Terra, retornando à matéria fina, terá então, sempre de novo, de aprender a se readaptar ao respectivo ambiente habitacional. Não importa se isso ocorre na matéria fina, durante aquele sono, ou na Terra, no transcorrer da infância. Em ambos os casos a finalidade é cumprida plena e integralmente.

Mencione-se também aqui que nenhum ser humano pode se reencarnar na Terra logo após a sua morte terrena. Portanto, não é possível que uma avó faleça e torne a reencarnar um ano depois na Terra. Em raríssimos casos alguém pode retornar à Terra vinte e cinco anos após a sua morte. Quando os seres humanos ainda estavam isentos de culpa, decorriam muitas vezes centenas e até milhares de anos para uma criatura humana reencarnar-se outra vez na matéria grosseira.

Quando, porém, falece um recém-nascido ou um bebê de poucos meses, então é possível uma imediata reencarnação, uma reencarnação na mesma mãe. Em tais casos, aliás raros, ainda não se acham desfeitas todas as ligações já formadas entre a mãe e o espírito a se encarnar, de maneira que é possível um novo revigoramento delas.

Enquanto o espírito humano ainda se achava sob a condução da Luz, todas as reencarnações ocorriam partindo dos países das flores. Pelos mesmos rios que eles seguiam após a morte do corpo terreno, voltavam às proximidades do planeta Terra, na época de uma nova encarnação.

Só depois que um ser humano havia desenvolvido todas as suas capacidades na matéria é que estava apto a retornar à sua pátria, o Paraíso. Para esse período de desenvolvimento na matéria estavam previstas cerca de dez encarnações terrestres. Nos longos intervalos prosseguia o desenvolvimento espiritual, multiforme, nos mundos de matéria fina. Em nenhuma parte havia parada ou retrocesso!

Exceções, naturalmente, houve em todas as épocas. Por exemplo: espíritos enviados à Terra com determinada missão podem voltar ao seu mundo luminoso logo após o cumprimento da missão. Podem retornar, mas também têm de deixar os corpos auxiliares de seus espíritos em seus respectivos mundos análogos. Mas tais processos são tão acelerados, que em nenhuma parte se faz necessário uma estada mais prolongada.

O Espírito Abandona a Alma

Muitos leitores perguntarão de que modo a alma, que também é apenas um corpo auxiliar do espírito, será "abandonada" quando o espírito regressar ao Paraíso.

Todos os fenômenos da Criação são simples e naturais, e para um espírito humano ligado à Luz são perfeitamente compreensíveis sem mais nem menos, pois as regras básicas são as mesmas em toda a parte.

Assim que o desenvolvimento de um espírito humano atinge a sua plenitude, a ponto de poder abandonar os mundos de matéria fina, recebe um chamado que o enche de intensa e comovente alegria. Esse chamado significa que os portais para os mundos superiores estão abertos, e a caminhada rumo à pátria luminosa pode ser iniciada. Junto a esse chamado são trazidas, através das ondas do ar, melodias que envolvem todo o ambiente com um alegre e festivo vibrar. A alma humana, ao ouvir o chamado, olha serenamente ainda uma vez mais para a esplendorosa floração do país das flores onde se encontra, e dirige-se então lentamente para um baixo banco de musgo, dos que se encontram em várias partes desses jardins. Deitando-se nele, fecha os olhos.

Envolto por suaves melodias, que parecem jorrar de dentro e por cima dele, flutua, ascendendo cada vez mais, em companhia de espíritos que já o aguardam nos limites do mundo da matéria fina.

O invólucro fino-material que fica no banco de musgo, chamado pelos seres humanos de "alma", seca logo após ter sido abandonado pelo espírito. Seca e as poucas partículas de pó, que restam, são absorvidas pelo musgo. Apenas um sutil vislumbre que ali permanece indica que, momentos antes, um espírito humano abandonou a alma, seu invólucro de matéria fina.

O espírito humano ainda não atingiu o Paraíso. Ultrapassou o limite do mundo fino-material, encontrando-se agora no mundo dos enteais. Esse mundo estende-se abaixo do Paraíso, abrangendo amplitudes inimagináveis para o ser humano terreno. É povoado pelos grandes entes da natureza, que outrora eram chamados de "deuses" pelos seres humanos.

Nessa altura o espírito humano usa um invólucro muito fino e diferente, de espécie correspondente ao mundo que ainda tem de percorrer, antes de atingir as pontes que o levarão, através de enormes abismos, até os portais do Paraíso.

O percurso aqui, porém, é rápido. O espírito humano não mais necessita de meios auxiliares para prosseguir celeremente. Tão logo tenha transposto o limite da matéria fina, flutua ascendendo cada vez mais alto, leve e de modo seguro, até alcançar os jardins das fadas.

Esses jardins constituem a estação inicial e final para cada espírito humano. Inicial, porque nesses jardins os germes espirituais, há milhões de anos passados, como que numa chuva de fagulhas azuis, desceram do Paraíso e receberam o primeiro invólucro, o primeiro presente das fadas.*

Também o final, pois nesses mesmos jardins eles têm de se libertar do último dos invólucros, se quiserem transpor as pontes que levam às entradas do Paraíso.

O Último Invólucro

O abandonar do último corpo ou invólucro, que ainda separa o espírito humano do Paraíso, efetua-se de maneira completamente diferente do que ocorre nos mundos anteriores, de matéria fina e grosseira. A luz de um espírito humano que alcançou esse mundo é de uma irradiação tão intensa, que o último invólucro que ainda o envolve se desfaz literalmente em chamas, durante um instante. Por um momento o espírito humano assemelha-se a uma alta chama azul que logo se apaga. Sobram somente diminutos flocos brancos que se diluem no ar ensolarado.

No mesmo instante em que o último invólucro se desfaz em chamas, o espírito liberto transpõe as pontes para a vida eterna, para o Paraíso.

O espírito humano livre e plenamente desenvolvido é imaculadamente belo e irradiante; também bela e sem mácula é a sua vestimenta com seus adornos, cujas nuances de cor se ajustam exatamente, do modo mais apurado, à sua personalidade. Nada mais lembra a pequenina fagulha fulgurando em azul, que fora colocada na matéria e que, com a cooperação de inúmeros elementos da natureza e do espírito, veio a se desenvolver até a plenitude.

Tudo o que na Criação vive e atua, seja um ser humano, animal ou planta, desenvolveu-se de um minúsculo germe de vida! Cada pequenino germe encerra uma centelha do vivo amor de Deus, do qual a Criação inteira se originou.

Cada espírito humano tem três invólucros principais, que também podem ser designados de "corpos auxiliares" e que são necessários aos percursos de seu desenvolvimento. São os corpos

---

* Vide "Na Luz da Verdade", Mensagem do Graal, de Abdruschin, vol. 3, dissertação *Germes espirituais*.

de matéria grosseira, matéria fina e enteal. Devem ser mencionados ainda os corpos auxiliares menos fortes. Estes atuam como uma ponte, visto formarem a ligação entre os corpos auxiliares principais do espírito. Assim, por exemplo, a ligação necessária entre o corpo terreno de matéria grosseira e a alma de matéria fina tem de se processar através de um corpo auxiliar adicional, ou ponte. Tais pontes são de extraordinária importância por serem a ligação para o plano superior mais próximo. A suposição de muitas pessoas, de que o espírito humano possui sete invólucros, é correta em si, desde que aí se incluam os corpos auxiliares adicionais, isto é, as pontes.

As Vestes das Almas

Finalizando estas explanações responderemos ainda à pergunta sobre as vestes das almas, quando deixam o corpo terreno. Talvez este esclarecimento possa parecer supérfluo e sem importância para muitas pessoas; tal, porém, não ocorre, pois só assim poderão ser elucidadas as confusas imaginações que o ser humano tem a respeito.

Também na indumentária, usada por uma alma humana liberta de seu corpo terreno, evidencia-se desde logo o seu verdadeiro estado de espírito. Almas humanas femininas, ligadas à Luz, trajavam-se e trajam-se ainda hoje com túnicas de tecidos delicados, brilhantes, semelhantes à seda, com alegres desenhos de flores, e que exalam um suave perfume. Esses vestidos são cingidos à cintura com belos cintos ornados com joias, alongando-se quase até os pés. Calçam sapatos de seda, semelhantes a sandálias, que se harmonizam com as cores dos seus vestidos.

Usam cabelos compridos soltos ou em tranças, e deixam-nos cair ao longo das costas. Cada alma feminina usa um aro que retém os cabelos fora da testa. Esses aros, com seus ornatos de flores e pedras preciosas, são autênticas obras de arte.

As almas masculinas ligadas à Luz também usam vestes compridas de tecidos pouco mais grossos, claros e de uma só cor, igualmente presas por cintos dos mais variados tipos. Como adorno usam, no dedo indicador, um anel com uma pedra preciosa cuja cor corresponde exatamente às vibrações do seu portador.

Esses anéis e os aros das almas femininas são presentes dos seres da natureza que se dedicam à composição e beneficiamento das pedras preciosas. Assim, quando uma alma se desliga totalmente do corpo terreno, um grupo de homenzinhos do tamanho de crianças, com os rostinhos encantados de alegria, vem entregar suas oferendas. Todo esse imenso amor, que os entes da natureza oferecem aos seres humanos ligados à Luz, manifesta-se através dessas delicadas obras de arte... contudo, também esse amor a criatura humana em geral já perdeu.

Tanto no homem como na mulher a testa fica sempre livre, para que nenhum fio de cabelo possa turvar o tênue vislumbre que emana do sinal da Luz no meio de suas testas e que indica pertencerem à Luz.

As cores das vestes e o modo de arrumar os cabelos são diferentes nas diversas raças. Porém, sem exceção, são claras, belas e em tudo exala o perfume da limpidez. A beleza e as características das diversas raças evidenciam-se nos mundos de matéria fina com todo o vigor.

Haverá leitores que considerarão as vestes floridas, das almas desencarnadas, como algo fantasioso, já que de um modo geral se supõe que a cor dos espíritos e almas puras seja exclusivamente a branca.

Tal suposição, todavia, é errada. Quanto mais altos, luminosos e leves são os mundos, tanto mais maravilhosas e fulgurantes são as cores. O esplendor das cores em suas milhões de nuances é indescritível. A expressão "sinfonia de cores" formulada pelos seres humanos está certa, pois as radiantes cores da Luz emitem sons que, em sua multiplicidade, se fazem ouvir como uma esplendorosa sinfonia.

Vestes brancas são usadas em solenidades nos templos e em outras ocasiões similares. Contudo, sempre usam mantos coloridos sobre elas. Nos planos do Paraíso, sacerdotisas, sacerdotes e reis colocam, sobre as suas vestes brancas, mantos de tecidos feitos com fios de metais preciosos, de incomensurável beleza.

Os mundos do Paraíso são inimaginavelmente belos e radiantes, como inimaginavelmente belos e radiantes são também os espíritos humanos que, com o signo da elucidação em suas testas, podem transpor seus portais.

Como já se fez menção, nada mais lembra a fagulha inconsciente do germe espiritual que partira do Paraíso e que recebera das fadas, em seus jardins, o primeiro presente, a primeira forma de uma criança humana.

A transformação do germe espiritual inconsciente até tornar-se espírito humano plenamente consciente iniciou-se na Luz do amor e completou-se na Luz do amor.

CAPÍTULO XXIV

A MORTE TERRENA E A VIDA NO ALÉM

Segunda Parte

Na primeira parte da presente dissertação descrevemos os acontecimentos como outrora foram no Além, quando o espírito humano, ainda ligado à Luz, atuava dominando nas matérias, e quando o raciocínio era um mero instrumento servidor do espírito na Terra.

A seguir será descrito como se desenrolam há milênios os fenômenos no Além, desde o pecado original até os dias atuais. Trata-se apenas de descrições resumidas, a fim de que o leitor possa formar uma imagem aproximada de como são as contingências dos mundos das almas de hoje.

As nefastas consequências do pecado original não somente alteraram toda a matéria fina, como também fizeram surgir regiões que, com razão, trazem o nome de "inferno". Já mencionamos que toda a vontade intuitiva, quer boa quer má, bem como todas as ações germinam nos mundos de matéria fina tal qual uma sementeira, chegando a tomar forma. São os elementos de construção com que se formam os mundos onde os seres humanos terão de viver depois da morte. Advém ainda que, desde o fortalecimento unilateral do raciocínio, as formas de pensamentos se tornaram tão consistentes, que seus efeitos se fazem sentir até na matéria fina. Formaram-se charcos fino-materiais das aglomerações dessas formas de pensamentos, cujas exalações maléficas traspassam esses mundos das almas já por si tão opressivos.

Quem acompanhar a História, até onde ela for conhecida, reconhecerá facilmente que já desde muitos milênios só sementeira má, na maior parte, veio germinar nos mundos de matéria fina. E as sementes, das quais se formaram os submundos de matéria fina, até as profundezas da decomposição do gênero humano, denominam-se na Terra: mentira, crença errada, desconfiança, cobiça, ânsia pelo poder, avareza, egoísmo, vingança, crueldade, ódio, volúpia, ciúme, inimizade, imoralidade e depravação. Todos esses males têm, por sua vez, inúmeros efeitos colaterais que envolveram no início os espíritos humanos como verdadeiras teias viscosas, impedindo sua liberdade de movimentação.

A esses males todos, aqui mencionados, ainda se junta hoje o mau emprego da palavra humana que, por si só, já representa um triunfo completo dos poderes das trevas. Quem duvidar dessa constatação precisa apenas pensar nas múltiplas formas da propaganda mentirosa e nos milhares de livros nocivos escritos, nas promessas não cumpridas e nas inúmeras pequenas e grandes mentiras, os quais se tornaram hoje parte integrante da vida humana. Há de fazer-se referência ainda ao abuso do nome de Deus, que encontrou tão ampla propagação no mundo cristão. Esse abuso equivale à blasfêmia, segundo as leis da Criação, acarretando um carma especial.

O rosário de pecados dos seres humanos, acima mencionado, embora ainda de maneira incompleta, constitui o material com que foram construídos os mundos de matéria fina das almas, desde o pecado original.

Quem então meditar sobre o péssimo material de construção, compreenderá facilmente o medo da morte. Além disso, todos os conflitos se efetivam de modo muito mais imediato e intenso nos mundos fino-materiais, chamados "Além" pelos seres humanos terrenos.

Nesse Além construído com material tão ruim, e em cuja formação a maior parte da humanidade até agora continua cooperando no pior sentido, é muito mais difícil um reconhecimento da Verdade do que aqui na Terra. O reconhecimento da Verdade equivale ao reconhecimento de Deus. Sem esse reconhecimento de Deus não há libertação nem remição para as almas humanas que se encontram aqui ou no Além. Quem, portanto, estiver descontente com o seu destino aqui na Terra, esperando uma vida melhor no Além, ficará decepcionadíssimo quando despertar no Além. Pois o descontentamento, que é equivalente à ingratidão para com o seu Criador, será sentido de modo muito mais angustiante no seu novo mundo do que era antes, quando ainda se encontrava no seu corpo terreno.

Em toda a Criação, de cima até embaixo, se efetiva a lei de que cada um tem de colher o que semeou. Recompensas arbitrárias não existem em parte alguma nos mundos fino-materiais das almas.

Conceitos Errados Sobre a Morte

Agora também corrigiremos outras suposições errôneas e afirmativas que ainda aumentam a predominante confusão aqui na Terra sobre a morte terrena.

Por exemplo: há muitas pessoas que afirmam que tudo se acaba com a morte. Tais afirmativas se originam de um medo inconsciente; portanto, para essas pessoas que afirmam tal coisa, tudo de fato está acabado. Não há mais para elas uma ascensão até os jardins eternos. Já se encontram num degrau de onde somente há descida para as regiões da decomposição, uma decomposição que se realiza sob mil tormentos. É portanto compreensível que tais pessoas procurem convencer-se com toda a força de que depois da morte terrena tudo está acabado. Está acabado, porém, de modo diferente do que pensam.

Também a suposição de que um ser humano terreno possa escapar do Juízo, morrendo antes, é errada. Esta igualmente se origina do medo. Ninguém pode escapar do Juízo. Efetiva-se na matéria fina do mesmo modo que aqui na Terra. Todos os fios cármicos e fardos, a alma carrega consigo para os mundos de matéria fina. Nada disso fica com o corpo terreno morto. Existe apenas um meio de escapar aos dolorosos efeitos do Juízo: procurar a Verdade e começar vida nova segundo as leis da Verdade que expressam a vontade de Deus. Quem assim procede não precisa temer um Juízo, nem na Terra nem no assim chamado Além.

Uma outra expressão, que hoje frequentemente se pode ouvir, diz que no Juízo os mortos ressuscitarão dos seus túmulos, a fim de serem julgados! Como os seres humanos imaginam uma ressurreição dos túmulos?

Quando se diz que será feito um Juízo sobre os mortos, isto não se refere aos corpos terrenos mortos, os quais se desintegram em pó nos túmulos.

Sob a denominação de mortos deve-se entender todos aqueles que já passaram por cinquenta ou mais encarnações terrenas e que até hoje não encontraram o caminho para a Luz e para a Verdade, e que não possuem absolutamente nenhum anseio pela Luz. Enlearam-se de tal modo à matéria, devido aos seus errados conceitos de crença, vícios, pendores e pecados, que para eles qualquer reconhecimento de Deus se tornou impossível. Essas espécies de "mortos espiritualmente" ainda hoje vivem na Terra, podendo ser encontrados em todas as classes sociais. Entre pobres e ricos, cristãos e não cristãos, cientistas, artistas, professores e sacerdotes. A maior parte da humanidade de hoje é constituída desses espiritualmente mortos, tanto no Aquém como no Além.

Esses mortos espiritualmente, que hoje exercem grande influência em cada setor de vida na Terra, consciente ou inconscientemente tudo fazem para arrastar consigo, ao abismo, os seres humanos que ainda querem o bem. Por isso, torna-se imprescindível a máxima vigilância! Cada um, mesmo aqueles que possuem boa índole, tem de lutar, no verdadeiro e elevado sentido da palavra, pela continuação de sua existência na Criação. Ser ou não ser, é o que vale hoje no Juízo! Vida ou morte eterna!

Os Submundos

Agora daremos início à descrição do Além, ou expressando melhor, dos submundos, para onde são levados os seres humanos carregados de carma que deixam a Terra.

Através desses submundos superpovoados, há anos já vêm soprando os mortíferos vendavais do Juízo Final, arrastando os espiritualmente mortos até as profundezas das regiões a que pertencem.

O superpovoamento da Terra e dos mundos de matéria fina começou quando os seres humanos se entregaram à influência de Lúcifer. Devido a essa influência eles não puderam atingir, em seu desenvolvimento, aquele ponto previsto pela vontade de Deus, a fim de que, após a décima encarnação terrena, pudessem ascender ao Paraíso, como espíritos humanos plenamente desenvolvidos! Pelo contrário! Enlearam-se pouco a pouco à matéria de tal modo, que sempre de novo foram arrastados de volta à matéria grosseira para novas encarnações terrenas.

E assim aconteceu que ao invés de dez encarnações terrenas, previstas inicialmente, surgiram cinquenta, e muito mais ainda! Os seres humanos começaram a perambular, inquietos, igual a Ahasverus, o viandante eterno. Vinham do submundo à Terra e tinham de voltar para lá, novamente, após sua morte terrena.

Jamais se teria chegado a um superpovoamento da Terra e dos mundos fino-materiais das almas, se os seres humanos se houvessem desenvolvido segundo a vontade de Deus. Não tendo ocorrido isso, os bilhões de espíritos humanos, que pouco a pouco chegaram ao planeta que lhes fora destinado, foram-se aglomerando ali, bem como nos respectivos mundos de matéria fina, perturbando assim de maneira irresponsável o equilíbrio natural das leis de Deus.

Entre todas as criaturas na Criação, o ser humano é o único que desde incontáveis milênios, diligentemente, preparou sua própria ruína.

Preliminarmente, dentro das possibilidades desta dissertação, vamos descrever esses submundos acima citados.

Submundo é a denominação que antigamente os egípcios, gregos, romanos e outros povos davam à região para onde a maioria deles era conduzida após a morte terrena. Naquelas épocas ainda havia nessas regiões alguns rios escuros e lamacentos, de cursos lentos, em cujas águas turvas, alguns poucos barcos com velas esfarrapadas conduziam as almas às regiões que lhes eram destinadas.

Os submundos, também chamados "regiões de espera", porque de lá procedem as encarnações, não se encontram muito distantes da Terra, nem se acham também em profundezas abismais. Estão ainda estreitamente ligados à Terra e ao seu ambiente mais próximo de matéria fina. A maior parte da humanidade, como já mencionado acima, chega desses submundos à encarnação terrena e tem de voltar para lá novamente.

Os rios escuros, que na época dos conhecidos povos da Antiguidade ainda seguiam lentamente seu curso, há muito tempo já secaram. As almas que vêm para as encarnações terrestres ou aquelas que deixam a Terra são transportadas, tanto para cá como para lá, em largos e compridos trens.

Esses trens, que têm certa semelhança com os das estradas de ferro da Terra, deslizam velozmente sobre maltratados e desajustados caminhos nos percursos que lhes são destinados. "Deslizam" por terem trenós largos em vez de rodas. Os trens possuem janelas, de modo que, ao passarem com grande velocidade, pode-se ver as massas humanas ali comprimidas, olhando para fora com fisionomias repassadas de pavor.

Esses submundos são de inimagináveis extensões. A atmosfera reinante nessas regiões está impregnada de angústia, medo e insegurança. Apesar de essas regiões se encontrarem em relativa proximidade do ambiente fino-material da Terra, ali não cresce vegetação. Exceto umas poucas plantas e arbustos que parecem ressequidos, não se veem em parte alguma bosques, prados e flores; tampouco se avistam colinas, lagos ou rios. A ausência absoluta de qualquer natureza verdejante mostra, com apavorante nitidez, o grande abismo que desde há muito existe entre a humanidade e a natureza com seus enteais.

Os entes da natureza, sob cuja atuação cada haste, cada árvore, cada pedra e cada gota d'água chegaram a se formar, não puderam desenvolver nenhuma natureza verdejante nessas regiões de espera para as almas humanas, visto que a humanidade, já há muito, considera os entes da natureza, invisíveis para as criaturas humanas terrenas, apenas como "figuras de lendas".

A objeção de que, na Terra, apesar de tantos seres humanos maus, ainda existe uma maravilhosa natureza somente pode partir daquele que não haja compreendido direito que os submundos se originaram exclusivamente dos materiais de construção produzidos pelos próprios seres humanos, e que se desenvolveram no solo fino-material. Todo o querer e atuar humano se manifestam nessas regiões. Apenas vontade humana. Nada mais.

Sobre a Terra e sua natureza o ser humano não exerce influência. Nenhum "sentimento intuitivo" ou "pensamento" humano pode fazer germinar e crescer uma única muda de grama sequer. O planeta Terra já era de beleza paradisíaca quando os primeiros seres humanos nele se encarnaram.

Também as edificações que surgiram nessas opressoras regiões de espera, sem nenhuma sombra reconfortante, são exclusivamente produtos da vontade humana. Todas, tanto as grandes como as pequenas, são tortas, fora de nível e ainda pintadas com cores feias. Pode-se formar uma ideia aproximada das habitações dessas regiões, se pensarmos nos produtos da pintura moderna de hoje e nas inúmeras esculturas disformes.

Algumas edificações das cidades desses submundos são enormes e assemelham-se a determinados edifícios de apartamentos da Terra, contudo, em contraste com os da Terra, são construídos com muitos pavimentos para baixo do solo, de modo que apenas alguns andares tortos e sem janelas são visíveis acima do solo. Os habitantes desses edifícios sem luz assemelham-se a moradores de cavernas.

As casas térreas, por sua vez, são construídas de modo tão alto e estreito, que dão a impressão de que podem ruir a qualquer momento. A maioria dessas moradias é, no entanto, pequena e frequentemente possuem apenas o tamanho de uma casinha de cachorro. Estendem-se em imensas fileiras que se perdem de vista ao longo das empoeiradas vias e praças.

Os habitantes desses submundos, sempre carregando pacotes malfeitos e que contêm geralmente papéis ou trapos rotos e sujos, se detêm o menos possível nas vias e praças, visto que a ofuscante claridade ali reinante arde nos olhos, como fogo. Além disso, essa causticante e intensa claridade causa também alucinações em grande escala. Aí, as pessoas assim acometidas rolam pelo chão, gritando e contorcendo-se violentamente, demorando sempre algum tempo até que possam levantar-se e esconder-se em suas lôbregas moradias.

Apesar daquela luz dolorosamente ofuscante e da atmosfera um tanto asfixiante que paira sobre estes submundos, mesmo assim ainda são agradáveis e belos em comparação com as regiões que descem, em degraus, dos limites desses submundos para as imensas profundezas e distâncias que vão até os abismos da decomposição, onde a criatura humana perde a sua forma humana sob indizíveis e prolongados tormentos. As cabeças constituem a última parte que chega à decomposição. Depois dos corpos já terem desaparecido, as cabeças ainda continuam naquele solo visguento, olhando rigidamente para cima, com olhos sem luz, até que também se desintegram na escuridão eterna de sua perdida condição humana.

Ainda durante a decomposição desliga-se da forma humana, que se desfaz, a minúscula centelha azulada do espírito, a semente espiritual, que fora colocada nas matérias há milhões de anos. Mediante essa colocação nas matérias, foi dada ao inconsciente germe espiritual a possibilidade de desenvolver-se e tornar-se uma criatura humana plenamente consciente e do agrado de Deus.

Durante a irrefreável decadência da humanidade, pôde acontecer que criaturas humanas que já se encontravam abaixo das regiões de espera, isto é, nos degraus do ódio e da maldade, conseguissem chegar até aqueles planos de espera e dali não lhes foi difícil encarnar-se na Terra.

Não foi difícil, visto que inúmeros seres humanos de igual espécie, na Terra, exercem uma intensa força de atração. Essa atração tão só, no entanto, não teria bastado, se a mulher terrena não houvesse oferecido a possibilidade para tanto, já que ela desde longo tempo havia-se tornado o mais dócil instrumento de todos os espíritos humanos decaídos e pertencentes ao séquito de Lúcifer.

Esses incontáveis milhões de seres humanos, espiritualmente mortos, constituem hoje o maior perigo para todas as criaturas humanas que ainda são de boa vontade. Quem quiser ter exemplos, basta lembrar-se dos numerosos autores de maus livros e dos produtores de filmes... A influência que apenas tal espécie de criaturas exerce já é suficiente para corromper e destruir a metade da juventude na Terra. Como é do conhecimento geral, tudo quanto é mau alastra-se como uma epidemia incurável. Além disso, as trevas usam muitas máscaras e subterfúgios, de sorte que apenas uma pequena parte dos seres humanos percebe ainda a tempo o que se esconde atrás de tudo isso.

O Aspecto das Almas Condenadas

Alguns seres humanos perguntam qual a aparência das almas desses condenados espíritos humanos, denominados "mortos", após a sua morte terrena, perguntando também se pode ser notado, imediatamente, que essas almas já pertencem aos mortos.

Não somente nessas almas, mas também em todas as outras, torna-se visível, imediatamente, seu verdadeiro estado espiritual tão logo abandonem o invólucro terreno. Uma vez que tais perguntas dizem respeito apenas às criaturas humanas denominadas "mortas", unicamente estas serão aqui respondidas.

Espíritos humanos denominados "mortos" são aqueles que estão na iminência de perder sua forma humana. A forma humana é uma parte da constituição espiritual. A perda da forma humana equivale à morte espiritual. Conforme foi mencionado anteriormente, a centelha espiritual, isto é, a semente espiritual desliga-se durante a desintegração da forma humana. Esta semente ascende e une-se a outros conglomerados de sementes que igual a nuvens passam por cima da matéria. Voltou a ser um minúsculo grão de semente que, como tal, e como incontáveis outros, traspassa a atmosfera espiritual qual reluzente partícula de pó.

O que se decompõe nos degraus mais baixos da existência humana não é o corpo de matéria fina das almas, mas sim o fino corpo espiritual, sem todos os invólucros materiais, que traz em si, como um coração, a centelha viva do espírito.

Contudo, já nas almas dos condenados que deixam seus corpos terrenos se apresenta, com cruel nitidez, a decadência de toda a condição humana. Suas fisionomias apresentam-se velhas e contorcidas, suas cabeças, desmesuradamente grandes, e os corpos, cobertos de fétidas e purulentas chagas, tumores, cicatrizes, bem como outras excrescências disformes. São carcaças humanas que chegaram ao fim.

Escrever mais sobre isso não é a finalidade desta dissertação. Vamos ocupar-nos aqui com aquelas almas da matéria fina, que são relativamente poucas, e que já desde muito transitam entre os submundos e a Terra, mas que, não obstante seu rosário de culpas, ainda não atingiram aquele limite para poderem ser incluídas no rol dos condenados. Ainda têm um curto prazo para chegar ao reconhecimento. Não o conseguindo, serão arrastadas, igual aos condenados, para a decomposição no decurso do Juízo.

Também essas almas, embora não pertençam ainda aos mortos, não oferecem um aspecto agradável. Suas fisionomias dão a impressão de velhice, e seus olhos manifestam medo e desconfiança, parecendo estar acossadas. Todas, sem exceção, dão a impressão de sujas.

Suas vestes em geral assemelham-se às usadas pelos diversos povos da Terra. As cores sempre se apresentam de alguma forma desbotadas, sujas e gastas pelo uso.

Com referência ao uso dos cabelos há pouca diferença entre as almas masculinas e femininas. Podem-se ver penteados grotescos e cabelos compridos e desalinhados cobrindo as fisionomias. Porém, em sua grande maioria, os habitantes desses submundos são calvos. Isto também é uma consequência do supercultivado raciocínio e da excessiva atividade cerebral na Terra.

Quando os seres humanos ainda estavam ligados à Luz, os delicados fios que depois do falecimento ainda ligam a alma com o corpo terreno podiam ser desfeitos dentro de vinte e quatro horas e, muitas vezes, em menos tempo ainda. Hoje, porém, e já desde longo tempo, as almas, ao se desprenderem, têm de acompanhar seus corpos terrenos mortos até o lugar do sepultamento, esperando ali até ficarem livres. Geralmente essa espera dura um mês, talvez um pouco menos. Durante esse tempo as almas se encontram agachadas ao lado ou em cima da sepultura, caindo num sono irrequieto. Muitas vezes são despertadas por terríveis gritos. São gritos penetrantes e cheios de angústia, oriundos de almas, talvez de sepulturas vizinhas, que têm de experimentar vivencialmente todo o processo de decomposição de seus corpos terrenos.

Maria

Observemos agora duas almas, uma masculina e outra feminina, que moravam na Terra distantes uma da outra apenas poucas casas, tendo morrido quase na mesma hora. Ambas pertenciam à mesma igreja cristã e tinham na Terra a fama de serem pessoas boas e caridosas.

Seu falecimento ocorrera há pouco tempo e agora ambas se acham com fisionomias desfiguradas de medo, ao lado de seus respectivos corpos mortos. O medo que se vê em seus olhos é o reflexo das imagens que haviam visto poucos segundos antes da ocorrência da morte terrena. Essas imagens tinham-lhes mostrado, como num luminoso foco concentrado, todas as ações erradas, as omissões, pecados e pendores de que se haviam tornado culpadas na Terra.

O passado, que se desenrolou numa rapidez de segundos diante deles, veio-lhes como um perigo ameaçador, deixando um medo indefinido em suas almas.

As pessoas que se encontram no quarto de morte nada percebem desses terríveis momentos que se desenrolam com o moribundo, segundos antes de sua morte.

De repente esses momentos de angústia tinham passado, e ambas as almas, que na Terra se chamavam "Ulrich" e "Maria", encontravam-se ao lado de seus corpos terrenos mortos. Não obstante se encontrarem ao lado, ainda não podem locomover-se livremente. Numerosos e invisíveis fios retêm-nas a seus abandonados invólucros terrenos.

A primeira coisa que ambas as almas percebem é que não estão sozinhas. Encontram-se aí outras almas que as circundam, desejando-lhes as boas-vindas, com fisionomias sem alegria. É a "comitiva de recepção" que permanece junto às almas nascidas para a matéria fina até que elas estejam completamente desligadas dos corpos terrenos e possam ser conduzidas para diante.

Naquelas almas obrigadas a sofrer toda a decomposição o processo é diferente. Uma vez que tal espécie de criaturas humanas já entra para o rol dos espiritualmente mortos, não vale a pena entrar em pormenores a esse respeito.

Maria, a alma feminina, é a primeira a afastar-se da "comitiva de recepção", observando o que se passa no recinto mortuário. O aspecto de uma mulher que chorava ao lado do corpo morto desencadeia nela um doloroso sentimento intuitivo. Coloca-se imediatamente ao lado da mulher em prantos, colocando uma das mãos sobre o ombro dela. Quer fazê-la perceber que não está morta. Depois de algum tempo, Maria começa a sacudir essa mulher que passa a chorar mais forte ainda.

"Por que, então, não para de chorar? Por que não olha para ela? E afinal por que está triste?"

Subitamente também Maria se sente acometida de medo. Sente impulso de prostrar-se ao lado daquela entristecida mulher terrena e de entregar-se igualmente a essa tristeza. Cansada e como que procurando ajuda, olha a seu redor. Várias pessoas acham-se presentes, porém nenhuma delas lhe desperta interesse. De repente vê uma criança: é uma menina que entra pela porta e fica ali parada.

Aquela criança! Maria sente intuitivamente uma grande afeição por essa criança. Com os braços abertos corre ao seu encontro. Contudo, antes de a alcançar, é repelida por uma força invisível, e por mais que tente aproximar-se da menina, depara com o mesmo impedimento. Maria só deixa aquelas tentativas de aproximar-se da criança, quando sua atenção é novamente voltada para aquela mulher em prantos. Como se um punhal lhe atravessasse o coração, ela sente dolorosissimamente essas lamentações e o choro convulsivo da mulher mergulhada em dores. Pouco a pouco a alma de Maria se sente cansada e sonolenta. Mal se dá conta de que está sendo levada em carro funerário até o cemitério e que agora se agachara ao lado do túmulo.

Apesar de Maria ainda não pertencer aos condenados, o seu aspecto não é nada agradável. O vestido por ela usado parece ter sido originalmente de cor azul, porém no seu corpo dá a impressão de ter sido arrastado num lamaçal. Os poucos cabelos que ainda possui estão enrolados num pequeno coque em cima da cabeça; nos pés, algo deformados, usa sandálias rotas.

Sua fisionomia é de aspecto repugnante. Tem a testa excessivamente abaulada para frente e uma boca estigmatizada pelo vício de fumar. Os lábios estreitos e de cor marrom-escuro apresentam-se contraídos. Igualmente marrom-escuros são a língua e os dentes, até onde se podia ver. O vício de fumar, ao qual se entregou na Terra, gravou em sua alma suas repugnantes marcas.

A fisionomia dessa alma apresenta ainda outras marcas. Sobre sua pele parece ter sido estendida uma cinzenta teia de aranha, com muitos nós. Também suas mãos são anormais. São mãos de criança com os polegares grandes e deformados. Mas, apesar de todos esses sinais assaz repugnantes, Maria ainda não pertence às ruínas humanas que já atingiram o ínfimo degrau da condição humana. Ela ainda tem um curto prazo. Nos planos de espera para onde tem de voltar, ela pode reconhecer ou sucumbir.

A testa excessivamente abaulada para a frente e a cabeça quase calva são sinais típicos do equilíbrio perturbado entre o espírito e o cérebro, isto é, Maria, durante várias vidas terrenas se deixou guiar mais pelo raciocínio, em vez de ouvir a voz interior de seu espírito. Também a miopia que tão perturbadoramente sente é uma consequência desse equilíbrio perturbado. O raciocínio preso à Terra é sempre míope em relação às coisas espirituais.

A deformação que aparece nas mãos de Maria é consequência de sua autopresunção, preguiça e vaidade. Os polegares grandes e deformados são sinais infalíveis de que a respectiva alma era prepotente na Terra, deixando sempre os outros trabalharem para si. Assim, tais mãos não podiam desenvolver-se no corpo fino-material, isto é, na alma, uma vez que Maria, durante uma ou várias vidas terrenas se havia esquivado de qualquer trabalho, para que suas mãos não se tornassem, de modo algum, feias e gastas.

Depois da morte terrena se apresentam no corpo de matéria fina todos os defeitos que uma pessoa talvez pudesse esconder durante toda a sua vida terrena.

Uma cútis que se assemelhe a uma teia de aranha será sempre o sinal de que o ser humano, ao qual pertence essa alma, fizera continuamente mau uso da palavra humana, tendo assim, muitas vezes, prejudicado outras pessoas pesadamente.

A deformação nos pés de Maria ainda não estava muito pronunciada. Eles estavam um pouco deformados e davam a impressão de um peso de chumbo. Pelo aspecto dessa deformação pode-se perceber que ela, já há muito, provavelmente durante várias vidas terrenas, não mais tivera um verdadeiro sentimento intuitivo de gratidão para com o Criador. Tão grave omissão equivale, segundo a lei da Criação, à ingratidão, ao desprezo e à indiferença. Essa omissão torna-se visível nos pés das almas, uma vez que, vistas do espiritual, todas as pessoas ingratas calcam com os pés as dádivas do amor de Deus.

Por sua vez as vestes sujas e de mendiga que a alma de Maria tem de usar, é de significação mais profunda. O vestido é a prova de que ela não trouxe nenhum valor espiritual para o assim chamado Além. Apesar de sua riqueza terrena, teve de ingressar no mundo de matéria fina pobre como mendiga.

Sim, Maria deu, na Terra, muito aos pobres. E isso na esperança de que um dia, depois de sua morte, essas caridades lhe fossem creditadas. Tal esperança não pôde realizar-se, visto que os auxílios, que proporcionara aos assim chamados "pobres", muitas vezes mais prejudicaram do que ajudaram. Por esse motivo, também os efeitos retroativos não podiam ser abençoados.

Hoje, muitas pessoas têm o impulso de dar algo aos pobres e ajudá-los. Na maioria dos casos esse impulso tem sua origem num sentimento de culpa, não bem reconhecido, que sentem intuitivamente perante seu Criador. Pela distribuição de dádivas terrenas entre os assim chamados "necessitados", esperam estabelecer um equilíbrio para sobrepor tal sentimento de culpa. Porém, nada disso adianta! Continuam devedores perante seu Criador de tudo aquilo que Ele pode exigir do espírito humano, apesar de suas ações de caridades terrenas...

Logo que foi possível, Maria abandonou o cemitério. Algo a puxava com força de volta à casa onde falecera, e em direção à mulher cuja tristeza profunda lhe penetrara no coração como punhaladas. Maria aproximou-se da mulher, que na Terra era sua filha, enquanto o corpo terreno desta dormia. No entanto, essa filha se encontrava tão profundamente entregue à sua egoística dor, que nada via nem ouvia. Considerava o falecimento da mãe uma grande injustiça e intimamente se rebelava contra Deus, que tinha permitido tal "injustiça"...

A fim de explicarmos melhor o assunto referente à criança, devemos esclarecer que apenas em raríssimos casos, almas de falecidos podem aproximar-se de crianças. As crianças são de tal modo protegidas, que tais aproximações são impossíveis. E crianças, também, nunca podem surgir em sessões espíritas.

Maria permaneceu apenas durante pouco tempo na casa que lhe pertencera enquanto vivia na Terra. Durante esse curto tempo perpassou, nos aposentos onde se achava, um cheiro adocicado e um pouco amargo, que a fez estremecer. Avidamente aspirou esse cheiro, embora seus lábios se contorcessem dolorosamente e pontadas na cabeça e no peito lhe dificultassem a respiração. O ar à sua volta tornou-se turvo e pesado. Flocos de cinzas cobriam seu vestido e sua cabeça, quase totalmente calva.

O que acontecera então? Fumantes terrenos, que há muito tempo têm sido dominados por esse pendor na Terra, entraram na casa onde ela se achava, impregnando com as exalações de seu vício não somente o ambiente de matéria grosseira, como também o de matéria fina da Terra, dando assim ensejo às almas do Além, já marcadas pelo mesmo vício, a possibilidade de uma fraca "coparticipação deste vício".

Talvez Maria se tivesse libertado desse pendor, se os fumantes terrenos não a incentivassem novamente. Se tivesse sido mais alerta, as dores que sentira nos lábios e aquelas pontadas na cabeça e no peito lhe teriam servido de advertência para que não aspirasse esse cheiro nocivo e, sim, para que fugisse dele. De um momento para outro teria então se libertado desse doloroso vício, pois cada vontade certa e cada ação certa produzem imediatamente o correspondente efeito retroativo. Ela perdeu, no entanto, o momento de graça e ainda acompanhou os fumantes quando estes deixaram a casa. Mal se encontrava na rua, quando se viu envolvida e arrastada por almas que aí vagavam, também dominadas pelo mesmo vício...

Ulrich

Deixemos agora Maria seguir seu penoso caminho e olhemos para Ulrich, aquela alma masculina que, quase ao mesmo tempo que Maria, havia abandonado a Terra.

Seu aspecto também nada tem de agradável. Pés descalços. Calça e camisa velhas, já gastas. Sua testa mostra igualmente uma acentuada convexidade e em sua cabeça nota-se a existência de raros fios de cabelo.

Exceto a exagerada convexidade de sua testa, o corpo fino--material de Ulrich não apresenta deformações. Não obstante, essa alma até causa aversão e repugnância. Sua cabeça, rosto, pescoço, braços e mãos estão cobertos por uma espécie de eczema que, notadamente no rosto, já havia produzido orifícios na pele, gotejando de vez em quando um líquido avermelhado.

Ulrich dá a impressão de exaltado. Rancoroso e desconfiado encara as almas que o recebem após a morte de seu corpo terreno, mas logo tem sua atenção desviada para os acontecimentos no quarto de morte.

Repentinamente muda a expressão de sua fisionomia. Sua irritação tinha desaparecido, e entre alegre e surpreso olha ao seu redor, no quarto do desenlace.

Sente que está vivo! Esse reconhecimento tem um efeito tão abalador sobre ele, que começa a gritar. Porém, surpreso, logo verifica que aparentemente ninguém ouve seus gritos. As pessoas que se encontram no mesmo quarto, junto com ele, nada mais fazem do que chorar e olhar fixamente para um caixão mortuário.

"Parece que pensam que ele se encontra lá dentro. Não percebem que naquela coisa dentro daquele caixão não há mais vida? Por que ninguém nota que ele se encontra ao lado deles, empurrando-os e até gritando?" Finalmente, compreende que todos os que estão presentes consideram-no morto.

Depois o caixão é levado embora, e ele senta-se ostensivamente sobre a tampa. Porém, cansado e resignado fecha logo os olhos, pois percebe que mesmo nessa posição provocante, ninguém o vê.

Ulrich acorda com gritos e acirradas lutas disputadas por algumas almas que se encontram em sua proximidade. Quando se levanta, algumas almas masculinas vêm em sua direção, levando-o embora, não obstante seus protestos.

A fim de excluir qualquer erro, deixamos esclarecido que as almas nos mundos ainda pertencentes à matéria fina podem movimentar-se muito mais rapidamente do que na Terra. Uma atração de gravidade, como é conhecida na Terra, não existe em nenhuma região fino-material, seja onde for que essas regiões se encontrem. Fora da matéria grosseira, quando se anda, os pés mal tocam o solo. É mais um deslizar, onde os pés quase não são movimentados. Tal maneira de locomoção é condicionada devido à espécie de matéria diferente. E só se modifica para baixo dos limites dos planos de espera, dos assim chamados submundos.

Ulrich é conduzido a um lugar onde milhares de almas se aglomeram, comprimindo-se. É um dos muitos pontos finais, pode-se dizer também estação, onde os trens chegam das regiões de espera e partem novamente.

As plataformas já estão superlotadas, não obstante são empurrados para ali bandos e mais bandos de grotescas, tristes e repugnantes criaturas humanas. Sim, são "tocadas" para ali. Não existe outra expressão para isso. Os indivíduos que empurram essa turba são homens gigantescos, trajando curtas túnicas cor de fogo que vão até os joelhos e estão presas à cintura por largas correntes. Em suas cabeças portam capacetes vermelhos como fogo e bem ajustados. Em suas mãos seguram compridos e flexíveis bastões, cujas extremidades apresentam várias pontas em forma de leque.

Esses gigantescos seres masculinos chamados cérberos têm a incumbência de retirar dos seus esconderijos, onde quer que procurem ocultar-se, os milhões de almas rebeldes, presas à Terra, e conduzi-las até as estações. É um trabalho difícil, nojento e que só pode ser executado utilizando-se dos bastões. Esses bastões possuem uma forte luminosidade e causam ardentes dores quando alguém é tocado por eles, mesmo levemente.

Em toda a matéria fina não existe mais nenhum lugar onde as irradiações do Juízo Final já não estejam atuando purificadoramente.

Agora uma explicação sobre o nome cérbero. Na mitologia grega são chamados cérberos os cães de três cabeças, isto é, cães que guardam supostamente as entradas para os submundos. Cães de três cabeças guardando os submundos não existem. Existem, entretanto, grandes animais parecidos com cachorros, com hálito de fogo, acompanhando Tífon. Tífon é um poderoso e grande enteal que desencadeia violentos movimentos de tempestades. É um dos "senhores dos vendavais", que anda sempre acompanhado por uma matilha de animais semelhantes a cães, com hálito de fogo. Quando esses cães, que têm enormes cabeças, correm desabaladamente atrás do seu amo Tífon, bem unidos uns aos outros, em grupos de três ou quatro, parece de longe que têm várias cabeças num só corpo.

Muitos dos reais acontecimentos da atuação dos grandes e poderosos entes da natureza, que os povos da Antiguidade ainda puderam perceber, são transmitidos muitas vezes tão desfiguradamente, que nessas transmissões quase não se reconhece mais a Verdade. Um exemplo disso constitui a mitologia grega. Contudo, depois de nos termos desviado do assunto, voltemos para o tema propriamente dito desta dissertação.

Ulrich já se conformou com o seu destino. Com indiferença observa os acontecimentos ao seu redor. Porém, repentinamente se sobressalta e, contorcendo-se, sua fisionomia começa a modificar-se. Torna-se uma máscara de ódio e furor, de um momento para outro. O líquido avermelhado, isto é, o sangue do seu corpo de matéria fina, que até há pouco gotejava lentamente através dos orifícios que o eczema havia produzido em sua pele, começa a escorrer mais rapidamente. E o próprio eczema parece transformar-se em milhares de formigas, correndo pressurosamente por todo o seu corpo.

Ele adianta-se até ficar parado na primeira fila, olhando, já com os punhos fechados, pronto para pular num bando de mulheres nuas que nesse momento acabam de chegar, empurradas por um cérbero.

As massas de almas humanas que se encontram aglomeradas fogem em pânico para todas as direções, ao enxergarem essas mulheres nuas. Somente com grandes esforços, os cérberos conseguem trazer de volta a massa humana apavorada, que se comportara como louca.

O pânico não é sem motivo, pois essas mulheres são de um aspecto repugnante. Mesmo Ulrich, que estava pronto a agredi-las, se dele se aproximassem, recua horrorizado. Recua diante do terrível e fétido cheiro que exala de seus corpos, corroídos por uma espécie de lepra.

Em meio à agitação geral, entra um trem apitando estridentemente através do grande arco da estação.

O que ocorre agora, processa-se com a velocidade de segundos. Enquanto de um lado são empurradas para fora as almas humanas que chegaram das regiões de espera para se encarnar na Terra, do outro lado do trem acontece o mesmo em sentido inverso. Aquelas milhares de almas humanas são empurradas para dentro do trem, fechando-se rapidamente as portas. Quando todas as portas estão fechadas, o trem, repleto dessas almas humanas, faz soar estridentemente suas sirenes através daquele arco da estação e retorna para as regiões de espera, de onde há pouco viera.

Ulrich não pertence, na realidade, aos habitantes dos submundos. Somente durante suas duas últimas encarnações terrenas é que foi envolvido e arrastado pelas correntezas das trevas, transmitidas pela mulher terrena. Entregou-se às correntezas impuras de tal maneira, que hoje, no remate do Juízo Final, elas o arrastarão até a beira do abismo e provavelmente para baixo, para os mundos de pavor.

O eczema sangrento e tormentoso que cobre seu corpo de matéria fina foi provocado pelos sentimentos intuitivos impuros, pensamentos e excessos sexuais que, ao mesmo tempo, fizeram com que todas as forças espirituais criadoras se exaurissem nele.

Também prejudicara gravemente seu corpo terreno. Teve sua vitalidade diminuída, e diversas moléstias e perturbações nervosas tornaram sua vida na Terra, durante algum tempo, um verdadeiro inferno.

Somente depois da morte terrena é que se tornam visíveis, em toda a sua trágica realidade, as consequências do abuso da pura força sexual. Então, geralmente é demasiado tarde para um resgate, pois o abuso e desperdício da pura força sexual equivale a um pecado contra o amor, segundo a lei da Criação.

Se Ulrich tivesse sido mais alerta, teria recebido força para resistir aos engodos que de todos os lados foram investidos contra ele, através da decaída mulher terrena. Ali, onde hoje se encontra, é que pressente que seus tormentos estão ligados de algum modo à mulher; por isso, ao ver o bando de mulheres nuas, não só foi acometido de uma ira assassina, como também de ódio e amargura, que em sua intensidade quase o sufocou.

As tragédias que se desenrolam hoje, durante o Juízo, no "assim chamado Além", não podem ser descritas nem em mil livros. Os seres humanos durante as suas inúmeras e malbaratadas vidas terrenas, influenciados pelas trevas, enlearam-se de tal maneira, que uma libertação é hoje quase impossível.

O ser humano terreno tem de considerar finalmente de modo muito mais natural os mundos de matéria fina onde terá de habitar depois de sua morte terrena. Suas ideias sobre "fantasmas" e espíritos esvoaçando para cima e para baixo são apenas produtos do raciocínio, nada mais. Os trens, aos quais podem ser acrescentados vagões, de acordo com as necessidades, viajam ininterruptamente entre os submundos e as regiões fino-materiais que circundam estreitamente o globo terrestre. A esses trens são sempre acrescentados vagões onde quer que ocorra grande número de mortes na Terra. Como, por exemplo, durante as guerras, catástrofes e outras calamidades.

Cada trem atravessa um dos setenta e sete grandes arcos indicadores de rumo. Os guardiões, que se encontram em cima de cada um desses arcos, avisam com antecedência aos cérberos quando um trem se aproxima. Dessa maneira, todos os passageiros já se encontram juntos nas estações, não ocorrendo nenhum atraso nas partidas.

Muitas pessoas perguntarão se todos os guerreiros mortos nas lutas são conduzidos para os submundos. Não todos! Pois há exceções em toda a parte, embora essas exceções estejam tornando-se, hoje em dia, cada vez mais raras. Nos campos de lutas ainda existem soldados, médicos, enfermeiros, etc., que muitas vezes, correndo perigo de vida, procuram ajudar e salvar os seus companheiros e também os civis. Que tais ações tenham efeitos retroativos abençoados, é compreensível a cada um.

A maior parte dos homens hoje envolvidos por guerras já trouxe um carma correspondente. O mesmo se dá com relação à população civil afetada pelas ações de combate. Ninguém sofre uma injustiça. As leis da Criação funcionam com inimitável exatidão!

A Cremação dos Mortos

Hoje, há um grande número de pessoas na Terra, principalmente nas superpovoadas metrópoles, que recomendam a cremação dos mortos. Outras, por sua vez, têm receio de tal espécie de funeral, por motivos que elas mesmas desconhecem. O receio disso é mais do que justificado.

Nas cremações, realizadas num prazo que varia de um a três dias após a morte terrena, as almas sentem ardentes dores em seus corpos de matéria fina, pois os delicados fios de ligação ainda existentes entre o corpo e a alma constituem bons condutores.

Nos sepultamentos ou outros tipos de funerais, onde os corpos permanecem intactos, as almas que esperam ao lado dos corpos nada sentem além de algumas dores nas juntas. Pois quando o processo de decomposição, propriamente dito, se inicia, os fios de ligação já estão tão quebradiços que, além dessas dores nas juntas, quase nada sentem. De modo diferente ocorre, naturalmente, com aquelas criaturas que se ataram tão fortemente à matéria, que têm de sofrer todo o processo de decomposição. Nesses casos os fios de ligação acham-se tão firmes, que, até a desintegração total dos corpos terrenos, ainda constituem bons condutores.

Os seres humanos, que nos tempos de outrora estavam ligados à Luz, sabiam que as almas, durante vinte e quatro horas depois da morte de seus corpos terrenos, ainda sentiam tudo o que lhes atingia. Por esse motivo foi introduzido o velório. Os que velavam, geralmente sacerdotes, deviam proteger os corpos mortos de todas e quaisquer perturbações, para que não fosse causado nenhum sofrimento às "almas".

A fim de que não surja nenhum mal-entendido, mencionaremos mais uma vez que apenas espíritos ligados à Luz separam-se completamente de seus corpos terrenos nas vinte e quatro horas após a morte. Para todos os outros, conforme já foi dito anteriormente, o tempo de desligamento tornou-se muito mais longo. Enquanto as almas humanas estão ligadas a seus corpos terrenos por meio de delicados fios, ainda podem, embora parcialmente, reconhecer o que se passa ao seu redor na matéria grosseira, contudo, jamais poderão emitir mensagens aos sobreviventes ou manifestar-se de qualquer outra forma. A morte terrena é o nascimento da alma no mundo de matéria fina. A alma recém-nascida, durante os primeiros tempos depois da morte terrena, é identicamente desajeitada, como uma criança recém-nascida é na Terra.

Manifestações junto ao leito de morte de um falecido nunca provêm do próprio falecido. Geralmente, aí se trata de almas presas à Terra que se utilizam dos fios de transmissão, ainda existentes do falecido, para então se manifestarem. E poderão aproximar-se somente quando existe alguma ligação com o falecido.

Transplantes

Ainda podem ser respondidas as perguntas referentes aos transplantes de coração, assunto tão em voga atualmente.

Os médicos que efetuam transplantes de coração e de outros órgãos humanos já são louvados como "benfeitores da humanidade" e "pioneiros da ciência"! Pois não somente devolvem a saúde aos seus contemporâneos como também prolongam suas vidas terrenas!

Pois bem, esses louvados benfeitores da humanidade mostram que já desde há muito pertencem ao rol das criaturas humanas desligadas da Luz, pois, do contrário, uma voz interior proveniente do espírito os advertiria para não executarem tais intervenções. Intervenções que no atuar das leis da Criação são consideradas crimes.

O coração tem de estar ainda "vivo" para ser transplantado para um outro corpo. Por esse motivo, deve ser extraído imediatamente após ter sido constatada a morte clínica. Contudo, a ocorrência da morte clínica não significa que o falecido não mais sente o que se passa com o seu corpo terreno.

É exatamente o contrário. Decorrem aproximadamente vinte e quatro horas até que os fios de ligação, que unem o espírito e a alma com o corpo terreno, estejam desligados. Vinte e quatro horas quando se trata de uma pessoa ligada à Luz. Se tal não for o caso, o desligamento demora naturalmente muito mais. Enquanto esses fios de ligação não são todos desligados, a alma do falecido ainda sente tudo o que se passa com o seu abandonado corpo terreno.

Se, por exemplo, durante esse tempo, for extraído o coração ou outro órgão de um corpo morto, a alma ainda ligada a esse corpo terreno sente as mesmas dores que um ser humano na Terra sofreria se lhe cortassem o coração do corpo, sem anestesia.

Todas essas operações contra a natureza têm pouco valor, pois os órgãos e em particular o coração permanecerão sempre corpos estranhos num outro corpo terreno. Visto superficialmente, os órgãos e suas funções são idênticos em todas as criaturas humanas. Na realidade, contudo, existem delicadas diferenças básicas que, somente com o raciocínio, não podem ser compreendidas.

Todo o organismo humano, cada órgão singularmente, está sintonizado do modo mais exato com o espírito e a alma a que pertence. Constituem um todo, enquanto se acham em atividade.

Mesmo quando o coração transplantado num outro corpo terreno executa o seu trabalho durante algum tempo, o portador desse coração estranho pouca alegria terá. Pois o falecido, do qual foi "roubado" o coração, permanece ligado com esse coração vivo, embora bata no peito de um outro. E isso até esse outro morrer e o coração, que não lhe pertence, finalmente se decompor.

É condicionado, de acordo com a lei da Criação, que o espírito e a alma somente podem desligar-se completamente do corpo terreno quando este estiver morto! Continuando, porém, o coração a viver, o falecido permanece ligado com o seu coração, como parte do seu corpo terreno morto, por meio de fios invisíveis. Também permanece ligado, quando se trata de outros órgãos.

Com o coração há ainda outra questão! O falecido exerce através de seu coração uma influência dominadora sobre a pessoa em cujo peito esse coração bate! Dá a impressão, então, de que a respectiva pessoa com o novo coração também tenha mudado seu caráter...

O médico americano Dr. Donald T. Lunde observou durante um ano treze pacientes no "Stanford Medical Center", da Califórnia, aos quais tinham sido implantados novos corações, e fez então constatações surpreendentes.

Deixemo-lo falar:

"Quem tiver recebido um coração alheio está sujeito a psicoses e comportamentos maníacos... Um dos pacientes tornou-se até agressivo, vendo inimigos mortais por toda a parte e culpando os médicos e enfermeiras de quererem matá-lo...

Um homem de uns quarenta anos, no qual foi implantado o coração de um moço de vinte, ficou com a ideia fixa de que ele mesmo tinha apenas vinte anos de idade, comportando-se correspondentemente...

Um homem de classe média, que continuou a viver com o coração de um homem abastado, desenvolveu um pendor doentio para um estilo de vida luxuoso, depois do transplante...

Outro homem, ao qual foi implantado um coração de mulher, logo quando acordou da anestesia, começou a duvidar de sua masculinidade...

Mais outros pacientes de coração puseram em jogo o sucesso da intervenção, após a feliz operação do coração, pois, como que fora de si, arrancaram as ataduras e afastaram as sondas vitais, das veias dos braços. Além disso, recusaram-se a tomar os medicamentos... Essa espécie de pacientes tem de ser tratada como prisioneiros..."

Alguns dos treze pacientes, observados pelo Dr. Lunde durante um ano, vivenciaram fases de profundas depressões, às quais, por sua vez, se seguiram dias em que se comportaram de modo extremamente esquisito, manifestando-se ativos demais...

O Dr. Lunde presumiu que o hormônio "prednisona" tenha causado em parte as mudanças anímicas dos receptores de coração. Tal medicamento, que os pacientes são obrigados a tomar em grandes doses, impede a rejeição do tecido estranho. Além disso, supõe o Dr. Lunde que as tensões anímicas às quais um paciente de coração se acha exposto podem, igualmente, provocar alterações no seu comportamento.

O Dr. Lunde naturalmente não conhece as causas provocadoras das modificações nos receptores de coração por ele observados. As suposições dele a esse respeito estão erradas. Ele não pode saber que o falecido "doador do coração", simbolicamente falando, continua a viver na Terra através do coração "roubado", impondo sua vontade sobre o "ladrão"...

Sem dúvida, não é fácil para um ser humano continuar a viver pacificamente na Terra às custas de um coração alheio. Isso, sem considerarmos os trágicos efeitos espirituais retroativos e os entrelaçamentos que acorrentam à matéria todas aquelas criaturas humanas que coparticipam dos transplantes de coração, como também aqueles que apoiam essa intervenção cirúrgica.

Não! Feitos de cirurgia de tal espécie não constituem progresso! São apenas mais uma prova do estado espiritual sem salvação em que quase toda a humanidade se encontra. São exclusivamente delitos contra as leis da natureza; delitos para os quais não há absolvição alguma.

Uma criatura humana doente devia antes procurar averiguar o que fez de errado em sua vida, para ter ficado nesse estado sofredor. Não pode esperar milagres de um órgão pertencente a um organismo alheio. Só o reconhecimento da Verdade pode alterar o destino de cada um individualmente, trazendo-lhe a vida eterna. Não há outra saída para a criatura humana.

Em nome da ciência são praticados hoje em dia muitos crimes, especialmente nos indefesos animais. Por exemplo, faz algum tempo que em diversas grandes revistas se via um cachorro ao qual, lateralmente e um pouco atrás de sua cabeça, havia sido enxertada uma segunda cabeça de cachorro, um pouco menor. O aspecto desse infeliz animal, com duas cabeças, certamente causou tremenda repugnância em numerosas pessoas. O cirurgião que realizou essa intervenção criminosa, orgulhoso ainda do seu grande feito, estava postado ao lado do animal.

Todo o tormento sofrido pelos animais no que se refere aos transplantes é em vão, pois a prática de crimes contra a natureza não traz benefício à ciência nem a pessoa alguma. E as punições que uma pessoa que pratica tais atos atrai sobre si são especialmente severas.

Muitos aleijados que vivem hoje na Terra devem suas desfigurações aos crimes cometidos outrora, ou talvez nesta vida, contra animais. No Além, os efeitos de tais delitos são ainda muito mais horríveis, visto que ali as respectivas almas conseguem apenas rastejar. Para esses não mais existe um andar ereto, digno do ser humano. Rastejando, serão enxotados para baixo, de degrau em degrau, até finalmente atingirem aquela região onde os últimos restos de sua forma humana se desintegrarão. Incontáveis milhões de seres humanos, completamente separados da Luz, movimentam-se apenas rastejando na matéria fina, depois de sua morte terrena. A perda da dignidade humana não permite algo diferente.

Com os transplantes de órgão teve início a era do canibalismo moderno! Canibalismo é a única definição acertada, uma vez que os corpos terrenos dos quais são extraídos os órgãos, na maioria dos casos, não estão inteiramente mortos. Não tardará a ser iniciado um comércio macabro de cadáveres e órgãos isolados, pagando-se preços fantásticos!

Ilhas da Ressurreição

Voltemos agora para o tema propriamente dito desta dissertação. Depois das explicações precedentes, ainda haverá leitores que perguntarão se os seres humanos bons, depois de sua morte terrena, são levados novamente para os países das flores. Não, para os países das flores ninguém mais pode ser conduzido, pois não mais existem.

As maravilhosas flores, que outrora floresciam nessas regiões, há muito já murcharam e pereceram. As moradas e os templos desfizeram-se em pó, e os rios secaram. Avistam-se apenas matas impenetráveis e charcos lodosos. Nenhum chilrear de pássaros e nenhum canto alegre interrompe o silêncio que se estende como um manto sobre as regiões abandonadas. O que outrora se pôde formar mediante a vontade pura dos seres humanos, foi destruído pela decadência humana.

Hoje existem apenas cinco pequenas ilhas, em meio de turbulentos lagos, para onde os espíritos humanos livres de carma são conduzidos depois da morte terrena. Essas ilhas são chamadas "ilhas da ressurreição". Encontram-se em regiões de matéria fina ainda pertencentes ao planeta Terra, e somente depois do desaparecimento dos países das flores é que foram escolhidas como estação de trânsito e parada para os espíritos ligados à Luz.

O espírito humano que depois de sua morte terrena pode ser conduzido para uma daquelas cinco ilhas ou, ao contrário, aquele que deve encarnar-se na Terra, proveniente delas, tem de passar por um portal muito bem guardado. Existem cinco, e são denominados "portais das rosas". Anexo aos portais das rosas segue-se uma espécie de túneis que levam, por entre montanhas rochosas, até as praias dos lagos.

Nas praias desses lagos aguardam embarcações que transportam os poucos passageiros. Não são mais aqueles barcos abertos e largos, com velas vermelhas, que outrora navegavam nos rios dos países das flores. As embarcações que agora, e já desde longos tempos, deslizam nesses lagos assemelham-se a compridos e fechados aviões sem asas e sem trem de pouso, e são sempre impulsionadas a toda velocidade por entes aquáticos, em direção às ilhas. Essas embarcações, que deslizam sobre as agitadas águas dos lagos, mal são percebidas, uma vez que suas cores são exatamente adaptadas às cores das águas.

Haverá leitores deste livro que perguntarão por que os cinco portais que dão acesso aos lagos devem ser bem guardados. Dificilmente se poderia admitir que almas humanas carregadas de carma pudessem chegar até lá, pois a lei da gravidade, efetuando-se também no mundo da matéria fina, não o permitiria.

Não seria necessário uma tão forte guarda nos portais das rosas, caso se tratasse unicamente de almas humanas. Mas não é isso. Outras circunstâncias tornam necessários os muitos guardiões ali presentes.

Lúcifer desceu outrora com grande séquito, até o mundo dos seres humanos. Os espíritos que formavam tal séquito vieram de regiões que, em parte, se encontram acima da origem das criaturas humanas. Apenas poucos dessa comitiva puderam salvar-se a tempo da queda para as profundezas. A maioria atuava e em parte até hoje ainda atua no sentido do seu amo, agora imobilizado!

Sempre de novo esses espíritos tentam chegar até as regiões de matéria fina onde se encontram espíritos humanos ligados à Luz. Porém somente agora, no Juízo, que se realiza por toda a parte na matéria fina, se tornou diferente. A maioria do séquito luciferiano foi empurrada para baixo, para os reinos lúgubres, onde foi eliminada.

Os poucos ainda restantes concentram todas as suas influências sobre a decaída mulher terrena, pois apenas com a sua ajuda lhes é possível arrastar para o lado das trevas os poucos seres humanos que ainda têm boa vontade, procurando a Luz.

Hoje uma infiltração de maus elementos não é mais possível nas ilhas. Não obstante, os guardiões continuam a proteger fielmente os portais das rosas, com seus dardos incandescentes. Seu serviço somente será suspenso quando, também na Terra, o Juízo estiver consumado!

As Regiões de Ensinamentos

Voltemos agora, depois dessa digressão, novamente ao tema desta preleção.

Os espíritos humanos que podem atravessar um dos cinco portais, cerca de vinte e quatro horas após a sua morte terrena, recebem uma rosa de um dos guardiões para isso escolhido. Uma rosa vermelha e fulgurante, cujo aroma e luz rósea envolvem os espíritos humanos recém-chegados com um halo de amor celeste, despertando neles um pressentimento da magnificência da Luz.

Em cada novo e mais elevado mundo que um espírito humano atravessa, recebe uma rosa ainda mais bela e mais fulgurante, correspondendo exatamente à região em que se encontra no momento. Assim continua, até os mundos do Paraíso.

Essas rosas todas especiais, que os espíritos humanos recebem como dádivas, ao chegar ao destino, não são guardadas em vasos para conservarem-se frescas. São introduzidas levemente no solo, onde após curto prazo se desenvolve uma roseira maravilhosamente florida. Assim, os espíritos humanos avistam em todos os seus caminhos, rumo às alturas luminosas, jardins de rosas, cujo aspecto lhes desperta a mais pura alegria e uma profunda gratidão.

No próprio Paraíso o espírito humano, que tinha caído no sono depois de sua chegada, verá, ao despertar, primeiramente inúmeras rosas que circundam, como um baldaquino, o leito onde se encontra deitado. O baldaquino é formado pelos galhos baixos que pendem de uma grande árvore de rosas, onde milhares de belas rosas florescem continuamente de modo inimaginável.

Essas árvores de rosas têm, ao mesmo tempo, doces frutos aurifulgentes. Esses frutos constituem a primeira alimentação que o espírito humano pode tomar ao despertar no Paraíso. Eles contêm o néctar proporcionador de forças necessárias à vida dos corpos espirituais, nos quais a flamejante e viva fagulha espiritual pulsa semelhante a um coração.

Mencionamos anteriormente as almas humanas livres de carma que podem ser conduzidas às ilhas da ressurreição. Existem, porém, ainda outras almas humanas, isto é, aquelas que não são tão carregadas de carma e que, por isso, não precisam ser conduzidas para os submundos depois da morte terrena, mas que também não são tão livres de tudo quanto é errado, para que possam ser levadas para as ilhas da ressurreição.

Tal espécie de almas humanas, que igualmente usam vestes floridas, estão completamente livres de seus corpos terrenos mais ou menos no sétimo dia após a morte. Serão então conduzidas às regiões de ensinamentos. São as mesmas para onde também são levados, durante o sono de seus corpos terrenos, os espíritos humanos de boa vontade que ainda vivem na Terra.

A essas almas é dado um prazo calculado, contudo, de modo que possam adquirir o indispensável saber espiritual que ainda lhes falta. Aproveitando esse tempo de graça no sentido certo, serão então conduzidas, após o término desse prazo, para uma das ilhas. Em caso contrário, o que também pode acontecer, serão empurradas para os submundos...

O exposto acima não se refere naturalmente às pessoas que já na Terra entraram em contato com a Mensagem do Graal, "Na Luz da Verdade", de Abdruschin. Estas pessoas já na Terra tiveram a oportunidade de adquirir os conhecimentos espirituais que faltavam e o verdadeiro reconhecimento de Deus. Quem deixa passar essa oportunidade e não se esforça em reconhecer a Verdade e viver segundo ela, na Terra, nada de bom pode esperar no Além... Para tais seres humanos não há um prazo de graça...

Nenhuma pessoa devia esquecer que cada hora e cada minuto a aproximam mais do momento em que há de deixar a Terra, e que ela mesma cria, para si própria, o céu ou o inferno, mediante sua vontade e ações! Quem durante a vida se lembrar da morte, também viverá de tal modo, que não precisará temê-la!...

Nomes Usuais no Além

Agora vamos dar alguns esclarecimentos sobre nomes usuais no Além, antes de terminar esta dissertação.

Uma alma ligada à Luz é chamada de "casira" no mundo de matéria fina. O nome casira significa "invólucro de seda" ou também "corpo de seda", que proporciona brilho ao espírito. A designação casira certamente se deve deduzir das vestimentas claras, de brilho sedoso, com as quais os corpos de matéria fina, isto é, as almas, são vestidas.

Os habitantes dos submundos são chamados "schebi". A palavra schebi significa "boneca", isto é, "boneca que perdeu seu coração". Também essa designação é acertada, uma vez que a maioria dos habitantes dos submundos perdeu seu coração através do longo período de desenvolvimento, ou ainda o perderá.

Sob "coração" deve-se entender aqui a centelha viva do espírito, cuja perda transforma os seres humanos em bonecos sem vida e sem nenhum direito de existir. Com outras palavras: a perda do coração, da viva centelha do espírito, de cuja força pulsátil de vida o ser humano pôde formar-se e desenvolver-se, significa a desintegração ou a morte da existência humana.

Poder-se-ia também denominar os "mortos", que hoje em sua grande maioria povoam a Terra, de "bonecos que perderam o seu coração", isto é, "a sua vida".

No momento em que o nome de um ser humano se apaga do "Livro da Vida", ele não mais existe segundo a lei da Criação. Está morto. Se ainda continua ou não a viver na Terra durante algum tempo, nada altera esse fato. É apenas um boneco com forma humana, que irresistivelmente segue para a decomposição.

Os Diversos Tipos de Matéria

Ao concluir esta preleção, falemos ainda algo sobre as matérias:

A primeira camada que circunda estreitamente a Terra é constituída de matéria grosseira mediana. Esta camada é de dimensões reduzidas em comparação com as extensões dos mundos de matéria fina que aí se seguem.

Tão logo um espírito humano deixe seu corpo terreno, após a morte, encontra-se numa camada de matéria grosseira mediana. Nessa camada ficam os corpos astrais que serviram de ponte entre a alma e o corpo terreno. São estreitamente ligados aos corpos terrenos, desfazendo-se com eles. Em pessoas sobrecarregadas de carma, o desligamento do corpo astral é correspondentemente mais demorado. Seres humanos ligados à Luz desligam-se, depois da morte terrena, quase que simultaneamente do seu corpo astral; assim, sem atraso, podem ser conduzidos para diante.

Almas humanas carregadas de carma, mesmo depois da separação do corpo astral, ainda encontram possibilidades de permanecerem nas proximidades da Terra. Isto devido a fortes ligações com pessoas que vivem na Terra, através de pendores, vícios, etc. Agora, no Juízo, o número de tais pessoas presas à Terra diminui cada vez mais, visto serem elas, conforme já mencionado anteriormente, enxotadas para as regiões a que pertencem.

Com referência aos mundos de matéria fina, muitas pessoas formam conceitos completamente errados. Supõem que nesses mundos, em contraste com a Terra de matéria grosseira, só pode haver espíritos humanos ligados à Luz... Antes do pecado original esse conceito estava correto, pois naqueles tempos remotos havia somente espíritos humanos ligados à Luz. Contudo, hoje, e já desde inimagináveis tempos, os mundos de matéria fina estão infestados pela maldade e pecado, como é o caso na Terra.

Desde a queda do ser humano, os mundos de matéria fina foram divididos em diversas camadas. As camadas mais elevadas, onde se encontram as ilhas da ressurreição, permanecem reservadas aos espíritos humanos ligados à Luz, e nas camadas situadas mais embaixo se encontram os submundos já anteriormente descritos, também chamados planos de espera, servindo temporariamente de estada para as incontáveis almas humanas carregadas de carma. Dos limites dos submundos de matéria fina, em direção para baixo, começa, por sua vez, uma matéria fina de espécie diferente. Nessa composição fino-material, de espécie diferente, surgiram as regiões dos sofrimentos, dos horrores e da decomposição. Tais regiões, devido ao errado querer dos seres humanos, afastado da Luz, tornaram-se o inferno.

Longe, além das regiões da desintegração e completamente separado delas, se encontra o grande reino de Lúcifer. É um reino cuja constituição vai muito além da capacidade de compreensão dos seres humanos.

CAPÍTULO XXV

O GRANDE COMETA, A ESTRELA DO JUÍZO*

Ainda invisível para os olhos humanos, a "estrela do Juízo" segue seus caminhos predeterminados. Ela percorre com inimaginável velocidade as vastidões do espaço celeste, mas por volta do fim do Juízo surgirá em nosso sistema solar, e será visível a todos os seres humanos.

O grande cometa é uma estrela de espécie toda singular. Dirigida por uma forte vontade superior, ela atua transformando, purificando e soerguendo. Quando surgir, sua enorme força de irradiação magnética desencadeará as derradeiras transformações terrestres, colocando a Terra, estremecida em suas bases, novamente em sua órbita original.

Já antes que esse grande e singular cometa se torne visível, haverá um aumento de catástrofes como o mundo nunca viu. Também as condições climáticas apresentarão oscilações extraordinárias. Calor abrasador e frio gélido revezar-se-ão. O frio será de uma espécie que fará os seres humanos pensarem ter-se iniciado uma nova era glacial...

O falhar da humanidade que se ligou cada vez mais à matéria, tornando-se dessa forma acessível a todo o mal, não passou sem deixar vestígios na Terra. Por culpa dos seres humanos ela foi empurrada a uma órbita quase não mais atingida por influências elevadas. Mesmo seu ritmo alterou-se. Tornou-se mais pesado e mais lento. Onde quer que fosse dado poder aos seres humanos, eles introduziam perturbações na obra da Criação que funcionava com perfeição...

Sim, pela força do grande e singular cometa a Terra voltará ao lugar que lhe pertence. Trata-se de um acontecimento que abalará

---

* Este capítulo foi acrescentado no ano de 1975.

mundos. O dia se tornará noite, uma longa noite, pois nenhum raio solar atingirá a Terra durante esse acontecimento.

A noite longa, no entanto, passará, e irromperá um novo dia. Um dia novo sob as irradiações abençoadas de um novo Sol e o brilho fulgurante do grande cometa, a estrela do Juízo, que será visível durante algum tempo ainda.

Com o aparecimento do grande cometa iniciar-se-á uma nova era da humanidade. A era da Verdade!

Ao começar o novo tempo, a Terra estará vazia, pois a maior parte dos seres humanos terá desaparecido para sempre da superfície terrestre com todos os seus pecados, vícios, falsos profetas e falsas religiões...

Chileno já Prevê o Último Cometa

O grande cometa, a estrela do Juízo, já foi localizado pelo grande astrônomo chileno, Carlos Muñoz Ferrada. Uma notícia a tal respeito foi publicada em "O Estado de S. Paulo" de 2 de dezembro de 1973, onde esse astrônomo diz o seguinte:

> "Um cometa gigante, com o dobro da massa de Júpiter, de cores vivas (núcleo avermelhado e cauda azulada), passará a apenas onze milhões de quilômetros da Terra no dia 1º de janeiro do ano 2000, um sábado trágico para a humanidade. Terremotos, maremotos, elevação geral do nível dos oceanos e atividades vulcânicas ocorrerão nessa época.
>
> Esse misterioso astro será localizado na constelação da 'Ursa Menor'... Será o mais extraordinário contemplado pelos olhos humanos."

Naturalmente não é possível predizer com exatidão o dia de um acontecimento tão abalador. Entre a cronologia humana e os acontecimentos reais quase sempre existem diferenças menores ou maiores.

O Cometa de Halley

No ano de 1986, conforme os cálculos científicos, será novamente visível o cometa denominado "Halley", segundo o astrônomo falecido no século XVIII. O cometa de Halley apareceu pela última vez no céu em 1910. O comprimento de sua cauda foi calculado, naquela época, em trinta milhões de quilômetros. Apesar de seu tamanho fora do comum, é pequeno e sem importância em comparação com o grande cometa esperado pelo fim do Juízo...

O Significado dos Cometas

Existem incontáveis cometas no Universo. De onde vêm e como atuam ainda não foi possível constatar astronomicamente. As muitas teorias contraditórias existentes a esse respeito não trouxeram nenhuma explicação até agora.

Cometas chegam e desaparecem como os meteoros. Apenas poucos são conhecidos, aqueles que periodicamente voltam, podendo ser vistos da Terra... Como por exemplo o cometa de Halley...

Qual então o significado dos incontáveis milhões de cometas no nosso Universo?

Segundo a opinião de muitos astrônomos, os cometas nada mais são do que "vagabundos"! Vagabundos sem rumo e sem finalidade, constituídos de uma aglomeração de pedras, gelo ou outras partículas de matéria...

Os cientistas que pensam assim estão errados. No Universo, com seus bilhões de sistemas solares, não existe um único astro sequer que não tenha sua razão de ser e uma bem determinada tarefa a cumprir. Isso diz respeito também aos cometas!

O Universo se expande! Ininterruptamente surgem novos astros! Milhões de astros nascem, sem parar, do germe primordial. Ao mesmo tempo inicia-se em muitos astros velhos, que passaram de seu ponto de maturação, a desintegração. Lentamente se desintegram, até restar deles apenas um finíssimo pó...

Desenvolvimento e desintegração! Nascimento e morte! Tudo o que foi criado está sujeito a eternas transformações...

Os cometas, conforme a sua espécie, são indispensáveis no meio de todo esse desenvolvimento e desintegração! Eles têm uma força de sucção de maior ou menor intensidade, que capta e junta o mais fino pó, bem como partículas maiores de matéria. Segundo conceitos terrenos poder-se-ia denominar a maior parte dos incontáveis cometas que perambulam supostamente "sem rumo" de... "aspiradores de pó" do espaço celeste!

As nuvens de pó e areia que restam da desintegração de um corpo celeste e se espalham são inimagináveis! Elas turvam e conspurcam o espaço celeste, visto tratar-se de "resíduos". Esses resíduos, de algum modo, terão de ser colhidos e levados embora. Esse trabalho fica por conta dos cometas.

Eles concentram as nuvens de pó, que parecem muitas vezes véus de gás, e puxam-nas atrás de si como uma cauda. Ao alcançarem um determinado volume, as massas concentradas são levadas pelos cometas para determinados lugares de depósito no espaço celeste, onde logo são submetidas a um processo de transformação por outras forças.

Tudo se transforma na Criação! Não se perde um único grão de pó!

Muitas vezes um cometa percorre durante milhões de anos o espaço celeste, até que a cauda, alcançando dimensões inimagináveis, se torna tão pesada e densa que tem de ser levada até um lugar de depósito situado fora da nossa galáxia.

Ao lado dos "aspiradores de pó celestes" existem, entre outros, também uma espécie de cometas que atuam igualmente sugando e purificando, mas cuja finalidade principal, no entanto, é outra. Esses cometas provocam transformações da natureza em planetas e outros corpos celestes, preparados por entes correspondentes e que necessitam, não obstante, de um impulso grosso-material a fim de entrar também materialmente em ação. Esse impulso é dado, pois, pelos cometas, cuja força de atração põe tudo em movimento, tal como uma alavanca...

Os Anunciadores

Existe ainda uma outra espécie de cometas que aparecem no céu, visíveis a todos os seres humanos, sempre que um ato do amor de Deus se realiza na Terra. Cometas dessa espécie podiam ser denominados "anunciadores", pois anunciam importantes acontecimentos que se realizam na Terra.

Para o nascimento do Filho de Deus, Jesus, apareceu um desses "anunciadores" no céu! Há três milhões de anos podia ser visto um cometa similar. Durante semanas e até meses! Naquele tempo houve um evento que se realizou na irradiação do amor de Deus na Terra. Foi o nascimento do ser humano!

As primeiras almas humanas imaculadamente belas e puras encarnavam-se nos seus pais primitivos na Terra, nos babais*, de alto nível de desenvolvimento...

Poderiam ser citados ainda outros "anunciadores" que apareceram no céu no decorrer do tempo, para anunciar acontecimentos que se efetivaram na irradiação do amor de Deus na Terra... Indicações adicionais, contudo, iriam além da finalidade desta dissertação...

O Medo de Cometas

Agora ainda uma explicação a respeito do "medo de cometas".

Do ponto de vista científico, o medo de muitas pessoas com referência aos cometas é totalmente infundado. O medo, contudo, aí está; ele não pode ser negado. Não provém dos cérebros, mas das almas dos seres humanos; por isso não pode ser tirado do mundo, nem explicado com ponderações do raciocínio.

O medo de cometas está ligado estreitamente ao Juízo Final!

A primeira notícia de um vindouro e terrível Juízo foi divulgada durante a construção da Grande Pirâmide do Egito.** Na Terra e no Além. Na Terra a notícia foi retransmitida a todos os povos através de videntes de ambos os sexos. Aliás, de geração em geração.

Aproximadamente mil anos depois da anunciação do Juízo Final, chegou na Terra a notícia de que pelo fim do Juízo um grande cometa surgiria no céu, desencadeando indescritíveis catástrofes. E mais; que, através das catástrofes que ele desencadearia, a maior parte da pecaminosa humanidade da Terra desapareceria...

Como todas as notícias extraterrenais, essa também foi recebida e retransmitida por videntes ainda fiéis à Luz. Eles viam com seus olhos da alma a vindoura estrela do Juízo, enquanto seus corações estremeciam medrosamente com seu aspecto poderoso...

Entre os videntes de outrora se encontravam dois sábios chineses, dois sumerianos e um germano.

---

* Vide "Os Primeiros Seres Humanos", da mesma autora.
** Vide "A Grande Pirâmide Revela Seu Segredo", da mesma autora.

A notícia do cometa do Juízo, com efeitos horríveis sobre os seres humanos, chegou para todos os povos. Não havia um ser humano na Terra que duvidasse dessa extraordinária notícia, pois já desde os tempos primitivos cada acontecimento e cada saber superior era retransmitido por videntes...

O conhecimento do Juízo e do cometa não se perdeu, nem com a morte terrena e nem com a vida terrena que se seguia. Continuava a viver, inapagavelmente, nas almas humanas. É necessário apenas um leve toque para vir à tona, até o cérebro... Muitas vezes já basta a anunciação de qualquer cometa insignificante para desencadear o medo escondido no fundo da alma.

O medo de cometas é, em última análise, o medo do Juízo, de um fim catastrófico, do qual o ser humano não poderá escapar.

ÍNDICE

PREFÁCIO 9

INTRODUÇÃO 11

CAPÍTULO I
SIM, SOOU A HORA DA HUMANIDADE! 13

CAPÍTULO II
O JUÍZO FINAL ESTARÁ REALMENTE PRÓXIMO? 15

CAPÍTULO III
POR QUE A HUMANIDADE TEM
DE SOFRER UM JUÍZO? 17

CAPÍTULO IV
A HUMANIDADE NÃO DEVERIA,
POR INTERMÉDIO DE ADVERTÊNCIAS E AVISOS,
SER PREPARADA PARA UM JUÍZO? 21

CAPÍTULO V
POR QUE EXISTE TANTO SOFRIMENTO
NA TERRA? 23

CAPÍTULO VI
PROFECIAS 26
    Sibila de Cumas *26*
    As Revelações de João *27*
    Nostradamus *29*
    La Salette *29*
    Lourdes *31*
    Os Milagres de Lourdes *34*
    A Terceira Mensagem de Fátima *38*
    A Vidência das Crianças *44*
    Os Locais de Aparições *47*
    As Interpretações Errôneas *48*

CAPÍTULO VII
A IGREJA RESISTIRÁ AO JUÍZO?........................49

CAPÍTULO VIII
A BÍBLIA........................52
    O Velho Testamento........................53
    A Arca de Noé........................54
    Adão e Eva........................59
    "Crescei e Multiplicai-vos"........................60
    Sodoma e Gomorra........................61
    Abraão........................64
    O Novo Testamento........................66
    Canonizações........................67
    São Jorge........................68
    O Filho do Homem........................70
    O Culto de Maria........................71

CAPÍTULO IX
O SER HUMANO E O PECADO ORIGINAL........................73
    A Grinalda de Penas........................74
    A Dança de Mandra........................79
    Caim e Abel........................85
    O Espírito e seus Corpos Auxiliares........................88

CAPÍTULO X
POR QUE LÚCIFER DESCEU
PARA A CRIAÇÃO?........................94

CAPÍTULO XI
O QUE É A VERDADE?........................99

CAPÍTULO XII
A CONQUISTA DA LUA........................103

CAPÍTULO XIII
ÁTOMOS........................110

CAPÍTULO XIV
O SOL MORRE........................112
    Estrela Fixa........................113
    O Novo Sol........................114
    As Consequências Sobre a Terra........................115
    Existe Vida em Outros Planetas?........................117

CAPÍTULO XV
O ENIGMA DAS DOENÇAS E DOS SOFRIMENTOS! 119
Psiquiatria 121
O Plexo Solar 122
Plano Astral 122
O Câncer 124
As Fugas 126
Operações Espíritas 127
A Busca de Cura Extraterrenal 128
Milagres 129
O Culto de Baal 129
A "Doença Sagrada" 131
O "X" na Testa 132
Outras Doenças 133
Retardados Mentais 134
Sacerdotes Curadores 136
Asclépio 137
A Aura 139
Os Transplantes 140
Alterações da Aura 142
O Efeito Protetor da Aura 144

CAPÍTULO XVI
UNIÕES MATRIMONIAIS 148

CAPÍTULO XVII
AMOR – FELICIDADE 153

CAPÍTULO XVIII
SONO – SONHO! 156
Espírito – Alma – Corpo Terreno 158
Os Sonhos 161
As Regiões da Paz 163
O Mundo Astral 165
Sexualidade 168
Vícios e Pendores 171
Mistificações 171
Os Centros de Ensino 172

CAPÍTULO XIX
DA ATUAÇÃO DOS GRANDES E PEQUENOS ENTEAIS DA NATUREZA! 176
Primeira Parte 176
Deuses 180

Zeus e Hera *181*
Os Titãs *183*
Os Jardins das Hespérides *184*
A Ligação com o Olimpo *185*
Gaia-Kibele *186*
Apolo *187*
A Atuação Nefasta dos Missionários *188*
Astarte *190*
Deméter e o Povo dos Pequenos Vanens *191*
Baldur e o Povo dos Dríades *193*
Os Silens *194*
As Princesas das Flores *195*
As Fadinhas das Flores *195*
Os Gnomos *197*
Os Albens *198*
Os Gnomos das Pedras *200*
Diana ou Danae *200*
Óstara *201*
Os Gigantes *202*
Os Silfos *203*
Outros Enteais *203*
Enteais de Dupla Forma *204*
Os Entes das Águas *204*
Os Centauros *207*
Os Faunos *207*
Os Fylgens *208*
Os Entes dos Ventos *209*
Os Uralidens *210*
As Salamandras *211*
Algumas Características dos Enteais *212*
Germes Enteais *213*
A Grande Culpa *215*

CAPÍTULO XX
DA ATUAÇÃO DOS GRANDES E PEQUENOS ENTEAIS DA NATUREZA! 218
Segunda Parte 218
   Os Falsos Princípios de Lúcifer *219*
   Heracles *222*
   Prometeu *223*
   Zeus *224*
   Apolo e Cassandra *226*
   Tântalo e Sísifo *229*
   A Mitologia *231*
   Lokis *232*
   Imagens e Estátuas dos Deuses *234*

Dionísio *237*
Priapo *238*
Eros *238*
Minotauro *239*
A Mitologia Grega *241*
Os Falsos Sacerdotes Curadores *242*
Hypnos *245*
O Culto à Maternidade *246*
O Culto de Falo *247*
O Culto de Baal *250*
O Monte Saphon *252*
Os Videntes *254*
Schauschka *255*
A Doutrina de Baal *259*
Sefer *261*
Os Sumerianos *263*
Schub-Ad – Sesheter *266*
O Fim dos Sumerianos *269*
As Diferentes Formas do Culto de Baal *270*
A Doença Preta *273*
A Epidemia de Ur *274*
Os Toltecas *276*
Os Maias *278*
O Sagrado Poço de Chichén-Itzá *279*
Astecas *282*
Os Sacrifícios Humanos *284*
As Pirâmides da América Central *286*
A Luta Contra os Invasores *289*
Os Campos Phlegraicos *291*
Os Índios *292*

CAPÍTULO XXI
OS GUARDIÕES DAS CRIANÇAS 295

Mãe Branca ou Nana-Nanina *298*
Toc-Toc *298*
Tschini *299*
Pomi *300*
Trani *300*
Cami *301*

CAPÍTULO XXII
COSTUMES NATALINOS DE ERAS PASSADAS 302

Os Povos Ligados à Luz *304*
A Dança das Fagulhas do Sol *306*
As Comemorações dos Romanos *308*

A Festa das Doze Noites Sagradas 309
Rompeu-se a Ligação 312
A Festa de Astarte 313
A Festa de Natal 314

CAPÍTULO XXIII
A MORTE TERRENA E A VIDA NO ALÉM 316

Primeira Parte 316
O Cordão Umbilical da Alma 317
A Morte de um Ser Humano Livre de Carma 318
Os Países das Flores 320
O Despertar na Matéria Fina 323
O Espírito Abandona a Alma 324
O Último Invólucro 326
As Vestes das Almas 327

CAPÍTULO XXIV
A MORTE TERRENA E A VIDA NO ALÉM 330

Segunda Parte 330
Conceitos Errados Sobre a Morte 332
Os Submundos 333
O Aspecto das Almas Condenadas 337
Maria 339
Ulrich 344
A Cremação dos Mortos 349
Transplantes 350
Ilhas da Ressurreição 354
As Regiões de Ensinamentos 355
Nomes Usuais no Além 357
Os Diversos Tipos de Matéria 358

CAPÍTULO XXV
O GRANDE COMETA, A ESTRELA DO JUÍZO 360

Chileno já Prevê o Último Cometa 361
O Cometa de Halley 361
O Significado dos Cometas 362
Os Anunciadores 363
O Medo de Cometas 364

AO LEITOR

A Ordem do Graal na Terra é uma entidade criada com a finalidade de difusão, estudo e prática dos elevados princípios da Mensagem do Graal de Abdruschin "NA LUZ DA VERDADE", e congrega as pessoas que se interessam pelo conteúdo das obras que edita. Não se trata, portanto, de uma simples editora de livros.

Se o leitor desejar uma maior aproximação com as pessoas que já pertencem à Ordem do Graal na Terra, em vários pontos do Brasil, poderá dirigir-se aos seguintes endereços:

Por carta
ORDEM DO GRAAL NA TERRA
Rua Sete de Setembro, 29.200 – CEP 06845-000
Embu das Artes – SP – BRASIL
Tel/Fax: (11) 4781-0006

Por e-mail
graal@graal.org.br

Internet
www.graal.org.br

NA LUZ DA VERDADE
Mensagem do Graal
de Abdruschin

Obra editada em três volumes, contém esclarecimentos a respeito da existência do ser humano, mostrando qual o caminho que deve percorrer a fim de encontrar a razão de ser de sua existência e desenvolver todas as suas capacitações.

Seguem-se alguns assuntos contidos nesta obra: O reconhecimento de Deus • O mistério do nascimento • Intuição • A criança • Sexo • Natal • A imaculada concepção e o nascimento do Filho de Deus • Bens terrenos • Espiritismo • O matrimônio • Astrologia • A morte • Aprendizado do ocultismo, alimentação de carne ou alimentação vegetal • Deuses, Olimpo, Valhala • Milagres • O Santo Graal.

ALICERCES DE VIDA

de Abdruschin

"Alicerces de Vida" reúne pensamentos de Abdruschin extraídos da obra "Na Luz da Verdade". O significado da existência é tema que permeia a obra. Esta edição traz a seleção de diversos trechos significativos, reflexões filosóficas apresentando fundamentos interessantes sobre as buscas do ser humano.

Edição de bolso • ISBN 978-85-7279-086-4 • 192 p.

OS DEZ MANDAMENTOS E O PAI NOSSO

Explicados por Abdruschin

Amplo e revelador! Este livro apresenta uma análise profunda dos Mandamentos recebidos por Moisés, mostrando sua verdadeira essência e esclarecendo seus valores perenes.

Ainda neste livro compreende-se toda a grandeza de "O Pai Nosso", legado de Jesus à humanidade. Com os esclarecimentos de Abdruschin, esta oração tão conhecida pode de novo ser sentida plenamente pelos seres humanos.

ISBN 978-85-7279-058-1 • 80 p.
Também em edição de bolso

RESPOSTAS A PERGUNTAS

de Abdruschin

Coletânea de perguntas respondidas por Abdruschin no período de 1924-1937, que esclarecem questões enigmáticas da atualidade: Doações por vaidade • Responsabilidade dos juízes • Frequência às igrejas • Existe uma "providência"? • Que é Verdade? • Morte natural e morte violenta • Milagres de Jesus • Pesquisa do câncer • Ressurreição em carne é possível? • Complexos de inferioridade • Olhos de raios X.

ISBN 85-7279-024-1 • 174 p.

Obras de Roselis von Sass

A DESCONHECIDA BABILÔNIA

A desconhecida Babilônia, de um lado tão encantadora, do outro ameaçada pelo culto de Baal.

Entre nesse cenário e aprecie uma das cidades mais significativas da Antiguidade, conhecida por seus Jardins Suspensos, pela Torre de Babel e por um povo ímpar – os sumerianos – fortes no espírito, grandes na cultura.

ISBN 85-7279-063-2 • 304 p.

A GRANDE PIRÂMIDE REVELA SEU SEGREDO

Revelações surpreendentes sobre o significado dessa Pirâmide, única no gênero. O sarcófago aberto, o construtor da Pirâmide, os sábios da Caldeia, os 40 anos levados na construção, os papiros perdidos, a Esfinge e muito mais... são encontrados em "A Grande Pirâmide Revela seu Segredo".

Uma narrativa cativante que transporta o leitor para uma época longínqua em que predominavam o amor puro, a sabedoria e a alegria.

ISBN 978-85-7279-044-4 • 368 p.

A VERDADE SOBRE OS INCAS

O povo do Sol, do ouro e de surpreendentes obras de arte e arquitetura. Como puderam construir incríveis estradas e mesmo cidades em regiões tão inacessíveis?

Um maravilhoso reino que se estendia da Colômbia ao Chile.

Roselis von Sass revela os detalhes da invasão espanhola e da construção de Machu Picchu, os amplos conhecimentos médicos, os mandamentos de vida dos Incas e muito mais.

ISBN 978-85-7279-053-6 • 288 p.

ÁFRICA E SEUS MISTÉRIOS

"África para os africanos!" é o que um grupo de pessoas de diversas cores e origens buscava pouco tempo após o Congo Belga deixar de ser colônia. Queriam promover a paz e auxiliar seu próximo.

Um romance emocionante e cheio de ação. Deixe os costumes e tradições africanas invadirem o seu imaginário! Surpreenda-se com a sensibilidade da autora ao retratar a alma africana!

ISBN 85-7279-057-8 • 336 p.

ATLÂNTIDA. Princípio e Fim da Grande Tragédia
Atlântida, a enorme ilha de incrível beleza e natureza rica, desapareceu da face da Terra em um dia e uma noite...
Roselis von Sass descreve os últimos 50 anos da história desse maravilhoso país, citado por Platão, e as advertências ao povo para que mudassem para outras regiões.

ISBN 978-85-7279-036-9 • 176 p.

FIOS DO DESTINO DETERMINAM A VIDA HUMANA
Amor, felicidade, inimizades, sofrimentos!... Que mistério fascinante cerca os relacionamentos humanos! Em narrativas surpreendentes a autora mostra como as escolhas presentes são capazes de determinar o futuro. O leitor descobrirá também como novos caminhos podem corrigir falhas do passado, forjando um futuro melhor.

Edição de bolso • ISBN 978-85-7279-092-5 • 304 p.

LEOPOLDINA, uma vida pela Independência
Pouco se fala nos registros históricos sobre a brilhante atuação da primeira imperatriz brasileira na política do país. Roselis von Sass mostra os fatos que antecederam a Independência e culminaram com a emancipação política do Brasil, sob o olhar abrangente de Leopoldina. – Extraído do livro "Revelações Inéditas da História do Brasil".

Edição de bolso • ISBN 978-85-7279-111-3 • 144 p.

O LIVRO DO JUÍZO FINAL
Uma verdadeira enciclopédia do espírito, onde o leitor encontrará um mundo repleto de novos conhecimentos. Profecias, o enigma das doenças e dos sofrimentos, a morte terrena e a vida no Além, a 3ª Mensagem de Fátima, os chamados "deuses" da Antiguidade, o Filho do Homem e muito mais...

ISBN 978-85-7279-049-9 • 384 p.

O NASCIMENTO DA TERRA
Qual a origem da Terra e como se formou?
Roselis von Sass descreve com sensibilidade e riqueza de detalhes o trabalho minucioso e incansável dos seres da natureza na preparação do planeta para a chegada dos seres humanos.

ISBN 85-7279-047-0 • 176 p.

OS PRIMEIROS SERES HUMANOS
Conheça relatos inéditos sobre os primeiros seres humanos que habitaram a Terra e descubra sua origem.
Uma abordagem interessante sobre como surgiram e como eram os berços da humanidade e a condução das diferentes raças.
Roselis von Sass esclarece enigmas... o homem de Neanderthal, o porquê das Eras Glaciais e muito mais...

ISBN 978-85-7279-055-0 • 160 p.

PROFECIAS E OUTRAS REVELAÇÕES

As pressões do mundo atual, aliadas ao desejo de desvendar os mistérios da vida, trazem à tona o interesse pelas profecias. O livro traz revelações sobre a ainda intrigante Terceira Mensagem de Fátima, as transformações do Sol e o Grande Cometa, e mostra que na vida tudo é regido pela lei de causa e efeito e que dentro da matéria nada é eterno! – Extraído de "O Livro do Juízo Final".

Edição de bolso • ISBN 978-85-7279-088-8 • 176 p.

REVELAÇÕES INÉDITAS DA HISTÓRIA DO BRASIL

Através de um olhar retrospectivo e sensível a autora narra os acontecimentos da época da Independência do Brasil, relatando traços de personalidade e fatos inéditos sobre os principais personagens da nossa História, como a Imperatriz Leopoldina, os irmãos Andrada, Dom Pedro I, Carlota Joaquina, a Marquesa de Santos, Metternich da Áustria e outros...

Descubra ainda a origem dos guaranis e dos tupanos, e os motivos que levaram à escolha de Brasília como capital, ainda antes do Descobrimento do Brasil.

ISBN 978-85-7279-112-0 • 256 p.

SABÁ, o País das Mil Fragrâncias

Feliz Arábia! Feliz Sabá! Sabá de Biltis, a famosa rainha que desperta o interesse de pesquisadores da atualidade. Sabá dos valiosos papiros com os ensinamentos dos antigos "sábios da Caldeia". Da famosa viagem da rainha de Sabá, em visita ao célebre rei judeu, Salomão.

Em uma narrativa atraente e romanceada, a autora traz de volta os perfumes de Sabá, a terra da mirra, do bálsamo e do incenso, o "país do aroma dourado"!

ISBN 85-7279-066-7 • 416 p.

TEMPO DE APRENDIZADO

"Tempo de Aprendizado" traz frases e pequenas narrativas sobre a vida, o cotidiano e o poder do ser humano em determinar seu futuro. Fala sobre a relação do ser humano com o mundo que está ao redor, com seus semelhantes e com a natureza. Não há receitas para o bem-viver, mas algumas narrativas interessantes e pinceladas de reflexão que convidam a entrar em um novo tempo. Tempo de Aprendizado.

Livro ilustrado • *Capa dura* • ISBN 85-7279-085-3 • 112 p.

Obras de Diversos Autores

A VIDA DE ABDRUSCHIN

Por volta do século XIII a.C., o soberano dos árabes parte em direção aos homens do deserto. Rústicos guerreiros tornam-se pacíficos sob o comando daquele a quem denominam "Príncipe". Na corte do faraó ocorre o previsto encontro entre Abdruschin e Moisés, o libertador do povo israelita.

"A Vida de Abdruschin" é a narrativa da passagem desse "Soberano dos soberanos" pela Terra.

ISBN 85-7279-011-X • 264 p.

A VIDA DE MOISÉS

A narrativa envolvente traz de volta o caminho percorrido por Moisés desde seu nascimento até o cumprimento de sua missão: libertar o povo israelita da escravidão egípcia e transmitir os Mandamentos de Deus.

Com um novo olhar, acompanhe os passos de Moisés em sua busca pela Verdade e liberdade. – Extraído do livro "Aspectos do Antigo Egito".

Edição de bolso • ISBN 85-7279-074-8 • 160 p.

ASPECTOS DO ANTIGO EGITO

O Egito ressurge diante dos olhos do leitor trazendo de volta nomes que o mundo não esqueceu – Tutancâmon, Ramsés, Moisés, Akhenaton e Nefertiti.

Reviva a história desses grandes personagens, conhecendo suas conquistas, seus sofrimentos e alegrias, na evolução de seus espíritos.

ISBN 85-7279-076-4 • 288 p.

BUDDHA

Os grandes ensinamentos de Buddha que ficaram perdidos no tempo...

O livro traz à tona questões fundamentais sobre a existência do ser humano, o porquê dos sofrimentos, e também esclarece o Nirvana e a reencarnação.

ISBN 978-85-7279-072-7 • 352 p.

CASSANDRA, a princesa de Troia

Pouco explorada pela história, a atuação de Cassandra, filha de Príamo e Hécuba, reis de Troia, ganha destaque nesta narrativa. Com suas profecias, a jovem alertava constantemente sobre o trágico destino que se aproximava de Troia.

Edição de bolso • ISBN 978-85-7279-113-7 • 240 p.

ÉFESO

A vida na Terra há milhares de anos. A evolução dos seres humanos que, sintonizados com as leis da natureza, eram donos de uma rara sensibilidade, hoje chamada "sexto sentido".

ISBN 85-7279-006-3 • 232 p.

ESPIANDO PELA FRESTA

de Sibélia Zanon, com ilustrações de Maria de Fátima Seehagen

"Espiando pela fresta" tem o cotidiano como palco. As 22 frestas do livro têm o olhar curioso para questões que apaixonam ou incomodam. A prosa de Sibélia Zanon busca o poético e, com frequência, mergulha na infância: espaço propício para as descobertas da existência e também território despretensioso, capaz de revelar as verdades complexas da vida adulta.

ISBN 978-85-7279-114-4 • 112 p.

JESUS ENSINA AS LEIS DA CRIAÇÃO

de Roberto C. P. Junior

Em "Jesus Ensina as Leis da Criação", Roberto C. P. Junior discorre sobre a abrangência das parábolas e das leis da Criação de forma independente e lógica. Com isso, leva o leitor a uma análise desvinculada de dogmas. O livro destaca passagens históricas, sendo ainda enriquecido por citações de teólogos, cientistas e filósofos.

ISBN 978-85-7279-087-1 • 224 p.

JESUS, Fatos Desconhecidos

Independentemente de religião ou misticismo, o legado de Jesus chama a atenção de leigos e estudiosos.

"Jesus, Fatos Desconhecidos" traz dois relatos reais de sua vida que resgatam a verdadeira personalidade e atuação do Mestre, desmistificando dogmas e incompreensões nas interpretações criadas por mãos humanas ao longo da História. – Extraído do livro "Jesus, o Amor de Deus".

Edição de bolso • ISBN 978-85-7279-089-5 • 194 p.

JESUS, o Amor de Deus

Um novo Jesus, desconhecido da humanidade, é desvendado. Sua infância... sua vida marcada por ensinamentos, vivências, sofrimentos... Os caminhos de João Batista também são focados.

"Jesus, o Amor de Deus" – um livro fascinante sobre aquele que veio como Portador da Verdade na Terra!

ISBN 85-7279-064-0 • 400 p.

LAO-TSE

Conheça a trajetória do grande sábio que marcou uma época toda especial na China.

Acompanhe a sua peregrinação pelo país na busca de constante aprendizado, a vida nos antigos mosteiros do Tibete, e sua consagração como superior dos lamas e guia espiritual de toda a China.

ISBN 978-85-7279-065-9 • 304 p.

MARIA MADALENA

Maria Madalena é personagem que provoca curiosidade, admiração e polêmica! Símbolo de liderança feminina, essa mulher de rara beleza foi especialmente tocada pelas palavras de João Batista e partiu, então, em busca de uma vida mais profunda.

Maria Madalena foi testemunha da ressurreição de Cristo, sendo a escolhida para dar a notícia aos apóstolos. – Extraído do livro "Os Apóstolos de Jesus".

Edição de bolso • ISBN 978-85-7279-084-0 • 160 p.

O DIA SEM AMANHÃ

de Roberto C. P. Junior

Uma viagem pela história, desde a França do século XVII até os nossos dias. Vivências e decisões do passado encontram sua efetivação no presente, dentro da indesviável lei da reciprocidade. A cada parada da viagem, o leitor se depara com novos conhecimentos e informações que lhe permitem compreender, de modo natural, a razão e o processo do aceleramento dos acontecimentos na época atual. – *Edição em e-book – nos formatos e-pub e pdf.*

eBook • ISBN 978-85-7279-116-8 • 510 p.

O FILHO DO HOMEM NA TERRA. Profecias sobre sua vinda e missão

de Roberto C. P. Junior

Profecias relacionadas à época do Juízo Final descrevem, com coerência e clareza, a vinda de um emissário de Deus, imbuído da missão de desencadear o Juízo e esclarecer à humanidade, perdida em seus erros, as Leis que governam a Criação.

Por meio de uma pesquisa detalhada, que abrange profecias bíblicas e extrabíblicas, Roberto C. P. Junior aborda fatos relevantes das antigas tradições sobre o Juízo Final e a vinda do Filho do Homem.

Edição de bolso • ISBN 85-7279-094-9 • 288 p.

OS APÓSTOLOS DE JESUS

Conheça a grandeza da atuação de Maria Madalena, Paulo, Pedro, João e diversos outros personagens. "Os Apóstolos de Jesus" desvenda a atuação daqueles seres humanos que tiveram o privilégio de conviver com Cristo, dando ao leitor uma imagem inédita e real!

ISBN 85-7279-071-3 • 256 p.

QUEM PROTEGE AS CRIANÇAS?

Texto de Antonio Ricardo Cardoso, com iustrações de Maria de Fátima Seehagen e Edson J. Gonçalez

Qual o encanto e o mistério que envolve o mundo infantil? Entre versos e ilustrações, o mundo invisível dos guardiões das crianças é revelado, resgatando o conhecimento das antigas tradições que ficaram perdidas no tempo.

Livro ilustrado • *Capa dura* • ISBN 85-7279-081-0 • 24 p.

REFLEXÕES SOBRE TEMAS BÍBLICOS

de Fernando José Marques

Neste livro, trechos como a missão de Jesus, a virgindade de Maria de Nazaré, Apocalipse, a missão dos Reis Magos, pecados e resgate de culpas são interpretados sob nova dimensão.

Obra singular para os que buscam as conexões perdidas no tempo!

Edição de bolso • ISBN 978-85-7279-078-9 • 176 p.

ZOROASTER

A vida empolgante do profeta iraniano, Zoroaster, o preparador do caminho Daquele que viria, e posteriormente Zorotushtra, o conservador do caminho. Neste livro são narrados de maneira especial suas viagens e os meios empregados para tornar seu saber acessível ao povo.

ISBN 85-7279-083-7 • 288 p.

Correspondência e pedidos

ORDEM DO GRAAL NA TERRA

Rua Sete de Setembro, 29.200 – CEP 06845-000
Embu das Artes – SP – BRASIL
Tel./Fax: (11) 4781-0006
www.graal.org.br
graal@graal.org.br